Mehr als Verhalten

Mona Delahooke

Mehr als Verhalten

Neurowissenschaft und Mitgefühl
helfen, Verhaltensprobleme von
Kindern zu verstehen und zu lösen

Aus dem amerikanischen Englisch von
Theo Kierdorf & Hildegard Höhr

G. P. PROBST VERLAG
Lichtenau/Westfalen

VERLAGSKONTAKT:
G. P. Probst Verlag GmbH
In den Rauten 3
D–33165 Lichtenau
Tel.: +49(0)5295 99 57 81
eMail: verlag@gp-probst.de

Für die Inhalte der im Buch angegebenen externen Webseiten übernehmen wir trotz sorgfältiger inhaltlicher Prüfung keinerlei Haftung. Für die Inhalte dieser Seiten sind ausschließlich deren Betreiber verantwortlich.

Weder der Verlag noch die Autorin dieses Buches beabsichtigen, die Leser fachlich zu beraten. Die Ideen, Verfahrensweisen und Empfehlungen, die darin beschrieben werden, ersparen keine Beratung durch einen kompetenten Facharzt. Alle die Gesundheit betreffenden Fragen sollten grundsätzlich mit einem Arzt besprochen werden. Autorin und Verlag übernehmen keine Verantwortung für Verluste oder Schädigungen, die angeblich durch Informationen oder Empfehlungen aus diesem Buch entstanden sind.

Namen und damit in Zusammenhang stehende Darstellungen und Details wurden geändert, um die Privatsphäre von Klienten zu schützen.

2. Auflage 2024

Originaltitel: »BEYOND BEHAVIOURS: Using Brain Science and Compassion to Understand and Solve Children's Behavioural Challenges«
First published in the US by PESI Publishing & Media, PESI, Inc., 3839 White Avenue, Eau Claire, WI 54703. First published in Great Britain by John Murray Learning in 2020. An imprint of John Murray Press. An Hachette UK company.

Übersetzung aus dem amerikanischen Englisch: Theo Kierdorf & Hildegard Höhr, Köln
Umschlaggestaltung: Mareile Gropengießer, Paderborn
Coverfoto: © Sergey Nivens – stock.adobe.com
Satz: SpaceType, Köln
Druck & Bindung: Generál Nyomda Kft., Szeged/Ungarn

ISBN 978-3-944476-34-6

Bibliographische Information der Deutschen Nationalbibliothek
Die Deutsche Nationalbibliothek verzeichnet diese Publikation in der Deutschen Nationalbibliografie; detaillierte bibliografische Daten sind im Internet über *http://dnb.d-nb.de* abrufbar.

Inhalt

Teil III: Neurodiversität, Trauma und Blick in die Zukunft

Für Scott, meinen Mann und Partner auf dieser freudigen Reise. Dein Leben verkörpert Mitgefühl anderen Menschen gegenüber, und ich werde dir für deine Liebe und Unterstützung immer dankbar sein.

Danksagung

Ich möchte allen nachfolgend erwähnten Personen, die das vorliegende Buch möglich gemacht haben, aufrichtig danken:

Tom Fileds-Meyer danke ich für sein Verständnis, seine Weisheit und seine Fähigkeiten als Lektor, die meinen Ideen und Worten Flügel verliehen haben.

Ich danke auch Stephen W. Porges, Ph. D., dessen Lebenswerk mir und Millionen von anderen zu einer neuen Sicht von Verhaltensauffälligkeiten verholfen und mir neue Möglichkeiten erschlossen hat, Kindern und Traumatisierten durch Mitgefühl und Verständnis zu helfen.

Serena Wieder, Ph. D., danke ich für ihre Dienste als Mentorin, für ihre gesamte wegweisende Arbeit und dafür, daß sie schon an der Entwicklung eines Neurodiversität respektierenden Paradigmas mitgewirkt hat, bevor dies zu einem Anliegen weiterer Kreise wurde.

Karsyn Morse danke ich für ihre unerschütterliche Unterstützung als meiner Lektorin beim Verlag PESI Publishing and Media.

Connie Lillas, Ph. D., danke ich dafür, daß Sie das Manuskript dieses Buches gelesen hat, und für all das, was ich im Laufe der Jahre von ihr gelernt habe.

Doreen S. Oleson, Ed. D., danke ich dafür, daß sie so viele Generationen von Schulleitern dazu inspiriert hat, Diversität, Dienst für die Gemeinschaft und die Kraft von Beziehungen wertzuschätzen.

Jenessa Jackson, Ph. D., danke ich für das Organisieren meiner sich ständig verändernden Literaturliste und der Anmerkungen.

Einleitung

Ein Kind im Vorschulalter wird von seinem Vater abends in den Arm gekniffen – jeweils einmal für jede Erwähnung des Mädchens am betreffenden Tag im Verhaltenstagebuch.

Ein Dreijähriger, der mittlerweile in einer Pflegefamilie lebt, war in einem Auto am Straßenrand neben seiner Mutter gefunden worden, die am Steuer ohnmächtig geworden war. Seine Betreuerin in der Kita schickt ihn wegen »Verhaltensauffälligkeit« in einen Auszeitraum.

Bei einem Zehnjährigen wird eine Störung mit oppositionellem Trotzverhalten diagnostiziert. Seine Lehrer berichten, er störe ständig und versuche immer wieder, die Aufmerksamkeit auf sich zu lenken. Sein problematisches Verhalten setzte ein, als seine Familie in einen anderen amerikanischen Bundesstaat umgezogen war.

Ich treffe praktisch täglich Lehrer, Betreuer und Eltern, die verzweifelt nach einer Antwort darauf suchen, wie sie Kindern wie den soeben erwähnten helfen können, wenn ihre gewohnten Strategien versagen. Ich höre von diesen Menschen in meiner Praxis als Kinderpsychologin, als Referentin, über meinen Blog, über soziale Medien und in eMails.

Das vorliegende Buch ist meine Antwort auf solche Erlebnisse. Ich lade Sie ein, mich auf eine Reise zu begleiten, die mich zwang, alles zu hinterfragen, was man mir über den Umgang mit problematischen Verhaltensweisen beigebracht hatte. Im Laufe der Zeit gelangte ich so zu einer neuen Sichtweise, die von dem, was ich in meiner Ausbildung gelernt hatte, sehr weit entfernt war. Ich wollte wissen: Warum gelingt es uns nicht, Kindern mit besonders problematischem Verhalten zu helfen?

Meine Suche führte mich in die tiefsten Bereiche des Gehirns, und ein visionärer Neurowissenschaftler offenbarte mir schließlich die ersehnten Antworten.

Zu viele Bücher über die problematischen Verhaltensweisen von Kindern beschreiben stereotype Lösungsansätze, ohne dem autonomen Zustand – der Verbindung zwischen Gehirn und Körper – Beachtung zu schenken. Sie ignorieren auch die individuellen Besonderheiten von Kindern, ihre individuellen Stärken und Schwächen. Und die meisten Ansätze für den Umgang mit problematischen Verhaltensweisen versäumen, diese Probleme im Kontext der sozialen und emotionalen Entwicklung des betreffenden Kindes zu betrachten. Viele dieser Behandlungsansätze erfüllen einfach deshalb nicht ihren Zweck, weil es ihnen an einer in sich stimmigen Grundlage oder einem plausiblen Grundprinzip mangelt.

Dieses Buch zielt darauf ab, einen neuen Kontext für das Verständnis problematischen Verhaltens aufzuzeigen und so eine Grundlage für diesbezügliche Entscheidungen zu schaffen, die Gehirn und Körper des betroffenen Kindes einbeziehen. Die Hirnforschung hat heute gewaltige Fortschritte zu verzeichnen und hat in den letzten drei Jahrzehnten einen riesigen Wissensschatz angesammelt. Doch haben wir gerade erst angefangen, diese neuen Erkenntnisse für die praktische Arbeit zu nutzen. Der Neurowissenschaftler Dr. Stephen Porges mit der von ihm entwickelten Polyvagal-Theorie und insbesondere mit der Formulierung des Konzepts der Neurozeption erschließt uns meiner Meinung nach die beste Möglichkeit, Kinder mit Verhaltensproblemen und ihre Familien zu unterstützen.[1]

Als ich vor einigen Jahren vergeblich nach einer möglichst einfachen Einführung für Menschen suchte, die in verschiedenen Funktionen mit Kindern arbeiten, beschloß ich, selbst ein Buch über die sozial-emotionale Entwicklung zu schreiben. Das Ergebnis war mein erstes Buch: *Social and Emotional Development in Early Intervention: A Skills Guide for Working with Children.* Ein Kapitel in diesem Buch befaßte sich mit Verhaltensauffälligkeiten. Das Interesse, das dieses Kapitel und andere Texte von mir zu dieser Thematik weckten, inspirierte mich dazu, das vorliegende Buch zu schreiben.

Im Laufe der Jahre habe ich oft mit Eltern, Lehrern, Therapeuten, Verwaltungsbeamten und anderen zusammengesessen – in meiner Praxis, in staatlichen und privaten Hilfseinrichtungen und in Schulen –, um darüber zu diskutieren, wie man Kindern mit problematischem Verhalten helfen kann. Wohlmeinende Fachleute lenken das Gespräch gewöhnlich sehr schnell auf bestimmte Techniken, Verhaltenspläne und Verstärkungsmöglichkeiten. Doch über solche Pläne sollten wir erst diskutieren, nachdem wir uns eine grundlegende, sehr wichtige Frage gestellt haben: Erleben Gehirn und Körper des betreffenden Kindes ein Gefühl der Sicherheit? Und wenn nicht, wie können wir diesem Kind dann zunächst dazu verhelfen, sich sicher zu fühlen?

Meine Antworten basieren auf drei Quellen. Die erste ist die visionäre Arbeit von Dr. Porges, die demonstriert, daß Sicherheit die Grundlage ist, die Kindern ermöglicht, die vielfältigen Fertigkeiten zu emotionaler und behavioraler Selbstkontrolle zu entwickeln.[2] Ich bin Dr. Porges zutiefst dankbar, weil er es Klinikern wie mir ermöglicht hat, praktischen Nutzen aus der Anwendung der Polyvagal-Theorie bei der psychologischen Betreuung von Kindern und in verwandten Arbeitsbereichen zu ziehen. Besonders wichtig ist das von ihm entwickelte Konzept der Neurozeption, des »Prozesses, mit dessen Hilfe das Nervensystem unabhängig vom Bewußtsein Gefahren einschätzt«.[3] Dieses Konzept beinhaltet die neurowissenschaftliche Begründung, die uns ermöglicht, unsere Vorgehensweisen den besonderen Bedürfnissen des Nervensystems eines bestimmten Kindes anzupassen.

Zweitens bin ich der Psychologin Dr. Serena Wieder zu Dank verpflichtet, meiner Mentorin, die eine Pionierin im Bereich der kindlichen Entwicklung und symbolischen Spiels ist. Zusammen mit Dr. Stanley Greenspan hat Dr. Wieder ein Modell entwickelt, das unter dem Namen DIR® *(Developmental, Individual-differences and Relationship-based)* bekannt ist. Es entstand, nachdem die beiden Forscher Ende der 1970er Jahre Untersuchungen mit Säuglingen durchgeführt hatten, bei denen eine besonders große Gefahr problematischer Entwicklungen bestand.[4] Aus dieser Arbeit ging ein neuer, revolutionärer Ansatz für die Arbeit mit Kindern und Familien hervor, der ein neuartiges Verständnis der Phasen der sozialen und emotionalen Entwicklung begründete. Außerdem trugen die Untersuchungen von Greenspan und Wieder zur Erklärung der Notwendigkeit bei, im Rahmen der Einschätzung der für ein bestimmtes Kind und eine bestimmte Familie erforderlichen Unterstützung das große Spektrum individueller Unterschiede zu berücksichtigen, die bei Menschen zu beobachten sind.[5]

Der dritte Faktor, der für die Entwicklung meines Ansatzes wichtig war, ist die Erkenntnis, daß die Art, wie wir Informationen über unsere sensorischen Systeme aufnehmen, von großer Bedeutung ist. Leider schätzen nur zu viele Kollegen und Erzieher die Bedeutung unserer sensorischen Systeme nicht richtig ein und versäumen es, diesen wichtigen Faktor in den Bereichen der psychischen Gesundheit, der Medizin und der Erziehung angemessen zu berücksichtigen. In Wahrheit bilden die sensorischen Systeme das Fundament, das allem menschlichen Verhalten zugrunde liegt. Kollegen aus dem Bereich der Ergotherapie haben mir beigebracht, daß die Analyse der sensorischen Systeme und der diesbezüglichen Präferenzen eines Kindes eine praktische Möglichkeit erschließt, Kinder zu verstehen und zu unterstützen, wenn bei ihnen Verhaltensauffälligkeiten erkennbar werden.[6]

Ich arbeite seit mehr als 25 Jahren als klinische Psychologin mit Kollegen, Erziehern und Lehrern zusammen und habe mich in dieser Zeit bemüht, die problematischen oder verwirrenden Verhaltensweisen von Kindern zu verstehen. Wir setzen alles daran, den Sinn solchen Verhaltens zu verstehen. Viele heute gängige Behandlungsparadigmen konzentrieren sich auf die vermeintlich naheliegenden Ursachen von Verhaltensproblemen: das Bemühen, die Aufmerksamkeit auf sich zu ziehen, Widerspruchsgeist, Manipulationsversuche und das Vermeiden ungeliebter Aktivitäten. Im Gegensatz dazu beschreibt das vorliegende Buch einen entwicklungs- und beziehungsorientierten Ansatz, der Verhaltensprobleme aus einer anderen Perspektive betrachtet. Wir werden sehen, daß viele auffällige und besorgniserregende Verhaltensweisen Manifestationen physiologischer Streßreaktionen sind, die Kinder zeigen, wenn sie eine Neurozeption von Gefahr erleben. Als mir klar wurde, daß problematische Verhaltensweisen in Wahrheit *adaptive Reaktionen* sind, also kein absichtliches *schlechtes Benehmen*, veränderten sich fast alle meine bisherigen Überzeugungen bezüglich der Möglichkeiten, Kindern und ihren Familien zu helfen.

Im Rahmen meiner klinischen Arbeit habe ich festgestellt, daß notorisch problematisches Verhalten so gut wie nie auf grundloser Renitenz, dem Wunsch zu vermeiden oder Manipulation beruht – was viele Ansätze für die Behandlung schwerwiegender Verhaltensprobleme unterstellen. Häufig orientieren sich Versuche, solchen Kindern zu helfen, am Premack-Prinzip: Verhaltensweisen, die mit einem höheren Maß an intrinsischer Verstärkung verbunden sind, können als Belohnung oder Verstärkung für weniger bevorzugtes Verhalten genutzt werden.[7] Anders ausgedrückt, sollen positive Verstärkungen oder negative Konsequenzen die Compliance verbessern und problematisches Verhalten verringern. Doch sprechen hartnäckige und stark problematische Verhaltensweisen von Kindern häufig nicht auf Verstärkung, Bestrafung, Auszeiten und andere Techniken dieser Art an.

Viele Fachleute sind der Meinung, problematisches Verhalten bringe die Bemühungen eines Kindes zum Ausdruck, *etwas zu bekommen* oder *aus etwas herauszukommen*. Wir vermuten bei problematischem Verhalten häufig zu nachgiebige Eltern oder eine psychiatrische Diagnose. Wir nehmen zu oft an, daß dem Kind ein gutes Verhaltensmanagement, konsistente elterliche Einflußnahme oder eine adäquate medikamentöse Versorgung fehlt. Die Neurowissenschaft ermöglicht uns jedoch heute, eine komplexere Realität zu erfassen: Viele problematische Verhaltensweisen spiegeln, ob und wie Körper und Gehirn eines Kindes Streß empfinden.

Der in diesem Buch beschriebene neue Ansatz rückt davon ab, einfach den Kindern oder den Eltern Schuld zuzuschreiben. Eine Umfrage der Zero to Three Foundation ergab, daß 90 Prozent aller Eltern sich »die meiste Zeit über« verurteilt fühlen.[8] In einer Umfrage für Eltern von Kindern mit problematischem Verhalten läge dieser Prozentsatz wahrscheinlich noch näher bei 100. Nur zu oft geben wir Kindern oder ihren Eltern die Schuld am problematischen Verhalten der Kinder.

Außerdem nehmen wir immer noch gerne an, daß Kinder ihre diesbezüglichen Probleme überwinden könnten, *wenn sie sich nur die dazu erforderliche Mühe gäben.* Wir verstehen uns dann als eine Art Cheerleader und hoffen, die Kinder dazu bringen zu können, »selbst zu wollen«, daß sie sich besser »benehmen«. Und wir sind von ihnen (und von uns selbst) enttäuscht, wenn das problematische Verhalten trotz unserer intensiven Bemühungen nicht verschwinden will. Wir nehmen fälschlich an, Kinder könnten von einem bestimmten Alter an ihre Emotionen und ihr Verhalten willentlich beeinflussen. Doch diese Annahme ist der Hauptgrund dafür, daß viele Techniken, die Kindern mit Verhaltensproblemen helfen sollen, versagen und Beziehungen stark belasten.

Die drei Teile dieses Buches zeigen, wie wir problematische Verhaltensweisen so entschlüsseln können, daß die bei einem Kind wirksamen Ursachen und Trigger erkennbar werden. Teil I (Kapitel 1–3) definiert das Problem und Aspekte, auf die man achten muß, wenn man betroffenen Kindern helfen will. **Teil II** (Kapitel 4–6) beschreibt, was wir mit diesem Wissen anfangen und wie wir es nutzen können. **Teil III** befaßt sich mit bestimmten Populationen. In Kapitel 7 wird erläutert, wie man mit Hilfe dieses Ansatzes die Bedeutung problematischen Verhaltens bei Kindern mit einer Autismusdiagnose oder einer anderen Form von Neurodiversität entschlüsseln kann. Kapitel 8 beschäftigt sich mit Möglichkeiten, Kinder zu unterstützen, die schädlichem Streß oder traumatischen Erlebnissen ausgesetzt waren und die infolge dessen Verhaltensauffälligkeiten entwickelt haben. Kapitel 9 schließlich erklärt, was wir tun können, um Kindern und Familien zu positiven Erlebnissen zu verhelfen, die dem Streß und Druck entgegenwirken, die Menschen beim Kontakt mit einem Kind empfinden, das sich unverträglich verhält.

Weil die Neurowissenschaft ein sehr komplexes Fachgebiet ist, habe ich die Darstellung der Informationen über das Gehirn in diesem Buch zur Erleichterung des Verständnisses stark vereinfacht. Ich bin im Geiste und im Herzen eine passionierte Klinikerin (und Mutter). Konzepte der Neurowissenschaft verständlich darzustellen erscheint mir deshalb als sehr wichtig, weil ich mir zum Ziel gesetzt habe, einen großen Kreis von Interessenten zu erreichen, die von dieser neuen Sicht profitieren könnten. In diesem Zusammenhang kommt mir Popes Warnung in den Sinn: »*A little learning is a dangerous thing. Drink deep, or taste not the Pierian spring.*«[9] Obwohl es für Kliniker in der Regel schwierig sein dürfte, die Funktionsweise des Gehirns stark vereinfachend darzustellen, fühle ich mich qualifiziert für diesen Übersetzungsakt, weil ich im Rahmen meiner klinischen Arbeit über viele Jahre festgestellt habe, daß meine Vereinfachungen ihren Zweck erfüllen. Im übrigen schulde ich Dr. Porges Dank dafür, daß er sich in den letzten Jahren so großzügig die Zeit genommen hat, einige meiner Übersetzungen von Grundgedanken der Polyvagal-Theorie zu lesen, um sicherzustellen, daß meine Darstellungen das Konzept Neurozeption adäquat beschreiben.

Ein Wort im Geiste der Zusammenarbeit und des Aufbaus von Beziehungen erscheint mir angebracht: Das Buch ist nicht als Anklage oder Kritik engagierter Kollegen zu verstehen, die bei ihrer Arbeit mit Kindern traditionellere Methoden bevorzugen – und auch nicht als Kritik daran, wie Sie, liebe Leser, Ihre eigenen Kinder erziehen. Vielmehr hoffe ich, das es die Funktion einer ergänzenden Perspektive erfüllen wird, die uns die heute gebräuchlichen Ansätze in der elterlichen und schulischen Erziehung, der Entwicklungspsychologie, im Jugendstrafrecht, in der Sozialarbeit und in der Kinder- und Jugendlichenpsychiatrie aus einem neuen Blickwinkel zeigt – um Grundkonzepte in den Fokus zu rücken, die wir alle uns zu eigen machen können, um Kindern, die mit Schwierigkeiten zu kämpfen haben, zu helfen.

Das vorliegende Buch ist nicht als Ersatz für fachkundige Beratung und Unterstützung individueller Kinder zu verstehen. Als Vater oder Mutter sollten Sie sich die Unterstützung unterschiedlicher Fachkundiger sichern, um den Problemen Ihres Kindes begegnen zu können. Und falls Sie Ihre eigene psychische Gesundheit für fragil halten, sollten Sie sich auch um Unterstützung für sich selbst bemühen und Möglichkeiten der Selbstfürsorge nutzen. Ihre eigene psychische Gesundheit zu pflegen und sich um emotionale Stabilität zu bemühen ist das Beste, was Sie für Ihr Kind und für andere Kinder, um die Sie sich kümmern, tun können.

Noch eine letzte Warnung: In diesem Buch werden viele Aktivitäten beschrieben, die persönliche Reflexion erfordern. Wie bei psychologischen Methoden aller Art können auch die hier beschriebenen unerwartete Reaktionen hervorrufen. Falls eine der beschriebenen Übungen auf Sie selbst oder das Kind, mit dem Sie es zu tun haben, belastend wirkt, sollten Sie die Übung einfach beenden.

Es macht mich glücklich, Ihnen diese erfreulichen Informationen übermitteln zu können, und ich hoffe, daß es Ihnen Freude bereiten wird, sich die darin enthaltene Hoffnung weckende Botschaft zu erschließen: daß ein neuartiges Verständnis von Verhaltensweisen das Leben vieler Menschen zum Besseren zu verändern vermag, was einer menschlicheren Art, Kinder mit Verhaltensproblemen zu verstehen, zu lehren, zu behandeln und zu unterstützen, den Weg ebnet.

TEIL I

Verhalten verstehen

1

Offenlegen der verborgenen adaptiven Auswirkungen von Verhalten

»Man erinnert sich zwar mit Anerkennung der trefflichen Lehrer, aber mit Dankbarkeit jener, die zum Menschen sprachen.«
— Carl Gustav Jung, GW 17, S. 166

Als Stuart in das zweite Schuljahr kam, hatten seine Lehrer ihn schon zum »Problemkind« abgestempelt. Sie wußten, daß er aus einem liebevollen Elternhaus kam und richtig und falsch unterscheiden konnte, doch er wurde häufig handgreiflich und bekam Wutausbrüche, die während des Unterrichts in der Klasse sehr störend wirkten. Es gab eine Reihe von Fachleuten, die Stuart zu helfen versuchten, darunter einen Schulpsychologen, einen Psychotherapeuten und einen auf die Entwicklungsförderung spezialisierter Kinderarzt.

Stuarts Eltern und sein Unterstützerteam waren erleichtert, wenn es dem Jungen gelang, sein Verhalten unter Kontrolle zu behalten, was ihm manchmal über Tage oder sogar Wochen möglich war — bis er plötzlich und ohne jedes erkennbare Warnzeichen wieder auf einen Mitschüler, seinen Bruder, einen Lehrer, seine Mutter oder seinen Vater wütend wurde. Seine Probleme wurden im Laufe der Zeit immer stärker, und schließlich diagnostizierte ein Psychiater bei ihm eine Störung mit oppositionellem Trotzverhalten. Seine Eltern schickten ihn daraufhin auf verschiedene Sonderschulen und sogar in Zentren für stationäre Behandlung; aber trotz all dieser intensiven Bemühungen erzielte Stuart nur sehr geringe Fortschritte.

Im Rahmen meiner Arbeit als Kinderpsychologin begegne ich Kindern wie Stuart ständig, jungen Menschen, bei denen Erwachsene eine bestimmte Störung diagnostiziert haben, die wegen »schlechtem Benehmen« diszipliniert wurden oder die wegen Entscheidungen, die sie zu ihrem eigenen Nachteil getroffen haben, zu einer Strafe verurteilt wurden. Eltern und andere Menschen schicken solche Kinder zu Psychotherapeuten und Psychiatern wie mir in der Hoffnung, daß wir etwas zur »Heilung« ihres problematischen Verhaltens beitragen können. Im Laufe der Jahre habe ich miterlebt, daß wir alle – Eltern, Lehrer, Psychotherapeuten und Psychiater – eine Vielzahl von Techniken und Ansätzen nutzen, die zueinander oft im Widerspruch stehen, sich häufig als ineffektiv erweisen und uns frustriert und verwirrt zurücklassen.

Aber es gibt Hoffnung. Dieses Buch beschreibt eine neue Möglichkeit, Verhalten zu verstehen, und erläutert neue und nützliche Ansätze, die auf jener neuen Sichtweise basieren. Ganz gleich, ob Sie Therapeut, Lehrer, Erzieher oder Vater/Mutter sind, Sie werden eine neue Sicht auf Verhaltensweisen kennenlernen und neue Antworten auf die Frage, warum sie auftreten. Und schließlich werde ich Ihnen Werkzeuge vorstellen, die Sie nutzen können, um die Lebenssituation von Kindern und ihrer Familien zu verbessern. In diesem Kapitel untersuchen wir zunächst, was am Status quo nicht in Ordnung ist. Wir schauen uns die drei häufigsten Fehler an, die wir alle bei der Behandlung und beim Umgang mit Verhalten machen. Nachdem wir uns die Nachteile der Ansätze, die wir momentan benutzen, vor Augen geführt haben, befassen wir uns mit einer neuen Art, Verhalten zu verstehen, und fangen an, uns mit einem nützlichen, sehr weitsichtigen Ansatz zu beschäftigen, der aktuellen neurowissenschaftlichen Erkenntnissen entspricht.

Was ist gegen den Status quo einzuwenden?

Bevor wir uns der Untersuchung einer neuen Art des Umgangs mit Verhaltensproblemen zuwenden, sollten wir zu verstehen versuchen, warum uns unsere derzeitigen Bemühungen, sie zu beurteilen und zu behandeln, nicht zum Ziel führen. Wir machen immer wieder die drei gleichen Fehler: (1) Wir identifizieren die Ätiologie des störenden Verhaltens nicht korrekt, bevor wir daran zu arbeiten beginnen. (2) Wir benutzen Ansätze »von der Stange«, statt die Behandlung auf einen ganz bestimmten Menschen abzustimmen. Und (3) wir legen unseren Bemühungen keine adäquate Beschreibung des Entwicklungsverlaufs zugrunde, um sicherzustellen, daß wir zum richtigen Zeitpunkt den richtigen Ansatz benutzen. Diese drei Mängel unseres Handelns werden wir nun eingehender untersuchen.

Es gelingt uns nicht, die Ätiologie von Verhaltensweisen zu identifizieren, bevor wir sie zu verändern versuchen

Timmy verbrachte seine ersten Lebensjahre in Pflegeeinrichtungen, und als er vier Jahre alt war, hatte man bei ihm verschiedene psychische Störungen diagnostiziert. Er neigte dazu, Widerworte zu geben, wegzulaufen und andere zu schlagen; deshalb hatte er im Laufe eines Jahres dreimal die Pflegestellen wechseln müssen. Seine Wutausbrüche traten plötzlich und ohne jede Vorwarnung auf. Mit acht Jahren war Timmy so aufgebracht darüber, daß ein Sportlehrer, den er besonders mochte, in eine andere Schule versetzt worden war, daß er sich weigerte, auch nur in irgendeiner Hinsicht weiter an der Arbeit in der Klasse teilzunehmen, und als ein Lehrer ihn aufforderte, sich für das Mittagessen in eine Schlange zu stellen, stürzte Timmy einen schweren Tisch um.

Timmys Lehrer versuchten, mit diesen Vorfällen fertig zu werden, indem sie detaillierte Verhaltenspläne entwickelten, die adäquates Verhalten belohnen und dysfunktionales Verhalten durch Konsequenzen eindämmen sollten (beispielsweise durch Verbote der Nutzung elektronischer Geräte). Doch diese Versuche erwiesen sich als unwirksam. Warum? *Weil die Verhaltenspläne auf der Annahme basierten, Timmy sei in der Lage, seine Handlungen willentlich zu kontrollieren.* Das war aber nicht der Fall. Sein Verhalten basierte darauf, daß es ihm schwerfiel, seine Emotionen zu regulieren. In dieser Verfassung war es ihm einfach nicht möglich, sein Verhalten so zu verändern, daß er sich dadurch eine Belohnung hätte verdienen können. Statt das Verhalten zu verbessern, bewirkten die Verhaltenspläne nur, daß Timmy noch frustrierter und sein entstehendes Selbstbild negativ beeinflußt wurde.

Was geschah? Timmys Lehrer hatten sich entschlossen, auf sein Verhalten auf eine bestimmte Weise zu reagieren, bevor sie dessen Ursache völlig verstanden. In unserer auf das Kognitive fixierten Umgebung nehmen wir oft an, ein Kind habe sich bewußt für ein bestimmtes Verhalten – oder Fehlverhalten – entschieden. Dies spiegelt eine in unserer Kultur vorherrschende Tendenz, die Bestrafung für sinnvoll hält, wenn Kinder bestimmte Arten von »atypischem« Verhalten zeigen.

Ein Beispiel: Das *Center for American Progress* analysierte Daten aus der im Jahre 2016 durchgeführten National Survey of Children's Health (NSCH), die zeigten, daß schätzungsweise 50 000 Kinder im Vorschulalter mindestens einmal vom Vorschulbesuch suspendiert und etwa 17 000 der Schule verwiesen worden waren.[1] Ein anderer kulturspezifischer Bias (manchmal impliziter Bias genannt), der aus der Studie abgeleitet wurde, beinhaltet, daß farbige männliche Kinder bei den Suspendierungen und dem Schulausschluß generell überrepräsentiert sind. *Diese Zahlen deuten auf ein grundlegendes Mißverstehen der Bedeutung problematischen Verhaltens bei Kindern und der Möglichkeiten, diese aufzulösen, sowie auf einen in diesem Bereich immer noch wirksamen rassischen Bias.*

Wie kommt es zu solchen Fehldeutungen? *Wenn wir nicht erkennen, daß viele Verhaltensweisen Reaktionen des Körpers auf Streß sind, also kein absichtliches Verhalten, verwenden wir viel Mühe auf Versuche, Kindern zu helfen, ihre Gedanken, Emotionen und Verhaltensweisen logisch miteinander zu verbinden, obwohl sie genau das einfach – noch – nicht können.* Wie wir später noch eingehender erkunden werden, zielen wir bei unserem Umgang mit Verhalten manchmal zu hoch und manchmal zu niedrig. Zu hoch zielt die Annahme, daß das Verhalten eines Kindes das Resultat einer bewußt entwickelten Absicht ist, wenn es sich in Wahrheit um eine Reaktion auf Streß handelt. Und zu niedrig zielt die Annahme, daß es einem Kind an bestimmten Fähigkeiten *fehlt*, wenn es tatsächlich über diese verfügt. Beispielsweise können neurodiverse Kinder mit sensorischen/motorischen Besonderheiten komplexe Gedanken und Ideen entwickeln, die sie nicht ausdrücken, oder Verhaltensweisen, die sie nicht hemmen können, weil die Besonderheit ihrer Neuronenverbindungen ihnen dies verwehrt.

Wenn wir ein problematisches oder verwirrendes Verhalten sehen, sollten wir nicht gleich fragen: »Wie können wir es los werden?«, sondern: »Was sagt es uns über das Kind?«

Die Antwort auf diese Frage liefert wichtige Hinweise darauf, was als nächstes zu tun sinnvoll ist. In Kapitel 2 werden wir lernen festzustellen, ob ein Verhalten *Top-down-* (kontrollierbar, absichtlich oder geplant) oder *Bottom-up-*Charakter (reflexhaft, automatisch oder Streßreaktion) hat und welche Implikationen die Beantwortung dieser Frage für unsere Interaktionen, Behandlungswerkzeuge und Techniken hat.

Wir benutzen »Behandlungsansätze von der Stange«

Für Anna, eine Fünftklässlerin, war es fast immer sehr mühsam, den Schultag durchzustehen. Sie weigerte sich oft, überhaupt zur Schule zu gehen, und ihr Vater mußte ihr dann helfen, ins Auto zu steigen und den Klassenraum zu betreten. Anna war ängstlich und geistesabwesend, kaute auf den Fingernägeln und kniff sich in die Haut, bis sie blutete. Um diesem Verhalten etwas entgegenzusetzen, entwickelte ihre Lehrerin einen Unterstützungsplan. Wenn sie merkte, daß Anna sich wieder an ihrer Haut zu schaffen machte, forderte sie das Mädchen auf, eine »sensorische Pause« einzulegen, indem sie an den Wänden des Raumes entlangging, um sich zu beruhigen und positivere Verhaltensweisen zu fördern. Die Lehrerin hatte diese Methode früher einmal erfolgreich bei einer anderen Schülerin mit Verhaltensauffälligkeiten angewendet.

Die Strategie erwies sich bei Anna jedoch als unwirksam. Wenn die Lehrerin ihr erklärte, es sei an der Zeit für eine sensorische Pause, überkam Anna das Gefühl, die Lehrerin wolle sie vom Rest der Klasse isolieren und mache ihr auf diese Weise Vorwürfe. Anna fühlte sich befangen, während sie durch den Raum ging und von ihren Klassenkameraden betrachtet wurde. Sie schämte sich wegen ihres Verhaltens zutiefst und war verwirrt.

Die Idee der Lehrerin, Anna Gelegenheit zu einer sensorischen Pause zu geben und ihr so zu helfen, sich zu entspannen, war sicherlich in manchen Fällen sehr nützlich – *allerdings nicht bei diesem Kind.* Warum? Weil die Lehrerin nicht im Blick hatte, wie Anna die Intervention wahrnehmen würde und weil diese Intervention außerdem nicht auf die zahlreichen Gründe für Annas Gefühl emotionaler Belastung einging. Der Plan der Lehrerin ging nicht adäquat und umfassend auf Annas *individuelle Besonderheiten* ein.

Dies ist die Schwierigkeit bei vielen Paradigmen und Programmen, die Kindern mit problematischem Verhalten helfen sollen: Sie basieren auf Prinzipien, denen *generelle* Vorstellungen über die kindliche Entwicklung zugrunde liegen. *Manchmal sind diese Programme nützlich, aber oft verfehlen sie ihren Zweck, weil sie nicht auf die besonderen Bedürfnisse eines bestimmten Kindes abgestimmt sind.* So wie man an Geschirrspülern Temperatur und Dauer des Spülvorgangs genau einstellen kann, hat jedes Kind seine eigenen Settings – ein emotionales, kognitives und das Lernen betreffendes Setting, auf das es am besten anspricht. Es kostet zwar Mühe herauszufinden, welche Settings bei einem bestimmten Kind die besten Resultate zu erzielen vermögen, aber es ist wichtig, und letztlich geht es dabei um die Würdigung seiner individuellen Besonderheiten.

Individuelle Besonderheiten beinhalten in diesem Kontext alles, was sich auf die Art auswirkt, auf die ein Mensch die Welt mit Körper und Geist wahrnimmt.[2] Das schließt alles ein, was wir bewußt oder unbewußt fühlen – etwa körperliche und anderweitige Empfindungen sowie Gedanken und Gefühle.[3] Diese individuellen Besonderheiten beeinflussen dynamisch die Beziehung zwischen Kindern und ihren Bezugspersonen, sie wirken sich auf die soziale und emotionale Entwicklung und das Verhalten des Kindes ebenso aus wie auf seine Emotionsregulation und seine Fähigkeit zur Kontrolle des eigenen Verhaltens. Entscheidend ist, daß Bezugspersonen und Menschen, die beruflich mit Kindern in Kontakt kommen, die individuellen Besonderheiten eines Kindes verstehen, einschließlich seiner speziellen Bedürfnisse, seiner Präferenzen und seiner angeborenen Wesenszüge.[4] Standardmethoden sind, auch wenn sie bei einigen Kindern nützlich sein mögen, bei Kindern mit Schwierigkeiten bei der Emotions- und Verhaltensregulation oft nicht ausreichend, so bei Anna. Vor Jahrzehnten empfahlen Dr. Stanley Greenspan und Dr. Serena Wieder die Berücksichtigung individueller Besonderheiten der kindlichen Entwicklung bei der Behandlung psychischer Probleme von kleinen Kindern.[5] Als ich mich in den 1990er Jahren mit der Sicht dieser Forscher befaßte, veränderte das meine psychotherapeutische Arbeit und meinen Umgang mit meinen eigenen Kindern grundlegend.

Die individuellen Besonderheiten jedes Kindes zu verstehen ermöglicht uns, relationale und therapeutische Vorgehensweisen maßzuschneidern. Nur zu oft entwickeln wir Annahmen über die unterstützende Wirkung bestimmter Techniken und Umgebungen, ohne uns Rechenschaft darüber zu geben, ob diese auf die spezifischen Bedürfnisse des behandelten Kindes abgestimmt sind. Die Idee der Personalisierung von Behandlungsansätzen spielt mittlerweile im medizinischen Bereich eine wichtige Rolle und wird dort als *Präzisionsmedizin* bezeichnet. Es handelt sich dabei um »einen neu entstehenden Ansatz der Krankheitsbehandlung und -prävention, welcher der individuellen Variabilität hinsichtlich der Gene, der Umgebung und der Lebensweise eines bestimmten Menschen Rechnung trägt.«[6] Wir können uns die Prinzipien der Präzisionsmedizin zu eigen machen, um den Einschränkungen entgegenzuwirken, die stets mit Behandlungsmethoden verbunden sind, die individuelle Besonderheiten unberücksichtigt lassen. Dieser komplexe Ansatz kann für die Qualität der Unterstützung, die wir Kindern zu bieten vermögen, entscheidend sein. Tatsächlich wird die Art der Verbindung zwischen Gehirn und Körper des Menschen am besten durch das Wort *komplex* erfaßt. Wenn wir diese Komplexität nicht zu würdigen wissen, können uns wichtige Möglichkeiten verschlossen bleiben, Kindern in Situationen zu helfen, in denen sie diese Hilfe dringend benötigen.

Die individuellen Besonderheiten jedes Kindes zu verstehen ermöglicht uns, relationale und therapeutische Vorgehensweisen maßzuschneidern.

Ratgeber für Eltern und Bücher über die Verstärkung erwünschten Verhaltens quellen über von nützlichen allgemeinen Empfehlungen; aber die meisten von ihnen äußern sich nicht konkret darüber, wie man diese Empfehlungen mit den besonderen Bedürfnissen eines bestimmten Kindes in Einklang bringen kann. Eltern ist das klar. Eine groß angelegte Studie ergab kürzlich, 63 Prozent der daran teilnehmenden Eltern seien »skeptisch gegenüber Menschen, die ihnen Ratschläge und Empfehlungen geben, ohne mein Kind und meine spezielle Situation zu kennen.«[7] Wir müssen unsere Kommunikation mit Kindern auf das jeweilige Kind abstimmen und dabei sicherstellen, daß die Art, wie wir dies tun, *Geist und Körper des Kindes nützlich ist* – d. h., daß ein bestimmtes Kind Informationen mit Hilfe seines Körpers, seines emotionalen Systems, seiner Sinne und seiner Gedanken verarbeitet. In Kapitel 3 und im gesamten Buch werden wir untersuchen, wie wir über pauschalisierende Vorgehensweisen hinausgelangen und unsere Interaktionen und Ansätze auf die Bedürfnisse eines bestimmten Kindes abstimmen können.

Wir benutzen keinen Plan vom Entwicklungsverlauf, um zu verstehen, wann der optimale Zeitpunkt für die Anwendung eines bestimmten Ansatzes gekommen ist

Liam war sechs Jahre alt, als er in eine freie Schule versetzt wurde, von der sich seine Eltern und die Schulbehörde erhofften, sie werde den besonderen Bedürfnissen des Jungen besser gerecht werden. Liam galt als »*twice exceptional*« [= »begabt mit einer Behinderung«], er war wißbegierig, und seine schulischen Leistungen lagen über denen seiner Klassenkameraden; doch andererseits hatte er Schwierigkeiten mit der Emotionsregulation und dem sprachlichen Ausdruck, weshalb er im Unterricht häufig Wutausbrüche bekam. In der Schule, die er vorher besucht hatte, war eine Situation eskaliert, als ein Schulhelfer ihn aufgefordert hatte, ein Buch über sein Lieblingsthema – Tiere der Arktis – zur Seite zu legen und sich für das Mittagessen bereit zu machen. Statt der Aufforderung nachzukommen, hatte er den Helfer gegen dessen Schienbein getreten.

In der neuen Schule besorgte Liams Lehrer, der sich dem Jungen gegenüber besonders sensibel zu verhalten versuchte, ein wunderschönes Bilderbuch mit einem speziell für Liam angefertigten Aufdruck: »Liams Beruhigungsbuch«. Das Buch enthielt detaillierte Empfehlungen dafür, was Liam tun könnte, wenn er sich aufgebracht fühlte. Seine Eltern und das Betreuungsteam waren voller Hoffnung, daß Liams Wutausbrüche in dieser neuen unterstützenden Umgebung nachlassen würden. Einige Tage lang war das auch tatsächlich so, aber dann trat Liam wieder jemanden – diesmal einen Klassenkameraden, der ihm auf dem Spielplatz einen Ball abgenommen hatte.

Warum gelang es nicht, Liams problematisches Verhalten mit Hilfe dieses Plans unter Kontrolle zu bringen? Einer der Gründe war, daß die Methode, mit deren Hilfe man dies zu erreichen hoffte, nicht Liams Entwicklungsstand entsprach. Ein »Beruhigungsbuch« hätte zwar einem Kind mit weiter entwickelten sozial-emotionalen Fähigkeiten gute Dienste leisten können. *Aber dieses Buch setzte, um behaviorale und emotionale Bottom-up-Reaktionen stoppen zu können, die Fähigkeit zur Top-down-Verarbeitung voraus.* Liam war von seinem Entwicklungsstand her einfach – noch – nicht so weit, daß das Buch ein für ihn geeignetes Werkzeug hätte sein können.

Ein Plan des Entwicklungsverlaufs hilft uns festzustellen, welche Verhaltensweisen eine Top-down- und welche eine Bottom-up-Charakteristik haben. Nur wenn wir wissen, wo Verhaltensweisen in das umfassendere Bild der Entwicklung eines Kindes passen, können wir ihm helfen, Bedürfnisse zu äußern und sein Leid zum Ausdruck zu bringen, damit problematisches Verhalten erst gar nicht entsteht. Natürlich ist dies viel leichter gesagt als getan. Wir können ein Kind nicht einfach auffordern, sich zu beruhigen und seine Bedürfnisse verbal auszudrücken, wenn es die dazu erforderliche Fähigkeit noch gar nicht entwickelt hat. Manchmal erwarten wir, daß Kinder etwas können (beispielsweise ihr impulsives Verhalten zügeln), wozu sie aufgrund ihres aktuellen Entwicklungsstandes noch nicht fähig sind – was bei allen an der Situation Beteiligten Verwirrung und Frustration hervorrufen kann.

*Viele unserer Behandlungsansätze nehmen irrigerweise an,
Kinder könnten ihre Emotionen und Verhaltensweisen selbst regulieren, obwohl sie über diese Fähigkeit noch gar nicht verfügen.*

Beispielsweise können sich Eltern wegen des Verhaltens eines kleinen Kindes unter anderem deshalb überaus frustriert fühlen, weil sie mit völlig anderen Erwartungen als das Kind an die Situation herangehen – dies ist die sogenannte *Erwartungslücke (expectation gap)*.[8] Viele Eltern nehmen an, kleine Kinder seien in der Lage – oder »sollten« dies sein –, Dinge zu tun, die ihr Gehirn einfach noch nicht bewältigen kann.

Eine große Studie der Organisation *Zero to Three*, die das Wohl von Säuglingen und Kleinkindern zum Thema hatte, ergab, daß 56 Prozent der teilnehmenden Eltern glaubten, Kinder verfügten vor Erreichen des Alters von drei Jahren über das Maß an Impulskontrolle, das erforderlich ist, um dem Verlangen, etwas Verbotenes zu tun, widerstehen zu können. Außerdem glaubten 36 Prozent von diesen Eltern, daß schon Kinder im Alter unter zwei Jahren dies könnten. Tatsächlich beginnen Kleinkinder diese Fähigkeit *frühestens* zu entwickeln, wenn sie dreieinhalb oder sogar schon vier Jahre alt sind.[9] Aus der gleichen Studie geht hervor, daß 43 Prozent der teilnehmenden Eltern der Meinung waren, daß Kinder vor Erreichen des Alters von zwei Jahren zuverlässig zum Teilen und Turn-taking [Abwechseln beim Spielen] in der Lage sind. Sie entwickeln aber auch diese Fertigkeit erst im Alter von drei bis vier Jahren.[10]

Die Fähigkeit zur Nutzung des Top-down-Denkens zur Steuerung des eigenen Verhaltens erlangen Kinder durch die Gehirnentwicklung sowie im Rahmen des aktiven Austauschs mit ihren primären Bezugspersonen – wobei der Austausch im Laufe der Entwicklung des Kindes komplexer wird. Wenn uns klar ist, wie Kinder die zur Selbstkontrolle erforderlichen Fertigkeiten entwickeln, hilft uns das herauszufinden, worauf wir unsere Bemühungen konzentrieren müssen, um ein Kind seiner individuellen Situation entsprechend zu unterstützen.

Dr. Greenspan und Dr. Wieder stellten einen Plan des Entwicklungsverlaufs vor, der einen eleganten konzeptionellen Zugang zum Verständnis der sozialen und emotionalen Entwicklungsmeilensteine eines Kindes erschließt.[11] Ohne eine solche Orientierungshilfe fehlt uns der *Kontext* für eine sinnvolle Nutzung unserer Werkzeuge und Techniken. Unter anderem deshalb gelingt es uns oft nicht, verletzliche Kinder mit starken Problemen hinsichtlich ihres Verhaltens und ihrer Emotionen angemessen zu unterstützen. In Kapitel 2 werden wir uns mit der sozial-emotionalen Entwicklung und ihrer Nutzung als Orientierungshilfe beschäftigen, um uns darüber klar zu werden, ob (und wann) ein Kind die Top-down- oder die Bottom-up-Verarbeitung nutzt. Das Verhalten des Kindes im Kontext seiner sozialen und emotionalen Prozesse zu betrachten hilft uns, unsere Entscheidungen darüber zu treffen, was wir sagen (oder tun) bzw. nicht sagen (und nicht tun) sollten, wenn bei einem Kind schwerwiegende Verhaltensstörungen auftreten.

Viele Experten für das Thema Eltern und Verhalten im allgemeinen vertreten immer noch die Auffassung, man solle Kindern beibringen, sich »besser zu benehmen«. Einem Kind etwas beizubringen ist eine gute Idee, wenn das Kind sich auf einem neurologischen Entwicklungsstand befindet, auf dem es in der Lage ist, etwas, das jemand ihm beibringen will, aufzunehmen. Doch das Fundament, das vorhanden sein muß, wenn man Kindern helfen will, entsteht, wenn sie Liebe, Sicherheit und Verbundenheit in Beziehungen erleben. Emotionale Co-Regulation im Kontakt mit fürsorglichen Erwachsenen läßt die Fähigkeit zur Selbstregulation entstehen. Im weiteren Verlauf dieses Buches wird diese Unterscheidung immer klarer werden. Wir müssen wissen, wann wir gleich mit der Nutzung von Bottom-up-Ansätzen beginnen können, wenn das vorliegende Problem Bottom-up-Charakter hat. Nur zu oft verlassen wir uns, wenn es um die Lösung von Bottom-up-Problemen geht, ausschließlich auf Top-down-Ansätze – mit der Folge, daß alle Beteiligten frustriert werden.

Ein neues Verständnis von Verhalten

Nachdem wir uns nun mit den wichtigsten Fehlern beim Umgang mit Verhalten beschäftigt haben, können wir uns der Erforschung einer neuen Art, Verhalten zu rahmen und zu verstehen, zuwenden – einer Sicht, die zur Entwicklung eines effektiveren und erfolgreicheren Umgangs mit Verhaltensproblemen beitragen wird.

Was ist Verhalten?

Führen wir uns zunächst einmal vor Augen, was Verhalten ist: Verhalten ist die beobachtbare Reaktion auf unsere inneren und äußeren Erlebnisse.[12] Diese weit gefaßte Definition legt nahe, daß Verhaltensweisen äußere Manifestationen der Prozesse im Inneren eines Menschen (die Art, wie er Informationen aus der Umgebung verarbeitet), seiner Emotionen, Gedanken und Intentionen sind. Nur zu oft basieren unsere Empfehlungen, Behandlungspläne und Entscheidungen über die Nutzung bestimmter Behandlungstechniken auf dem, was wir sehen, ohne daß wir angemessen in Betracht ziehen, was unter dem Sichtbaren verborgen liegt.

Statt dessen sollten wir besser über einen anderen Ansatz nachdenken, eine Möglichkeit, die vielen weniger offen-sichtlichen – also sichtbaren – Faktoren zu berücksichtigen. Demnach sollten wir uns Verhalten als die Spitze eines Eisbergs vorstellen – als den Teil eines Menschen, den wir leicht sehen oder erkennen können. Diese Spitze beantwortet uns »Was?«-Fragen über den Betreffenden. Ebenso wie wir von einem Eisberg nur die Spitze sehen, wohingegen der größte Teil seiner Masse unter Wasser verborgen ist, können wir das Verhalten von Kindern in dem Bewußtsein beobachten, daß viele Faktoren, die dabei eine Rolle spielen, dem Blick entzogen sind.[13]

Wie bei einem Eisberg befindet sich unter dem sichtbaren ein wesentlich größerer Teil, der zwar unsichtbar, aber viel wichtiger als der sichtbare ist. Dort ist die wertvolle Information verborgen, die uns helfen kann, das »Warum« des Verhaltens eines Kindes zu verstehen, wozu auch vielfältige Hinweise auf potentielle Ursachen und Trigger zählen.

Eine weitere positive Auswirkung eines Blicks unter die Spitze eines Eisbergs ist, daß diese Perspektive uns herauszufinden hilft, welche Verhaltensweisen wir besser nicht verändern sollten. Viele Kinder zeigen Verhaltensweisen wie beispielsweise ungewöhnliche Bewegungen ihres Körpers, die ihnen helfen, sich zu konzentrieren oder sich wohlzufühlen – und ihre Lehrer oder Eltern versuchen dann, diese Verhaltensweisen zu verändern, weil sie diese für den Ausdruck eines Mangels halten, statt eine potentielle Stärke darin zu erkennen. Beispielsweise entwickeln Therapeuten für viele Kinder, bei denen Autismus diagnostiziert wurde, Verhaltenspläne, die darauf abzielen, Bewegungsbesonderheiten zu eliminieren, ohne daß sich jemand die Mühe gemacht hätte zu untersuchen, ob diese Bewegungen für das Kind irgendwelche positiven Auswirkungen haben oder welche adaptiven Funktionen sie erfüllen könnten. Wir werden uns in Kapitel 7 damit beschäftigen, warum es wichtig ist, bei der Unterstützung von Kindern mit einer Autismusdiagnose sehr vorsichtig vorzugehen. Genaueres Hinschauen kann uns den Sinn aller Verhaltensweisen erschließen, so daß wir dann kompetenter darüber entscheiden können, wie wir am besten mit ihnen umgehen (und was wir besser nicht tun) sollten.

Nur zu oft sind wir so stark auf das Sichtbare fixiert, daß wir uns nicht die Zeit nehmen, unter die Oberfläche zu schauen.

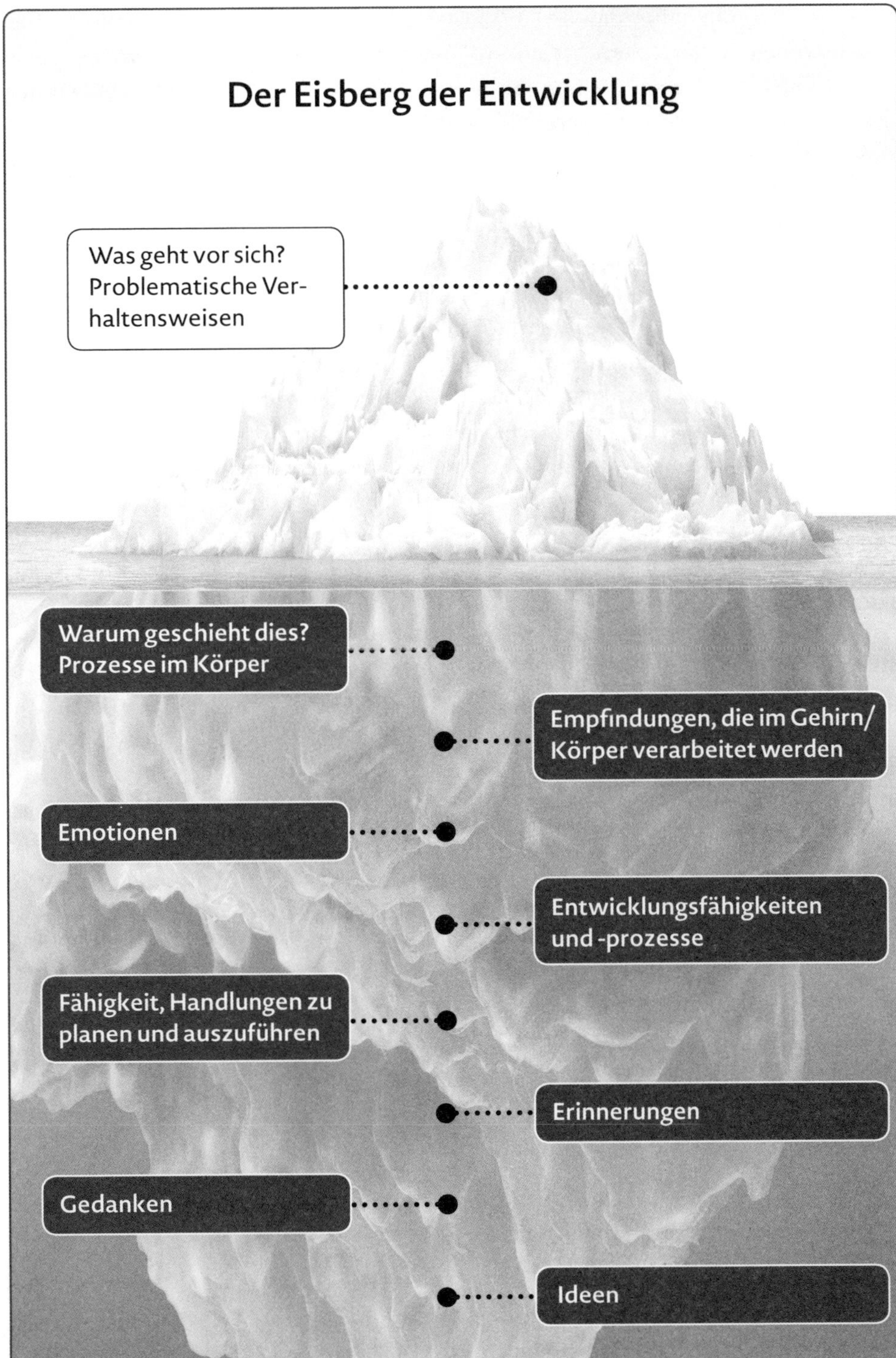
Der Eisberg der Entwicklung
Was geht vor sich? Problematische Verhaltensweisen
Warum geschieht dies? Prozesse im Körper
Empfindungen, die im Gehirn/Körper verarbeitet werden
Emotionen
Entwicklungsfähigkeiten und -prozesse
Fähigkeit, Handlungen zu planen und auszuführen
Erinnerungen
Gedanken
Ideen

Einer der Gründe dafür, daß es so schwierig ist, hartnäckige problematische Verhaltensweisen zu verändern, ist unsere Tendenz, uns dabei auf die falschen Ziele zu konzentrieren. Haben wir nur das beobachtbare Verhalten im Blick, entgeht uns das umfassendere, vollständigere Bild. Was können wir tun, um dieses größere Bild zu sehen? *Wir können uns jedes Kind aus einer neuen Perspektive anschauen, ohne das Kind reflexhaft zu beschuldigen.* Diese Fähigkeit zur bewußten Veränderung des Fokus erlernen die Teilnehmer von Ausbildungen für Berufe, die sich der Betreuung und Erziehung von Kindern widmen, nicht systematisch. Beispielsweise empfehlen Joe Federaro und Sandra Bloom, führende Vertreter einer traumabewußten psychiatrischen Betreuung und Mitbegründer der Sanctuary-Programme: »Wir müssen bewußt unsere Einstellungen verändern, um die grundlegende Frage, die wir stellen, wenn wir mit einem Menschen in Schwierigkeiten oder einem Schwierigkeiten hervorrufenden Menschen konfrontiert sind, von ›Was stimmt nicht mit dir?‹ zu ›Was hast du erlebt?‹ und ›Wie können wir dir helfen?‹ zu verwandeln.«[14]

Wenn wir nachschauen, was sich bei einem Eisberg unter der Wasseroberfläche befindet, können wir auch von der Annahme, daß mit einem Kind »etwas nicht stimmt«, abrücken, indem wir uns die Frage stellen: »Was erlebt dieses Kind in diesem Moment in seinem Körper und Geist?«

Die effektivste Möglichkeit, Kindern zu helfen, besteht darin, *sowohl* das Sichtbare (die Spitze des Eisbergs) *als auch* das unter der Oberfläche Verborgene zu betrachten. Warum tun wir das nicht grundsätzlich immer? Warum beurteilen wir das Verhalten eines Kindes als »gut« oder »schlecht«, ohne die diesem Verhalten zugrunde liegenden Ursachen völlig zu verstehen? Das ist unter anderem deshalb so, weil wir, die wir Kinder lieben und beruflich mit ihnen arbeiten – Eltern, Lehrer, Pflegeeltern, Betreuer, Mitglieder der erweiterten Familie und ehrenamtliche Helfer –, nicht über einen gemeinsamen Wissensfundus verfügen, der die hier vorgestellte aktuelle Sicht umfaßt, welche der Komplexität der Verbindung zwischen Körper, Gehirn und Geist gerecht wird.[15]

Diese Lücke versuche ich mit dem hier vorliegenden Buch zu füllen. Ich werde darin beschreiben, welche Vorteile es hat, problematische Verhaltensweisen durch eine neue, mehr erfassende Linse zu sehen und so eine Perspektive zu erschließen, die eine dynamische Synthese dreier Bereiche ermöglicht: (1) neurowissenschaftlicher Erkenntnisse, wie Dr. Stephen W. Porges sie in der von ihm formulierten Polyvagal-Theorie entwickelt hat, wobei das Prinzip der Neurozeption eine besonders wichtige Rolle spielt; (2) der sozial-emotionalen Entwicklung; und (3) einer Wertschätzung individueller Besonderheiten.

In Teil I des Buches werden wir zunächst im vorliegenden Kapitel den erstgenannten Bereich untersuchen – Möglichkeiten einer klinischen Nutzung der Polyvagal-Theorie. In Kapitel 2 beschäftigen wir uns mit der sozial-emotionalen Entwicklung und in Kapitel 3 schließlich mit den individuellen Unterschieden zwischen

Menschen. In Teil II des Buches und in seinem gesamten weiteren Verlauf werden wir uns dann mit Möglichkeiten der praktischen Anwendung des im ersten Teil Erläuterten beschäftigen und damit, wie wir diese Möglichkeiten nutzen können.

Die Polyvagal-Theorie ermöglicht ein neues Verständnis von Verhalten

Dr. Stephen W. Porges ist Neurowissenschaftler und Mitglied der Fakultäten des Kinsey Institute an der Universität von Indiana sowie der University of North Carolina in Chapel Hill. Die von ihm entwickelte Polyvagal-Theorie präsentiert eine bemerkenswerte Erklärung für die bidirektionale Zusammenarbeit von Gehirn und Körper mit dem Ziel, das Überleben und Gedeihen von Menschen zu sichern.[16] Diese komplexe neue Theorie erschloß mir eine neuartige Würdigung der adaptiven Funktion des problematischen Verhaltens von Kindern. Durch die Polyvagal-Theorie lernte ich auch neurowissenschaftliche Zusammenhänge kennen, die mir die Entwicklung neuer und effektiverer Strategien ermöglichten, Kindern und ihren Familien zu helfen.

Wie Dr. Porges erklärt, bringt Verhalten zum Ausdruck, wie das menschliche Nervensystem die Reaktion des Körpers auf Streß ununterbrochen reguliert.[17] Zeigt ein Kind also permanent problematische Verhaltensweisen, so weist das darauf hin, daß sein Nervensystem sich automatisch an verschiedene Formen von Streß anpaßt und auf sie reagiert.

Im Sinne der Polyvagal-Theorie verstehen wir Verhaltensweisen als *adaptive* Reaktionen auf die ständigen Veränderungen der Befindlichkeit des Nervensystems als eine Demonstration phylogenetischer Kompetenz – als Ausdruck des menschlichen Bestrebens, zu überleben und zu gedeihen.[18]

> *Als Menschen gehen wir unseren Weg verwurzelt in unseren biologischen Überlebensinstinkten – Prozessen, die uns helfen weiterzuleben –, und unsere »Psychologie« basiert darauf, wie unsere Bezugspersonen unseren biologischen Wahrnehmungen der Umgebung begegnen.*[19]

Die Überlebensinstinkte sind bei uns allen weiter aktiv, wie Dr. Porges erklärt, und sie manifestieren sich in Form dreier neurophysiologischer Zustände: als soziale Verbundenheit, Defensivreaktion (in Form von Kampf oder Flucht) oder als Shutdown (im Falle von Lebensgefahr). Obwohl das System für soziale Verbundenheit das phylogenetisch neueste und adaptivste ist, können wir alle drei Systeme als adaptiv bezeichnen, weil unser Überlebenstrieb sie dazu bringt, unseren Körper an einen sicheren Ort zu befördern, wenn wir uns nicht sicher fühlen.[20] Im Grunde beeinflußt der viszerale Zustand (der physiologische Zustand unseres Körpers) das

Verhalten und die Reaktionen von Kindern, um ihnen zu helfen, mit ihrem einzigartigen Erleben des In-der-Welt-Seins zurechtzukommen.[21]

Verhaltensweisen als Adaptationen zu verstehen veränderte meine Art, Kinder mit Verhaltensauffälligkeiten sowie mit emotionalen und entwicklungsbezogenen Differenzen und ihre Familien zu sehen, zu diagnostizieren und zu unterstützen. Diese neue Sicht- und Handlungsweise unterscheidet sich radikal von der Sicht und den Methoden der Behandlung von Kindern mit Verhaltensproblemen, die ich in meiner Ausbildung erlernt hatte. Im Sinne jenes *medizinischen Modells* lernte ich, mich auf beobachtbares Verhalten zu konzentrieren und Symptomcluster als Störungen, die zu behandeln waren, zu verstehen. Der hier vorgestellte neue Ansatz hingegen konzentriert sich auf die *Prozesse*, die bestimmte Verhaltensweisen *verursachen*.[22] Diese Sicht erschließt uns eine umfassendere Möglichkeit, Kinder mit anhaltenden Verhaltensproblemen zu unterstützen.

Paradigmen, die sich ausschließlich auf Verhalten konzentrieren, stellen in der Regel die Frage: Was gewinnt das Kind durch sein Verhalten? (Aufmerksamkeit? Kontrolle?) Das hier vorgestellte neue Paradigma wirft eine andere Frage auf: Was sagt uns das Verhalten über die neurophysiologischen Prozesse, die bei diesem Kind stattfinden?

Neurozeption: Ein Leitprinzip

Das von Dr. Porges neu vorgestellte Konzept der Neurozeption liefert uns einen Schlüssel zum Verständnis von Verhaltensweisen als Adaptationen. Dr. Porges führte diesen Begriff im Jahre 2004 als Bezeichnung für die permanente unterbewußte Überwachung von Gehirn und Körper auf in der Umgebung bestehende Sicherheit oder Gefahr neu ein.[23] Manchmal registrieren Körper und Gehirn eine Bedrohung, obwohl die Person im betreffenden Augenblick in Sicherheit ist; umgekehrt kann auch Sicherheit registriert werden, obwohl eine Gefahr besteht. Dr. Porges bezeichnet dieses Phänomen als *gestörte Neurozeption (faulty neuroception)*, und nach seiner Auffassung ist dieses Phänomen die Hauptursache für viele psychische Störungen.[24]

Wahrscheinlich liegt es auch vielen problematischen Verhaltensweisen zugrunde. Demnach sind schwerwiegende und anhaltend auftretende problematische Verhaltensweisen Reaktionen eines Kindes auf die unterbewußte Wahrnehmung von Gefahren in der physischen oder relationalen Umgebung. Verhält sich ein Kind defensiv (indem es kämpft, flieht oder in einen Shutdown-Zustand verfällt), befindet sich sein Körper in einem Prozeß, der das Überleben sichern soll. Solche inneren Prozesse finden »unter der Oberfläche« statt; beobachten können wir nur die daraus resultierenden problematischen Verhaltensweisen.

Was verursacht Störungen der Neurozeption? Manchmal reagieren Kinder in ihrer Beurteilung von Situationen oder ihrer Umgebung zu stark oder zu schwach. Ein Kind mit einem besonders empfindlichen Nervensystem oder einer Traumavorgeschichte kann auch dann eine Gefahr in der Umgebung wittern, wenn es sich in Sicherheit befindet, und es kann aufgrund seiner falschen Einschätzung Defensivreaktionen initiieren – ein Ausdruck seiner gestörten Neurozeption. Wir werden uns in diesem Buch immer wieder mit Beispielen dafür beschäftigen, wie uns das Verständnis des Phänomens Neurozeption helfen kann, die Ursachen von Verhaltensproblemen zu entschlüsseln.[25]

Nach meiner Auffassung ist die Neurozeption das für den Umgang mit Kindern wichtigste Konzept, ganz gleich, ob es sich um elterliche Fürsorge, psychische Gesundheit, frühe psychotherapeutische Interventionen, Erziehung oder die Tätigkeit aller mit Kindern arbeitenden Professionen handelt. Die Eleganz dieses Konstrukts besteht darin, daß es alle Dimensionen des Verhaltens umfaßt und daß es sich konkret auf den menschlichen Zustand bezieht. Und wenn wir die Wirkung von Sicherheit auf das menschliche Verhalten untersuchen, können wir feststellen, daß die unterbewußte Wahrnehmung von Sicherheit den *physiologischen Zustand* des Kindes (und seiner Bezugspersonen) reguliert und daß dies eine wichtige vermittelnde Variable ist – eine Variable, die den Raum zwischen einem Reiz und einer Reaktion beeinflußt.[26]

Wie wir in Kapitel 4 sehen werden, verändert das Konzept der Neurozeption unsere Art, auf Verhalten zu reagieren.

> *Statt uns auf das zu konzentrieren,* was wir mit Kindern tun, *priorisieren wir unsere Art,* mit ihnen zusammen zu sein. *Statt das Eliminieren von Verhaltensweisen in den Vordergrund zu stellen, müssen wir Kindern (auf ihr Nervensystem speziell abgestimmte) Signale für Sicherheit übermitteln, die spontane Manifestationen von Verhalten ermöglichen, das soziale Verbundenheit zum Ausdruck bringt.*[27]

Diese Vorstellung – daß sich Menschen sicher fühlen müssen, um die kognitiven Fähigkeiten ihres Gehirns nutzen zu können – ist im Bereich der Neurowissenschaft allgemein anerkannt. Das von Dr. Bruce Perry entwickelte *Neurosequential Model of Therapy* (NMT) beispielsweise konstatiert, daß wir nur dann eine effektive Verbindung zu Kindern aufbauen können, wenn wir zunächst *regulieren,* um dann zu ihnen *in Beziehung treten* und schließlich in einen kommunikativen Austausch zu ihnen treten zu können.[28] Daniel Siegel und Tina Bryson greifen diese Idee in ihrer das ganze Gehirn einbeziehenden Strategie für Eltern mit Namen *Connect and Redirect* auf, derzufolge interpersonale Verbundenheit *allen unseren Interaktionen mit Kindern* zugrunde liegt.[29] Um Kindern mit Verhaltensproblemen helfen zu können, muß man demnach zunächst eine vom Gefühl der Sicherheit geprägte Beziehung zu ihnen aufbauen.

Moment mal, was ist denn nun mit den Diagnosen?

Als ich vor vielen Jahren die Graduate School besuchte, studierte ich das *Diagnostische und Statistische Manual* (DSM) der American Psychiatric Association, um Menschen mit emotionalen, behavioralen, entwicklungsbasierten und psychischen Störungen zu behandeln.[30] Damals galt das DSM als progressiv, als geeignetes Werkzeug für Kliniker, die Patienten dazu verhelfen wollten, sich besser zu fühlen, und die ihr Leiden zu verringern versuchten. Seither hat sich die Situation stark verändert. Das DSM ist zwar nach wie vor ein wichtiges Diagnosewerkzeug (und für Entscheidungen über die Verpflichtung von Krankenversicherungen zur Kostenübernahme und über die Gewährung von Sozialhilfe unverzichtbar), aber wir können unsere diagnostischen Entscheidungen heute durch einen differenzierteren Ansatz, der sich nicht auf die Zuschreibung diagnostischer Etiketten verläßt, sondern sich mit der Störungen zugrunde liegenden Kausalität beschäftigt, verbessern.

Wissen aus vielen Fachbereichen – einschließlich der affektiven und kognitiven Neurowissenschaft – wirft neues Licht auf die Ursachen menschlichen Verhaltens, auf die Rolle der Emotionen dabei und darauf, wie Menschen sich in Geist und Körper an auftauchende Probleme anpassen. Indem wir mehr darüber lernen, welchen Wert die Konzentration auf diese Ursachen für uns hat, *verlieren die diagnostischen Etiketten an Bedeutung,* und *das Feststellen der zugrundeliegenden Kausalität tritt in den Vordergrund.*

Diese Transformation findet sogar in den Richtlinien der *National Institutes of Mental Health* (NIMH) ihren Niederschlag. Im Jahre 2013 nahmen die NIMH Abstand von dem Prinzip, Forschungsprojekte nur zu finanzieren, wenn sie auf den DSM-Kriterien basierten.[31] Warum? Weil führende Wissenschaftler sich mittlerweile darüber einig sind, daß es wichtiger ist, Ursachen zu identifizieren, die nicht unbedingt den diagnostischen Kategorien entsprechen, als sich an Symptom-Checklisten wie denjenigen des DSM-5 zu orientieren. Die NIMH stützen diese veränderte Sicht, indem sie Forschungsprojekte unterstützen, die sich mit für ein ganzes Spektrum menschlicher Verhaltensweisen und Störungen relevanten *grundlegenden Prozessen* beschäftigen.[32]

STUART

Zugrundeliegende Ursachen

Unter Berücksichtigung dessen, was wir in diesem Kapitel über Verhaltensweisen gelernt haben, schauen wir uns nun Stuarts Fall an, des jungen Mannes, dem es so schwerfiel, seine Wutausbrüche zu zügeln. Seit er als Kleinkind adoptiert worden war, reagierte er übertrieben stark auf alltägliche Erlebnisse. Oft brachte ihn ein scheinbar sehr schwacher Trigger – beispielsweise ein Fremder von bestimmtem Aussehen oder mit einer charakteristischen Stimme – in Rage. Als kleines Kind war er oft vor großen Menschengruppen davongelaufen oder hatte sich geweigert, bei Zusammentreffen mit anderen zu sprechen. Später weigerte er sich notorisch, einfachen Bitten seiner Eltern oder seiner Erzieher im Kindergarten* nachzukommen. In der Grundschule entwickelte sich dieser mutmaßliche Ungehorsam zu einem Muster des Trotzes und des Lügens über Verhaltensweisen.

Das Problem war, daß zu viele Menschen in Stuarts Leben sich auf sein *beobachtbares Verhalten* konzentrierten – auf die sichtbare Spitze des Eisbergs seiner Entwicklung –, statt sich die Mühe zu machen, sich um ein Verständnis der unter der Oberfläche verborgenen Ursachen zu bemühen.

Als Ärzte ihm wegen seines »oppositionellen Trotzverhaltens« Behandlungen und Medikamente verschrieben, halfen diese jeweils einige Wochen lang, aber das Trotzverhalten blieb Jahr um Jahr weiter bestehen. Warum hörte Stuart nicht auf, sich auf diese Weise zu äußern? Weil die Behandlungsversuche auf das falsche Ziel gerichtet waren. Sie fokussierten auf das *sichtbare* Verhalten statt auf dessen *zugrundeliegende* Ursachen.

Was ihm schließlich half, war ein multidisziplinäres Team, dem seine Eltern, Lehrer, Therapeuten und Ärzte angehörten. Dieses Team betrachtete den ganzen Eisberg des Jungen aus verschiedenen Perspektiven und in seinen verschiedenen Dimensionen. Es informierte sich über Stuarts soziale und emotionale Entwicklung und fand heraus, daß der Junge seit seiner Zeit als Kleinkind mit einem wichtigen Entwicklungsschritt Schwierigkeiten gehabt

* Die Bedeutung des amerikanischen Wortes »*kindergarten*« ist eine andere als die des deutschen Kindergartens. Es handelt sich um ein Schuljahr vor der offiziellen ersten Klasse, *grade 1*, also einen »*grade zero*«. Die amerikanische *pre-school* hingegen ist der deutsche Kindergarten. Zur Verdeutlichung dieses Unterschieds wird in diesem Buch, wenn es um die *pre-school* geht, von Kindergarten die Rede sein, und wenn es um den amerikanischen »*kindergarten*« geht, von »Klasse Null«. Anm. d. Übers.

hatte: mit der Aufrechterhaltung eines ruhigen Zustandes in seinem Körper. Deshalb erlebte er viele alltägliche Aktivitäten und Empfindungen als Streß erzeugend.

Stuart litt unter einer gestörten Neurozeption. Warum? Weil er seit der Zeit seiner Adoption unter emotionalen Problemen litt, obwohl seine Adoptiveltern sich große Mühe gegeben hatten, ihm zu helfen. Weil sein Problem viele Jahre lang unentdeckt geblieben war, konnten alltägliche Ereignisse und die Stimmen einiger Menschen ihn in Rage bringen: Er nahm bestimmte alltägliche Phänomene als bedrohlich wahr. Auch als er älter wurde, beeinflußten diese Erlebnisse als Erinnerungsfragmente weiterhin seine Wahrnehmungen und sein Verhalten. Durch Fragmente wie diese entstehen *implizite Erinnerungen*, starke Kräfte, die dem Einfluß früherer Erlebnisse unterliegen, an die sich die Betroffenen nicht mehr bewußt erinnern.

Zu einem frühen Zeitpunkt in Stuarts Leben hatte ein Sozialarbeiter seinen Eltern erklärt, die Verhaltensweisen des Jungen seien wahrscheinlich erlernte Reaktionen, die verstärkt würden, wenn man ihnen Aufmerksamkeit schenke. Demnach hatten die Eltern und andere durch die Art ihrer Reaktionen auf Stuart sein problematisches Verhalten verstärkt oder getriggert. Doch das traf nicht zu. Die Diagnose, die man Stuart zugeschrieben hatte – Störung mit oppositionellem Trotzverhalten –, hatte ihm nicht weitergeholfen. Was ihm letztlich half, war, daß sein Behandlungsteam sich sein Verhalten aus der Perspektive eines Ansatzes anschaute, der relationale Sicherheit in den Vordergrund stellte und seine individuellen Besonderheiten respektierte. Als den Mitgliedern des Teams schließlich klar war, daß sein Verhalten auf einem unbegründeten Gefühl drohender Gefahr basierte, konnten sie adäquat auf die Situation eingehen, und schließlich gelang es Stuart auf diese Weise, den Weg zu seiner Heilung anzutreten.

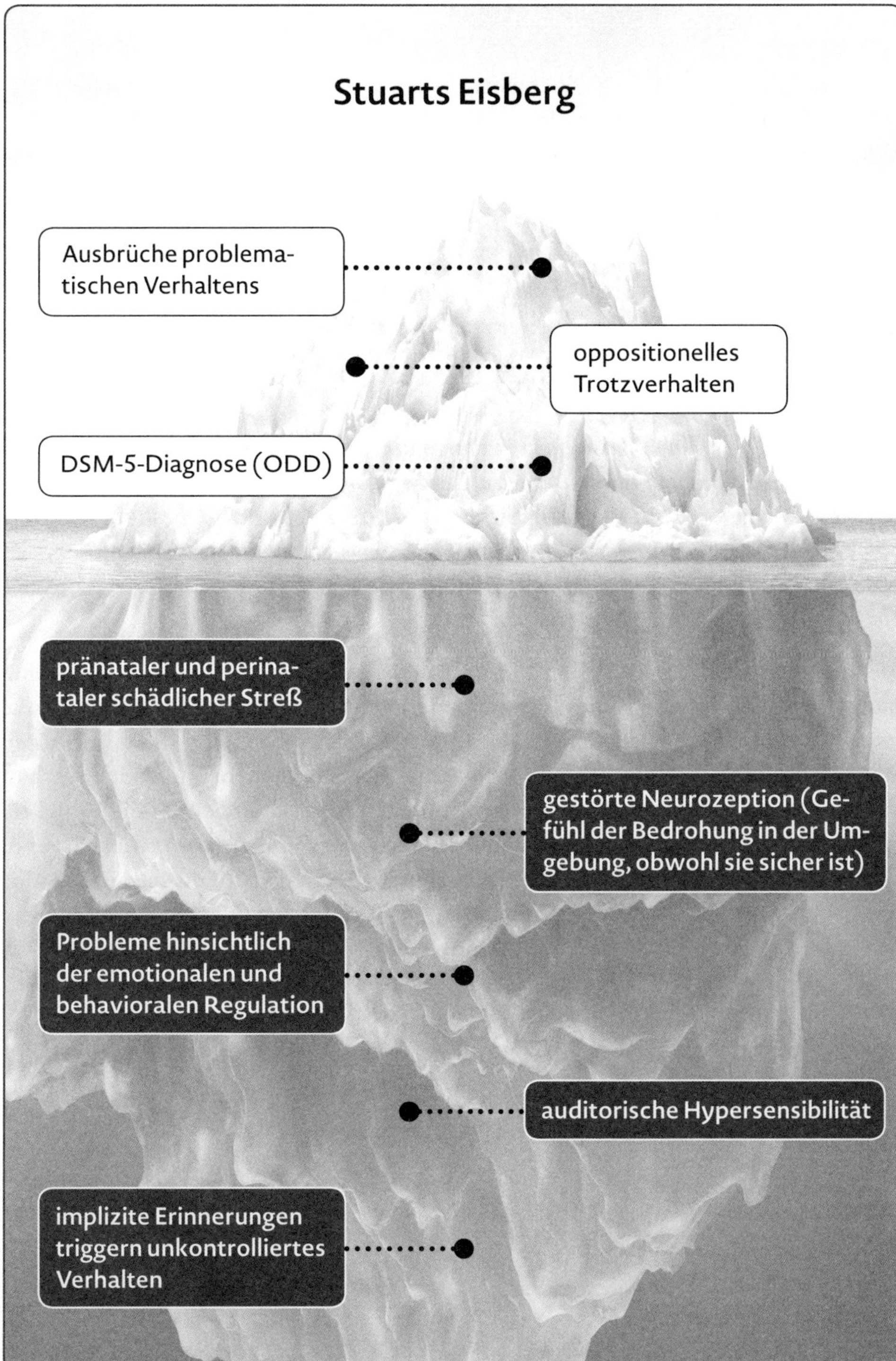
Stuarts Eisberg
Ausbrüche problematischen Verhaltens
oppositionelles Trotzverhalten
DSM-5-Diagnose (ODD)
pränataler und perinataler schädlicher Streß
gestörte Neurozeption (Gefühl der Bedrohung in der Umgebung, obwohl sie sicher ist)
Probleme hinsichtlich der emotionalen und behavioralen Regulation
auditorische Hypersensibilität
implizite Erinnerungen triggern unkontrolliertes Verhalten

Aus Verhalten lernen

Wie Stuarts Geschichte zeigt, beinhalten problematische Verhaltensweisen ein Paradox. Eltern, Erzieher und Psychotherapeuten sehen sie oft als von Übel an, als Anlaß zur Sorge und für Konflikte. Aber gleichzeitig ist mit ihnen ein klarer Nutzen verbunden, und sie können die Überlebenschancen von Menschen stark verbessern. *Ein Kind, das sich schlecht zu benehmen scheint, paßt sich durch sein Verhalten an eine aktuelle Situation an und sichert dadurch sein Überleben in der Situation. Statt Verhaltensweisen nur als Schwierigkeiten anzusehen, die wir überwinden müssen, ist es sinnvoller, sie als eine Art Anleitung zur Unterstützung des Nervensystems des Kindes zu verstehen.*

Wenn wir Verhaltensweisen in einem umfassenden Zusammenhang und im Rahmen eines holistischen Gehirn/Körper-Paradigmas verstehen, lernen wir, den Unterschied zwischen der Durchsetzung einer bestimmten Verhaltensnorm und der Entwicklung der Fähigkeit zur Emotionsregulation, die der Verhaltenskontrolle zugrunde liegt, zu erkennen.

Wenn wir uns diese neue Sicht zu eigen machen und Verhaltensweisen als Bemühungen um Adaptation verstehen, wenden wir uns vom Ziel *behavioraler Compliance* ab und entscheiden uns für die Priorisierung *emotionaler und relationaler Sicherheit* unter Berücksichtigung individueller Besonderheiten, und dadurch schaffen wir für das betreffende Kind einen optimalen Zustand, in dem es die Fähigkeit zur Selbstregulation und zur bewußten Kontrolle seines Verhaltens entwickeln kann.

Nachdem wir uns mit einigen neurowissenschaftlichen Fakten befaßt haben, die uns helfen, Verhaltensweisen als Adaptationen zu verstehen, müssen wir feststellen, wie diese Erkenntnisse in das umfassendere Bild der sozial-emotionalen Entwicklung hineinpassen. Und das ist das Thema des zweiten Kapitels.

Zusammenfassung der Hauptpunkte dieses Kapitels

- Die drei wichtigsten Mängel traditioneller Ansätze für die Behandlung von Verhaltensproblemen bei Kindern sind: (1) die Ätiologie von Verhalten nicht zu klären, bevor wir es zu verändern versuchen; (2) bei jedem Kind die gleiche Vorgehensweise zu benutzen; und (3) keinen am Entwicklungsverlauf orientierten Plan zugrunde zu legen, um sicher sein zu können, daß wir zum richtigen Zeitpunkt den richtigen Ansatz benutzen.
- Neurozeption, ein von Dr. Porges entwickeltes Konzept, ist das ständig aktive unterbewußte System in Gehirn und Körper, das die Umgebung auf Sicherheit oder Gefahr hin überwacht.
- Die psychische Gesundheit von Kindern hängt davon ab, wie die Bezugspersonen mit der Neurozeption der relationalen und physischen Umgebung umgehen.
- Wir müssen lernen, den Unterschied zwischen absichtlichem »schlechtem Benehmen« und Reaktionen auf Streß zu erkennen.
- Unsere Behandlungsansätze und die elterliche Erziehung profitieren allesamt davon, wenn wir relationale Sicherheit als wichtigstes Ziel unserer Interventionen ansehen und dementsprechend handeln.

2

Top-down oder Bottom-up?

Bevor wir auf Verhalten reagieren, müssen wir seinen Ursprung verstehen

»Soziales Verhalten und die Fähigkeit, mit einer Herausforderung fertig zu werden, hängen von der neuronalen Regulation des physiologischen Zustandes ab.«

— Dr. Stephen W. Porges

Seit Rinaldo in die Klasse Null der Grundschule gekommen war, hatte er Verhaltensprobleme gehabt. Zu Beginn der zweiten Klasse war seinem Lehrer aufgefallen, daß er nicht in der Lage war, Anweisungen zu befolgen, und daß er häufig Mitschüler schlug oder ihnen Spielzeuge und andere Dinge abnahm. Das tat er auch noch nach mehrfachen Aufforderungen, damit aufzuhören. Als ein Team für ihn einen individualisierten Erziehungsplan (IEP) entwickeln wollte, gingen die Beteiligten an das beschriebene Problem mit der Zielsetzung heran, daß Rinaldo »seine Worte zu benutzen lerne, um anderen zu sagen, was er möchte oder wie er sich fühle, statt zu versuchen, dies durch sein physisches Verhalten auszudrücken.«

Hätte er das nur gekonnt! Trotz wiederholter Ermahnungen setzte Rinaldo sein impulsives, disruptives Verhalten unvermindert fort. Lehrer und Eltern erinnerten ihn immer wieder an das Vereinbarte, und er bemühte sich auch wirklich, es zu beherzigen; aber er war einfach nicht in der Lage, seine Probleme auch nur mit einem Minimum an Verläßlichkeit mit sprachlichen Mitteln zu lösen. Das IEP-Team verschob den festgelegten Termin für das Erreichen des formulierten Verhaltensziels immer wieder auf das jeweils nächste Schuljahr. Es versäumte, sich eine einfache Frage zu stellen: »*Warum* ist Rinaldo nicht in der Lage, seine verbalen Fähigkeiten zu nutzen, statt impulsiv auszuagieren?«

Die Antwort auf diese nie gestellte Frage hätte gelautet, daß Rinaldo noch gar nicht über die Fähigkeit verfügte, mit Hilfe von Wörtern Empfindungen, Ideen oder Gefühle zu repräsentieren. Kinder erlangen diese Fähigkeit in einem bestimmten Alter. Sie tritt erst zutage, nachdem sie sich viele andere dafür erforderliche Fertigkeiten angeeignet haben. Die Erwachsenen in Rinaldos Leben glaubten, der Junge verfüge bereits über die zentrale Fähigkeit, über seine Gefühle zu sprechen, statt sie auszuagieren, aber selbst im Alter von neun Jahren war das einfach noch nicht der Fall. Diese Fähigkeit muß im Einklang mit Körper und Geist des Kindes genährt und geformt werden, und bei besonders verletzlichen Kindern kann das einige Zeit dauern.

Warum vermögen auch die besten Absichten bei Kindern mit chronischen Verhaltensauffälligkeiten oft nichts auszurichten? *Weil die Vorgehensweisen nicht auf die soziale und emotionale Entwicklung des Kindes abgestimmt sind.*

Wir können diese Problematik auch aus einer anderen Perspektive betrachten: Wenn wir bei einem Kind mit problematischem Verhalten konfrontiert werden, sollten wir uns zuerst fragen, ob die Ätiologie dieses Verhaltens eher eine Top-down oder eine Bottom-up-Charakteristik hat.

Wir müssen klären, ob es sich um zielgerichtetes, absichtliches Fehlverhalten handelt, ob das Verhalten die Entwicklungsprobleme des Kindes repräsentiert und/oder ob es sich um reflexhafte Reaktionen auf eine wahrgenommene Bedrohung – oder um eine Kombination von beidem – handelt. Es ist unmöglich, optimal auf ein Verhalten zu reagieren, wenn man die Antworten auf diese Fragen nicht kennt. Mir wurde klar, wie wichtig es ist, sich mit Verhaltensweisen aus dieser Perspektive zu beschäftigen, als ich meine post-doktoralen Studien im Bereich der Kinderpsychiatrie und der kindlichen Entwicklung abschloß. Ich hatte damals das Glück, die Arbeit von Dr. Porges und die von ihm entwickelte Polyvagal-Theorie kennenzulernen; aber welche Wirkung dies auf meine klinische Arbeit haben würde, war mir nicht klar, bis ich in einer Zeitschrift für Kinderpsychiatrie seinen bahnbrechenden Aufsatz über Neurozeption las *(Neurozeption: Ein System unterbewußter Wahrnehmung, das bedrohliche und sichere Situationen zu erkennen vermag).*[1]

Nachdem ich diesen Artikel gelesen hatte, verstand ich problematisches Verhalten nie mehr so wie vorher. Bei meiner klinischen Arbeit in Schulsystemen wurde mir immer unwohler, wenn ich beobachtete, wie Kinder mit negativen Konsequenzen für Verhaltensweisen belegt wurden, die ich inzwischen als Streßreaktionen zu erkennen gelernt hatte. Als ich dann anfing, die Polyvagal-Theorie zur Grundlage meiner eigenen psychotherapeutischen Arbeit zu machen, **stellte ich fest, daß die Strategien, die ich im Sinne der Neurozeption entwickelte, viel wirksamer waren als diejenigen, die man mir in der Graduate-school beigebracht hatte, und als diejenigen, die Schulen und kommunale Einrichtungen nutzten (und immer noch nutzen), um mit Verhaltensauffälligkeiten von Kindern fertig zu werden.**

Um also die Frage zu beantworten, ob ein bestimmtes Verhalten Top-down- oder Bottom-up-Charakteristik hat, müssen wir ein Kind auf zwei Arten wahrnehmen: **(1) Wir müssen seine sozial-emotionale Entwicklung verstehen; und (2) wir müssen im betreffenden Augenblick die Signale deuten können, die herauszufinden helfen, was dem fraglichen Verhalten zugrunde liegt.**

Wie dies vonstatten geht, wird in diesem Kapitel erläutert. Zunächst werfen wir einen gründlichen Blick auf die sozial-emotionale Entwicklung, um Ihnen die Werkzeuge zur Verfügung zu stellen, die Sie brauchen, um die Wirkung der Entwicklungsprozesse des Kindes auf das beobachtete Verhalten zu erkennen. Anschließend untersuchen wir eine Technik zur Analyse von Verhalten im Augenblick: ein Farbsystem, das herauszufinden hilft, was die Verhaltensweisen eines Kindes über seinen autonomen Zustand und sein Streßniveau verraten. Mit dieser Perspektive und diesen Werkzeugen ausgestattet, können wir in späteren Kapiteln Strategien für die Auseinandersetzung mit diesen Verhaltensweisen erproben. Doch zunächst müssen wir in die Lage versetzt werden, die obige Frage zu beantworten: Handelt es sich um Top-down- oder um Bottom-up-Verhalten?

Top-down-Verhalten: Intentionalität und Planung

Einige Verhaltensweisen sind das Resultat sorgfältiger Planung, der Fähigkeit eines Menschen, sich die Ausführung einer bestimmten Handlung vorzunehmen und diese Absicht dann auch in die Tat umzusetzen. Goleman und Davidson beschreiben die Top-down-Verarbeitung als »Gehirnaktivität, die unser Bewußtsein und sein ›mentales Wirken‹ spiegelt.«[2] Daniel Siegel und Tina Bryson beschreiben das Top-down-Denken als mentale Prozesse, die im »oberen« Gehirn stattfinden, in dem Teil des Gehirns, der zerebraler Kortex genannt wird.[3] Das Top-down-Denken entwickelt sich im Laufe der Zeit, und es unterhält Verbindungen zum präfrontalen Kortex, der Region, die auch »Exekutivzentrum« des Gehirns genannt wird. Der Präfrontalkortex ist sehr wichtig für die Planung und Steuerung motorischen, kognitiven, affektiven und sozialen Verhaltens.[4] Zwar fangen die meisten Kinder im Alter von dreieinhalb bis vier Jahren an, ihre Aufmerksamkeit, ihre Impulse und ihr Verhalten bewußt zu steuern, doch kann es noch viele weitere Jahre dauern, bis sie diese Fähigkeiten vollständig entwickelt haben, und dieser Entwicklungsprozeß ist erst im frühen Erwachsenenalter vollständig abgeschlossen.[5] Schließlich ermöglicht uns die vollständige Entwicklung unseres Gehirns, unterstützt durch nährende und fürsorgliche Beziehungen, Verhalten bewußt zu steuern, zu lernen, zu reflektieren, zu planen und langfristige Ziele zu verfolgen.[6]

Vergegenwärtigen Sie sich einmal, wie Kinder im Vorschulalter mit der berauschenden Macht experimentieren, die sie spüren, wenn ihnen klar wird, daß sie die Kontrolle über ihren Körper haben und eigene Ideen entwickeln können. (Diese Phase ist für Eltern oft weniger erfreulich, weil sie den Kindern Grenzen setzen und ihnen beibringen müssen, diese zu respektieren!) Dies markiert den Beginn der Entwicklung der mentalen Top-down-Verarbeitung, die *bewußte Bemühung, Intentionalität und Denken* erfordert. Effizientes Top-down-Denken setzt eine vieljährige

Entwicklung voraus und kann in jedem Augenblick durch das niedere, der Überlebenssicherung verpflichtete Gehirn außer Kraft gesetzt werden, wenn der Mensch, wie wir bereits im vorigen Kapitel festgestellt haben, eine Bedrohung oder Gefahr erlebt.

Bottom-up-Verhalten: Streßreaktionen

Bevor wir die Fähigkeit zu effizientem Top-down-Denken entwickeln, verlassen wir uns ausschließlich auf Bottom-up-Verhalten. Wir werden mit Bottom-up-Fähigkeiten geboren, und diese helfen uns, am Leben zu bleiben. Diese zweite Kategorie von Verhalten resultiert nicht aus bewußter Absicht, sondern geht aus dem Unterbewußten hervor. Es handelt sich um reflexhafte, automatische Reaktionen, die in keinerlei Verbindung zum bewußten Denken stehen.[7] In Kapitel 1 wurde bereits erläutert, daß diesen adaptiven Verhaltensweisen die unbewußte Wahrnehmung von Sicherheit oder Gefahr zugrunde liegt und daß sie dem instinktiven Trieb zum Selbstschutz entspringen. Siegel und Bryson bezeichnen den mit Bottom-up-Reaktionen assoziierten Bereich des Gehirns als das »untere Gehirn« *(downstairs brain)*, wobei die Aktivierung in dem Gehirnbereich stattfindet, der limbisches System genannt wird und zu dem die Amygdala gehört.[8]

Nur zu oft nehmen Betreuer, Lehrer, Erzieher und Eltern an, ein Kind tue etwas absichtlich, obwohl es sich in Wahrheit um eine Streßreaktion handelt, die durch eine Neurozeption von Gefahr hervorgerufen wurde. Goleman und Davidson schreiben: »Ein erstaunlich großer Teil von dem, was wir für Top-down-Aktivitäten halten, ist tatsächlich Bottom-up-Aktivität.«[9]

Entwickeln wir unzutreffende Annahmen über den Ursprung von Verhaltensweisen, können wir ineffektiv auf sie reagieren, so wie es bei Rinaldos Verhaltenszielen im Rahmen seines IEP-Erziehungsplans war. *Deshalb ist es so wichtig, genau festzustellen, ob es sich bei dem, was wir beobachten, primär um Top-down-Verhalten oder Bottom-up- bzw. Body-up-Verhalten handelt.* (Ich verwende die Begriffe »Bottom-up« und »Body-up« in diesem Buch austauschbar.)

Natürlich ist es eine übertriebene Vereinfachung der komplexen Verbindung zwischen Gehirn und Körper, wenn wir Verhaltensweisen als entweder top-down *oder* bottom-up bezeichnen, weil Körper, Gehirn und Geist in einer Feedback-Schleife untrennbar miteinander verbunden sind. Die gewaltige »Informationsautobahn« in unserem Gehirn und Körper umfaßt die dynamischen Einflüsse des zentralen und peripheren Nervensystems.[10] Ich habe jedoch festgestellt, daß diese starke Vereinfachung sehr nützlich ist, wenn ich versuche, Kinder und ihre Familien durch eine neue Art der Sicht von Verhaltensproblemen zu unterstützen.

Ich beschreibe in diesem Buch Verhaltensprobleme aus der Perspektive der Polyvagal-Theorie, in der das Autonome Nervensystem eine zentrale Rolle spielt, sowie praktische und effektive Anwendungen dieser Theorie für alle unter uns, die als Eltern für Kinder sorgen, sowie alle, die in ihrem Beruf mit Kindern arbeiten. Allerdings werde ich die neurowissenschaftlichen Zusammenhänge nicht in ihrer ganzen Tiefe beschreiben und empfehle Ihnen deshalb, sich in der Fachliteratur über die Polyvagal-Theorie und die Verbindung zwischen Gehirn und Körper zu informieren, falls Sie das interessiert. (Siehe Literatur Porges auf Seite 325 f.)

Der Geist-Körper-Dualismus (die Prämisse der Getrenntheit von Gehirn und Körper) in unseren Ausbildungsprogrammen ist einer der Gründe, weshalb wir in unseren unterschiedlichen Fachbereichen keine einheitliche Beschreibung der neurologischen Entwicklung benutzen. Doch dieser Dualismus fordert uns allen, die wir als Eltern Kinder betreuen oder in unserem Beruf mit Kindern arbeiten, einen hohen Preis ab. Dr. Porges schreibt: »Diese bidirektionale dynamische Kommunikation zwischen Gehirnstrukturen und Körperorganen beeinflußt den mentalen Zustand und die Wahrnehmung der Umgebung und bereitet den Menschen darauf vor, andere entweder willkommen zu heißen oder sich ihnen gegenüber defensiv zu verhalten.«[11]

Wir müssen das Verhalten von Kindern aus beiden Richtungen verstehen, vom Körper aufwärts *(body up)* und vom Gehirn abwärts *(brain down),* und wir müssen uns darüber klar werden, worauf unsere Interventionen zielen müssen, damit wir Kinder und ihre Familie wirklich unterstützen. Wie können wir dies erreichen? Da ich keine Neurowissenschaftlerin, sondern Klinikerin bin, werde ich diese Problematik in »leichter verdauliche« Stücke unterteilen, indem ich die Unterschiede zwischen Bottom-up- und Top-down-Prozessen beschreibe und erkläre, was diese Unterschiede für unsere Behandlungs- und Unterstützungsstrategien bedeuten. Um zu verstehen, welche Reise Menschen bewältigen müssen, um Top-down-Denken zu entwickeln, schauen wir uns nun zunächst den größeren Zusammenhang der sozial-emotionalen Entwicklung des Kindes an.

Vom Neugeborenen zum Kommunikator: Die sozial-emotionale Entwicklung in Kürze

So sehr wir uns auch wünschen, daß unsere Kinder in der Lage sein mögen, »ihre Sprache zu benutzen« und ihr Verhalten selbst zu steuern, verfügt doch niemand von uns über diese Fähigkeit von Geburt an. Absichtsvoll zu handeln und die eigenen Bedürfnisse mitzuteilen lernen wir im Laufe eines langwierigen Entwicklungsprozesses, der durch von Eingestimmtheit geprägte Beziehungen genährt wird.

Um diesen Prozeß verständlicher zu machen, gebe ich zunächst einen kurzen Überblick darüber.[12]

Die erste Handlung eines Babys außerhalb des Körpers seiner Mutter nach der Geburt ist ein Atemzug. In diesem Augenblick halten alle Anwesenden inne, schauen das Baby an und warten auf den Atemzug – und auf den oft damit verbundenen Schrei, der signalisiert, daß das Kind gesund in die Welt eingetreten ist.

Um überleben zu können, muß das Baby atmen und in kürzester Zeit Saugen, Schlucken und Atmen zu koordinieren lernen. Ist es gesund, ist diese Koordination ein völlig natürlicher, fast automatischer Vorgang.

In den folgenden Stunden, Tagen, Wochen und Monaten erlebt das Kind ein Gefühl der Ruhe und nimmt seine Umgebung mit wacher Aufmerksamkeit wahr – sofern sich seine grundlegenden Fähigkeiten adäquat entwickeln und aufmerksame Bezugspersonen seine Bedürfnisse erfüllen. (Frühgeborene und Säuglinge, bei denen die Entwicklung dieser grundlegenden Fähigkeiten stagniert, erreichen diesen Punkt manchmal erst später.) Das Kind genießt es, seinen Eltern in die Augen zu schauen – eine Fähigkeit, die menschlichen Babys von Natur aus eigen ist. Verfügt das Kind über die beschriebenen körperlichen Fähigkeiten und erhält die erforderliche Unterstützung von seinen Betreuern, wird der erste Prozeß sozialer und emotionaler Entwicklung bei ihm initiiert: **die Entwicklung von Regulation und Aufmerksamkeit.**

Ein neugeborenes Kind mit einem gut regulierten Körper ist in erstaunlichem Maße in der Lage, **in Kontakt zu treten** *(engagement)*, womit der nächste Entwicklungsprozeß initiiert ist, der spontan aus tief im Körper/Geist gespürten Empfindungen von Sicherheit resultiert. Nach wenigen Monaten lächelt das Kind und tritt zu seinen Bezugspersonen in Kontakt, die das Lächeln erfreut erwidern. **In-Kontakt-treten und Verbundenheit** basieren auf einem physiologisch regulierten System, dem das Baby und seine Bezugsperson angehören.

Die Fähigkeit, das Herz eines anderen Menschen zu berühren, ist beiden Beteiligten eigen. Wenn das Baby lächelt und gluckst und seine Bezugsperson die Geräusche und Aktivitäten des Kindes spiegelt, handelt es sich nicht um eine einseitige Betreuung *(caregiving)*, sondern um ein gegenseitiges Aufeinandereingehen *(caresharing)*.[13] Menschliche Babys und ihre Eltern sind in einem instinktiven Tanz, einer reziproken Beziehung miteinander verbunden. Dies ist der dritte Prozeß im Rahmen der sozialen und emotionalen Entwicklung: das Erlernen der **Fähigkeit zu bidirektionaler Kommunikation.** Das Baby lächelt, und die Mutter lächelt. Das Baby krümmt den Rücken und hebt seine Arme, und der Vater hebt es hoch. Im Laufe des ersten Lebensjahrs erlangt das Kind eine motorische Kontrolle, die es ihm ermöglicht, auf etwas oder jemanden zu deuten und so – hoffentlich – zu bewirken, daß eine Bezugsperson das Signal bemerkt und in die Richtung schaut, in die das Baby zeigt, oder daß sie auf die sich entwickelnde soziale Kommunikation in anderer Weise reagiert.

Das Baby erfreut sich während seines ersten Lebensjahrs seiner gestärkten motorischen Kontrolle, die durch Motivation beflügelt wird. Im zweiten Lebensjahr kann das Kind mit einem Finger auf Objekte deuten oder Gesten ausführen, und plötzlich vermag es seinen Betreuern mitzuteilen, daß es aus seinem Bettchen will, die Schuhe angezogen bekommen und draußen spazieren möchte. Es kann sich dann vor und zurück bewegen, um seine Bedürfnisse mitzuteilen und zu verstehen, was eine andere Person ihm mitteilen will, und all dies wird durch den Gesichtsausdruck und durch körperliche Gesten sowie mit Emotionen verbundenes Verhalten ermöglicht. Damit hat das Kind eine weitere Entwicklungsphase erreicht, in der es das **soziale Problemlösen erlernt.**

Diese Fähigkeit erschließt dem Kind weitere Möglichkeiten: Es kann fragen, zeigen und andere auf seine Bedürfnisse, Ideen und Gefühle aufmerksam machen – ohne auch nur ein einziges Wort zu sprechen. Es folgt ein Prozeß, der die Kommunikation noch effizienter macht: das Erlernen der **Nutzung von Wörtern oder Symbolen.** Das Kind ist nicht mehr auf die Nutzung von Gesten des eigenen Körpers angewiesen (oder, falls der Körper diese nicht ausführen kann, auf die Nutzung von Bildern, das Deuten auf Objekte oder die Nutzung technischer Möglichkeiten), sondern kann nun mit Hilfe eines Wortes eine physische Handlung andeuten. Statt die Mutter bei der Hand zu nehmen und sie von Zimmer zu Zimmer in die Küche zu führen, kann es einfach »Keks« sagen. Man stelle sich einmal vor, wieviel leichter (und angenehmer) das Leben wird, wenn man, statt physische Handlungen auszuführen, Wörter oder Symbole benutzen kann!

Im Laufe der folgenden Jahre entwickelt das Kind die Fähigkeit, Worte zu benutzen, um Objekte zu beschreiben, weiter zu der Fähigkeit, Worte zu benutzen, um die eigenen Empfindungen und Gefühle zu beschreiben. Was es sich erschließt, wird ihm in seinem ganzen weiteren Leben helfen: Es kann **seine Gefühle und die Vorgänge in seinem Inneren mit Worten ausdrücken und anderen Menschen mitteilen, was es empfindet.**

Die Fähigkeit zur Nutzung von Symbolen führt zu einem weiteren Höhepunkt menschlicher Entwicklung: der Entstehung der Fähigkeit, **mit anderen Menschen gemeinsam Brücken zu bauen.** Wir lernen, anderen Menschen gegenüber Empathie zu entwickeln und zu erkennen, daß andere sich nicht immer genauso fühlen wie wir und daß ihre Ansichten sich von unseren unterscheiden. Das Individuum kann nun an Debatten teilnehmen und Meinungen äußern und tritt damit in eine Phase ein, die ihm ermöglicht, mit den Komplexitäten seiner sozialen Umgebung fertig zu werden.

Aufgrund der hier beschriebenen dynamischen Prozesse entwickeln Kinder schließlich die Fähigkeit, ihre Impulse, Emotionen und Verhaltensweisen zu kontrollieren. Daß sie über ihre Bedürfnisse, die Vorgänge in ihrem Inneren, ihre Kämpfe, Ängste und Emotionen reden können, ohne mit einem Verhalten darauf reagieren zu müssen, ist eine Fähigkeit, deren Entwicklung die gesamte Adoleszenz in Anspruch nimmt und sogar bis ins Erwachsenenalter dauert. Der gesamte Entwicklungsprozeß verläuft von Mensch zu Mensch unterschiedlich, je nach Beziehungen, Erlebnissen, früher Umgebung, Konstitution und Gehirnentwicklung.

Funktionale emotionale Entwicklung

Der Entwicklungsverlauf, den ich gerade beschrieben habe, basiert auf in den 1970er Jahren von Greenspan und Wieder durchgeführten Untersuchungen – Forschern, die an einer Beschreibung der sozial-emotionalen Entwicklung gearbeitet haben.[14] Die von ihnen beschriebenen Fähigkeiten werden unter dem Namen funktional-emotionale Entwicklungsebenen (*Functional Emotional Developmental Levels* – FEDLs) zusammengefaßt. Sie beschreiben in Form einer Entwicklungshierarchie, wie ein Kind Beziehungen nutzt:

- **Funktional** bezieht sich auf die Art, wie ein Mensch Eindrücke aus der Welt in sich aufnimmt und diese versteht.
- **Emotional** bezeichnet die Rolle der Gefühle auf jeder Ebene und die Art, wie Gefühle Bedeutung und Verständnis von Erlebnissen verändern.
- **Entwicklung** verweist auf das mit den Entwicklungsmeilensteinen verbundene Muster.
- Die **Ebenen** sind die Erlebnisse, die erforderlich sind, damit die Kinder in den verschiedenen Phasen zu sozial-emotionaler Reife gelangen, während sie wachsen.

Kinder bewegen sich in diesen Prozessen mittels komplexer Interaktion zwischen ihrer emotionalen und physiologischen Regulation und ihrer Interaktion mit der relationalen und physischen Umgebung.

Dr. Wieder beschreibt die Ebenen als *Prozesse*, statt als Meilensteine oder Phasen.[15] Sie sind von Natur aus nichtlinear, weil sie dynamisch sind, und sie können sich hinsichtlich vieler Variabler verändern, mit denen wir uns im nächsten Kapitel beschäftigen werden. Kinder bewegen sich im Laufe dieser Prozesse aufgrund der komplexen Interaktion zwischen ihrer emotionalen und physiologischen Regulation und ihrer Interaktion mit der relationalen und physischen Umgebung durch Fähigkeiten. Dabei entwickelt sich jedes Kind in seinem eigenen Tempo. Die Prozesse können im Einklang mit der einzigartigen Gehirn-Körper-Verbindung des Kindes sehr unterschiedlich verlaufen. Hinsichtlich der Thematik der Prozesse sollten wir Variationen erwarten, die mit individuellen Besonderheiten, mit der frühen Umgebung und mit spezifischen Verbindungen im Gehirn zusammenhängen, und wir sollten diesen Prozessen keinen neurotypischen Filter überstülpen. Die Aufgabe, mit der wir als Eltern und Helfer konfrontiert sind, und die Herausforderung, der wir uns gegenüber sehen, besteht darin, das Verhalten eines Kindes adäquat zu deuten und herauszufinden, was dieses Verhalten für dieses spezielle Kind beinhaltet.

Die Fähigkeiten Ihres Kindes (oder des Kindes, mit dem Sie arbeiten) passen möglicherweise nicht besonders gut zu dieser Beschreibung der sozial-emotionalen Entwicklung. Trotzdem können wir sie benutzen, um uns zu orientieren, wenn wir uns damit abmühen, die Verhaltensprobleme von Kindern zu verstehen und sie zu unterstützen.

Das Haus bauen: Die Prozesse der sozial-emotionalen Entwicklung

Wie wir mittlerweile wissen, wird niemand von uns mit der voll entwickelten Fähigkeit geboren, das eigene Verhalten zu kontrollieren und die Reaktionen unseres Körpers auf unsere Emotionen zu regulieren. Diese Fähigkeit entwickeln wir über längere Zeit und mit Hilfe von eingestimmten Beziehungen. Um den Verlauf dieses Prozesses zu verstehen, ist es nützlich, sich den Bau eines Hauses vorzustellen. Jede Bauphase trägt etwas zur Fertigstellung der Struktur des Gebäudes bei. Genauso verhält es sich im menschlichen Entwicklungsprozeß: Jede Phase trägt dazu bei, daß das Kind immer umfassendere Fähigkeiten zur Emotionsregulation und zum bewußten behavioralen Feedback entwickelt.

Und wie beim Hausbau können natürlich jederzeit Umstände eintreten und Faktoren auftauchen, die dem gesamten Prozeß einen einzigartigen Charakter verleihen. Ein Bauleiter, der schon viele Häuser erbaut hat, weiß, daß manchmal nicht genug Schalholz vorhanden ist. In anderen Fällen sind die Elektriker gerade an einer anderen Baustelle tätig, obwohl sie dringend gebraucht werden, so daß die Reihenfolge der noch anstehenden Arbeiten verändert werden muß. Auch bei jedem Kind findet zwar der gleiche Entwicklungsprozeß statt, aber dieser wird von vielen anderen Prozessen beeinflußt. Es ist wichtig, die Fortschritte eines Kindes zeitnah zu verfolgen, denn nur dann können wir herausfinden, wie wir das Kind bestmöglich unterstützen können. Und weil Beziehungen die treibende Kraft der sozialen und emotionalen Entwicklung eines Kindes sind, müssen Erwachsene auch ihre eigenen Fortschritte im Auge behalten.

Warum ist dies für uns wichtig, wenn wir auf das Verhalten von Kindern optimal reagieren wollen? **Der Grund für problematisches Verhalten verliert oft an Bedeutung, wenn wir uns angemessen um die physiologischen und emotionalen Bedürfnisse eines Kindes kümmern.** Wenn wir dies begreifen, hilft uns das, von der Fokussierung auf Verhaltensmanagement wegzukommen und zunächst die Entwicklung der Emotionsregulation des Kindes zu unterstützen. Um besser zu verstehen, wie wir die Emotionsregulation von Kindern unterstützen können, sollten wir uns zuvor mit den sechs Phasen der Errichtung des Hauses der sozial-emotionalen Entwicklung befassen.[16]

Das Fundament des Hauses

Prozeß I: Regulation und Aufmerksamkeit

Der erste Entwicklungsprozeß besteht im Erlangen der Fähigkeit, ruhig und wachsam zu sein. Ist ein Kind ruhig und aufmerksam, kann es auf seine Umgebung fokussieren und die Welt außerhalb von sich erleben. Man kann sich diese Fähigkeit als das Fundament des Hauses sozialer und emotionaler Entwicklung vorstellen. Ein Haus mit einem starken Fundament ist am besten auf künftige Stürme vorbereitet. Tritt ein Kind der Welt und den Menschen in seiner Umgebung mit einer soliden Grundlage ruhiger Aufmerksamkeit entgegen, hat es eine starke Basis für alle künftigen Entwicklungen.

Das Fundament ist der wichtigste Teil des Hauses. Die Grundlage des sozial-emotionalen Hauses eines Kindes kann stark oder unsolide sein oder sich in einem Zustand zwischen diesen beiden Extremen befinden. Dieses Fundament verändert sich ständig, wenn das Kind auf Anforderungen aus seiner Umgebung reagiert.

Informationsblatt

Regulation und Aufmerksamkeit

- ☐ ruhig und wach
- ☐ regulierter physiologischer Zustand
- ☐ Fähigkeit, die relationale und physische Umgebung zu beobachten
- ☐ Neurozeption von Sicherheit

Die Struktur des Hauses aufbauen

Prozeß II: Engagement und In-Beziehung-Treten

Sobald das Fundament für ein Gebäude geschaffen ist, wird die Struktur für das Haus geschaffen. Diese legt fest, was das Haus beinhalten wird; ohne eine solche Struktur kann das Haus nicht errichtet werden. Das gleiche gilt für den zweiten sozial-emotionalen Prozeß: das Erleben einer warmherzigen Beziehung. Stellen Sie sich eine liebevolle Beziehung als den Rahmen des Hauses vor, in dem die Entwicklung stattfindet. In Verbindung mit dem soliden Fundament ruhiger Aufmerksamkeit, das im ersten Prozeß entsteht, ermöglichen Beziehungen die Unterstützung einer Entwicklung im Einklang mit dem individuellen Potential des Kindes.

Informationsblatt

Engagement und In-Beziehung-Treten

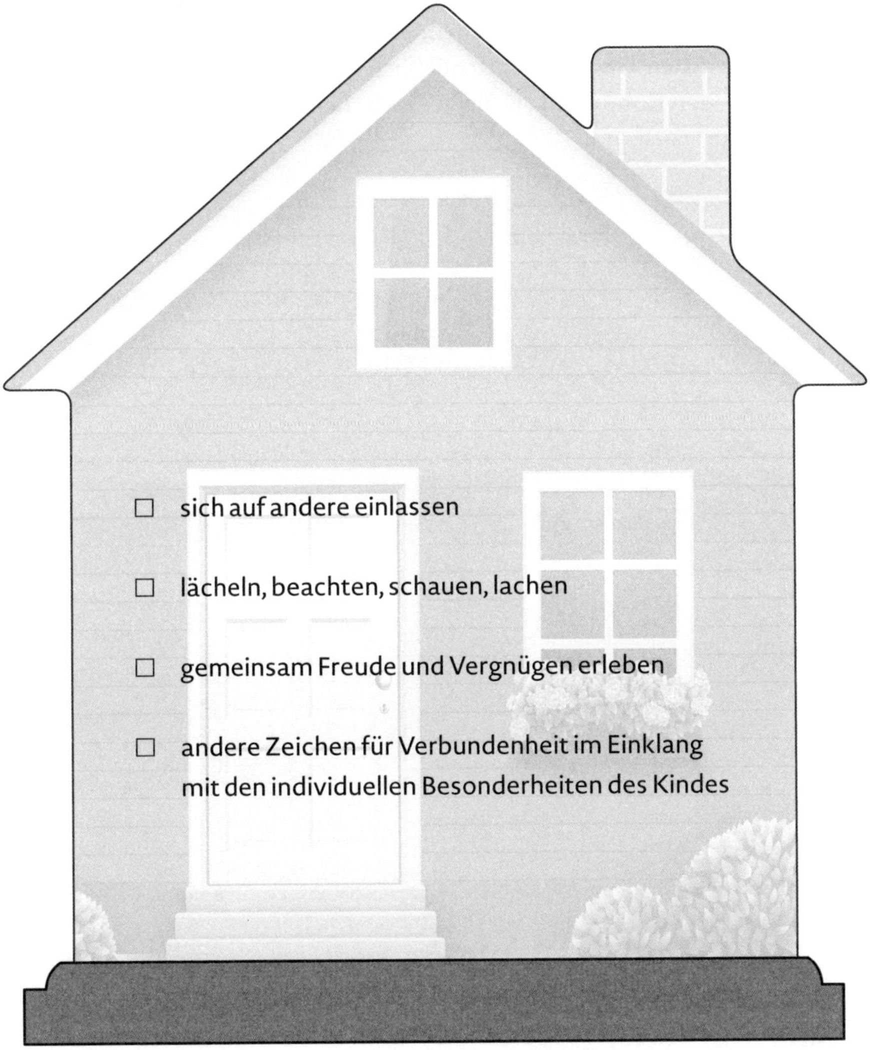

- ☐ sich auf andere einlassen
- ☐ lächeln, beachten, schauen, lachen
- ☐ gemeinsam Freude und Vergnügen erleben
- ☐ andere Zeichen für Verbundenheit im Einklang mit den individuellen Besonderheiten des Kindes

Die elektrischen Verbindungen

Prozeß III: Zielgerichtete emotionale Interaktionen

Ein Mensch, der sich wohl, wach und sicher fühlt, fängt an, mit anderen zu kommunizieren. So wie die Fähigkeit zur Aufrechterhaltung einer engagierten, liebevollen Beziehung den Rohbau eines Hauses symbolisiert, kann man sich die Kommunikation wie das System elektrischer Leitungen im Haus vorstellen. Ähnlich diesen Leitungen, die es der Elektrizität ermöglichen, die verschiedenen Räume des Hauses zu erreichen, ermöglichen Gesten – einschließlich des mimischen Ausdrucks und der Körperhaltung – den Kommunikationsfluß zwischen Menschen.

Informationsblatt

Zielgerichtete emotionale Interaktionen

- ☐ Rhythmus und Fluß
- ☐ bidirektionale Kommunikation
- ☐ Lesen der Körpersprache und der Gesten des Gegenübers
- ☐ Aussenden und Empfangen verbaler oder nonverbaler Signale

Die Räume des Hauses

Prozeß IV: Gemeinsame soziale Problemlösung

Stellen Sie sich diesen Prozeß wie die Räume und Flure des Hauses vor. Unterstützt durch die Möglichkeit zur bidirektionalen Kommunikation, die in Prozeß III vermittelt wurde, kann das Kind nun durch soziale Problemlösung alle Räume des Hauses erforschen. Motiviert durch eine Idee kann es seinen Bezugspersonen eine Anzahl nonverbaler Signale geben, um sein Ziel zu erreichen. Das Kind benutzt eine Reihe von Interaktionen, um anderen Menschen Dinge zu zeigen, zu erklären, um sie nach etwas zu fragen oder um anderweitig zu kommunizieren.

Informationsblatt

Soziale Problemlösung

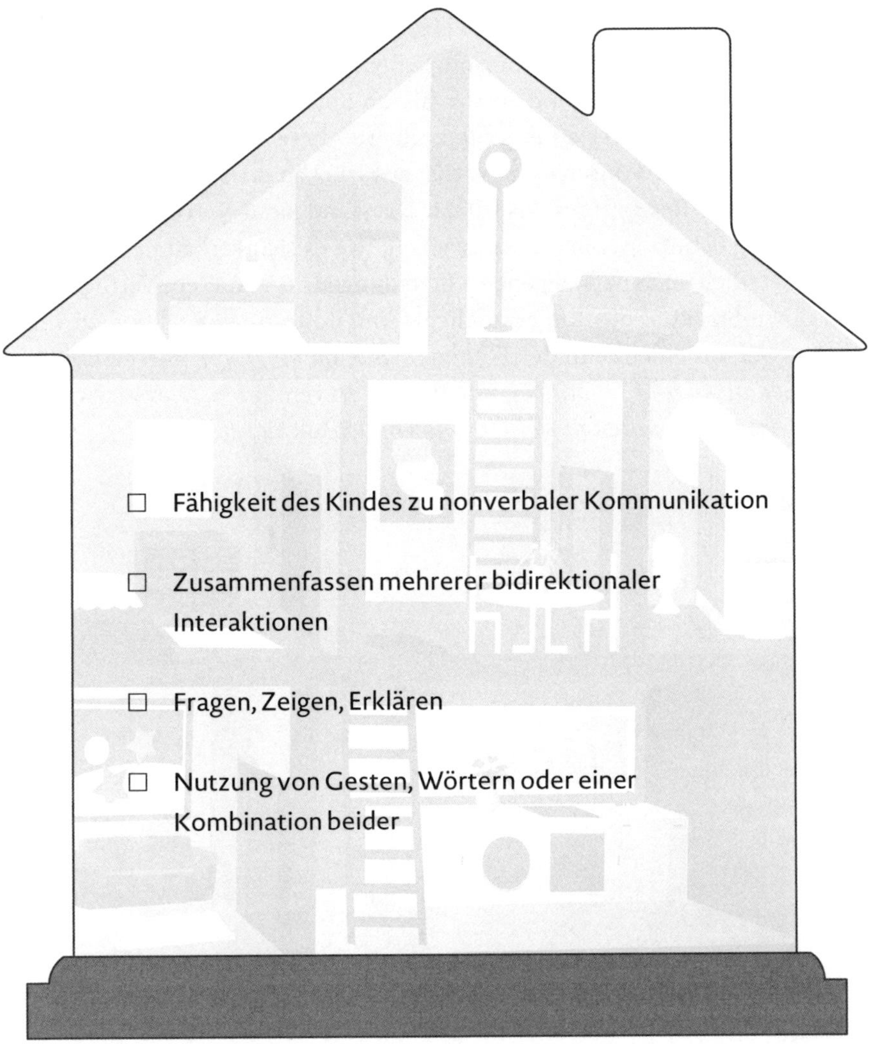

- ☐ Fähigkeit des Kindes zu nonverbaler Kommunikation
- ☐ Zusammenfassen mehrerer bidirektionaler Interaktionen
- ☐ Fragen, Zeigen, Erklären
- ☐ Nutzung von Gesten, Wörtern oder einer Kombination beider

Das Haus ausgestalten

Prozeß V: Symbole kreieren und Wörter und Ideen benutzen

Das Fundament, der Rohbau des Hauses sowie das System elektrischer Versorgungsleitungen unterstützen alle das Kind in seinem Bestreben, die Räume des Hauses zu erforschen. Diese Fähigkeiten treiben das Kind nun zu etwas an, das ihm die Welt der Kreativität erschließt: Wörter und Symbole zu benutzen. Man kann diesen Vorgang mit der Ausgestaltung des Hauses vergleichen. Das Kind gelangt in den Besitz neuer Fähigkeiten, die ihm ermöglichen, seine Welt mit Hilfe von Wörtern, Beschreibungen, Meinungen und So-tun-als-ob-Spiel auszugestalten. Statt die Hand des Vaters oder der Mutter zu ergreifen, um auf diese Weise klar zu machen, was es will, kann es seine Wünsche nun verbal ausdrücken oder zumindest auf ein Bild deuten, das etwas Bestimmtes ausdrückt. Das Kind kann Wörter, Ideen und seine Wahrnehmung benutzen, um zu beschreiben, wie es sich verhalten will, und dieses Verhalten letztlich auch nach eigenen Vorstellungen zu gestalten. Verfügt es über eine Top-down-Struktur, die ihm ermöglicht, eine Bottom-up-Reaktion zu verstehen, kann es aus Chaos einen Sinn destillieren. *Das Kind fängt an, innere Empfindungen, Gefühle, Gedanken und Emotionen mit Worten zu verbinden. Dies versetzt es in die Lage, sein eigenes Verhalten mittels Top-down-Denken zu verstehen.*

Informationsblatt

Symbole, Wörter und Ideen

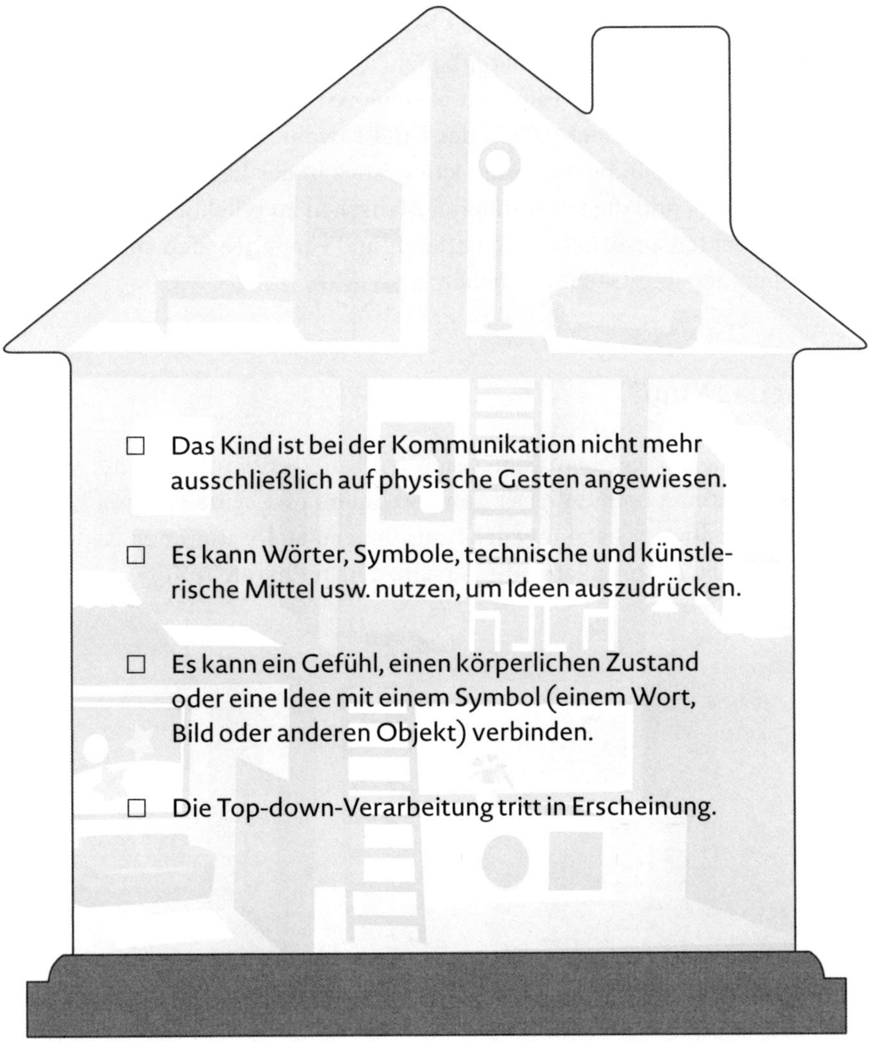

- ☐ Das Kind ist bei der Kommunikation nicht mehr ausschließlich auf physische Gesten angewiesen.
- ☐ Es kann Wörter, Symbole, technische und künstlerische Mittel usw. nutzen, um Ideen auszudrücken.
- ☐ Es kann ein Gefühl, einen körperlichen Zustand oder eine Idee mit einem Symbol (einem Wort, Bild oder anderen Objekt) verbinden.
- ☐ Die Top-down-Verarbeitung tritt in Erscheinung.

Der Weg in die Welt

Prozeß VI: Emotionales Denken und das Erbauen von Brücken zwischen Ideen

Sobald ein Kind Gedanken in Wörter oder Symbole übersetzen kann, ist es bereit für diesen wichtigen Prozeß. Es kann anderen nun mitteilen, wie es sein eigenes Verhalten und seine Motivation versteht. Weil es nun in der Lage ist, seine Gedanken und Emotionen zu organisieren, kann es logisch denken und Brücken zwischen den eigenen Ideen und denjenigen anderer bauen.

Stellen Sie sich diese neue Fähigkeit als eine Art Zufahrtsweg vor, der das Haus mit der Außenwelt verbindet. Wenn das Kind sowohl Wie- als auch Wann-, Was-, Warum- und Wo-Fragen beantworten kann, ist es in der Lage, gleichzeitig über seine eigene Meinung und die eines anderen Menschen zu reflektieren. Das Kind kann nun seine Ansichten ausdrücken, debattieren und verstehen, daß andere Menschen andere Meinungen und Gedanken haben.

Wo steht das Kind?

Woher wissen Sie, an welchem Punkt sich ein Kind hinsichtlich seiner sozial-emotionalen Entwicklung befindet? Der Schlüssel hierzu ist seine Position hinsichtlich der Errichtung und Ausgestaltung des Hauses zu einem bestimmten Zeitpunkt. Die Fragen auf Seite 62 rekapitulieren die verschiedenen Phasen in Kurzform.

Informationsblatt

Brücken bauen zwischen Ideen

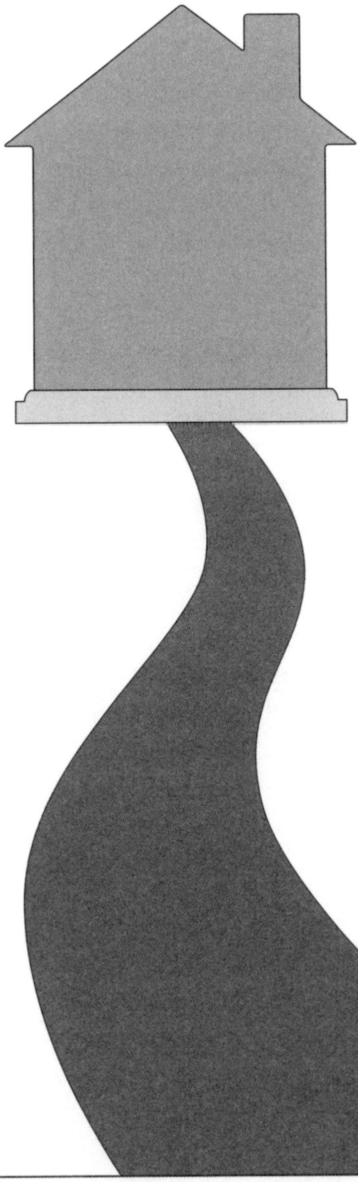

- ☐ Fähigkeit zu logischem Denken
- ☐ kann zwischen Gedanken und Handlungen differenzieren und den Unterschied zwischen beiden verstehen
- ☐ kann zwischen den eigenen Gedanken/Ideen und denjenigen anderer Menschen differenzieren und den Unterschied zwischen beiden verstehen
- ☐ kann sich eine Meinung bilden und sich an Debatten beteiligen

Informationsblatt

Wo steht das Kind?

- ☐ **Fundament:** Ist das Kind ruhig und zur Aufmerksamkeit in der Lage?
- ☐ **Struktur (Rohbau):** Ist das Kind bereit, zu anderen Menschen in Kontakt zu treten und mit ihnen zu kommunizieren?
- ☐ **Versorgungsleitungen:** Ist das Kind zu bidirektionaler Kommunikation in der Lage?
- ☐ **Räume:** Sagt oder fragt das Kind mit Hilfe seiner bidirektionalen Kommunikation etwas?
- ☐ **Ausstattung:** Benutzt das Kind Wörter, Symbole, technische Mittel oder Spiel, um seine Vorstellungen mitzuteilen?

- ☐ **Zufahrtsweg:** Denkt das Kind logisch und versteht, daß andere Menschen eine andere Meinung und andere Vorstellungen als es selbst haben können?

Informationsblatt

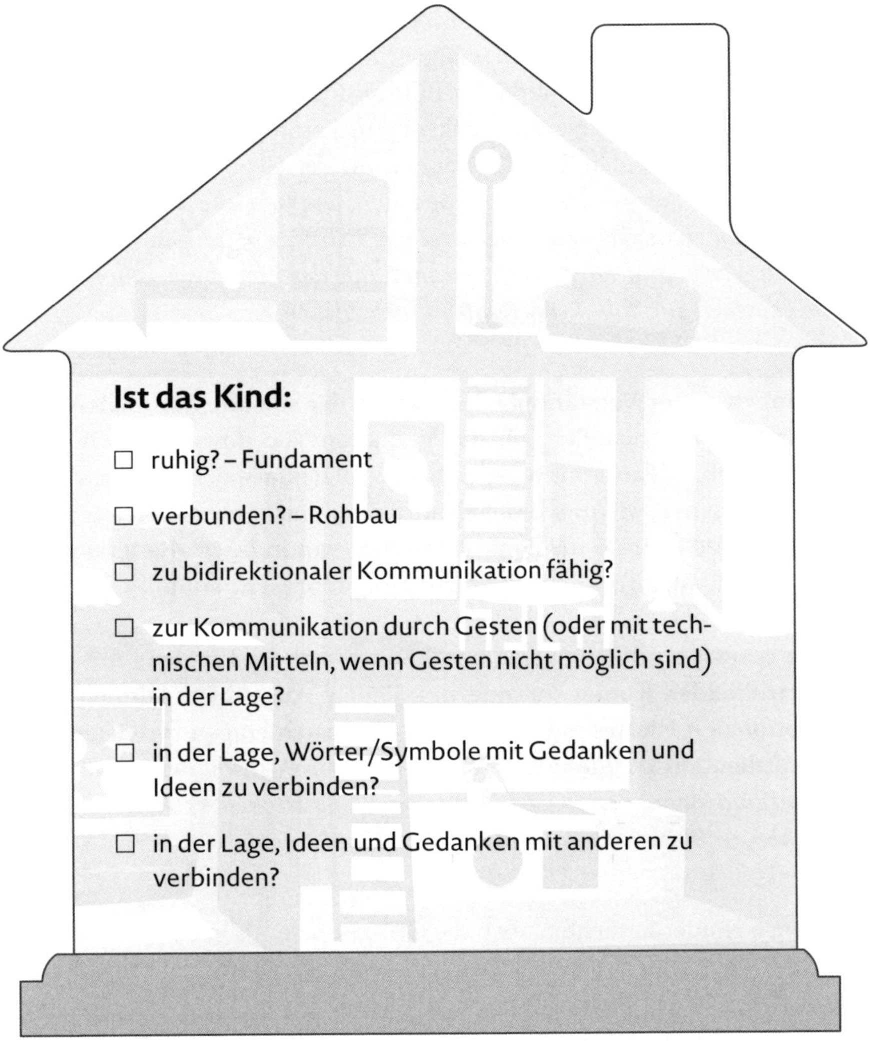

Ist das Kind:

- ☐ ruhig? – Fundament
- ☐ verbunden? – Rohbau
- ☐ zu bidirektionaler Kommunikation fähig?
- ☐ zur Kommunikation durch Gesten (oder mit technischen Mitteln, wenn Gesten nicht möglich sind) in der Lage?
- ☐ in der Lage, Wörter/Symbole mit Gedanken und Ideen zu verbinden?
- ☐ in der Lage, Ideen und Gedanken mit anderen zu verbinden?

Zurück zu der Frage, ob Top-down oder Bottom-up

Wir hatten uns gefragt, wie sich feststellen läßt, was einem Verhalten zugrunde liegt und worauf wir unsere Unterstützung konzentrieren sollen: Handelt es sich um eine Top-down oder eine Bottom-up-Charakteristik? Wir wissen, daß *alle* Fähigkeiten (und Verhaltensweisen) eines Babys der Bottom-up-Kategorie angehören, weil die Gehirnschaltkreise, die komplexere Denkvorgänge ermöglichen, sich bei ihm noch in der Entwicklung befinden. Zum Zeitpunkt unserer Geburt ist das neuronale System, das Gefahren aufspürt, voll funktionsfähig. *Die Bereiche des Gehirns, die uns helfen, zu planen, zu denken, zu lernen und uns selbst zu beruhigen, erfordern hingegen neuronale Verbindungen, die sich erst im Laufe der Zeit entwickeln und uns erst später die Fähigkeit zur Top-down-Kontrolle erschließen.*

Wie können wir unser Verständnis des Hauses der sozial-emotionalen Entwicklung nutzen, um festzustellen, ob ein Verhalten Top-down- oder Bottom-up-Charakteristik hat? Man könnte es sich wie folgt klarmachen: Von den sechs Prozessen, mit denen wir uns beschäftigt haben, basieren die ersten vier überwiegend auf einer Bottom-up-Funktionsweise, wohingegen die letzten beiden die Herausbildung der Top-down-Verarbeitung repräsentieren.

Die sechs Prozesse sind dynamisch und können sich im Einklang mit dem Erleben des betreffenden Kindes verändern. In jedem Augenblick können Teile des sozial-emotionalen Hauses eines Kindes – aber auch eines Erwachsenen – umgestaltet werden. ***Entscheidend ist, sich die aktuelle Position des Kindes zu vergegenwärtigen und stets nach der frühesten problematischen Verhaltensmanifestation Ausschau zu halten, beginnend mit dem Fundament.***

Meine eigenen Kinder besuchten noch die Grundschule, als ich erstmals davon hörte, daß man sich immer zuerst auf das Fundament konzentrieren solle, und dieser Hinweis wirkte sehr befreiend auf mich. Als Kinderpsychologin hatte ich über die sozial-emotionale Entwicklung noch nie etwas ähnliches gehört. In der Zeit meines Studiums und meiner Ausbildung stand die Bedeutung einer sicheren Bindung für das eigene Kind im Zentrum des allgemeinen Interesses, und als praktische Behandlungsmethoden vermittelte man uns kognitiv-behaviorale Ansätze; niemand brachte uns etwas darüber bei, wie Gehirn und Körper gemeinsam das Erleben von Menschen prägen. Deshalb machte ich in jener Zeit häufig den Fehler zu glauben, daß meine Kinder sich absichtlich »schlecht benähmen«, obwohl es sich in vielen Fällen um Bottom-up-Reaktionen auf Streß handelte.

Als ich eines Tages nach einer Konferenz nach Hause kam, hatte meine Tochter einen besonders schwierigen Tag hinter sich und weigerte sich, ihre Hausaufgaben zu machen. Ich beschloß, einmal nicht zu versuchen, das »Problem« möglichst effektiv zu lösen, sondern etwas Neues auszuprobieren, indem ich mich in ihrem Zimmer auf den Boden setzte und mich darauf einließ, ihr gegenüber eine mitfühlende Haltung einzunehmen. Mir wurde klar, daß meine Abwesenheit anläßlich der Konferenz zu Schuljahresbeginn sie mit zusätzlichem Streß belastet hatte, und ich wischte mir rasch eine Träne aus den Augen, als mir aufging, daß sie litt, also nicht absichtlich versuchte, mir durch »schlechtes Benehmen« das Leben schwer zu machen. Sie schaute mich fragend an, als wollte sie sagen: »Was machst du hier in meinem Zimmer?« Ich erklärte ihr, ich wollte mit ihr zusammen sein, weil ich sie während meiner langen Abwesenheit anläßlich der Konferenz vermißt hätte.

Nach etwa dreißig Minuten schaute sie auf und fing an, mit mir über ein Problem zu reden, das sie in der Schule mit einer Mitschülerin hatte; wir saßen weiter zusammen und sprachen noch eine Stunde lang miteinander. Was ich vor meinem persönlichen Paradigmenwechsel für das Wichtigste gehalten hatte (sie wegen des Nichterledigens der Hausaufgaben zur Rede zu stellen), erwies sich nun als die Spitze eines Eisbergs, wobei ihr Streß und ihr Bedürfnis nach Verbundenheit mit mir und nach Wärme unter der Wasseroberfläche verborgen geblieben waren.

Dieses umfassendere Verständnis der sozialen und emotionalen Entwicklung, das in der Regel hauptsächlich dem Bereich der psychischen Gesundheit von Säuglingen und dem Bereich frühkindlicher Interventionen zugeordnet wird (was nicht zu meinem eigenen psychologischen Fachbereich zählte), veränderte meine Interaktion mit meinen eigenen Kindern sowie mit meinen Patienten und ihren Familien sehr stark. Sobald ich die Pfade sozialer und emotionaler Entwicklung verstand, wurde mir klar, daß ich mehr über die Streßreaktionen von Menschen herausfinden und mich darüber informieren mußte, wie leicht Streß unsere Top-down-Fähigkeiten außer Funktion setzen kann.

Die von Stephen Porges entwickelte Polyvagal-Theorie und insbesondere sein Konzept der Neurozeption sowie die von Greenspan und Wieder formulierten Entwicklungsstufen ermöglichen gemeinsam, die soziale und emotionale Entwicklung und die Funktionsweise des Autonomen Nervensystems (ANS) in einen Zusammenhang zu bringen. Mir wurde damals klar, daß wir als Eltern, Lehrer oder Psychotherapeuten das »Haus« der Entwicklung eines Kindes nur dann unterstützen können, wenn wir die beiden genannten Ansätze zumindest in ihren Grundzügen verstehen. Deshalb beschäftigte ich mich gründlicher mit dem ANS, jenem unglaublich effizienten, Körper und Gehirn umfassenden Gefahrenerkennungssystem, das erschließt, wie eine sinnvolle Unterstützung bei Menschen mit Verhaltensauffälligkeiten aussehen kann.

Die Pfade des Autonomen Nervensystems

Viele Psychologen nutzen Farbsysteme, um Menschen zu helfen, die Fähigkeit zur Selbstregulation und zur Emotionskontrolle zu entwickeln.[17] Ich selbst setze Farben völlig anders ein: Ich versuche nicht, Kindern mit ihrer Hilfe etwas beizubringen, sondern ich informiere *Erwachsene* mit Hilfe von Farben über den autonomen Zustand eines Kindes (und über ihren eigenen) im gegenwärtigen Augenblick. Ich ermögliche Menschen mit Hilfe von Farben, ihre Interaktionen mit Kindern daraufhin zu beurteilen, ob sie die physiologische und emotionale Co-Regulation fördern.

Die im folgenden beschriebenen Farbdarstellungen entsprechen Modellen von Lillas und Turnbull, in deren System Verhaltensweisen und die mit ihnen assoziierten Farben *Merkmale des ANS und verschiedene Ebenen von Streßreaktionen oder ruhige, wachsame Aufmerksamkeit repräsentieren.*[18]

Die Farben stehen für die Aktivierung dreier autonomer Reaktionsweisen, wie sie im Rahmen der Polyvagal-Theorie definiert werden. Der älteste dieser Pfade ist der des primitiven *dorsal-vagalen Systems*, der uns hilft, uns bei Lebensgefahr zu schützen, indem wir in den Zustand der Immobilisierung bzw. des Shutdown verfallen.[19] Der zweite Pfad ist der des *Sympathischen Nervensystems* (SNS), der das Überleben durch Mobilisierung unterstützt, was gewöhnlich als »Kampf-oder-Flucht-Reaktion« bezeichnet wird.[20] Der neueste der drei Pfade, das *ventral-vagale System*, unterstützt soziales Engagement und Verbundenheit im Zustand der Sicherheit.[21] Im vorliegenden Buch werde ich diese drei primären Pfade durch die Farben blau, rot und grün kennzeichnen, was aber nur durch die Benennung der jeweiligen Farben geschieht.

Ich benutze ein simples Farbsystem als Kürzel für komplizierte neurologische Zusammenhänge. Auf diese Weise läßt sich der Aurousalzustand eines Kindes (aber auch unser eigener) leicht kodifizieren. Kinder, die sich auf dem **»grünen« (ventral-vagalen) Pfad** befinden, können kommunizieren, spielen und lernen. Die Therapeutin Deb Dana schreibt: »Wenn wir tief im ventralen Vaguspfad verwurzelt sind, fühlen wir uns sicher, ruhig und in soziale Bezüge eingebunden.«[22]

Auf dem **»roten« (sympathischen) Pfad** des ANS können Menschen ein schnelles Pochen des Herzens, Schwitzen und andere Aktivierungsanzeichen erleben. Auf dem »roten« Pfad ist das Kind adaptiv mobilisiert, damit es der Neurozeption von Gefahr entgegenwirken kann.[23]

Auf dem **»blauen« (dorsal-vagalen) Pfad** reagiert der Körper auf Anzeichen für extreme Gefahr.[24] In diesem Fall können Herzschlag und Atemfrequenz verlangsamt und der Körper generell träge und schlaff werden. Die Betroffenen befinden sich dann im adaptiven Zustand der Energiekonservierung oder des Rückzugs zur Sicherung des eigenen Überlebens. Manchmal übersehen wir, daß Kinder sich auf dem »blauen« Pfad befinden, weil sie kein äußerlich sichtbares problematisches Verhalten zeigen. Dennoch sind sie verletzlich und in großer Gefahr, und wir sollten sie genau im Auge behalten.

Die drei autonomen Pfade – repräsentiert durch die Farben – entsprechen bestimmten Verhaltensweisen. Wir halten nach Anzeichen Ausschau, indem wir Besonderheiten hinsichtlich der Augen, des Gesichts, der Stimme, des Körpers sowie hinsichtlich Frequenz und Rhythmus der Bewegungen beobachten.

Die drei Pfade werden zu einer Art Radar, der uns darauf aufmerksam macht, ob und in welcher Hinsicht ein Kind unsere Hilfe benötigt. Wie im vorigen Kapitel erläutert wurde, *ist die Nutzung des physiologischen Zustandes eines Kindes, beschrieben im Sinne der drei autonomen Pfade, eine wesentlich bessere Orientierungshilfe für unsere Interaktionen als eine DSM-Diagnose oder das bloße Beobachten des Verhaltens ohne jedes Verständnis seiner adaptiven Bedeutung im Hinblick auf das Nervensystem des einzelnen Kindes.*

Warum ist der autonome Pfad, den ein Kind nutzt, wichtig? *Weil nur der »grüne« Pfad zu einer gesunden sozialen und emotionalen Entwicklung führt.* Befindet sich das Kind auf dem »roten« oder »blauen« Pfad, ist sein Gehirn auf das bloße Überleben konzentriert, nicht auf Kontakt und Verbundenheit mit anderen Menschen. Wir werden anhand der Fallgeschichten in diesem Buch immer wieder sehen, daß alle unsere Werkzeuge und Techniken, wenn wir sie ohne dieses Verständnis bei einem Kind auf einem der anderen beiden Pfade zu nutzen versuchen, weniger wirksam sind.

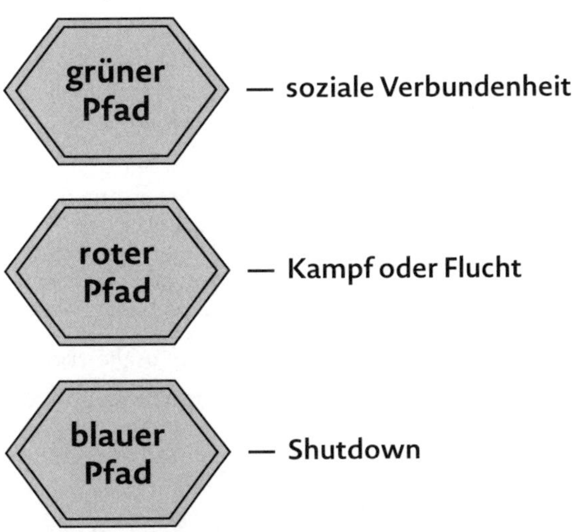

grüner Pfad — soziale Verbundenheit

Augen

- ☐ fröhliche, leuchtende Augen
- ☐ schaut andere Menschen und Objekte direkt an
- ☐ schaut weg, um sich zu entspannen, und kehrt dann zum Blickkontakt zurück
- ☐ wirkt wach, nimmt Informationen auf

Körper

- ☐ wirkt entspannt und hat einen guten Muskeltonus
- ☐ stabile, ausgeglichene und koordinierte Bewegungen
- ☐ Kind bewegt Arme und Beine zum Zentrum des Körpers hin
- ☐ Kind schmiegt seinen Körper an den der Bezugsperson, wenn es von dieser gehalten wird
- ☐ Kind bewegt sich je nach Umgebung schneller oder langsamer

Gesicht

- ☐ lächelt, zeigt Freude
- ☐ neutral
- ☐ kann alle Emotionen ausdrücken

Stimme

- ☐ Lachen
- ☐ Klangmodulationen

Rhythmus/Frequenz der Bewegungen

- ☐ verändert sich sanft in Reaktion auf die Umgebung
- ☐ keine zu schnellen oder zu langsamen Bewegungen

roter Pfad — Kampf oder Flucht

Gesicht

- ☐ weit offener Mund
- ☐ Wut, Ekel
- ☐ Stirnrunzeln, Grimassen
- ☐ unechtes, gezwungenes Lächeln
- ☐ Kiefer verkrampft, Zähne zusammengebissen

Rhythmus/Frequenz der Bewegungen

- ☐ schnelle Bewegungen
- ☐ impulsive Bewegungen

Augen

- ☐ offene oder geschlossene Augen oder Blinzeln
- ☐ kann direkten, intensiven Blickkontakt herstellen
- ☐ Augen rollen nach oben
- ☐ Augen schauen sich schnell im Raum um

Körper

- ☐ Finger gespreizt
- ☐ zurückgelehnte, angespannte Körperhaltung
- ☐ ständig in Bewegung
- ☐ beansprucht Raum durch Stoßen, Drängen und Eindringen in den Raum anderer
- ☐ beißt, schlägt, tritt, springt, wirft
- ☐ stößt gegen Dinge, fällt
- ☐ drohende Gesten (Schütteln der Finger oder der Faust)

Stimme

- ☐ weinen, schreien oder brüllen in hoher Tonlage
- ☐ laut
- ☐ feindselig oder mürrisch
- ☐ sarkastisch
- ☐ unkontrolliertes Lachen

blauer Pfad — Shutdown

Augen

- ☐ glasiger Blick (schaut eher durch Objekte hindurch, als sie anzuschauen)
- ☐ schaut lange weg, schaut auf den Boden
- ☐ wirkt schläfrig/müde
- ☐ läßt den Blick nicht durch den Raum schweifen, um interessante Gegenstände zu entdecken
- ☐ schaut sich eher Dinge als Menschen an

Gesicht

- ☐ leerer Blick
- ☐ Mundwinkel nach unten gezogen, traurig

Stimme

- ☐ ausdruckslos
- ☐ bringt nur wenige oder gar keine Laute hervor
- ☐ klingt kalt, matt, traurig, zu still

Rhythmus/Frequenz der Bewegung

- ☐ langsame Bewegungen
- ☐ kommt nur sehr langsam in Bewegung

Körper

- ☐ zusammengesackt, krumm
- ☐ geringer Muskeltonus
- ☐ kaum oder gar kein explorierendes Spiel oder keine Neugier
- ☐ unstet
- ☐ erstarrt oder nur langsame Bewegungen

Natürlich ist jedes Kind einzigartig und hat eigene Schwellen und Präferenzen; doch repräsentieren diese Farben Verhaltensmuster, die verschiedene Arten physiologischer Reaktionen bei Menschen signalisieren und bei den meisten Kindern nützliche Indikatoren sind. Ein Manko bei der Nutzung beobachtbaren Verhaltens ist, daß wir dabei von eben dem abhängig sind, was wir beobachten können. Bei einigen Menschen – darunter vielen, deren Verhalten auf dem autistischen Spektrum einzuordnen ist – bestehen hinsichtlich der Verbindung von Körper und Gehirn Besonderheiten, die Mimik und Körperbewegungen betreffen. (Gesichtsausdruck, Gestik oder Körpersprache spiegeln das Niveau autonomen Arousals der Betroffenen nicht unbedingt zutreffend.) Ich werde dies in Kapitel 8 detailliert erläutern und in Kapitel 9 eine vielversprechende »Sinnes«-Technologie beschreiben, die einen »Workaround« für Bewegungsunterschiede ermöglicht.

Kinder kommen regelmäßig mit Abstufungen der drei Pfade in Berührung. *Wichtig ist dabei, daß sie nicht zu lange und mit zu hoher Intensität im Bereich des »roten« oder »blauen« Pfades bleiben.*[25] Wenn wir uns auf eine uns zuträgliche Weise an Streß anpassen, können wir uns von diesem erholen und im Einklang mit den Anforderungen der Situation, mit der wir konfrontiert werden, auf den »grünen« Pfad zurückkehren. Können wir dies nicht, und der Streß bleibt zu lange bestehen, kann ein toxisches Streßmuster entstehen.[26]

Warum ist all dies wichtig? Nur zu oft entschließen wir uns zu einer Reaktion auf das Verhalten eines Kindes, bevor wir den Grund für dieses Verhalten verstehen. Besser sollten wir innehalten und uns fragen: *Ist dies eine Top-down- oder eine Bottom-up-Reaktion? Ist dies der Ausdruck einer Störung der Entwicklung, eine Streßreaktion oder eine bewußte, absichtliche Handlung?*

Die sorgfältige und genaue Beantwortung dieser Fragen ist der Schlüssel zu einer möglichst effektiven und nützlichen Reaktion.

Eine Erfolgsgeschichte: Wie man die Entwicklungsstufen als Orientierung in einer Therapie nutzen kann

Was geschieht, wenn wir den Entwicklungsstand eines Kindes richtig einschätzen und adäquat darauf reagieren können? Wir werden uns dies am Beispielfall von Kira vergegenwärtigen, einem lebhaften Kind, das in der Klasse Null einen schwierigen Start hatte. Wenn die Eltern das Mädchen zur Schule brachten, weinte es oft und blieb dann den ganzen Tag über allein und vermied Interaktionen mit anderen Kindern.

Anläßlich einer Evaluation durch ein Team der Schule stellte sich heraus, daß Kiras Sprachentwicklung leicht verzögert war und daß sie Schwierigkeiten mit den »sozialen Fertigkeiten« hatte. Deshalb wurde das Kind in eine Förderklasse für

Kinder mit sprachlichen Problemen versetzt. Im Rahmen dieses Programms sollten die Kinder beispielsweise mit Hilfe von Lernkarten verschiedene Arten von Gesichtsausdruck zu erkennen lernen. Die Teilnahme an dieser Arbeit verbesserte Kiras Verhalten aber nicht, sondern verstärkte ihre Probleme noch, weil sie sich so sehr davor fürchtete, vom Sprachtherapeuten aufgerufen zu werden, daß sie noch stärkere Angst bekam und auch ihre Hypervigilanz weiter zunahm.

Im folgenden Sommer wurde Kira von einer Sprachtherapeutin betreut, die einem anderen Ansatz folgte. Sie stellte zunächst die Art der autonomen Regulation (den Farbpfad) und ihre Entwicklungsprozesse (den Entwicklungsstand ihres »Hauses«) fest, um herauszufinden, wie diese sich auf ihre Probleme auswirkten. Die Therapeutin setzte also bei der Frage an, was Kira davon abhielt, auf dem »grünen« Pfad Kontakt zu Mitschülern aufzunehmen. Die Evaluation vermochte diese Frage zu beantworten. Obwohl Kira den sprachlichen Ausdruck benutzen konnte, um ihre Grundbedürfnisse zum Ausdruck zu bringen, waren die *Grundlagen* ihrer sozialen Kommunikation (die Entwicklungsprozesse I bis IV) noch nicht voll ausgereift.

Deshalb konzentrierte sich die Therapeutin zunächst darauf, Kiras Mutter zu helfen, ihre Tochter auf den »grünen« Pfad zu führen – ein erster Schritt zur Unterstützung ihrer Entwicklung. Hauptziel der Therapeutin war dabei, Mutter und Tochter zu helfen, sich sicher zu fühlen und ihr Zusammensein zu genießen. Sie half Kira und ihrer Mutter, basierend auf der Freude interaktiven Spiels eine für beide angenehme bidirektionale Kommunikation zu entwickeln, statt Kira irgend etwas *beibringen* zu wollen oder etwas von ihr zu *fordern*. Mutter und Tochter sollten für beide angenehme Interaktionen und Freude erleben – was Kiras schwache »Muskeln« der sozial-emotionalen Entwicklung stärken sollte.

Gegen Ende des Sommers veränderte sich Kiras Verhalten. Sie fing an, sich auf dem Spielplatz anderen Kindern zu nähern und spontan mit ihnen zu spielen. Ihre bisher unausgereiften Fähigkeiten zur sozialen Problemlösung wurden denjenigen ihrer Schulkameraden ähnlicher. Der Plan der Therapeutin erfüllte seinen Zweck. Sie verfolgte einen entwicklungs- und beziehungsbasierten Ansatz, statt wie sonst üblich zu versuchen, Kira soziale Fertigkeiten beizubringen. In einer Atmosphäre relationaler Sicherheit manifestierte sich bei Kira der Ausdruck des Strebens nach sozialer Verbundenheit spontan. Alle bisherigen problematischen Verhaltensweisen des Kindes – seine Weigerung, in der Schule mitzuarbeiten, das Vermeiden des Kontakts zu Gleichaltrigen und die mangelnde Bereitschaft zum Spiel – lösten sich im Laufe der Zeit auf.

Wir haben in diesem Kapitel untersucht, wie Kinder wie Kira davon profitieren, wenn wir ihren Entwicklungsstand einschätzen – und ob es sich bei einem Verhalten um ein Top-down- oder ein Bottom-up-Phänomen handelt –, in Verbindung mit einer Würdigung des autonomen Zustandes, bevor wir entscheiden, wie wir auf die aktuelle Situation reagieren und welche Ziele wir setzen wollen. Auf der Grundlage dieses Verständnisses können wir herauszufinden versuchen, wie wir ein bestimmtes Kind optimal unterstützen können.

Manchmal ist Unterstützung nötig, die sich auf das Denken, den Top-down-Ausdruck bezieht; in anderen Fällen ist zuerst Bottom-up-Unterstützung erforderlich. Und bei wieder anderen Kindern unterstützen wir beides gleichzeitig. Denken Sie daran, daß wir immer zuerst feststellen, auf welchem autonomen Pfad sich ein Kind befindet. Die Sache ist einerseits kompliziert und andererseits elegant einfach, sobald es uns gelungen ist, alle Teile zu einem Gesamtbild zu vereinen. Wenn wir wissen, welche Vorgehensweise wir in einem bestimmten Fall am sinnvollsten nutzen, verbessert das unsere Möglichkeiten, Kindern mit Verhaltensproblemen zu helfen, erheblich. Dies zu wissen ermöglicht uns, das Nervensystem des Kindes durch den Aufbau sozialer Verbundenheit neu einzustimmen.[27]

Informationsblatt

Haus und Pfade für Kind und Erwachsenen

Welche Rolle haben Sie?

Elternteil/Betreuer _____ Lehrer _____ Therapeut ______
Helfer ______ anderes ______

- ☐ **Fundament:** Fragen Sie sich, auf welchem Pfad sich das Kind befindet.
  Grün ___ Rot ___ Blau ___
- ☐ **Rohbau:** Besteht zwischen Ihnen und dem Kind eine warmherzige Beziehung?
- ☐ **Versorgungsleitungen:** Findet zwischen Ihnen und dem Kind bidirektionale Kommunikation statt?
- ☐ **Räume:** Ist die Kommunikation zwischen Ihnen und dem Kind fruchtbar?
- ☐ **Ausstattung:** Ist das Kind in der Lage, seine Gefühle und Sorgen zu beschreiben oder sein Problem zu definieren?
- ☐ **Zufahrtsweg:** Bauen wir Brücken, die zu einer Lösung führen?

Nachdem wir uns mit den Grundlagen eines Verlaufs der sozialen und emotionalen Entwicklung befaßt und Möglichkeiten untersucht haben herauszufinden, ob ein Verhalten Top-down- oder Bottom-up-Charakter hat, werden wir uns dem dritten wichtigen Aspekt zuwenden und daran arbeiten, unser Verständnis dessen zu verbessern, wie wir Kinder mit Verhaltensproblemen unterstützen können: durch Würdigung ihrer individuellen Besonderheiten.

Zusammenfassung der Hauptpunkte dieses Kapitels

- Entdecken wir bei einem Kind problematisches Verhalten, müssen wir herausfinden, ob dieses Verhalten Top-down- oder Bottom-up-Ursprung hat.
- Bottom-up- bzw. Body-up-Verhalten ist reflexhaft, dient dem Selbstschutz, beinhaltet automatische Reaktionen und ist nicht mit bewußtem Denken verbunden.
- Die Entwicklung des Top-down-Denkens beansprucht längere Zeit und ermöglicht uns schließlich, unser Verhalten und unsere Impulse unter Kontrolle zu bringen, über unsere Handlungen zu reflektieren und langfristige Ziele zu verfolgen.
- Obwohl sich bei den meisten Kindern im Alter von dreieinhalb bis vier Jahren die Fähigkeit, Verhalten, Aufmerksamkeit und Impulse zu kontrollieren, herauszubilden beginnt, kann es noch einige Jahre länger dauern, bis sie diese Fähigkeit vollständig entwickelt haben.
- Sechs Prozesse sozial-emotionaler Entwicklung (siehe S. 49 ff.) veranschaulichen, wie Kinder durch ihre Verbundenheit mit fürsorglichen Erwachsenen im Laufe der Zeit die Fähigkeit erwerben, ihr Verhalten zu kontrollieren.
- Drei verschiedene Pfade repräsentieren die drei primären Zustände autonomen Arousals, die die Polyvagal-Theorie beschreibt: Der älteste, *dorsalvagale (»blau« markierte) Pfad beinhaltet die Immobilisierung und das Bemühen um Energieerhalt, der sympathische (»rot« markierte) Pfad aktiviert Kampf- oder Fluchtverhalten, und der ventral-vagale (»grün« markierte) Pfad unterstützt soziales Engagement und Verbundenheit.*

3

Individuelle Besonderheiten

> *»Bedenke stets, daß du völlig einzigartig bist. So wie jeder andere.«*
>
> — Margaret Mead

Die Einzigartigkeit jedes Menschen anzuerkennen verhilft uns zum Verständnis des entscheidenden Unterschieds zwischen absichtlichem Fehlverhalten (schlechtem Benehmen) und den Bemühungen eines Kindes, auf das einzugehen, was sein Körper ihm signalisiert. Dieses Verständnis bringt uns außerdem davon ab, Erklärungen – und Lösungsansätze – zu entwickeln, die auf unseren persönlichen Voreingenommenheiten oder unserem beschränkten persönlichen Wissensschatz basieren. Des weiteren erklärt die Würdigung individueller Besonderheiten, warum zwei Kinder unterschiedlich auf die gleiche Situation reagieren können.[1] Wenn wir die individuellen Besonderheiten als das begreifen, was sie sind, erhalten wir die Informationen, die wir brauchen, um unsere Behandlung, die schulische Erziehung und die elterliche Fürsorge auf die Bedürfnisse eines bestimmten Klienten abstimmen zu können.

Ich werde in diesem Kapitel verschiedene Beispiele für individuelle Besonderheiten beschreiben, die, wie ich feststellte, der Ursprung emotionaler und behavioraler Probleme waren. Die in diesem Zusammenhang angeführten Fallvignetten illustrieren die vier Hauptkategorien individueller Besonderheiten; sie sollten jedoch nicht als umfassende Beispiele für Behandlungsverläufe mißverstanden werden. Mir geht es vielmehr darum, *besonders auffällige Aspekte* jeder Kategorie hervorzuheben, wobei wir den »Entwicklungseisberg« jedes der Kinder erläutern und herauszufinden versuchen, wie man ihre Verhaltensprobleme besser verstehen kann. In Teil II des Buches (in den Kapiteln 4, 5 und 6) befassen wir uns damit, wie sich das so gewonnene Wissen am produktivsten nutzen läßt.

Körperliche Prozesse, Empfindungen, Gefühle und Gedanken

Was genau ist eine »individuelle Besonderheit«? Individuelle Besonderheiten sind die Charakteristika und Eigenschaften, die beeinflussen, wie wir unsere Umgebung aufnehmen und wie wir auf sie reagieren. Das schließt unser Erleben von Prozessen im Körper sowie von Empfindungen, Gefühlen und Gedanken ein.[2] In diesem Kapitel erfahren wir, wie die individuellen Besonderheiten von Kindern zur Entstehung ihrer Verhaltensprobleme beitragen. Wir beschäftigen uns mit diesen individuellen Besonderheiten in einer Reihenfolge, die dem Verlauf der neurologischen Entwicklung Rechnung trägt. Deshalb wenden wir uns, vom Körper ausgehend, zunächst der Verarbeitung der Empfindungen und schließlich den Gefühlen und Gedanken zu. Um nun die Bedeutung der Unterscheidung von individuellen Besonderheiten mit Body-up-Charakter, die das Verhalten beeinflussen (etwa Hunger, der Blutzuckerspiegel und Krankheiten) von Top-down-Einflüssen (wie bewußtes Denken oder Ideen) herauszuarbeiten, beschäftigen wir uns zunächst damit, wie sich der physische Körper auf das Verhalten von Kindern auswirkt.

Richies Geschichte wird zu dieser Veranschaulichung beitragen.

RICHIE

Die Wirkung körperlicher Prozesse auf das Verhalten

Richies Reise mit seinem Typ-1-Diabetes wirft Licht auf die Beziehung zwischen im Körper stattfindenden Prozessen und Verhaltensweisen. Richie hatte im Alter von sieben Jahren plötzlich unter extremem Durst zu leiden begonnen, er war lethargisch geworden und hatte häufig urinieren müssen. Wenige Wochen später diagnostizierte ein Kinderarzt bei ihm Jugenddiabetes. Seine sehr fürsorglichen Eltern waren bestürzt und verängstigt, als man sie über Richies unheilbare Krankheit informierte, die das Leben ihres Sohnes und der ganzen Familie für immer verändern sollte. Nach dem Abklingen des ersten Schocks lernten alle Beteiligten, mit Richies Problem umzugehen. Die Kontrolle des Diabetes wurde für sie zu einem festen Bestandteil ihres Alltagslebens.

Als Richie in die dritte Klasse kam, merkten seine Eltern, daß er sich beim Erledigen der Hausaufgaben oft aufregte. Manchmal zerriß er eine ganze Seite, weil er einen einzigen Fehler darauf entdeckt hatte. Manchmal brüllte er auch seine Mutter an und schlug beim Versuch, eine einfache Aufgabe zu lösen, mit einer Hand auf den Tisch. Schon früh wies Richies medizinischer Betreuer darauf hin, daß Schwankungen des Blutzuckerspiegels Stimmungsschwankungen, Reizbarkeit und sogar irrationales Verhalten verursachen können und daß sich auch Streß auf den Blutzuckerspiegel auswirken kann. So war es bei Richie, den Anstiege des Blutzuckerspiegels so aufbringen konnten, daß oft sofortige Interventionen (Bluttest und Anpassung der Medikation) notwendig wurden, wenn er schon aufgebracht und unkooperativ war. Der Streß, der mit den Bemühungen, dem Jungen zu helfen, mit seiner Krankheit fertig zu werden, verbunden war, wirkte sich auf die ganze Familie aus.

Als wir uns zusammensetzten, um über Unterstützungsstrategien für Richie zu sprechen, spielte eine wichtige Rolle, daß wir ihm zu helfen versuchen wollten, mit Schwankungen seines Blutzuckerspiegels zurechtzukommen und diese möglichst zu verhindern. Das zu schaffen war schwierig, denn Richie empfand die dazu notwendigen Überprüfungen seines Blutzuckers als lästig, weil sie ihn aus seinen jeweiligen Aktivitäten herausrissen. Ein Tagebuch seines Zustandes, das seine Eltern anlegten, zeigte bald, daß der Blutzuckerspiegel Richies Emotions- und Verhaltensregulation stark beeinflußte und daß die zur Kontrolle des Blutzuckers notwendige ständige Wachsamkeit im Umgang zwischen den Familienmitgliedern ebenfalls Streß erzeugte.

Schließlich entwickelten Richies Eltern Methoden, die ihrem Sohn helfen sollten, die medizinischen Maßnahmen in die eigenen Hände zu nehmen. Mit Erlaubnis der Eltern sprach ich mit Richies ärztlichem Betreuer, um mehr über seine Krankheit und darüber zu erfahren, wie ich dem Jungen helfen könnte, sich selbst aktiver um die Regulierung seines Zustandes zu kümmern. Anschließend traf ich mich mit seinen Eltern allein, die kreative Lösungsansätze entwickelten, um ihrem Sohn zu helfen, mit seinen ständigen Blutzuckerschwankungen besser fertig zu werden.

Die Eltern erlaubten Richie, kreative Rituale zu entwickeln, durch die sein Einfluß auf die notwendigen Glukosetests größer wurde. Dies half ihm, ruhiger und kooperativer zu werden. Weil Richie gern mit ihnen »Schule« spielte und weil es ihm Freude machte, dabei die Rolle des Lehrers zu übernehmen, kauften sie ihm eine große Weißwandtafel für das Schulespielen zu Hause. Richie erschien es als nützlich, sich auf dieser Tafel Notizen zu machen, beispielsweise die frühen Anzeichen für einen niedrigen (Hypoglykämie) und einen hohen Blutzuckerspiegel (Hyperglykämie) darauf zu notieren und was in beiden Fällen zu tun war.

Richie erklärte sich auch bereit, in seiner Klasse einen Vortrag über Jugenddiabetes zu halten. Dies ermöglichte ihm, selbst eine nüchternere Einstellung zu seiner Krankheit zu entwickeln und sein Problem seinen Freunden gegenüber zu entmystifizieren. Eine andere positive Auswirkung seines Vortrags war, daß seine Klassenkameraden von seiner Tapferkeit fasziniert und beeindruckt waren, weil er sich wegen der Bluttests ständig in die Finger stechen mußte. Daß seine Mitschüler ihm nach dem Vortrag viele Fragen stellten, gab ihm das Gefühl, wichtig zu sein und auf sein Wissen stolz sein zu können.

Aufgrund des besseren Umgangs mit den Schwankungen des Blutzuckerspiegels und infolge der zusätzlichen Unterstützung im Umgang mit Streß – einschließlich der wöchentlichen Teilnahme an einem Yogakurs für Eltern mit ihren Kindern – nahmen Richies problematische Verhaltensweisen deutlich ab. Entscheidend für den Erfolg der Bemühungen, Richie und seiner Familie zu helfen, war, die Beteiligten auf die Beziehung zwischen Richies Verhaltensproblemen und seinem Diabetes aufmerksam zu machen.

Richies Eisberg

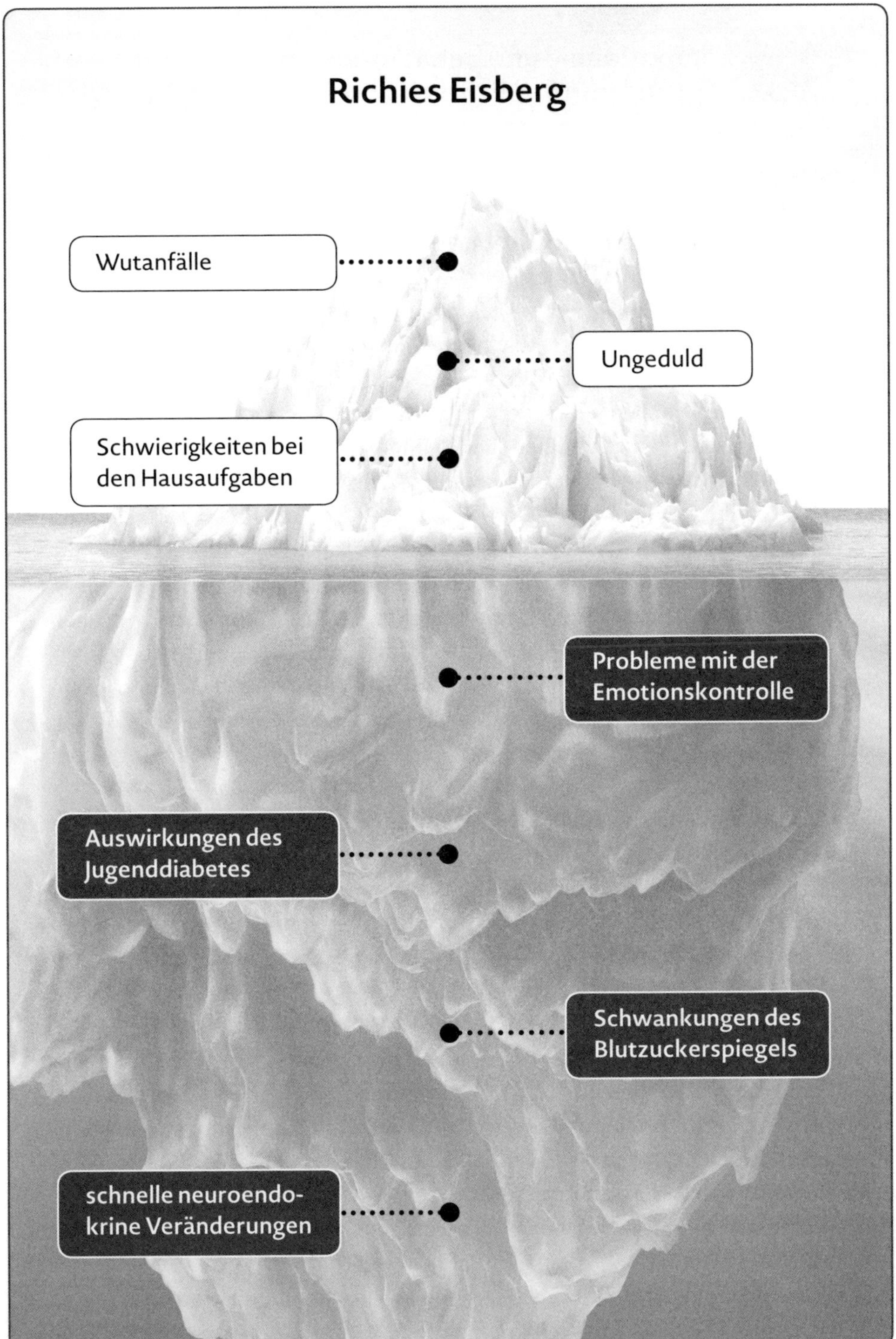

LEON

Emotionale und behaviorale Probleme aufgrund von impliziten Körpererinnerungen

Richies Geschichte hat uns gezeigt, daß Prozesse im physischen Körper eines Kindes Verhaltensprobleme hervorrufen können. Manchmal stammen Körperempfindungen und die daraus resultierende emotionale Kodierung aus einer frühen Zeit im Leben, wie Leons Geschichte zeigt. Leon war nach 33 Wochen Entwicklungszeit verfrüht geboren worden. Obwohl er fast zwei Kilogramm wog, hatte er Atemprobleme und war noch nicht in der Lage, eine optimale Körpertemperatur aufrechtzuerhalten. Aufgrund einer Infektion verbrachte er Wochen auf einer Intensivstation für Frühgeborene, wo seine besorgten Eltern nicht von seiner Seite wichen. Das Pflegepersonal war zwar freundlich, doch die Atmosphäre auf der Intensivstation war alles andere als elternfreundlich. Obwohl die Eltern den durch die Frühgeburt verursachten Schock noch nicht überwunden hatten, saßen sie abwechselnd an Leons Bett, während das Personal den Zustand des gefährdeten Babys permanent überwachte. Die Mutter weinte bei jeder Blutprobe, die Leon von seiner winzigen Ferse abgenommen wurde. Sie wollte ihrem Sohn Schmerzen ersparen, obwohl ihr klar war, daß von den invasiven Tests und den Behandlungsplänen sein Leben abhing. Sie und Leons Vater überkam ein zunehmendes Gefühl der Hilflosigkeit, als sich die Bemühungen, das Leben ihres Kindes zu retten, über Wochen hinzogen.

Glücklicherweise überlebte Leon, und seine erleichterten Eltern konnten ihn nach langen acht Wochen aus dem Krankenhaus nach Hause bringen. Schon sehr bald fiel ihnen auf, daß Leon sehr sensibel auf seine Umgebung reagierte. Schaltete in seinem Zimmer jemand das Licht ein, zuckte sein ganzer Körper zusammen. Bei starkem Hintergrundlärm hingegen schien er besser schlafen zu können. Sechs Monate später mußte er wegen einer Bronchialinfektion erneut für einige Wochen ins Krankenhaus. Dies war der zweite traumatische Einschnitt in Leons erstes Lebensjahr, das seinen Eltern wie eine Achterbahnfahrt vorkam.

Im Alter von 18 Monaten weinte Leon, wenn er bestimmte unerwartete Geräusche hörte, beispielsweise das eines Haarföns oder der Toilettenspülung. Auch hatte er Angst vor Orten, die an den Behandlungsraum eines Arztes erinnerten, und er geriet anläßlich von Impfungen und Routinebesuchen beim Kinderarzt in Panik. Als er zwei Jahre alt war, hatten seine Eltern so große Schwierigkeiten, ihn an Orten, die er noch nicht kannte, ruhig zu halten, daß sie ihn überhaupt nicht mehr mit in die Öffentlichkeit nahmen. Im Alter von drei Jahren kam Leon mit seinen Eltern zum ersten Mal zu mir. Seine Eltern beschrieben ihn als um Kontrolle bemüht, übertrieben »anhänglich« und zu Wutausbrüchen neigend.

Wir vermuteten, daß die schmerzhaften medizinischen Maßnahmen, die er als Säugling erlebt hatte, seinen Körper auf einen »roten« Pfad gebracht hatten, dem er nicht entfliehen konnte, und daß dadurch mit bestimmten Empfindungen verbundene unbewußte Erinnerungen entstanden waren, die beispielsweise durch Licht- und Lärmeindrücke ausgelöst wurden. Durch diese frühen sensorischen Erlebnisse in Verbindung mit seiner speziellen Konstitution und seinen genetischen Besonderheiten war ein System der Gefahrenerkennung entstanden, das (zu) leicht aktiviert werden konnte. Die Folge war, daß es dem empfindlichen Kind schwerfiel, eine größere Zahl alltäglicher Empfindungen zu ertragen, unter anderem diejenigen, mit denen er im Kindergarten konfrontiert wurde. Seine Methode, sich an diese Situationen *anzupassen* – und sein Bestreben, sich vom Körper aufwärts (*body-up*) sicher zu fühlen –, bestand darin, zu kontrollieren, anhänglich zu sein und zu protestieren.

Zu Leons Betreuungsteam gehörte ein einfühlsamer Sozialpädiater, der die Familie in der schwierigen Phase von Leons Eintritt in den Kindergarten an mich verwiesen hatte. Durch die Zusammenarbeit mit Leons Eltern und Erziehern entstand ein Plan, der dem Jungen helfen sollte, sich im Kindergarten und zu Hause entspannen und sicher fühlen zu können. Durch nährende und eingestimmte Beziehungen und unterstützt von dem Sozialpädiater, der sich mit Leons übersteigerter Sensibilität gegenüber Umwelteindrücken beschäftigte, lernte der Junge schließlich, zu einem Erwachsenen in Kontakt zu treten, wenn er sich unwohl fühlte, und zu beschreiben, was er körperlich und emotional empfand. Ihm wurde klar, daß er über Dinge, die ihm zu schaffen machten, reden konnte. Im Laufe der Zeit eignete er sich die Fähigkeit an, Top-down-Denken zu nutzen, um seine Body-up-Reaktionen und Gefühle zu überwinden, womit er eine Auffassung der interpersonalen Neurobiologie bestätigte, die Tina Bryson und Daniel Siegel berühmt gemacht haben: »*If you can name it you can tame it.*«[3]

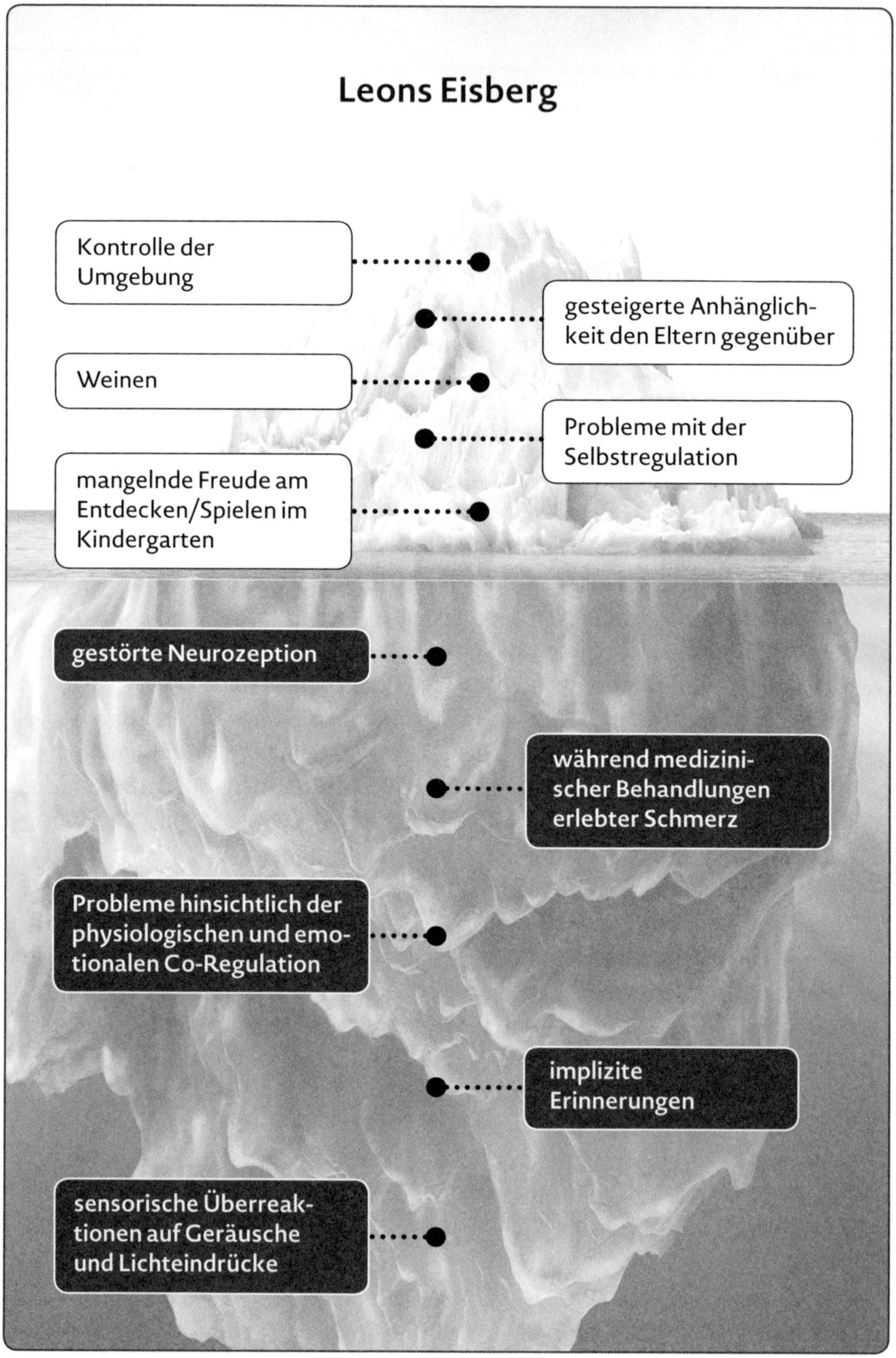
Leons Eisberg
Kontrolle der Umgebung
gesteigerte Anhänglichkeit den Eltern gegenüber
Weinen
Probleme mit der Selbstregulation
mangelnde Freude am Entdecken/Spielen im Kindergarten
gestörte Neurozeption
während medizinischer Behandlungen erlebter Schmerz
Probleme hinsichtlich der physiologischen und emotionalen Co-Regulation
implizite Erinnerungen
sensorische Überreaktionen auf Geräusche und Lichteindrücke

Ich beobachte seit langem, daß Kinder, die invasive medizinische Behandlungen, Traumata und andere mit körperlichem oder emotionalem Schmerz verbundene Situationen erlebt haben, auf die sie keinen Einfluß hatten, oft mit erhöhter Wachsamkeit ihres Nervensystems fertig werden müssen. Diese kann zur Entstehung von Trennungsangst, Trotz, einer Neigung zum Anklammern oder zu Versuchen, andere Menschen oder bestimmte Aspekte der Umgebung ihrer Kontrolle zu unterwerfen, führen. Man sollte sich immer wieder vergegenwärtigen, daß solche Verhaltensweisen Versuche der Anpassung an Situationen sind, auf die das betreffende Kind ursprünglich keinen Einfluß hatte. Ich werde später in diesem Buch erklären, wie wir die Auswirkungen von medizinisch verursachtem schädlichem Streß und Störungen der Interaktionen zwischen Eltern und Kind verringern können, indem wir die Fähigkeit der Eltern, ihr Kind zu beruhigen und während solcher Kontaktunterbrechungen die Verbindung zu ihm aufzunehmen, kreativ unterstützen. **Dies fördert den »grünen« Pfad der Eltern und des Kindes und sollte nicht der Pflege der psychischen Gesundheit zugerechnet, sondern als Teil einer umfassenden medizinischen Betreuung von Kindern verstanden werden.**

Der physische Körper und die Kontrolle des Verhaltens

Viele Kinder haben aufgrund von physischen Gegebenheiten Probleme damit, ihre Emotionen und Verhaltensweisen unter Kontrolle zu behalten. Dabei kann es um so grundlegende physische Empfindungen wie Hunger oder Durst gehen, aber auch um chronische Schmerzen, genetisch bedingte Störungen, Verdauungsbeschwerden wie Verstopfung und Durchfall, Stoffwechselzustände (einschließlich des Blutzuckerspiegels), Schlafstörungen oder körperliche Krankheiten. Eine Form von Krankheit – PANDAS genannt *(**P**ediatric **A**utoimmune **N**europsychiatric **D**isorders **A**ssociated with **S**treptococcal infections)* – soll Zwangsverhalten hervorrufen, wobei es oft zu einem sehr plötzlichen Auftreten von Symptomen oder zu deren Verschlimmerung kommt. Weitere mit PANDAS assoziierte Verhaltensweisen sind:[4]

- ADHS-Symptome (Hyperaktivität, Unaufmerksamkeit, Unruhe)
- Trennungsangst (das Kind ist übertrieben anhänglich, und es fällt ihm schwer, sich von seinen wichtigsten Bezugspersonen zu trennen; beispielsweise will es sich im Haus nicht in einem anderen Raum als seine Eltern aufhalten)
- Stimmungsschwankungen wie Reizbarkeit, Traurigkeit, emotionale Labilität (die Neigung, unerwartet und scheinbar unmotiviert zu lachen oder zu weinen)
- Einschlafschwierigkeiten; nächtliches Bettnässen bzw. häufiges Urinieren tagsüber oder beides
- Veränderungen motorischer Fertigkeiten (z. B. Veränderungen der Handschrift)

- Tics
- Gelenkschmerzen

Äußerungen eines Kindes über plötzlich auftretende starke Verhaltensprobleme sollte man unbedingt dem behandelnden Kinderarzt oder einem anderen Facharzt mitteilen. Bei Verhaltenssymptomen, die eine biologische Ursache haben, müssen Lösungsversuche diese Ursprünge berücksichtigen. Das Verhalten eines Kindes unabhängig von den biologischen Auslösern zu behandeln ist nicht sinnvoll.

Wir verstehen die Welt mit Hilfe unserer Sinne

Wir werden nun erforschen, wie Empfindungen das Verhalten von Kindern auf verschiedenen Ebenen beeinflussen. Aber zunächst möchte ich erklären, warum ich mich als Psychologin in einem Buch über Verhaltensprobleme auf die Verarbeitung von Sinneseindrücken konzentriere.

Wieviel man mir in meiner Ausbildung zur lizensierten Psychologin vorenthalten hatte, merkte ich erst, als ich beschloß, mich auf die frühkindliche Entwicklung und die psychische Gesundheit von Säuglingen und Kleinkindern zu spezialisieren. Mein Studium zum Erlangen der Doktorwürde basierte auf der cartesianischen Spaltung, die auch Geist-Körper-Dualismus genannt wird – auf der Überzeugung, daß es möglich sei, mentale Prozesse zu verstehen, ohne sich eingehender mit dem Feedback des Körpers zu beschäftigen. Deshalb waren meine klinischen Vorstellungen reduktionistisch – sie konzentrierten sich auf beobachtbares Verhalten, statt die ihm zugrunde liegenden Prozesse zu berücksichtigen – und sie verließen sich in unangemessener Weise auf Top-down-Denken und die »geistigen Prozesse«.

Ich merkte, daß ich eine weiterführende Ausbildung benötigte, um die Populationen von Kindern, denen ich helfen wollte, wirklich zu verstehen: kleinen Kindern und Kindern mit Entwicklungsbesonderheiten. Absolut nicht klar war mir, daß das, was ich auf diese Weise lernen würde, auch meine Art, mich selbst, meine eigenen Kinder und den gesamten Bereich der Pflege der psychischen Gesundheit zu sehen, verändern würde. Das erste Trainingsprogramm, an dem ich teilnahm, fand in einem großen städtischen Kinderkrankenhaus statt. Es erforderte die aktive Teilnahme an der Arbeit eines multidisziplinären Teams – einer Gruppe von Fachkundigen, die ein Baby oder Kleinkind aus der Sicht verschiedener Disziplinen evaluierten. Eines Tages hörte ich einige Ergotherapeuten, die in einer Methode mit Namen *Sensory Processing* ausgebildet waren, über ein Kind sprechen, und in diesem Moment »ging mir ein Licht auf«. Plötzlich wurde mir klar, daß wir das Verhalten eines Kindes nicht verstehen können, ohne uns darüber klar zu sein, wie dieses

Kind selbst die Welt vermittels seiner sensorischen Systeme versteht. Bis heute zielt meine stärkste Kritik an psychiatrischen Trainingsprogrammen (und entsprechenden Ausbildungen) darauf, daß sie den Teilnehmern nichts über die Körper-Gehirn-Feedbackschleife beibringen sowie darüber, wie diese das Body-up-Verhalten von Kindern beeinflußt. Dies ist einer der Gründe, aus denen wir Verhaltensprobleme häufig mißverstehen, und der Grund, weshalb ich mich im nächsten Abschnitt damit beschäftige, wie man die sensorische Verarbeitung im Hinblick auf individuelle Besonderheiten betrachten sollte.

Sensorische Verarbeitung: Wie wir die Welt verstehen

Kinder verstehen und deuten die Welt (so wie alle Menschen) mit Hilfe ihrer sensorischen Systeme. Obwohl die Fähigkeit zur Verarbeitung von Sinneseindrücken für die Entwicklung eines Kindes entscheidend ist, hat man die Beschäftigung damit zu einem Teilbereich der Ergotherapie herabgestuft. **Die Rolle der Verarbeitung von Sinneseindrücken in der Entwicklung von Kindern wird in der psychiatrischen Versorgung, Erziehung und Sozialarbeit noch nicht ausreichend berücksichtigt, obwohl sie ein wichtiger Bestandteil des Bildes ist, wenn wir das Verhalten von Kindern deuten und so herausfinden wollen, wie wir ihnen helfen können.** Nur wenige reden wirklich über die sensorische Verarbeitung, obwohl die vorliegenden wissenschaftlichen Untersuchungen über ihre Bedeutung so überzeugend waren, daß eine Diagnose »Störungen der sensorischen Verarbeitung« bei der letzten Revision für die Publikation des DSM-5 nur knapp die Aufnahme in die endgültige Version verfehlte.[5] Trotz des Widerstandes ärztlicher und psychiatrischer Gruppierungen ist es meiner Meinung nach nur eine Frage der Zeit, bis alle pädiatrischen Fachleute die Bedeutung des Einflusses von Besonderheiten der sensorischen Verarbeitung für Entwicklung und Verhalten anerkennen werden.

Wir müssen die sensorischen Systeme eines Kindes verstehen, um feststellen zu können, ob Besonderheiten der sensorischen Verarbeitung bei einem Kind zur Entstehung emotionaler und behavioraler Probleme beitragen. Sich darüber im klaren zu sein ist auch deshalb wichtig, weil es uns ermöglicht, Bottom-up-Techniken an die spezielle Situation eines bestimmten Kindes anzupassen und ihm so zu helfen, sich auf dem »grünen« Pfad zu beruhigen, wo es lernen, Neues entdecken und sich entwickeln kann.

Im vorigen Kapitel habe ich erklärt, daß Säuglinge und Kleinkinder im Bottom-up-Modus agieren, weil ihr zerebraler Cortex, der die Willenskontrolle und mentale Aktivitäten organisiert, sich noch in der Entwicklung befindet. Ältere Kinder, Jugendliche und Erwachsene können ebenfalls im Bottom-up-Modus agieren, wenn sie sich auf dem »roten« oder »blauen« Pfad befinden. Wenn wir in der Lage sind, sensorische Präferenzen zu verstehen, können wir Unterstützungsmöglichkeiten entwickeln, die Menschen in allen Lebensphasen zu helfen vermögen.

Um Ansätze nutzen zu können, die sich auf das denkende Gehirn beziehen, müssen wir wissen, wie wir Kinder im Bottom-up-Modus so unterstützen können, daß es ihnen möglich wird, ihr im Top-down-Modus agierendes denkendes Gehirn einzubeziehen. Dies versetzt uns in die Lage, andere Möglichkeiten zu nutzen, als einfach nur mit dem Kind zu reden oder es zu bitten, sich aktiv an der Arbeit zu beteiligen. Wir werden die sensorischen Systeme eines Kindes auf zwei Arten verstehen. Auf den folgenden Seiten werde ich beschreiben, was die sensorischen Systeme beinhalten und wie die sensorische Über- oder Unterreaktion eines Kindes zur Entstehung eines Zustandes emotionaler und behavioraler Dysregulation beitragen kann. In Kapitel 4 werden wir erkunden, wie wir die sensorischen Präferenzen eines Kindes nutzen können, um es zu beruhigen und seinen Zustand zu deeskalieren, falls es sich auf dem »roten« Pfad befindet, und wie wir ihm auf dem »blauen« Pfad regulierende Unterstützung bieten können.

Sensorisch basierte Erinnerungen

Die Eltern des fünfjährigen Lucas empfanden das Verhalten des Jungen als unberechenbar und verwirrend. An manchen Tagen wachte er morgens fröhlich auf und war voller Energie, aber häufiger war er, sobald er morgens die Augen öffnete, in mißmutiger Stimmung und protestiert gegen alles vom Zähneputzen bis zum Tragen der Kleidung, die seine Eltern ihm herausgesucht hatten. Gaben sie Lucas nicht nach, explodierte er – weinte, jammerte und rempelte seine kleine Schwester bei der geringsten Provokation an.

Als ich mich mit seiner Lebensgeschichte befaßte, berichteten seine Eltern, Lucas habe im Alter von zwei Jahren am ganzen Körper einen unerklärlichen Hautausschlag entwickelt. Dieser sei zwar nach einigen Wochen wieder völlig verschwunden, aber Lucas habe sich aufgrund des Ausschlags so unwohl gefühlt, daß er das Gefühl von Kleidung auf seiner Haut nicht mehr ertragen konnte. Von diesem Zeitpunkt an war er, wie seine Eltern es ausdrückten, »der Boss im Haus« gewesen. Er weigerte sich, etwas anderes als eines von drei T-Shirts aus sehr weichem Stoff zu tragen, und wenn die Eltern ihn baten, etwas anderes anzuziehen, reagierte er wütend. Einige Monate nach dem Hautausschlag wurde Lucas' Schwester geboren, was den kleinen Jungen noch zusätzlich unter Streß setzte.

Weil das problematische Verhalten so bald nach dem Hautausschlag aufgetreten war, vermutete ich, daß Lucas, obwohl das starke Jucken verschwunden war, weiterhin von starken »Körpererinnerungen«, die sein Unbehagen betrafen, verfolgt wurde.

Ich hielt sein Verhalten für eine Reaktion auf die Assoziation der unangenehmen sensorischen Erinnerungen mit dem, was er in der Zeit des Ausschlags erlebt hatte.

Wie Lucas' Geschichte veranschaulicht, bringt unser Geist Empfindungen, die aus unserem Kontakt mit der Umgebung resultieren, mit Emotionen in Verbindung und kreiert auf diese Weise sowohl bewußte als auch unbewußte Erinnerungen an früher Erlebtes. Dies wird *duales Kodieren* von Empfindungen mit Emotionen genannt[6] und geht mittels bidirektionaler Kommunikation zwischen Körper und Gehirn vonstatten. Das Gehirn kann ein negatives sensorisches Erlebnis leicht »memorieren« und schützt uns so vor einer Wiederholung des betreffenden Erlebnisses. Manchmal jedoch verursachen solche unbewußten Erinnerungen den Zustand der Hypervigilanz, und ein Kind reagiert auf sie, indem es ein übertriebenes Kontrollbedürfnis entwickelt oder gewalttätig wird und auf den »roten« Pfad wechselt. So erging es Lucas.

Im Sinne der in Kapitel 2 vorgestellten Begrifflichkeit half ich Lucas' Eltern, den Unterschied zwischen Bottom-up- und Top-down-Ursprüngen von Verhalten zu verstehen. Die neue sensorische Erklärung der (unter der Oberfläche des Eisbergs liegenden) Bottom-up-Ursachen an Lucas' Verhalten wirkte auf die Eltern beruhigend, die sich zuvor selbst beschuldigt und sich wegen ihres Sohnes große Sorgen gemacht hatten.

Ergotherapeuten erläuterten mir, inwiefern die Verarbeitung von Sinneseindrükken eine starke Wirkung auf das Verhalten hat. Ihnen war völlig klar, daß die sensorische Verarbeitung mit ihrem Bottom-up-Charakter sich darauf auswirkt, wie Kinder auf ihre physische und soziale Umgebung reagieren und wie sie zu ihr in Beziehung treten. Dies zu begreifen wirkte sich sehr positiv auf mein Verständnis von Verhaltensweisen aus und verbesserte meine Möglichkeiten, Kindern zu helfen, deutlich. Außerdem ermöglichte es mir, eine wichtige Einschränkung in meinem psychologischen Spezialbereich zu erkennen: die Tatsache, daß er den Top-down-Aspekt bevorzugt und die Bottom-up-Einflüsse auf Verhaltensprobleme von Kindern oft nicht zu erkennen oder zu würdigen vermag.

Dr. Greenspan und Dr. Wieder verstanden früh auftretende besondere Sensibilität in Reaktion auf gewöhnliche Empfindungen als »entwicklungsbasierte Pfade« zu anderen Störungen wie Angst.[7] Sie stellten fest, daß Kinder mit bestimmten sensorischen Präferenzen mit hoher Wahrscheinlichkeit Probleme mit der Emotionsregulation haben, die, wie wir mittlerweile wissen, zur Verhaltenskontrolle in enger Verbindung steht. Tatsächlich liegen Untersuchungen vor, aus denen ersichtlich ist, daß Kinder, die zu sensorischer Überreaktivität neigen, eher Angst erleben und daß ihre Familien infolge dessen unter einer extrem starken Belastung leiden.[8] Im Rahmen meiner klinischen Arbeit habe ich auch festgestellt, daß diese frühe Sensibilität oft bei kleinen Kindern zu finden ist, die ängstlich wirken oder ihre Umgebung zu kontrollieren versuchen.

Eltern, Lehrer und Psychotherapeuten sind mit der sensorischen Verarbeitung oft nicht vertraut und wissen deshalb nicht, wie diese sich auf das Verhalten von Kindern auswirken kann. Glücklicherweise gibt es Organisationen wie die *Profectum Foundation*, das *Interdisciplinary Council on Development and Learning* (ICDL) und das *STAR Center* in Denver, die es sich zur Aufgabe gemacht haben, die Öffentlichkeit über die Verbindung zwischen sensorischer Verarbeitung und Verhalten aufzuklären. Solche Entwicklungen geben Anlaß zur Hoffnung und lassen es als möglich erscheinen, daß man künftig auf Beschuldigungen verzichten wird, wenn bei Kindern durch starke sensorische Reaktionen Verhaltensprobleme hervorgerufen werden. (Auf Seite 317 dieses Buches finden Sie eine Liste der genannten und anderer nützlicher Organisationen.)

Was ist sensorische Verarbeitung?

Unsere sensorischen Systeme ermöglichen uns, zu *hören*, zu *sehen*, zu *berühren*, zu *riechen*, zu *schmecken* und *Bewegung zu spüren* und so unsere Erlebnisse mit einer Bedeutung zu verbinden.[9] Dies geschieht, ohne daß wir bewußt darüber nachzudenken brauchen. Nur wenn etwas nicht in Ordnung ist – wenn wir unter einer schweren Erkältung oder unter Allergien leiden und es uns schwerfällt, zu hören oder zu schmecken –, werden die meisten Menschen ihrer sensorischen Systeme bewußt. Doch normalerweise gelingt es unserem Gehirn und Körper, die Welt, die uns umgibt, schnell und effizient zu verstehen.

Wir alle freuen uns über bestimmte Erlebnisse, und andere wiederum mögen wir nicht und vermeiden sie.[10] Aufgrund von sensorischen Erlebnissen können wir uns gut oder schlecht fühlen. Sie können uns im Alltagsleben helfen, uns andererseits aber auch das Leben schwermachen. Als Erwachsene sind wir uns sensorischer Präferenzen oft bewußt, so wie sie sich in der Bevorzugung einer bestimmten Art von Musik (und deren Lautstärke) niederschlagen, wie die Kleidung (mit Markenzeichen oder ohne, aus Polyester oder Baumwolle), die wir kaufen, sie zum Ausdruck bringt und wie unsere Nahrung und das Parfum, das wir bevorzugen, sie erkennen läßt. Obgleich wir über solche Präferenzen kaum nachdenken mögen, haben wir als Erwachsene doch die Möglichkeit, uns für alles zu entscheiden, was uns angenehm ist – natürlich innerhalb der Grenzen, die unser privates und berufliches Umfeld uns vorgibt. Kinder verfügen über diese Entscheidungsmöglichkeiten normalerweise nicht.

Wenn wir die sensorischen Präferenzen eines Kindes verstehen, verschafft uns dies einen Eindruck von den potentiellen Triggern und erschließt uns eine Anzahl nützlicher Strategien, die uns ermöglichen, dem Kind, wenn es in Schwierigkeiten ist, zu helfen, auf den »grünen« Pfad zurückzukehren. Wir werden uns nun zunächst die wichtigsten sensorischen Systeme ein wenig genauer anschauen, bevor wir uns der Frage zuwenden, wie wir Umgebungstrigger besser verstehen und sensorische Erlebnisse nutzen können, um das Leiden von Kindern zu verringern.

Uns allen sind die fünf primären sensorischen Systeme des menschlichen Körpers wohlbekannt: das Hören, das Sehen, das Riechen, das Schmecken und die Berührung. Die Ergotherapeutin Lucy Jane Miller, Ph. D., eine überragende Forscherin im Bereich von Störungen der sensorischen Verarbeitung, vertritt die Auffassung, daß Menschen noch über drei weitere sensorische Systeme verfügen: das vestibulare, das propriozeptive und das interozeptive System. Miller und Bialer beschreiben die sensorischen Systeme wie folgt:[11]

Hören: Das auditorische System verarbeitet und deutet Klang- und Geräuschinformationen. Unser Gehör ermöglicht uns, zwischen Hintergrund- und Vordergrundgeräuschen (bzw. -klängen) zu unterscheiden.

Sehen: Das visuelle System leitet mit Hilfe der Augen Informationen aus der Umgebung zum Gehirn.

Riechen: Das olfaktorische System, unser Geruchssinn, ist für das Essen wichtig, insofern es den Genuß des Geschmacks verstärkt und/oder uns auf Dinge, die wir essen sollten oder nicht essen sollten, aufmerksam macht.

Schmecken: Das gustatorische System übermittelt Informationen über die Art der Nahrungsmittel und Flüssigkeiten, die wir kosten.

Berührung: Das taktile System, das größte unter den sensorischen Systemen des Menschen, verarbeitet Informationen, die von Sinnesrezeptoren auf der Haut registriert werden.

Bewegung im Raum: Das Vestibularsystem (das Gleichgewichtsorgan) liefert Informationen über Position und Bewegungsgeschwindigkeit von Kopf und Körper und deren Beziehung zur Schwerkraft.

Empfindungen in Muskeln und Gelenken: Das propriozeptive System verarbeitet Empfindungen, die in Muskeln und Gelenken wahrgenommen werden.

Innere Empfindungen: Das interozeptive System liefert Informationen über Empfindungen in den Körperorganen sowie ganz generell über Empfindungen im Inneren des Körpers.

Beim Nachdenken über die Rollen der verschiedenen Sinne können wir uns folgende Fragen stellen:

- Welche Faktoren wirken sich auf die Fähigkeit eines Kindes zu ruhiger, fokussierter und Körper und Geist umfassender wacher Aufmerksamkeit aus?
- Wie wirkt dies auf die Beziehungen des Kindes und wie begünstigt es die Teilnahme an alltäglichen Aktivitäten zu Hause und in der Schule?

Manchmal versucht der Körper eines Kindes, durch problematische Verhaltensweisen mit Problemen der sensorischen Wahrnehmung fertig zu werden. Wenn wir die sensorische Verarbeitung eines Kindes verstehen – wie es die Welt mit Hilfe seiner Sinne deutet –, können wir auch dies nutzen, um die Gründe für bestimmte Verhaltensweisen zu entschlüsseln. Manchmal ist Über- oder Unterreaktivität eines oder mehrerer sensorischer Kanäle ein Faktor, der zu frühen behavioralen und emotionalen Störungen bei einem Kind beiträgt.

Die folgenden Arbeitsblätter werden Ihnen herauszufinden helfen, ob ein Kind zu Überreaktivität, Unterreaktivität oder starkem Verlangen nach bestimmten Empfindungen neigt. Diese erste Übung im Entwickeln von Fragen ist nicht als Ersatz für den Rat eines qualifizierten Ergotherapeuten zu verstehen. Wenn Sie das Gefühl haben, daß Ihr Kind oder ein Kind, mit dem Sie arbeiten, zu einer der genannten Arten atypischer sensorischer Verarbeitung neigt, sollten Sie einen qualifizierten Ergotherapeuten (oder einen anderen Experten), der sich mit Problemen der sensorischen Verarbeitung auskennt, zu Rate ziehen.[12]

Unsere Empfindungen beeinflussen unsere Interaktionen mit anderen Menschen. Über- oder Unterreaktivität im Bereich eines oder mehrerer sensorischer Kanäle kann sich auf die emotionale und physiologische Regulation und das Sicherheitsgefühl eines Kindes auswirken und zu Verhaltensweisen führen, die dem »roten« oder »blauen« Pfad zuzurechnen sind.

Arbeitsblatt

Checkliste für sensorische Überreaktivität

Markieren Sie die Symptome, die Sie bei Ihrem Kind beobachten:

Auditorisch (Klänge/Geräusche)

- ☐ Hält die Hände über die Ohren, um sich vor lauten Geräuschen zu schützen.
- ☐ Hat Schwierigkeiten, Arbeiten zu Ende zu bringen, wenn Hintergrundgeräusche zu hören sind.
- ☐ Fürchtet sich vor bestimmten Umgebungsgeräuschen – beispielsweise der Toilettenspülung, Hundegebell, Staubsaugen, dem Haartrockner.
- ☐ Fürchtet sich im Kino oder in Konzerten.

Taktil (Berührung)

- ☐ Empfindlichkeit bestimmten Geweben (Kleiderstoffen, Bettbezügen) gegenüber.
- ☐ Beklagt sich, wenn sein Haar gekämmt oder geschnitten werden soll, sowie beim Duschen und wenn es sanft geküßt wird.
- ☐ Vermeidet, barfuß zu gehen, insbesondere im Gras oder Sand.
- ☐ Reagiert gereizt auf bestimmte Kleiderstoffe, Modelabels, Nähte in Socken und Hosen; vermeidet, neue Kleidung zu tragen.
- ☐ Reagiert negativ auf Materialien, die sich auf Händen befinden, beispielsweise Lehm, Fingerfarbe, Kuchenkrümel, Schmutz.
- ☐ Bevorzugt feste Umarmungen; ist sehr kitzlig.

Monica G. Osgood et al. »*Profectum Parent Toolbox*. Individual Profile Form, Step 2, Webcast 12, Pgs. 4–7, Sensory Responsive Patterns.« *Profectum Foundation*, 2015, www.profectum.org/.
Nutzung mit Genehmigung der Profectum Foundation.

Visuell

- ☐ Zieht schwache Beleuchtung heller vor.
- ☐ Blinzelt oder bekommt andernfalls Kopfschmerzen.
- ☐ Trägt gern Hüte oder Kappen, um die Augen vor der Sonne zu schützen.
- ☐ Vermeidet Blickkontakt oder fühlt sich von diesem bedroht.
- ☐ Fühlt sich von Wandschmuck und Aktivitäten vor einem Fenster belästigt oder abgelenkt.

Geschmack / Geruch

- ☐ Würgt bei faserigen Speisen.
- ☐ Vermeidet bestimmte Geschmäcke oder Geräusche, die Bestandteil der charakteristischen Ernährung eines Kindes sind.
- ☐ Mag Gerüche nicht, die andere gar nicht bemerken.

Vestibulär / Bewegung

- ☐ Wird ängstlich oder leidet, wenn die Füße den festen Boden verlassen.
- ☐ Vermeidet, zu klettern oder zu springen.
- ☐ Fürchtet sich davor, Stufen hinauf- oder hinabzusteigen.
- ☐ Meidet Rolltreppen bzw. fühlt sich darauf nicht wohl.
- ☐ Vermeidet, sich mit zurückgelehntem Kopf die Haare waschen zu lassen.
- ☐ Meidet Geräte auf Spielplätzen, die Bewegung, Schaukeln und Rutschen erfordern.
- ☐ Kann bei Bewegungen, die von jemand anderem initiiert werden, Angst bekommen.

Monica G. Osgood et al. »*Profectum Parent Toolbox*. Individual Profile Form, Step 2, Webcast 12, Pgs. 4–7, Sensory Responsive Patterns.« *Profectum Foundation*, 2015, www.profectum.org/.
Nutzung mit Genehmigung der Profectum Foundation.

Arbeitsblatt

Checkliste für sensorische Unterreaktivität

Markieren Sie die Symptome, die Sie bei Ihrem Kind beobachten:

Auditorisch (Klänge/Geräusche)

- ☐ Hat Schwierigkeiten, Anweisungen zu folgen; diese müssen wiederholt gegeben werden.
- ☐ Reagiert manchmal nicht auf die Nennung des eigenen Namens.
- ☐ Produziert gelegentlich selbst Geräusche, summt oder führt Selbstgespräche beim Arbeiten.
- ☐ Genießt laute Geräusche und Musik im Hintergrund.

Taktil (Berührung)

- ☐ Macht nicht viel Aufhebens von Verletzungen, Schnitten oder Prellungen.
- ☐ Bemerkt manchmal nicht, daß er/sie berührt, angerempelt oder gestoßen wird, wenn der Stoß nicht besonders stark oder kräftig ist.
- ☐ Ist den verschiedenen Stoffen von Kleidungsstücken (Baumwolle, Wolle oder Synthetik) gegenüber unempfindlich.

Visuell

- ☐ Hat Schwierigkeiten, einem sich bewegenden Objekt (oder einer sich bewegenden Person) mit dem Blick zu folgen.
- ☐ Klagt manchmal über müde Augen.
- ☐ Verliert beim Lesen und beim Abschreiben von Informationen (beispielsweise von einer Tafel) oft den Faden.
- ☐ Schreibt eventuell auf einer ziemlich schrägen Unterlage.
- ☐ Nimmt Details von Objekten und deren Umgebung möglicherweise nicht wahr.

Monica G. Osgood et al. »*Profectum Parent Toolbox*. Individual Profile Form, Step 2, Webcast 12, Pgs. 4–7, Sensory Responsive Patterns.« *Profectum Foundation*, 2015, www.profectum.org/.
Nutzung mit Genehmigung der Profectum Foundation.

Geschmack/Geruch

- ☐ Ißt oder trinkt manchmal etwas Schädliches, ohne den Geruch oder Geschmack der Speise oder des Getränks bewußt wahrzunehmen.
- ☐ Nimmt Düfte und Gerüche in der Regel nicht wahr (was auch die Sicherheit gefährden kann).
- ☐ Bemerkt oft nicht, daß Nahrung stark gewürzt ist oder laff schmeckt, oder dies ist ihm/ihr gleichgültig.

Vestibulär/Bewegung

- ☐ Hat keine Freude daran (und auch nicht den Wunsch), die Umgebung zu erforschen und sich zu bewegen.
- ☐ Hat wenig Interesse, in einem Fitneßstudio zu trainieren, Sport zu treiben und sich auf einem Spielplatz auszutoben.
- ☐ Bevorzugt Aktivitäten im Sitzen, beispielsweise Fernsehsendungen, Beschäftigung mit dem Computer, Videospiele, Herumsitzen.
- ☐ Hat oft einen schwachen Muskeltonus und langsame motorische Reaktionen.
- ☐ Probiert nicht gern neue körperliche Aktivitäten aus und initiiert sie selten.
- ☐ Kann nichts mit den Händen tun, ohne diese anzuschauen.

Monica G. Osgood et al. »*Profectum Parent Toolbox*. Individual Profile Form, Step 2, Webcast 12, Pgs. 4–7, Sensory Responsive Patterns.« *Profectum Foundation*, 2015, www.profectum.org/.
Nutzung mit Genehmigung der Profectum Foundation.

Arbeitsblatt

Checkliste für starkes Verlangen nach bestimmten sensorischen Reizen

Markieren Sie die Symptome, die Sie bei Ihrem Kind beobachten:

Auditorisch (Klänge/Geräusche)

- ☐ Bevorzugt beim Fernsehen und Musikhören eine Lautstärke, die anderen Menschen unangenehm ist.
- ☐ Spricht mit lauter Stimme – schreit manchmal fast.
- ☐ Kann mit dem Reden nicht aufhören und läßt in Gesprächen die andere Seite kaum zu Wort kommen.
- ☐ Fühlt sich in lauten Umgebungen wie Sportarenen und Einkaufszentren wohl.

Taktil (Berührung)

- ☐ Braucht das ständige Berühren von Oberflächen und Texturen, insbesondere von weichen und kuscheligen.
- ☐ Kann bei anderen Menschen Unbehagen hervorrufen aufgrund des Bedürfnisses, alles und jeden zu berühren, und das Gefühl erzeugen, die Intimsphäre zu verletzen.
- ☐ Stößt häufig gegen Objekte und Menschen.
- ☐ Will über lange Zeitspannen mit Dingen spielen, die normalerweise als schmutzig empfunden werden.
- ☐ Nimmt manchmal Objekte in den Mund oder beißt hinein, auch wenn das der Entwicklungsphase des Kindes nicht mehr angemessen ist.
- ☐ Reibt manchmal die eigene Haut oder beißt in sie hinein.

Visuell

- ☐ Findet Gefallen daran, flackernde Lichter oder visuelle Stimuli ohne besondere Bedeutung anzuschauen.
- ☐ Wählt häufig Objekte mit starken Farben aus.

Monica G. Osgood et al. »*Profectum Parent Toolbox*. Individual Profile Form, Step 2, Webcast 12, Pgs. 4–7, Sensory Responsive Patterns.« *Profectum Foundation*, 2015, www.profectum.org/.
Nutzung mit Genehmigung der Profectum Foundation.

- ☐ Ist fasziniert vom Fernsehen, vom Computer oder von Videospielen und kann Stunden damit verbringen.
- ☐ Starrt Objekte, die sich drehen, lange an.
- ☐ Konzentriert sich lange auf bestimmte visuelle Details, etwa auf eine Seite eines Buches oder auf einen Reifen am Auto.

Geschmack/Geruch/oral-motorisch

- ☐ Riecht an Menschen, Tieren und Objekten.
- ☐ Leckt an Objekten, Menschen und Speisen (vor dem Kosten letzterer).
- ☐ Hat ständig das Bedürfnis, Kaugummi zu kauen.
- ☐ Bevorzugt knusprige Speisen wie Chips, Brezeln und Plätzchen.
- ☐ Bevorzugt oft Speisen einer bestimmten Geschmacksrichtung: süß, sauer oder salzig.
- ☐ Beißt auf Hülsen, Radiergummis, Büroklammern; hat ständig etwas im Mund.

Vestibulär/Bewegung

- ☐ Fällt häufig hin und rollt absichtlich auf dem Boden herum.
- ☐ Beharrt auf starkem Bewegungs-Input, beispielsweise darauf, sich herumzuwerfen, sich zu drehen, zu rotieren und herumgedreht zu werden; kann sich lange um die eigene Achse drehen, ohne Schwindelgefühle zu bekommen.
- ☐ Ist begeistert vom Raufen und spielerischen Kämpfen und liebt es, in die Luft geworfen zu werden.
- ☐ Springt aggressiv auf Betten und Sofas.
- ☐ Mag extrem schnelle Bewegungen wie Schlittschuhlaufen, Skifahren, Rodeln, Fahrradfahren, Inlineskaten, Skateboardfahren, Achterbahnfahrten und die Benutzung anderer Attraktionen in Vergnügungsparks; kann ein »Extremathlet« sein.
- ☐ Läßt sich durch zusätzlichen Bewegungs-Input nicht beruhigen, sondern wird dadurch eher noch erregter und desorganisierter.

Monica G. Osgood et al. »*Profectum Parent Toolbox*. Individual Profile Form, Step 2, Webcast 12, Pgs. 4–7, Sensory Responsive Patterns.« *Profectum Foundation*, 2015, www.profectum.org/.
Nutzung mit Genehmigung der Profectum Foundation.

Falls Sie auf einer der Checklisten mehrere Kästen markiert haben, ist es der Mühe wert, weitere Informationen und Hilfe bei einem Ergotherapeuten zu suchen, der sich mit der sensorischen Verarbeitung auskennt. (Siehe hierzu auch Seite 317.)

Die meisten Kinder verarbeiten Informationen, die durch die Sinne übermittelt werden, ohne besondere Probleme. Aber wenn schon im Säuglings- oder Kleinkindalter Verhaltensprobleme erkennbar sind, die sich nicht beispielsweise als Folgen von Beziehungsstreß oder Traumata erklären lassen, sollte man darüber nachdenken, ob Besonderheiten der sensorischen Verarbeitung für die Emotionen und Verhaltensweisen des betroffenen Kindes von Bedeutung sind.

YVONNE

Verhaltensprobleme infolge übermäßig starker Reaktionen auf die Verarbeitung von Geräuschen

Nachdem bei Yvonne, einem Einzelkind, im Alter von drei Jahren Sprech- und Sprachprobleme diagnostiziert worden waren, meldeten ihre Eltern sie in einer Einrichtung für Kinder mit Entwicklungsbesonderheiten an. Dort machte sie sich so gut, daß sie im folgenden Jahr in einen normalen Kindergarten kam.

Einige Wochen später rief ihre dortige Lehrerin Yvonnes Eltern an, um ihnen zu berichten, daß Yvonne ständig summe und so intensiv auf ihr Pult tippe, daß ihre Klassenkameraden sich gestört fühlten. Die Lehrerin hatte Yvonne mehrmals aufgefordert, mit dem Klopfen und Summen aufzuhören, und sogar ihren Namen an die Tafel geschrieben, um auf das Verhalten des Mädchens aufmerksam zu machen. Außerdem versuchte sie es mit positiven Strategien, indem sie Yvonne beispielsweise für den Fall, daß sie fünf Minuten lang keine Geräusche produzieren würde, hübsche Sticker versprach. Aber nichts vermochte Yvonne davon abzubringen, weiter zu summen und auf ihr Schreibpult zu tippen.

Daraufhin wandten sich Yvonnes Eltern an einen Ergotherapeuten. Dieser traf mehrmals mit Yvonne und ihren Eltern zusammen und formulierte, nachdem er das Mädchen in verschiedenen Situationen beobachtet hatte, eine Erklärung für das merkwürdige Verhalten: Yvonne erlebe in ihrem auditorischen System wahrscheinlich eine so starke sensorische Überreaktivität, daß es ihr schwerfalle, die Hintergrund- und Vordergrundgeräusche im Klassenraum zu verarbeiten. In dem Bemühen, mit dieser Herausforderung fertig zu werden, produzierte ihr Körper instinktiv *selbst* Geräusche. Dies war eine unbewußte Präventivhandlung, die auf die Neutralisierung eines auditorischen Triggers zielte. Wenn sie sich so verhielt, fühlte sie sich im Klassenraum besser.

Bottom-up-Ursachen untersuchen

Im Laufe meiner langjährigen Arbeit mit Säuglingen und Kleinkindern habe ich festgestellt, daß früh auftretende Besonderheiten der sensorischen Verarbeitung Schwierigkeiten der betroffenen Kinder mit der Emotions- und Verhaltensregulation verstärken können. Wenn Ihr Kind oder ein Kind, mit dem Sie arbeiten, schon früh übertrieben stark auf alltägliche Aktivitäten oder Ereignisse reagiert, sollten Sie sich einmal über seine früheren Reaktionen auf sensorische Erlebnisse Gedanken machen. Wie in Kapitel 2 erläutert wurde, werden diese Reaktionen immer zusammen mit Emotionen kodiert.

Einer der Gründe für Yvonnes defensive Reaktion war, daß sie anders als zu Hause in der Schule keinen Erwachsenen um sich hatte, dem sie vertraute und der ihr hätte helfen können, mit belastenden Empfindungen fertig zu werden. Ihr Verhalten war nicht *per se* ein Symptom einer »Störung«, sondern es spiegelte die Aktivität ihres unbewußten »Bedrohungserkennungssystems«, das ihr in dieser neuen und für sie schwierigen Situation half. Yvonnes unpassend wirkendes Summen und Klopfen war Ausdruck der *adaptiven Defensivstrategie* ihres Körpers, ihrer Art, mit der vermeintlichen auditorischen Bedrohung, die sie in einem neuen Klassenzimmer mit lauter ihr unbekannten Menschen, Anblicken und Geräuschen empfand, fertig zu werden.

Die Anwesenheit eines liebevollen Erwachsenen,
dem Kinder vertrauen, hilft ihnen,
ihre Streßreaktionen zu mäßigen.

Yvonnes merkwürdiges Verhalten war ihre Art, ihren Körper zu beruhigen, um sich im Klassenraum konzentrieren zu können. Was einige zweifellos als »maladaptives« Verhalten bezeichnet hätten, war in Wahrheit eine Anpassung an ihre sensorische Überreaktivität gewesen, die sie auf den »roten« Pfad brachte und eine *Störung* der Neurozeption verursachte (sie fühlte sich in einer Umgebung in Gefahr, in der sie tatsächlich sicher war).

Nachdem Yvonnes Eltern und ihre Lehrerin dieses Paradox verstanden hatten, konnten sie das Mädchen gezielt zusätzlich unterstützen. Die Lehrerin ermöglichte Yvonne, näher bei ihr zu sitzen, besorgte ihr einen Kopfhörer, der Außengeräusche neutralisierte, und gab Yvonne in besonders unruhigen Augenblicken das Gefühl, eine ganz besondere Person zu sein, indem sie die Schülerin zu »ihrer Helferin« im Klassenraum machte.

Diese Korrekturen waren eine wichtige Voraussetzung für die erwünschte Veränderung. Sehr zur Erleichterung ihrer Eltern, der Lehrerin und der Verwaltungsmitarbeiter nahmen Yvonnes »problematische« Verhaltensweisen innerhalb eines Monats ab. **Als ihr Unterstützungsteam gelernt hatte, die von ihr produzierten Geräusche als adaptive Strategien zu verstehen, statt als inadäquate Verhaltensweisen oder einfach nur als Bemühen, die Aufmerksamkeit auf sich zu ziehen, entwickelten sie eine spezielle Wertschätzung des Verhaltens der Schülerin und bemühten sich um neuartige Möglichkeiten, Yvonnes Problem effektiv zu lösen.** Yvonnes Eltern hatten das Gefühl, ihnen werde eine schwere Last von den Schultern genommen, denn sie hatten insgeheim geglaubt, sie selbst hätten das merkwürdige Verhalten ihrer Tochter irgendwie verursacht.

Weil das Unterstützungsteam Yvonne nun in einem neuen Licht sah, begegneten die Mitglieder ihr mitfühlender und mit mehr Wärme, was in ihrer Mimik, im Klang ihrer Stimme und in ihrer emotionalen Kommunikation zum Ausdruck kam. Das neue Verständnis half sowohl Yvonne als auch den Erwachsenen in ihrem Umfeld, den Weg auf einem relational co-regulierten »grünen« Pfad zu finden.

Arbeitsblatt

Einschätzen der Reaktionen eines Kindes auf seine physische Umgebung

Hat sich das Kind in der Vergangenheit (seit dem Kleinkindalter) wiederholt geweigert, bestimmte Erlebnisse zuzulassen, oder hat es dagegen protestiert? Wenn ja, dann notieren Sie, worum es dabei ging:

____

____

____

Entsprechen die Erlebnisse bestimmten sensorischen Erlebnissen oder Erfordernissen? (z. B. das Berühren bestimmter Substanzen, bestimmte Geräusche, Gerüche, Bewegungen usw.) Wenn ja, dann notieren Sie sie:

____

____

____

Lehnt das Kind regelmäßig ab, Neues auszuprobieren? Oder protestiert es gegen den Aufenthalt an bestimmten Orten (bzw. vermeidet es diese)? Wenn ja, dann notieren Sie sie:

____

____

____

Können Sie aus sensorischer Perspektive irgendwelche Gemeinsamkeiten von Aktivitäten oder Orten erkennen, die das Kind zu vermeiden versucht? Wenn ja, dann notieren Sie sie:

____

____

____

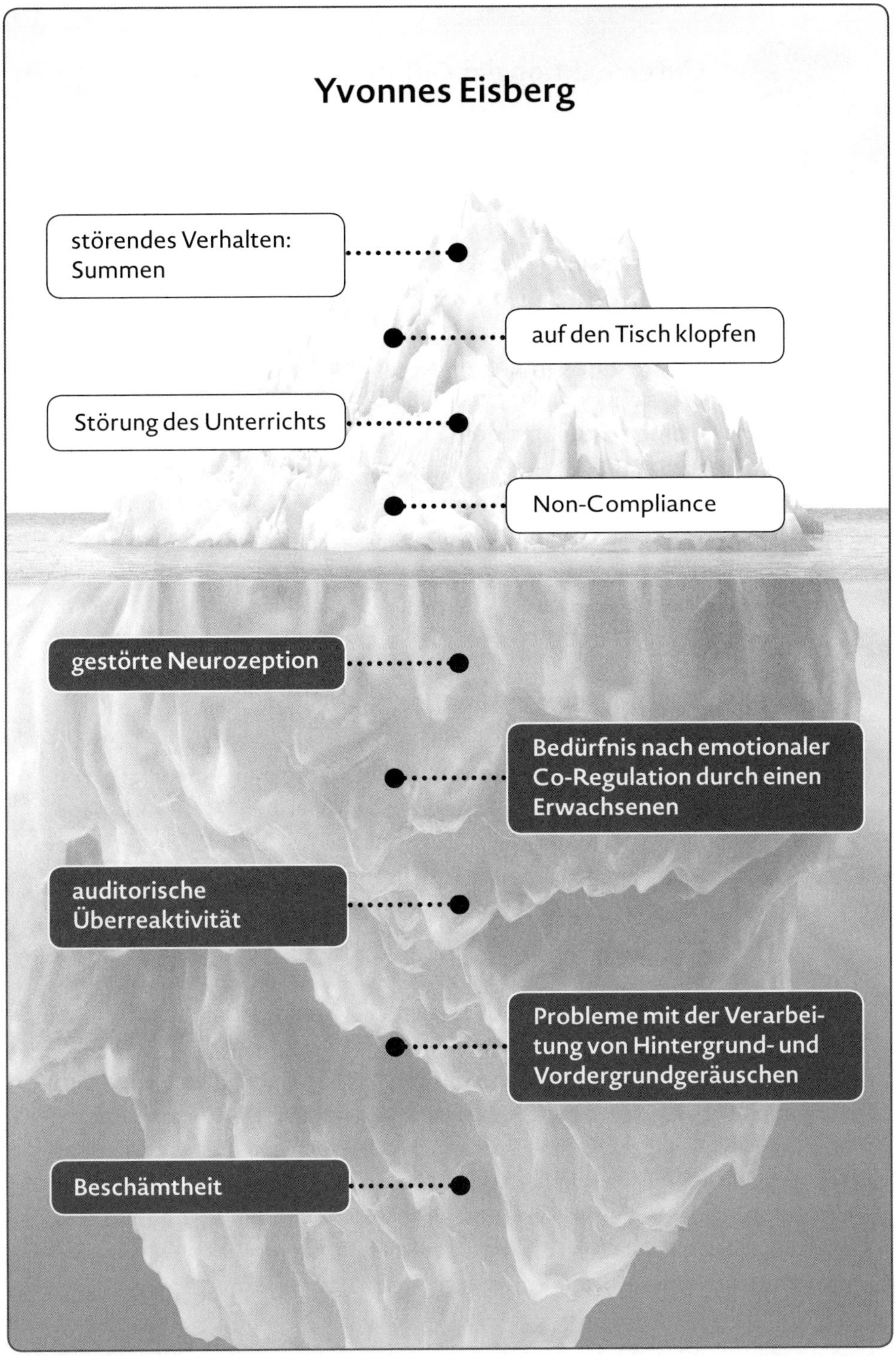
Yvonnes Eisberg
störendes Verhalten: Summen
auf den Tisch klopfen
Störung des Unterrichts
Non-Compliance
gestörte Neurozeption
Bedürfnis nach emotionaler Co-Regulation durch einen Erwachsenen
auditorische Überreaktivität
Probleme mit der Verarbeitung von Hintergrund- und Vordergrundgeräuschen
Beschämtheit

MIA Unterreaktion der Gefahrenidentifikation

Obgleich viele Kinder auf sensorische Aspekte ihrer Umgebung *übertrieben stark reagieren*, kommen gelegentlich auch *Unterreaktionen* von Kindern auf sensorische Informationen vor.

Mia, sechs Jahre alt, war unmittelbar nach ihrer Geburt adoptiert worden und bei liebevollen Eltern und in einer unterstützenden Umgebung aufgewachsen, in der viele Kinder lebten. Doch die Adoptiveltern merkten schon früh, daß sich Mia von gleichaltrigen Kindern stark unterschied. Auf dem Spielplatz schien sie ihre Umgebung häufig gar nicht wahrzunehmen und stieß deshalb immer wieder mit dort aufgestellten Spielgeräten und mit anderen Kindern zusammen. Sie lief den anderen Kindern zwar hinterher, wußte aber offenbar nicht, wie sie mit ihnen hätte spielen können. Mia fiel auch oft hin und schürfte sich die Knie auf; aber das schien sie nicht sonderlich zu stören. Als die Eltern Mias Kinderarzt über ihre Sorgen berichteten, versicherte dieser ihnen, das Mädchen sei körperlich völlig gesund, empfahl der Familie aber, sich zur Evaluierung ihrer sozialen und emotionalen Entwicklung an mich zu wenden.

Ich hörte mir die Sorgen der Eltern an und beobachtete Mia eine Weile. Ich fragte mich, ob bei ihr einige sensorische Kanäle unterreaktiv waren. Deshalb schlug ich den Eltern eine Evaluation bei einem Ergotherapeuten vor (einem Kollegen, den ich regelmäßig zu Rate ziehe). Dieser berichtete mir später, unsere Vermutung sei korrekt gewesen: Mias *Unterreaktivität* auf ihre Propriozeption und auf Berührung hatte ihre Wahrnehmung des eigenen Körpers eingeschränkt. Die Feedbackverbindung ihres Körpers zu ihrem motorischen System, die ihre Gliedmaßen hätte informieren müssen, wie sie sich bewegen und wie sie reagieren sollten, war schwach. Außerdem schien Mia unverhältnismäßig schwach auf Schmerz zu reagieren – was erklärte, weshalb sie so indifferent auf Verletzungen reagierte.

Mias Verhalten war von der Art ihres Körpers und Gehirns, sensorische Informationen zu registrieren, beeinflußt und hatte eine tiefreichende Wirkung auf ihre Fähigkeit zu spielen und zu anderen Menschen in Beziehung zu treten. Glücklicherweise erkannten wir ihre Differenzen schon früh und konnten aufgrund dessen einen geeigneten therapeutischen Ansatz entwickeln. Im Laufe der Zeit wurde Mias Körpergewahrsein stärker, was bewirkte, daß sie sich seltener Beulen und Schürfwunden zuzog und lernte, mit Gleichaltrigen zu interagieren. Durch spielerische Ergotherapiesitzungen, an denen ihre Eltern jeweils teilnahmen – wobei Bottom-up-Strategien im Vordergrund standen –, wurde Mias Verbindung zu ihrem eigenen Körper gestärkt, und sie lernte, ihn besser wahrzunehmen. Sie wurde auch selbstsicherer, und ihr Kontakt zu anderen Kindern wurde besser. Sie fing an, das Spiel zu suchen, statt es zu vermeiden. Auch ihre sozial-emotionale Entwicklung machte Fortschritte und erblühte schließlich aufgrund der Unterstützung eines DIR®-basierten Eltern-Kind-Programms.

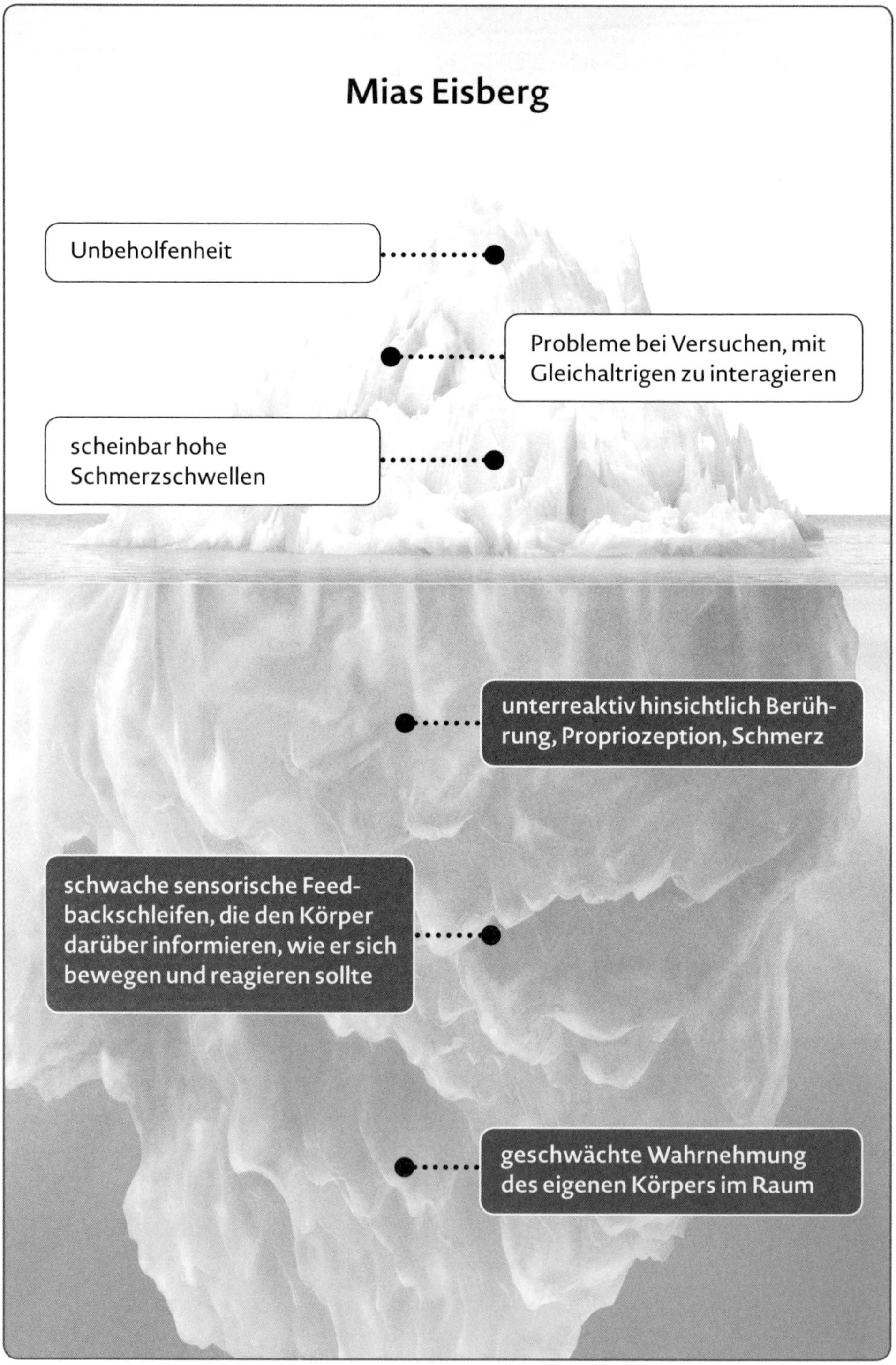
Mias Eisberg
Unbeholfenheit
Probleme bei Versuchen, mit Gleichaltrigen zu interagieren
scheinbar hohe Schmerzschwellen
unterreaktiv hinsichtlich Berührung, Propriozeption, Schmerz
schwache sensorische Feedbackschleifen, die den Körper darüber informieren, wie er sich bewegen und reagieren sollte
geschwächte Wahrnehmung des eigenen Körpers im Raum

JAMAL

Verlangen nach bestimmten sensorischen Reizen

Der sechsjährige Jamal verspürte einen natürlichen Drang zu klettern. Im Alter von zwei Jahren, der Zeit, in der Kleinkinder erforschen, was ihrem Körper möglich ist (und was ihre Eltern ihnen zu tun erlauben), kletterte er gern auf Tische und Stühle, um anschließend von ihnen herunter zu springen. An seinem zweiten Tag im Kindergarten rief Jamals Betreuerin seine Eltern an, nachdem er auf ihr Pult geklettert und von dort heruntergesprungen war. Die Eltern hatten Jamal immer wieder ermahnt, er müsse vorsichtig sein, und sie machten sich seinetwegen ständig Sorgen. Als er drei Jahre alt war, war er schon zweimal in der Notaufnahme gewesen – einmal wegen eines verstauchten Knöchels und einmal, weil nach einem Sturz seine Stirn genäht werden mußte.

In den ersten Monaten im Kindergarten hatte eine aufmerksame Betreuerin den Eltern empfohlen, Jamal vom Ergotherapeuten der Schule untersuchen zu lassen und zu klären, warum er ständig in der Luft sein wollte. Ihr war aufgefallen, daß Jamal am Klettern und Springen von erhöhter Position auf dem Spielplatz und am Schwingen auf einer Schaukel besondere Freude hatte. Seine Eltern berichteten, er könne sich stundenlang auf Schaukeln vergnügen, wenn man ihm dies erlaube. Die Ergotherapeutin hatte eine Ausbildung in sensorischer Verarbeitung und evaluierte Jamal mehrere Monate lang. Sie fand heraus, daß er ein besonderes Verlangen nach vestibulärer Bewegung und propriozeptivem Input für seine Muskeln und Gelenke verspürte.

Jamals Verlangen nach bestimmten Arten sensorischer Stimulation war so stark, daß sein Gewahrsein der eigenen Sicherheit dadurch oft außer Kraft gesetzt wurde. Als seinen Eltern und seiner Betreuerin klar geworden war, daß er ein starkes Bedürfnis nach bestimmten Arten von Bewegung hatte, waren sie besser in der Lage, ihn emotional zu unterstützen, weil sie sein Verhalten nun als Anpassung an mindestens zwei sensorische Systeme verstanden. Von der Ergotherapeutin hatten sie auch praktische Tipps erhalten, wie sie ihm helfen könnten, darunter Body-up-Strategien, die ihn zu Hause und in der Schule auf dem »grünen« Pfad zu beruhigen versuchten.

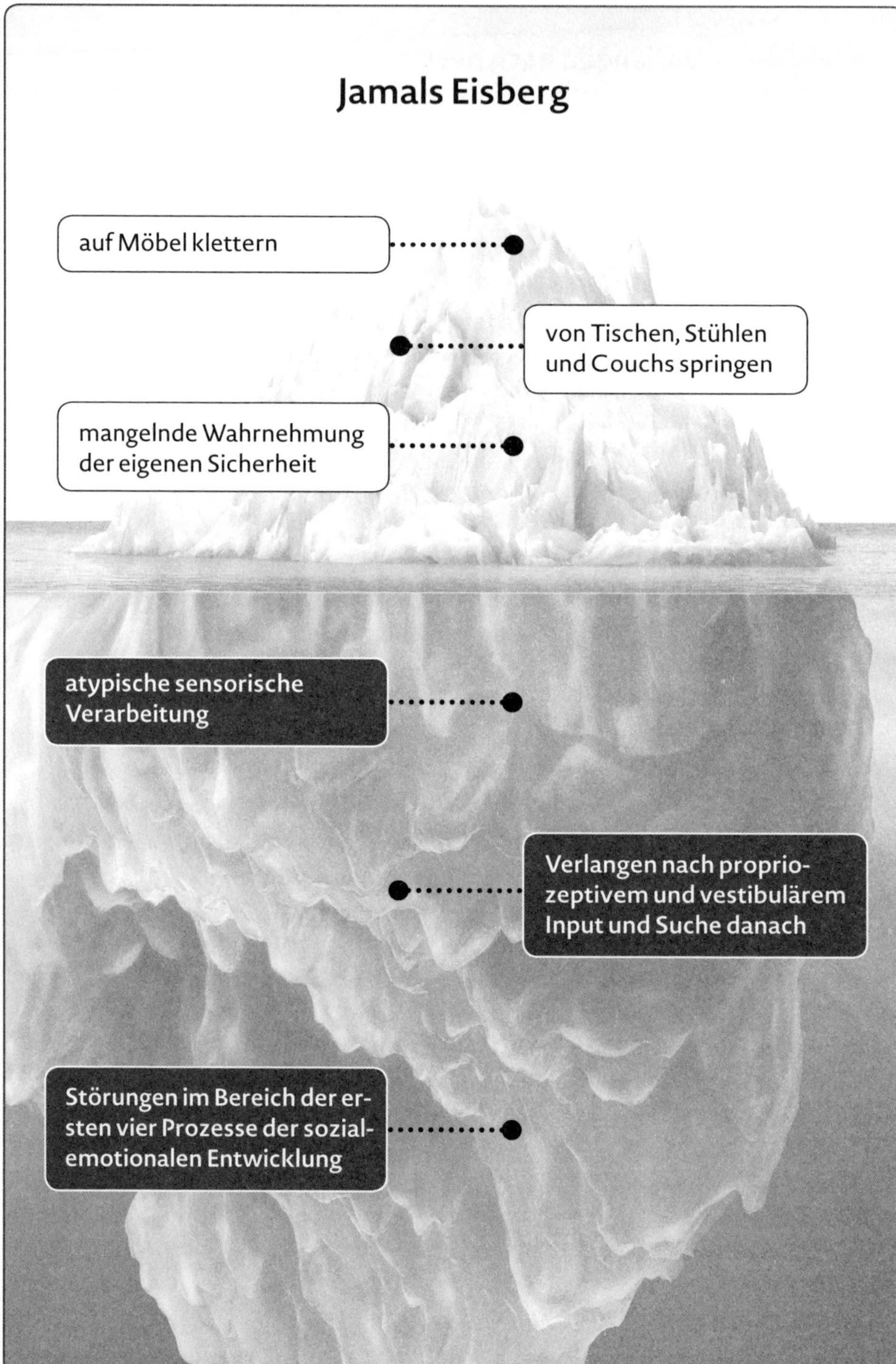
Jamals Eisberg
auf Möbel klettern
von Tischen, Stühlen und Couchs springen
mangelnde Wahrnehmung der eigenen Sicherheit
atypische sensorische Verarbeitung
Verlangen nach proprio-zeptivem und vestibulärem Input und Suche danach
Störungen im Bereich der ersten vier Prozesse der sozial-emotionalen Entwicklung

Um es noch einmal zu wiederholen: Die sensorischen Systeme reagieren im Einklang mit den Verbindungen zwischen Körper und Gehirn bei einem bestimmten Menschen. Diese Systeme werden durch die Genetik sowie durch konstitutionelle Faktoren wie die pränatale, relationale und physische Umgebung beeinflußt. Sensorische Erlebnisse werden mit einer Emotion kodiert und mit Erinnerungen verbunden. Dies erklärt, warum Kinder oft durch Empfindungen, Gefühle oder Gedanken, die mit früheren negativen Erlebnissen verbunden sind, zu defensivem Kampf-oder-Flucht-Verhalten veranlaßt werden.

Nachdem wir uns im Vorangegangenen damit befaßt haben, wie die sensorischen Systeme Emotionen und Verhaltensweisen beeinflussen, werden wir uns nun der Frage zuwenden, wie sich Gefühle und Gedanken auf das Verhalten von Kindern auswirken können.

Verhalten, das durch Gefühle beeinflußt wird

Giana war acht Jahre alt, als sie mit ihren besorgten Eltern zu mir kam. Die Eltern suchten Hilfe wegen Gianas »starker« Emotionen, die, wie sie sagten, »einen großen Teil des Tages der Familie in Anspruch nehmen«. Sie berichteten, nachdem Giana in die Klasse Null gekommen sei, habe sie plötzlich angefangen, sich wegen aller möglichen Dinge Sorgen zu machen. In Verbindung mit der Angst zeigte sich auch noch ein anderes Verhalten: Sie stellte jeden Morgen Fragen, obwohl sie die Antworten darauf schon kannte. Manchmal fragte sie ihre Mutter, wer sie von der Schule abholen werde, obwohl sie genau wußte, daß ihre Mutter und ihr Vater dies abwechselnd taten. An den Wochenenden fragte sie, ob an diesem Tag Schule sei, obwohl sie ganz sicher selbst wußte, daß das nicht so war.

Giana litt oft stark unter ihren Sorgen, und ihre Eltern wollten ihr ermöglichen, sich stärker und resilienter zu fühlen.

In unserer gemeinsamen Familiensitzung beobachtete ich, welche Themen Giana beim Spielen bevorzugte. In Verbindung mit den Berichten der Eltern wurde deutlich, daß das Kind unter einer generalisierten Angststörung litt. Ihre Ängste, ihre Hypervigilanz und ihre Sorgen betrafen verschiedene Bereiche ihres Lebens und wirkten sich auf die gesamte Familie aus. In unseren gemeinsamen Sitzungen erforschen wir Kindheitssorgen auf eine Art, die Giana sehr gefiel: durch Lesen von Büchern. Insbesondere ein Buch, das in meiner Praxis immer eine wichtige Rolle gespielt hat, *What to Do When You Worry Too Much*, erschloß Giana Erklärungen und Lösungen für den Umgang mit ihrem besonders aktiven limbischen System und mit den durch dieses verursachten Ängsten.[13]

Ein wichtiger Schlüssel, der es ermöglichte, Giana zu helfen, bestand darin herauszufinden, ob Bibliotherapie (die Nutzung von Büchern als therapeutisches

Werkzeug – ein Top-down-Ansatz) für die soziale und emotionale Entwicklung des Kindes besonders geeignet war. Wie sich herausstellte, war dies der Fall. Unterstützt von ihren aufmerksamen Eltern und mit Hilfe einiger effektiver kognitiv-behavioraler Strategien entdeckte Giana schließlich Möglichkeiten, mit ihrer Neigung dazu, sich zu sorgen, und zur Hypervigilanz fertig zu werden.

Verhalten, das durch Gedanken beeinflußt wird

Sergio war das dritte von sechs Kindern. Ich lernte ihn im Rahmen seines Nachmittagsprogramms in der Schule kennen. Er war Mitglied in einer kleinen Gruppe für Kinder mit Verhaltensproblemen, die unter meiner Leitung an der Entwicklung sozialer Fertigkeiten arbeitete. (Wir hatten den Namen »Gruppe für die Entwicklung sozialer Fertigkeiten« gewählt, weil das positiver klingt als »Gruppe für Verhaltensmanagement«.) Sergio war gesellig und freundlich. Während wir spielten und über Gefühle, Freunde und die Familie sprachen, erzählte er oft Witze, die andere Gruppenmitglieder zum Lachen brachten. Der psychologische Berater der Schule hatte Sergio die Teilnahme an dieser Gruppe empfohlen, um festzustellen, ob ich ihm würde helfen können zu lernen, ruhiger zu bleiben, wenn in der Schule etwas passierte, das nicht seinen Vorstellungen entsprach.

Gelang es Sergio beispielsweise nicht, rasch die Lösung eines mathematischen Problems zu finden, reagierte er aufgebracht und weinte manchmal sogar. Sollte er eine Geschichte schreiben oder ein Bild zeichnen, knüllte er das Papier beim ersten Problem zusammen, nahm sich ein frisches Blatt und fing von vorn an. Seine Lehrerin hörte dann, wie er murmelte: »Ich bin nicht klug« oder: »Ich bin doof im Schreiben.« Wenn sie Sergio zu erklären versuchte, niemand erwarte von ihm, daß er etwas gleich beim ersten Versuch richtig mache, wurde er oft noch aufgebrachter. Auch bei einfachen Rechtschreibtests regte er sich auf und erklärte dies damit, daß er sich sorge, er könne versagen.

Sergios größtes Problem war, daß er sich als »Perfektionisten« sah. Ich vermutete, seine Eltern oder andere Erwachsene hatten dieses Wort ihm gegenüber benutzt, nachdem sie beobachtet hatten, wie hart er sich selbst beurteilte, wenn etwas nicht so lief, wie er es sich gewünscht hatte.

Zweifellos trugen viele Faktoren potentiell zu Sergios Sorgen und Gedanken bei. Ich setzte mich mit seinen besorgten Eltern in Verbindung und empfahl ihnen, sich mit Sergio an einen Kinder- und Jugendlichentherapeuten zu wenden, der ihm (und ihnen) vielleicht helfen könne, seine tief verwurzelten Ideen und Gedanken zu entschlüsseln, die zumindest teilweise seine Dysregulation zu verursachen schienen.

Monate nach dem Ende der von mir geleiteten Gruppe für die Entwicklung sozialer Fertigkeiten nahm ich erneut Kontakt zu Sergios Eltern auf, und diese sagten mir, ihr Sohn habe eine starke Beziehung zu seinem neuen Therapeuten entwickelt. Dieser nähere sich Kindern spielerisch. Sergio genoß es, mit ihm in seinem Behandlungsraum Ping-pong zu spielen. An den Spieltherapiesitzungen nahm Sergios ganze Familie teil, und Sergio hatte so die Möglichkeit, über seine Sorgen und Gedanken zu reden. Er lernte, sich darüber klar zu werden, ob Gedanken nützlich waren oder nicht. Seine Eltern schätzten, wie der Therapeut ihrem Sohn geholfen hatte, die in seinem Geist umherflatternden »Kolibri-Gedanken« (wie er es nannte) unter Kontrolle zu bringen. Der Therapeut hatte es offenbar mit seiner kreativen Variante eines kognitiv-behavioralen Ansatzes geschafft, Sergio zu helfen, sich mit seinen Gedanken auf eine Weise auseinanderzusetzen, die seine störenden Verhaltensweisen auf neue und wirksame Weise positiv beeinflußt hatte.

Verhalten, das durch Gedanken und Gefühle beeinflußt wird

Darius kam in seiner neuen Schule einige Monate nach dem Umzug seiner Familie aus dem Mittleren Osten in das dritte Schuljahr. Sein Vater, ein US-Bürger, hatte einen College-Abschluß, sein ganzes Erwachsenenleben im Mittleren Osten verbracht und hatte geglaubt, er werde dort bleiben. Doch aufgrund der politischen Lage beschlossen er und seine Frau, in die USA zurückzukehren und dort bei Verwandten zu leben. Die schwierige Entscheidung der Eltern bedeutete für Darius, daß er alles, was er kannte, zurücklassen mußte: seine Freunde, sein Elternhaus und seine Schule.

Kurz nach Beginn des Schuljahrs in der neuen Schule fiel seinen Lehrern auf, daß er oft an der Tür des Klassenraums stand und sich in Pausen weigerte, nach draußen zu gehen.

Seine psychologische Beraterin in der Schule (der klar war, daß man sich grundsätzlich anschauen mußte, was unter bestimmten Verhaltensweisen verborgen war), bevorzugte einen relationalen Ansatz, um Kindern zu helfen. Statt sich mit den Schülern in ihrem kleinen Büro zu treffen, ging sie mit ihnen lieber auf dem Schulgelände spazieren und lernte sie so kennen. Während eines solchen Spaziergangs erzählte Darius ihr, wenn er den Fußballplatz auf dem Schulgelände sehe, müsse er an die Freunde denken, die er in seinem Heimatland im Mittleren Osten zurückgelassen habe. Der Beraterin wurde klar, daß diese Gedanken mit überwältigenden Verlustgefühlen und starker Traurigkeit verbunden waren. Sie erkannte, daß das Reden über die tiefreichenden Verluste des Jungen eine Möglichkeit war, ihn zu verstehen und seine Weigerung, nach draußen zu gehen, aufzulösen. Nach einigen Monaten fühlte sich Darius allmählich besser. Eines Tages wagte er es, den Fußballplatz zu betreten, wo seine neuen Mitschüler bald entdeckten, daß er ein erstaunlich guter

Fußballer war. Mit der Zeit traten neue, positive Erinnerungen an die Stelle überwältigend trauriger Gefühle und Gedanken, die er bisher mit seinem neuen Zuhause und seinem neuen Leben verbunden hatte.

Arbeit im Team ist wichtig

Wie wir in diesem Kapitel gesehen haben, sollte man bei allen Bemühungen, an problematischem Verhalten zu arbeiten, die Eigenarten eines Kindes berücksichtigen, ganz gleich, **ob diese Körperprozesse, Empfindungen, Gefühle oder Gedanken betreffen oder in einer Kombination der genannten Faktoren zum Ausdruck kommen.** Die geschilderten Lebensgeschichten von Kindern haben gezeigt, daß problematischen Verhaltensweisen zahllose Trigger und Ursachen zugrunde liegen können. Aufgrund dieser Komplexität müssen wir uns mit sämtlichen Aspekten des Verhaltens eines Kindes umfassend beschäftigen.

Zunächst müssen wir uns klar machen, daß niemand, weder ein bestimmter Fachkundiger noch ein bestimmter Ansatz, in der Lage ist, alle Fragen zu beantworten, die geklärt sein müssen, damit wir die störenden Verhaltensweisen von Kindern verstehen und auflösen können. Die meisten von uns Therapeuten sind im Sinne der cartesianischen Geist-Körper-Spaltung ausgebildet worden, weil diese Sicht die Grundlage unserer klinischen Ausbildungsprogramme war. Oft ist es jedoch am besten, sich mit der Gehirn-Körper-Verbindung im Rahmen eines Teams von Experten für die Arbeit mit Kindern zu befassen.

Deshalb ist es sinnvoll, Fachleute aus vielen Disziplinen in Behandlungsteams für die therapeutische Arbeit mit Kindern einzubeziehen, wenn Standardverfahren, die auf einer einzigen Disziplin oder einem einzigen Fachbereich basieren, das angestrebte Resultat nicht zu erreichen vermögen. Eltern sollten den Kinderarzt so früh wie möglich über die therapeutische Arbeit informieren, um gegebenenfalls potentielle biomedizinische Trigger oder Ursachen (sowie Behandlungen, unter Einschluß von Evaluationen für eine Medikation) berücksichtigen zu können. Es entspricht dem Best-Practice-Prinzip, mit einem Team zusammenzuarbeiten, oder Kollegen unterschiedlicher Disziplinen zu Beratungen hinzu zu ziehen. Alle, die in verschiedenen Disziplinen mit Kindern arbeiten, sollten sich bemühen, den Kindern gemeinsam bei der Überwindung ihrer Verhaltensprobleme zu helfen, weil dies ihrer aller Verantwortung unterliegt, so wie sie alle auch für die soziale und emotionale Entwicklung der Kinder verantwortlich sind.[14]

In den vorhergehenden Kapiteln haben wir weitere verbreitete Fehler von Fachleuten und Eltern untersucht, die mit schwierigem Verhalten von Kindern konfrontiert werden: **(1) an Verhaltensweisen zu arbeiten, bevor wir ihre Ätiologie verste-**

Das Behandlungsteam des Kindes sammelt wertvolle Informationen: Die Fachkundigen arbeiten zusammen oder konsultieren einander, um herauszufinden, wie sie etwas dazu beitragen können, die betroffenen Familien zu unterstützen. Es folgt eine (keineswegs vollständige) Liste pädiatrischer Fachleute, die wertvolle Informationen liefern können, wenn das Verhalten eines Kindes Besorgnis weckt:

- Kinderärzte
- Kinder- und Jugendlichenpsychotherapeuten
- Ergotherapeuten
- Sozialpädiater
- Pädagogen und Sonderpädagogen
- Logopäden und Sprachtherapeuten
- Achtsamkeitslehrer
- pädiatrische Neurologen
- Kinderpsychiater
- Ernährungsberater
- Physiotherapeuten
- Schulpsychologen
- Musik- und Kunsttherapeuten
- Bewegungsspezialisten
- Optiker speziell für Kinder und Jugendliche

hen; und (2) keinen Abriß des Entwicklungsverlaufs vor Augen zu haben, wenn wir uns mit solchen Verhaltensweisen beschäftigen. Nachdem wir uns nun damit befaßt haben, inwiefern individuelle Besonderheiten für das *Verständnis* von Verhaltensweisen entscheidend sind, können wir uns der eigentlichen Arbeit zuwenden: der Frage, wie wir Kindern, die in Schwierigkeiten sind, *helfen* können. In den nächsten drei Kapiteln, Teil II dieses Buches, werden wir uns mit der *personalisierten Einstimmung* befassen – mit Möglichkeiten, unsere derzeitigen Ansätze zu verbessern, indem wir uns auf die individuellen Bedürfnisse eines Kindes einstellen und auf die Ursachen und Trigger eingehen, die seinem Verhalten zugrunde liegen.

Zusammenfassung der Hauptpunkte dieses Kapitels

- Individuelle Besonderheiten (Differenzen) sind die Charakteristika und Eigenschaften, die beeinflussen, wie wir die uns umgebende Welt in uns aufnehmen und wie wir auf sie reagieren. Dies schließt ein, wie wir Prozesse im Körper, Empfindungen, Gefühle, Gedanken und Kombinationen von alldem erleben.
- Kinder (und alle anderen menschlichen Wesen) verstehen und deuten die Welt mit Hilfe ihrer sensorischen Systeme. Ein grundlegendes Verständnis der sensorischen Verarbeitung ist notwendig, weil es unseren interaktiven Strategien für die Emotionsregulation und die Co-Regulation eine Orientierung geben kann.
- Indem wir die individuellen Unterschiede eines Kindes und seiner Bezugspersonen würdigen, können wir unser Vorgehen bei einer Behandlung, bei der Erziehung und bei der elterlichen Zuwendung auf die konkreten Personen abstimmen.

TEIL II

Lösungen

4
Sicherheit ist der Ausgangspunkt

»Sicherheit ist die Behandlung und die Behandlung ist Sicherheit.«

— Dr. Stephen W. Porges

Ich brauchte nur einen Tag, um herauszufinden, daß Mateos Betreuer in der Schule eine völlig andere Sicht des Jungen hatten als seine Eltern und ich.*

Mateos Eltern hatten die Probleme des Jungen schon früh bemerkt: Er hatte im Alter von zweieinhalb Jahren zu sprechen begonnen. Nachdem er zwei Jahre zu Hause betreut und bei ihm Autismus diagnostiziert worden war, wurde er in ein heilpädagogisches Programm aufgenommen, in dem an seinen Problemen mit Kommunikation, Aufmerksamkeit, Beziehungen zu Gleichaltrigen und Lernen gearbeitet werden sollte. Mateos neurophysiologische Besonderheiten erschwerten es ihm, zu sprechen und anderen mitzuteilen, was er dachte. Ich wurde gebeten, mit ihm zu arbeiten, als er acht Jahre alt war. Er lief ständig an den Wänden des kleinen sonderpädagogischen Klassenraums entlang und berührte diese immer wieder – und oft auch seine Klassenkameraden.

Ich beobachtete Mateo während einer Lernsitzung in einer Gruppe, in der er die Aufmerksamkeit seiner neben ihm sitzenden Schulhelferin auf sich zu lenken versuchte. Wenn die Helferin ihn nicht anschaute, bewegte Mateo seinen Arm, bis er gegen den ihren prallte. Dann orientierte sich die Helferin an seinem individuellen Erziehungsplan (IEP), dem zufolge Betreuer Verhaltensweisen ignorieren sollten, die als »nicht erwünscht« galten. Sie rückte ihren Stuhl aus Mateos Reichweite, statt auf seine Annäherung einzugehen. Daraufhin bewegte er seine Arme und seinen Rumpf kräftiger, lehnte sich zu der Helferin hinüber und griff nach ihrem Arm, woraufhin sie ihn ruhig aufforderte, sich auf den Lehrer zu konzentrieren, und sich hinter ihm positionierte, so daß er sie nicht mehr sehen konnte.

Sekunden später lehnte sich Mateo auf seinem Stuhl weit zurück, um die Helferin wieder sehen zu können, bis er schließlich umkippte und mit einem lauten Knall rücklings auf dem Boden landete. Daraufhin forderte der Lehrer die Helferin auf, Mateo in den »Beruhigungsraum« zu bringen, einen geschlossenen Kasten mit

---

* Die in diesem Kapitel dargestellten Ideen spiegeln die Nutzung der von Stephen Porges entwickelten Polyvagal-Theorie und des Konzepts der Neurozeption für die Arbeit an längerfristig bestehenden Verhaltensproblemen bei Kindern.

gepolstertem Boden im hinteren Bereich des Klassenzimmers. Ich konnte durch ein nur von außen einsehbares Fenster in diesen Kasten schauen und sah Mateo darin mit ausdruckslosem Gesicht sitzen und rhythmisch gegen die Wand treten; die Helferin saß neben ihm und vermied jede Interaktion mit ihm.

In dieser Szene erkannte ich Hinweise auf alle drei in Kapitel 1 beschriebenen Gründe, aus denen unsere Hilfsangebote für Kinder mit problematischen Verhaltensweisen versagen: **(1) Wir versäumen es, uns über die Gründe für problematische Verhaltensweisen zu informieren, bevor wir sie zu verringern versuchen. (2) Wir verstehen Verhalten nicht im umfassenderen Kontext der sozial-emotionalen Entwicklung des Kindes. (3) Und wir stimmen unsere Behandlungsansätze in der Regel nicht auf die Eigenarten eines bestimmten Kindes ab.**

Als ich an jenem Tag im hinteren Bereich des Klassenraums saß, erinnerte ich mich daran, daß wir häufig Verhaltensweisen zu eliminieren versuchen, bevor wir uns über die adaptive Funktion, die sie für ein bestimmtes Kind haben, Rechenschaft geben.

Nur zu oft nehmen wir an, ein Kind benehme sich absichtlich »daneben«, obwohl es ihm in Wahrheit um sein Überleben geht, was das Bedürfnis, sich sicher zu fühlen, einschließt.[1] Wir müssen darüber nachdenken, ob sich Kinder wie Mateo nur absichtlich »schlecht benehmen« oder ob sie eine grundlegende menschliche Reaktion zum Ausdruck bringen – und im Einklang damit müssen wir über unsere Vorgehensweise entscheiden. Aus Kapitel 1 wissen wir, daß unter der Oberfläche des Verhaltens von Kindern viele Gründe verborgen sein können. Mateos Fähigkeit, die eigenen motorischen Aktivitäten zu kontrollieren, war noch nicht voll ausgereift, und aufgrund des Status seiner neuronalen Verbindungen war ihm »adäquate« Kommunikation unmöglich. *Erwachsene sahen die Auffälligkeiten seiner Bewegungen als »problematisches Verhalten« an, obwohl es sich dabei in Wahrheit um Bemühungen, sich sicher fühlen zu können, handelte.*

Die beschriebene Situation zwischen Mateo und seiner Schulhelferin veranschaulicht auch meine größte Sorge hinsichtlich unseres Umgangs mit verhaltensauffälligen Kindern: macht: Wir sehen *das Verhalten selbst* als das Hauptproblem oder als wichtigstes Ziel unserer Bemühungen und machen uns nicht klar, wie wichtig Beziehungen und soziale Verbundenheit sind, wenn wir Kindern helfen wollen, die notwendige Kontrolle über ihr Verhalten und ihre Emotionen zu entwickeln.[2] **Bevor wir bestimmte Verhaltensweisen zu unterdrücken versuchen, müssen wir uns vergewissern, ob das beobachtete Verhalten ein Anzeichen dafür ist, daß das System für soziale Verbundenheit des Kindes Hilfe in Form von Kontakt in einer Beziehung benötigt.**

Während ich in dem Klassenraum saß und beobachtete, wie Mateo immer stärker unter emotionalen Streß geriet, hörte ich im Geiste Dr. Porges sagen: »Die Polyvagal-Theorie hilft uns zu verstehen, daß es für uns alle eine biologische Notwendigkeit ist, mit anderen Menschen verbunden zu sein und gemeinsam mit ihnen die Fähigkeit zur Co-Regulation zu entwickeln.«[3] Ich war in der beschriebenen Situation anwesend, um das Geschehen zu beobachten; ich mußte mich zwingen, mich nicht selbst dem Kind zu nähern und zu ihm in Kontakt zu treten. Ich schaute mich im Raum um, weil ich annahm, daß andere anwesende Erwachsene über den emotionalen Zustand des Kindes ebenso besorgt sein müßten wie ich. Doch alle versuchten, die Situation zu ignorieren und die anderen Kinder weiter zu unterrichten. Was ich gesehen hatte, war eine Momentaufnahme von wackeren Lehrern und Helfern, die sich im Einklang mit einer verbreiteten Auffassung über den Umgang mit Verhaltensauffälligkeiten verhielten, natürlich mit den besten Absichten. Doch wie schon in Kapitel 1 erwähnt, widerspricht dieser Ansatz dem, was ich im Fachbereich *Translational Neuroscience* gelernt habe: daß Beziehungssicherheit für alle Aspekte der kindlichen Entwicklung entscheidend ist. Nachdem ich an jenem Tag in meine Praxis zurückgekehrt war, schrieb ich einen Bericht über das Erlebte in mein Tagebuch und ergänzte auf diese Weise Berichte über ähnliche Erlebnisse. Dann dachte ich darüber nach, wie ich den liebevollen Eltern des Jungen und seinem engagierten Betreuungsteam in der Schule erklären könnte, was ich beobachtet hatte.

Als die Schulhelferin Mateos Hilfesuchen als Non-Compliance mißverstanden und ihren Stuhl von ihm entfernt hatte, wechselte Mateo vom »grünen« auf den »roten« Pfad. Tragischerweise *verschlimmerte* die Maßnahme, die dem Kind helfen sollte, seine Situation und beeinträchtigte seine Fähigkeit zur Co-Regulation der eigenen Emotionen. Die Verhaltenszeichen, die ich beobachtete – das ausdruckslose Gesicht, das Treten gegen die Wand, das Einstellen der Bitten um Hilfe –, signalisierten alle, daß sein System für soziale Verbundenheit erschöpft war. Deshalb griff Mateo auf ältere neuronale Schaltkreise zurück, die grundlegendere Überlebensinstinkte ansprachen.

Personalisierte Einstimmung

Im weiteren Verlauf dieses Buches geht es in erster Linie darum, wie wir unsere Bemühungen, Kindern zu helfen, verbessern können, indem wir Möglichkeiten nutzen, die Bedeutung von Beziehungen in allen Bereichen der kindlichen Entwicklung zu respektieren. Ich bezeichne diesen Ansatz als *personalisierte Einstimmung*: ein Bemühen, unsere Interaktionen so maßzuschneidern, daß sie den physischen und emotionalen Bedürfnissen eines bestimmten Kindes gerecht werden. Wir werden lernen, unser Wissen über individuelle Besonderheiten anzuwenden und herauszufinden, wie wir Beziehungen und die Umgebung zur Schaffung einer möglichst soliden Grundlage für die kindliche Entwicklung nutzen können. Dabei müssen wir folgende Punkte beachten:

1. Die Stärkung eines Gefühls der Sicherheit in Beziehungen muß Priorität haben.
2. Wir müssen an den Ursachen und Triggern arbeiten, die den Verhaltensweisen zugrunde liegen.
3. Wir müssen dem Kind helfen, neue Bewältigungsmöglichkeiten zu entwickeln.

Die personalisierte Einstimmung ermöglicht uns herauszufinden, was ein bestimmtes Kind benötigt, damit bei ihm Reaktionsbereitschaft, Wärme und soziale Verbundenheit gefördert werden.

Wir konzentrieren uns in diesem Kapitel auf den ersten der drei soeben genannten Schritte: auf die Priorisierung der Sicherheit in Beziehungen. Wir beginnen mit diesem Punkt, weil ich beobachtet habe, daß viele Verhaltensauffälligkeiten verblassen, sobald das Bedürfnis eines Kindes nach relationaler Sicherheit hinreichend erfüllt wird, denn damit entfallen die Ursachen für das Verhalten.

Einem Kind eine gute Entwicklung ermöglichen

Viele Techniken, die ich vor Jahrzehnten im Rahmen meiner psychotherapeutischen Ausbildung erlernt habe, stehen im Widerspruch zu dem, was wir mittlerweile über die Funktionsweise des Autonomen Nervensystems wissen. Ich habe damals gelernt, Verhaltensweisen hauptsächlich so zu betrachten, wie sie oberflächlich wirken – als mit kognitiven und behavioralen Techniken, die auf ihre Änderung zielen, leicht behandelbar. Dies lernte ich in einer Zeit lange vor den 1990er Jahren, die man als »das Jahrzehnt des Gehirns« bezeichnete. Damals wurden neue Erkenntnisse über das Gehirn weiten Kreisen bekannt. Die Ansätze, die mir in meinem Studium vermittelt wurden, stellten Möglichkeiten, Verhaltensweisen zu verändern, übertrieben vereinfachend dar und maßen dem *Denkvermögen von Kindern* besondere Bedeutung bei, ohne den Grundvoraussetzungen jeder Gehirnentwicklung, relationaler Sicherheit und emotionaler Co-Regulation, besondere Beachtung zu schenken.

Aus Kapitel 2 wissen wir, daß die Polyvagal-Theorie neues Licht auf die Bedeutung des Verhaltens Erwachsener für das Sicherheitsgefühl von Kindern wirft.[4] Fühlt sich ein Kind in Gegenwart eines Erwachsenen, dem es vertraut, wirklich sicher, zeigen sich bei ihm von selbst Verhaltensweisen, die soziale Verbundenheit zum Ausdruck bringen. Erlebt das Kind eine Neurozeption von Sicherheit, werden bei ihm die Defensivstrategien »ausgeschaltet«.[5] Es braucht dann nicht mehr zu kämpfen, zu fliehen oder zu erstarren, um sich auf der Ebene des Unbewußten sicher zu fühlen.

Verringern wir durch unsere Aktivitäten das Gefühl der Sicherheit eines Kindes, so wie es bei Mateo geschehen war, aktivieren wir bei ihm defensive Verhaltensweisen.[6] Die Verhaltensauffälligkeiten, die seinem Lehrer Sorgen machten – sein Umherwandeln im Klassenraum und das ständige Berühren von Dingen und anderen Anwesenden –, waren seine Versuche, mit einer Neurozeption von Gefahr fertig zu werden. Bei Mateo bestand eine sensorische Überreaktivität bezogen auf Geräusche und eine Unterreaktivität hinsichtlich der Propriozeption. Sein Körper mußte sich bewegen, um ruhiger zu werden und sich in seiner physischen Umgebung und im Beisein anderer wohl zu fühlen. **Wenn er seine Helferin zu berühren versuchte, war das kein Ausagieren, sondern es handelte sich um Bemühungen um Kontakt. Sie waren Ausdruck einer biologisch basierten Strategie, die Menschen benutzen, wenn sie sich unwohl fühlen. Wir bezeichnen solche Bemühungen oft als Fehlverhalten oder »Bemühen um negative Aufmerksamkeit«.**

Ich verstand Mateos Verhalten an jenem Tag in der Klasse als seinen Versuch, sich an eine suboptimale relationale und physische Umgebung anzupassen, die nicht besonders gut geeignet war, um seine individuellen Bedürfnisse zu befriedigen. Kinder profitieren immer, wenn wir uns Gedanken darüber machen, wie wir ihr Nervensystem in einen optimalen Zustand versetzen können, und die beste Möglichkeit, dies zu erreichen, ist, die individuellen Besonderheiten eines Kindes *und* sein Bedürfnis nach relationaler Verbindung anzuerkennen und zu respektieren.

Den neurozeptiven Zustand bestimmen

Erlebt ein Kind eine Neurozeption von Sicherheit, kann es auf die für den »roten« Pfad charakteristischen schützenden defensiven Verhaltensweisen verzichten.[7] Befindet es sich entspannt auf dem »grünen« Pfad, werden Kooperation, Lernen, Spiel und Neugier von selbst möglich. Wir werden uns nun im folgenden die Charakteristika des »roten« und »blauen« Pfades genauer anschauen, die adaptive Reaktionen eines Kindes auf Streß kennzeichnen. Man erinnere sich, daß ich Verhaltensweisen des »blauen« Pfades mit einem sehr hohen Maß an Gefahrenwahrnehmung in Verbindung bringe. Das tue ich deshalb, weil der »rote« Pfad eine Aktivierung beinhaltet, aktiv etwas dafür zu tun, daß man sich besser fühlt, was adaptiver ist, als sich zurückzuziehen, sich unsichtbar zu machen oder zu dissoziieren. Der »blaue« Pfad deutet in seinen Endphasen darauf hin, daß Geist und Körper des Kindes aufgeben und angesichts einer als unüberwindbar wahrgenommenen Gefahr anfangen, sich in sich selbst zurückzuziehen.

Arbeitsblatt

Fühlt sich das Kind sicher?

Charakteristika des **»roten« Pfades**

Schauen Sie sich die Liste von Verhaltensmerkmalen des Kindes an, und markieren Sie diejenigen, die Sie im konkreten Fall erkennen.

- ☐ Gesicht wirkt wütend, angewidert, Unterkiefer ist angespannt, Kind schneidet Grimassen.
- ☐ Augenbrauen sind hochgezogen, Stirnrunzeln, Lippen oder Mund zittern; falsches, gezwungen wirkendes Grinsen; erschrockener Gesichtsausdruck, wirkt besorgt oder verängstigt.
- ☐ Blick huscht unstet umher, Augen meiden Blickkontakt oder haben starken Blickkontakt, rollen aufwärts.
- ☐ Kind entwickelt schnelle oder repetitive Bewegungen, seine Hände zittern, es klammert sich an, grabscht oder schlägt um sich.
- ☐ Kind jammert, stöhnt vor Schmerz, zittert, winselt.
- ☐ Stimme klingt hoch, ist laut, sarkastisch, brüllt, wirkt feindselig, mürrisch; unkontrolliertes Lachen.
- ☐ Körper ist in Bewegung und schlägt, tritt, beißt, spuckt, stößt; drohende Gestik.
- ☐ Bewegungen des Körpers sind impulsiv; Kind stößt möglicherweise gegen Dinge oder fällt hin.

Wieviel Zeit hat das Kind auf dem »roten« Pfad verbracht? ______ Minuten

Wie haben sich die Erwachsenen dem Kind gegenüber verhalten, als es sich auf dem »roten« Pfad befand?

____

____

Falls Sie mehrere Kästen markiert haben, sollten Sie darüber nachdenken, ob das Kind in der physischen oder relationalen Umgebung Gefahr wahrgenommen haben könnte.

Arbeitsblatt

Fühlt sich das Kind sicher?

Charakteristika des **»blauen« Pfades**

Schauen Sie sich die Liste von Verhaltensmerkmalen an, und markieren Sie diejenigen, die Sie bei dem Kind, um das es geht, erkennen.

- ☐ Gesicht wirkt ausdruckslos, insbesondere im Augen- und Stirnbereich.
- ☐ Stimme klingt monoton und weich, und es mangelt ihr an Sprachmelodie oder Prosodie.
- ☐ Kind redet nicht oder erzeugt nur wenige Geräusche.
- ☐ Kind scheint nicht zu hören, was Sie zu ihm sagen.
- ☐ Körper bewegt sich nur langsam; Haltung wirkt zusammengesunken oder erstarrt.
- ☐ Kind kauert oder versteckt sich.
- ☐ Kind vermeidet Interaktion.

Wieviel Zeit hat das Kind auf dem »blauen« Pfad verbracht? _____ Minuten

Wie haben sich die Erwachsenen dem Kind gegenüber verhalten, als es sich auf dem »blauen« Pfad befand?

____

____

____

Falls Sie mehrere Kästen markiert haben, sollten Sie darüber nachdenken, ob das Kind in seiner physischen oder relationalen Umgebung möglicherweise **sehr** große Gefahr wahrgenommen hat.

Anzeichen dafür, daß sich das Kind auf dem »blauen« Pfad befindet, sind oft Ausdruckslosigkeit des Gesichts, monotone Stimme und Mangel an Interaktion. Auf dem »roten« Pfad kann ein Kind physische Schwierigkeiten zu hören haben, die durch den Verlust des neuronalen Tonus, der die Mittelohrmuskeln reguliert, entsteht.[8] Bevor wir uns entschließen, auf eine bestimmte Art zu intervenieren, sollten wir die Besonderheiten des Gesichts, der Stimme und der Haltungen des Kindes genau beobachten.

Sicherheit ist vom Auge des Betrachters abhängig

Wie können wir wissen, ob sich ein Kind sicher fühlt? Entscheidend ist, ob das Kind selbst sich als in Sicherheit *wahrnimmt* – also nicht, was nach Ansicht Erwachsener relationale Sicherheit oder aus der Umgebung resultierende Sicherheit beinhalten *sollte.* [Das Gefühl der] Sicherheit ist somit vom »Auge« (d. h. von Gehirn und Körper) des Betrachters, also des Kindes, abhängig. »Entscheidend für die Sicherheit ist, ob man sich sicher fühlt, und nicht nur, ob eine reale Gefahr eliminiert wurde.«[9] In diesem Zusammenhang geht es nach meiner Auffassung darum herauszufinden, ob ein Kind sich »mental sicher« *(»Brain-Safe«)* fühlt. Wir müssen darauf hinarbeiten, das bereitzustellen, was ein bestimmtes Kind als Sicherheit *deutet.* Entscheidend ist also nicht die allgemeine Vorstellung von einer »optimalen« Umgebung, sondern die *Reaktion* eines bestimmten Kindes auf seine Umgebung. Viele heute gebräuchliche Behandlungsansätze und Behandlungspläne berücksichtigen diese wichtige Unterscheidung nicht. Wir müssen die physische, sensorische und relationale Umgebung so stark wie möglich auf die Bedürfnisse *jedes* einzelnen Kindes mit anhaltenden Verhaltensproblemen abstimmen und dürfen keine Annahmen darüber entwickeln, was das Kind als relationale Sicherheit und Umgebungssicherheit ansehen *könnte.*

Von vornherein relationale Unterstützung zu bieten kann auf lange Sicht letztendlich kostengünstiger sein, weil wir auf diese Weise keine Zeit und kein Geld auf die Umdeutung von Plänen verwenden müssen, die den wahren Ursachen des problematischen Verhaltens nicht auf den Grund gehen. Als erste Maßnahme im Rahmen einer Behandlung können wir neue oder bereits vorhandene persönliche und emotionale Co-Regulatoren einbeziehen, um ein Kind zurück auf den »grünen« Pfad zu geleiten. Diese Möglichkeit übersehen wir nur zu oft, wenn wir nicht berücksichtigen, daß Beziehungen (beispielsweise zu sensiblen Schulhelfern) wichtige Bestandteile von Behandlungsplänen sind. Eine überholte Sichtweise wie diese entspricht nicht den aktuellen neurowissenschaftlichen Erkenntnissen über psychische Resilienz.[10]

Als erste Maßnahme im Rahmen einer Behandlung können wir neue oder bereits vorhandene persönliche und emotionale Co-Regulatoren einbeziehen, um ein Kind zurück auf den »grünen« Pfad zu geleiten.

Ein mächtiger Modulator der Streßreaktion eines Kindes ist die Sicherheit einer Beziehung. Das bedeutet nicht, daß die bloße Präsenz eines entsprechend qualifizierten Erwachsenen ausreicht. Wir müssen wissen, *wie* wir einem bestimmten Kind helfen können, sich geistig und körperlich wohlzufühlen. Im Rahmen meiner Arbeit als Kinderpsychotherapeutin habe ich festgestellt, daß Erwachsene durch ein wenig Übung lernen können, *ihre Interaktionen so zu steuern*, daß sie einem Kind die genau richtige Dosis an Signalen für Sicherheit übermitteln können.

MAX

Relationale Sicherheit maßschneidern

Beim zehnjährigen Max bestanden verschiedene Entwicklungsdefizite, und er litt unter so starker Angst, daß er sich ständig weigerte, die Wohnung zu verlassen, um zur Schule zu gehen. Wegen seiner notorischen »Schulverweigerung« wurde er zu mir geschickt. Seine Eltern mußten ihn jeden Morgen mit viel Überredungskunst dazu bringen, sich auf den Weg zur Schule zu machen, und wenn er dort war, weigerte er sich oft zu sprechen und bekam manchmal auch heftige Wutausbrüche. Die Schulleitung stellte eine Schulhelferin zur Verfügung, die ihm bei der schulischen Arbeit helfen sollte, aber seine Schwierigkeiten blieben weiter bestehen.

Während ich Max in seiner schulischen Umgebung beobachtete, fiel mir auf, daß er an seinen Fingern saugte und sich auf die Nägel biß. Seine Helferin bemühte sich, ihn dazu zu bringen, den Anweisungen des Lehrers nachzukommen und die Arbeit in der Klasse zu verfolgen, indem sie dem Jungen immer wieder zuflüsterte, er solle sich konzentrieren, und indem sie ihm beim Ausfüllen der Arbeitsblätter half. Bei diesem Vorgehen wurde jedoch versäumt, den emotionalen Zustand des Jungen zu berücksichtigen. Obwohl bei ihm während des gesamten Unterrichts eindeutige Anzeichen für Streß zu erkennen waren, gingen die für ihn entwickelten Unterstützungspläne nicht konkret auf Möglichkeiten ein, seinen emotionalen und regulatorischen Zustand zu unterstützen. Als seine Eltern die Schulleitung baten, dem Lehrer und der Schulhelferin ein zusätzliches individualisiertes, beziehungsbasiertes Training zu ermöglichen, wurde dies mit dem Argument abgelehnt, die Helferin sei eine bewährte Mitarbeiterin mit besten Referenzen.

Die für Max entwickelten IEP-Pläne vermochten seine Angst nicht einzudämmen. Seine Helferin hatte keine Chance, ihn in schulischer Hinsicht zu unterstützen, weil seine Entwicklung hinsichtlich wichtiger Grundlagen wie der Regulationsfähigkeit, der Aufmerksamkeit und des Aufbaus sozialer Verbindungen sehr unsolide war. Ich empfahl dem Lehrer und der Helferin, an ihrer Fähigkeit zu emotionaler Co-Regulation in ihrer Beziehung zu Max zu arbeiten. (Wie Erzieher und andere Helfer dies realisieren können, erkläre ich in meinem Buch *Social and Emotional Development in Early Intervention.*) **Max machte in der Schule keine Fortschritte, weil seine Behandlungspläne die besondere Bedeutung relationaler Sicherheit ignorierten, auf deren Fehlen seine Angst basierte und wodurch auch seine Fähigkeit zu lernen beeinträchtigt war.**

Statt ein und dieselbe Perspektive für die Definition emotionaler Sicherheit bei allen Kindern zu benutzen, sollten wir uns daran orientieren, wie jedes einzelne Kind seine Sicherheit wahrnimmt, um seinen individuellen Besonderheiten gerecht werden zu können. Schulen tun gut daran, mit Eltern darüber zu reden, wie eine adäquate Unterstützung für ihr Kind aussehen könnte, weil der emotionale Zustand eines Kindes sich unmittelbar auf seine Lernfähigkeit auswirkt. Meinen Erfahrungen nach werden persönliche Helfer von den Treffen der IEP-Teams der Kinder oft ausgeschlossen. Statt dessen sollten wir die wichtige Aufgabe dieser Helfer als emotionale Co-Regulatoren würdigen und sie in diese wichtigen Besprechungen einbeziehen.

Arbeitsblatt

Personalisierte Einstimmung: Sicherheit besteht, wenn das Kind es so empfindet

Nimmt das Kind die Erwachsenen in seinem Leben als Unterstützer wahr und als Menschen, von denen Signale für Sicherheit ausgehen?

Wenn ja, welches Verhalten verweist dann darauf, daß ein Kind die Erwachsenen in seinem Leben als Menschen wahrnimmt, von denen Signale für Sicherheit ausgehen?

____

____

Wenn nicht, welche Anzeichen deuten dann darauf hin, daß das Kind die Erwachsenen in seinem Leben *nicht* als Menschen wahrnimmt, von denen Signale für Sicherheit ausgehen?

____

____

Finden Sie heraus, wie Sie die Zahl der Signale für Sicherheit, die das Kind erreichen, erhöhen können, indem Sie mit den Eltern/Betreuern des Kindes kommunizieren und indem Sie deren Interaktionen mit dem Kind sorgfältig beobachten.

Welche Arten von sozialer Interaktion mit Bezugspersonen tragen dazu bei, das Kind auf den »grünen« Pfad relationaler Sicherheit zurückzuführen?

____

____

____

____

____

Was ist Streß?

In den 1930er Jahren entwickelte Hans Selye, ein medizinischer Forscher, das Konzept des Streß als »allgemeiner Alarmreaktion«.[11] Unsere Auffassung über die Wirkung von Streß auf den menschlichen Körper hat sich seit Selyes erster Beschreibung weiterentwickelt. Bruce McKewen, ein Neurowissenschaftler, beschreibt zwei unterschiedliche Arten von Streßreaktionen. Eine von ihnen ist die *adaptive* Reaktion von Körper und Gehirn auf Streß, die *Allostasis* genannt wird, was bedeutet, daß die Bewältigung eines Problems gelungen ist.[12] Manchmal bezeichnen wir dies auch als »guten Streß«, womit darauf verwiesen wird, daß schwierige Erlebnisse auch positive Auswirkungen haben können, da sie zu einer Stärkung der Resilienz führen und uns helfen können, anpassungsfähiger zu werden.[13] »Schlechter Streß« hingegen, der unseren Körper dauerhaft belastet, wird »allostatische Belastung« genannt. Was wir manchmal als »völlig gestreßt« *(»stressed out«)*[14] bezeichnen, kann unsere Widerstandsfähigkeit angesichts von Streß und letztlich unseren Gesundheitszustand insgesamt dauerhaft beeinträchtigen.[15]

Wir alle durchleben schwierige Phasen, und nicht jeder Streß ist schädlich. Wenn Kinder geeignete Unterstützung erhalten, hilft »verkraftbarer Streß« ihnen, Bewältigungsfertigkeiten und Resilienz zu entwickeln.[16] Dies ist nützlich, weil wir alle uns täglich mit Stressoren konfrontiert sehen. Ein Manko unseres momentanen Umgangs mit problematischen Verhaltensweisen ist, daß wir den (guten oder schädlichen) Streß, den Kinder in ihrem Alltag erleben, im allgemeinen nicht verfolgen. Wir konzentrieren uns darauf, ob sie unsere Regeln befolgen und ob sie in der Lage sind, ihr oberflächliches Verhalten zu kontrollieren; dem Streß, den Kinder innerlich erleben, schenken wir hingegen nur wenig Aufmerksamkeit. Konstruktiver wäre es, den Kindern zu helfen, mit belastenden Situationen fertig zu werden und sie in Erlebnisse umzuwandeln, die ihnen zu wachsen helfen.

Ein Manko unseres momentanen Umgangs mit problematischen Verhaltensweisen ist, daß wir den (guten oder schädlichen) Streß, den Kinder in ihrem Alltag erleben, im allgemeinen nicht verfolgen.

Nur zu oft priorisieren wir Compliance, Lehren oder Löschen von Verhaltensweisen, ohne auf den emotionalen Zustand des Kindes einzugehen. Wir müssen jedoch erkennen, daß bei der Arbeit an problematischen Verhaltensweisen in vielen Fällen *der Ansatzpunkt das Sicherheitsgefühl des Kindes sein sollte, nicht das Verhalten selbst.* Dieser Sicht gemäß ergibt sich für den Erwachsenen die Priorität, mit dem Kind zunächst an der Co-Regulation zu arbeiten, wenn dieses sich in seinem Körper und Geist nicht sicher fühlt. Genau das fehlte in den Behandlungsplänen für Mateo, dessen Geschichte zu Beginn dieses Kapitels beschrieben wurde. Hätten diejenigen, die mit ihm arbeiteten, sein Verhalten als Flehen um Hilfe erkannt, hätten sie sich ihm möglicherweise völlig anders genähert.

»Guter Streß« hilft Kindern, zu wachsen und Resilienz zu entwickeln

Verkraftbarer Streß hilft Kindern – und nicht nur ihnen, sondern uns allen –, Stärken zu entwickeln und Neues zu lernen. Außerdem lernen sie dadurch, ihre Komfortzone zu verlassen und neue Fähigkeiten und Fertigkeiten zu entwickeln. Jedes Kind wird mit Streß auf andere Weise und in anderem Maße fertig. Wichtig ist, sich darüber klar zu sein, was optimal ist – welches Maß an gutem Streß bei einem bestimmten Kind ausreicht, um alte Ängste zu überwinden oder um die Grenzen einer neuen motorischen Aktivität oder eines anderen Vorgangs zu erweitern und so neue Stärken zu entwickeln. Der Psychologe Lev Vygotsky bezeichnet dies als *Zone der nächsten Entwicklung* oder als »die Diskrepanz zwischen dem aktuellen Entwicklungsstand, wie sie in der zur Zeit bestehenden Fähigkeit zu individueller Problemlösung zum Ausdruck kommt, und dem Niveau einer möglichen Entwicklung, wie es in der Lösung von Problemen unter Anleitung eines Erwachsenen oder in Kooperation mit kompetenteren Gleichaltrigen sichtbar wird.«[17] Anders ausgedrückt gibt es für Kinder eine »Zone«, in der ihre Chancen, sich weiterzuentwickeln und Neues zu lernen, größer sind, wenn sie sachdienlich unterstützt werden.

Will man Kindern helfen, ist der wichtigste Ansatzpunkt die Überwachung des Streßniveaus und die Sorge dafür, daß es verkraftbar bleibt.[18] Nach Ansicht von Lillas und Turnbull sollten wir »darauf achten, daß eine anstehende Aufgabe oder Aktivität nicht zu belastend ist. Stellt sich heraus, daß dies der Fall ist, sollte man zu einem früher erfolgreich bewältigten Punkt zurückkehren, um die Effektivität der Verarbeitung zu gewährleisten. Hat man mit dem Prozeß begonnen, kann man den Schwierigkeitsgrad allmählich steigern, nach Bedarf Hilfestellung leisten und Unterstützung bieten.«[19] **Wir dosieren unsere Interaktionen also und passen unsere Unterstützung dem jeweils aktuellen Bedarf der Kinder an, und auf diese Weise stellen wir sicher, daß sie ein erträgliches Maß an Streß erleben, und keinen Streß von der »schlechten« Art, weil sie dadurch in einen Zustand allostatischer Belastung versetzt würden.**[20]

Mit Hilfe der Farbpfade, die verschiedene Aktivierungszustände des Autonomen Nervensystems repräsentieren, können wir die Erträglichkeit der Streßbelastung von Kindern überwachen. Ein Kind am Rande des »grünen« Pfades hat wahrscheinlich ein stärkeres Gewahrsein und erlebt einen Arousalzustand, der dem Lernen und bereichernden Erlebnissen in der Zone der nächsten Entwicklung förderlich ist. Ich bezeichne dies als den »hellgrünen« Pfad – womit die Situation gemeint ist, in der sich das Kind dem »roten« Pfad nähert, aber noch nicht ganz dort angekommen ist. *Das Kind ist dann aktiviert und bereit, etwas Neues zu lernen und sich einer Herausforderung zu stellen, ohne daß es durch die anstehende Aufgabe überfordert wird.* Solche Situationen verhelfen Kindern zur Entwicklung einer stärkeren Toleranz gegenüber belastenden Situationen.

Entwicklung durch »guten« Streß

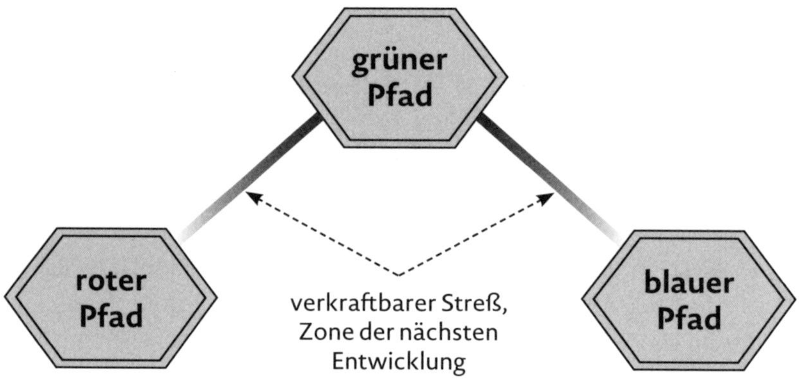

Vygotsky 1978; Zones, Lillas & Turnbull 2009

Kindern durch den therapeutischen Gebrauch des Selbst helfen, zu gedeihen und zu lernen

Durch unsere Interaktionen helfen wir Kindern, auf einem für sie optimalen Pfad zu bleiben. Wir werden uns nun damit befassen, wie wir alle – Eltern, Lehrer, Psychotherapeuten und andere Helfer – unsere Fertigkeiten verbessern können, Kindern durch unterstützende Interaktion relationale Sicherheit zu bieten. Diese Praxis des Vermittelns emotionaler Sicherheit durch eigene Aktivität wird *»therapeutischer Gebrauch des Selbst«* genannt. Zwar beschäftigen sich viele populäre Bücher und viele Blogs damit, wie man Kindern helfen kann, nützliche Strategien der Selbstberuhigung zu erlernen (zweifellos eine wichtige und sogar entscheidende Fähigkeit), doch können wir vor der Vermittlung dieser Fähigkeit etwas noch Wirksameres tun: Wir können dem Erleben des Zusammenseins mit einem anderen Menschen in einem sicheren Raum Vorrang einräumen und dadurch eine solide Basis schaffen, auf der ein Kind sich entwickeln und Dinge ausprobieren kann, die ihm bisher schwer fielen. Auf diese Weise wird seine Resilienz gefördert.

Warum unsere Emotionen wichtig sind

Unsere eigene emotionale Verfassung ist das Rohmaterial, das wir brauchen, um Klienten mit problematischem Verhalten helfen zu können. Aus Kapitel 2 wissen wir, daß wir unseren eigenen emotionalen Zustand durch unsere Körpersprache vermitteln. Fühlen wir uns sicher, ist unser Blick weich, unsere Stimme klingt melodiös, und unsere Körperhaltung wirkt entspannt.[21] Kinder empfangen diese Signale und werden bewußt und unbewußt von ihnen beeinflußt. *Dies mag uns zwar wie eine Binsenweisheit erscheinen, aber in Wahrheit ist es schwierig, flexibel auf einem (»grünen«) Pfad emotionaler Regulation zu bleiben, wenn unsere Kinder oder Kinder, mit denen wir im Rahmen unserer Arbeit in Kontakt treten, Probleme mit ihrem Verhalten haben.* Die Notwendigkeit, unsere Arbeit gut zu machen, bürdet uns eine große Verantwortung auf und ist eine schwere Last – das gilt gleichermaßen für Eltern, Lehrer, Psychotherapeuten und andere Helfer.

Eltern fühlen sich oft wie in einem Krieg an der Front, wo es darum geht, ihr Kind zu retten. Ich habe dies in den Familien, mit denen zu arbeiten ich die Ehre hatte, beobachten können, und ich habe es auch erlebt, als ich mein eigenes Kind durch das öffentliche Erziehungssystem begleitete. Eltern werden pausenlos mit negativen Botschaften bombardiert: »Paß auf, das ist doch eine Überreaktion!«, »Du bist eine Glucke!«, »Du forderst zuviel!« Botschaften dieser Art können schwer auf uns lasten und unsere körperliche und psychische Gesundheit beeinträchtigen. Kritik dieser Art regt zu »nachträglichen Prophezeiungen« an und erzeugt Wut und Schuldgefühle. Wir werden uns nun eingehender mit diesem Dilemma beschäftigen, weil wir uns selbst nicht ausklammern können, wenn es darum geht, Kinder zu unterstützen.

Es geht um mehr als darum, Kindern zuzuhören oder mit ihnen zu reden. Manchmal unterstützen wir sie durch unsere bloße physische Präsenz mittels therapeutischen Gebrauchs des Selbst. Wenn wir (als Eltern, Lehrer, Psychotherapeuten usw.) eine beruhigende, warmherzige Präsenz bieten, machen wir uns zu einem Bestandteil der Lösung von Verhaltensproblemen, indem wir beruhigend auf das Nervensystem eines Kindes, das sich in einer Defensivhaltung befindet, einwirken. **Viele unserer Paradigmen für die Arbeit mit Kindern, bei denen dauerhaft Verhaltensprobleme bestehen, zielen auf das Verhalten des Kindes, aber halten uns als die Eltern oder Angehörigen helfender Berufe aus dem Spiel.** In dem entwicklungsbezogenen Ansatz, den ich hier beschreibe, ist unsere eigene emotionale und physische Präsenz beim Umgang mit Kindern von zentraler Bedeutung.

Wie können wir uns dies nun vorstellen? *Es ist in jedem Fall vorteilhaft, wenn wir als die Erwachsenen auf unsere eigenen Reaktionen achten, und das beginnt damit, daß wir überprüfen, ob wir in unserem eigenen Körper und Geist ruhige Aufmerksamkeit erleben.* Unser Gewahrsein ermöglicht uns festzustellen, welche Art von emotionalen Signalen wir Kindern übermitteln. Nur unter dieser Voraussetzung können wir Kindern das bieten, was sie am dringendsten brauchen, wenn sie in Schwierigkeiten sind: unsere beruhigende Präsenz, die ihnen hilft, sich wieder sicher zu fühlen und sich zu beruhigen. Dieser Prozeß gegenseitiger Unterstützung wird emotionale Co-Regulation genannt.

Um unsere Aufgabe als Therapeuten bestmöglich zu erfüllen, müssen wir uns darüber klar sein, wie wir feststellen können, auf welchem Pfad *wir selbst* uns befinden. Manchmal sehen wir, wenn wir ein Kind in Schwierigkeiten erleben – ganz gleich, ob es einen Wutanfall bekommt, hysterisch und unnatürlich lacht, um sich schlägt oder sich verschließt und uns ignoriert –, unser eigenes Gefühl emotionaler Sicherheit bedroht. Dies gilt ganz besonders für Eltern, weil wir eine so große Verantwortung für das Gedeihen unserer Kinder haben. Wenn wir miterleben, wie unser Kind kämpft, und wir den Drang verspüren, ihm »den Kopf zurecht zu rücken«, können unsere eigenen Streßreaktionen uns leicht dazu bringen, Dinge zu sagen oder zu tun, die wir später bereuen.

Wie können wir herausfinden, inwieweit wir bereit sind, Kindern mit Verhaltensproblemen zu helfen, wenn sie mit diesen kämpfen? Versuchen wir dies mit Hilfe einer Kombination von Farbpfaden und dem in Kapitel 2 beschriebenen Haus der sozialen und emotionalen Entwicklung, besteht der erste Schritt darin, zu reflektieren und uns Fragen zu stellen, um herauszufinden, auf welchem Pfad *wir selbst* uns befinden.

Wir werden uns das folgende Arbeitsblatt später noch einmal vornehmen.

Arbeitsblatt

Fragebogen für Erwachsene: Auf welchem Pfad befinde ich mich?

Wenn wir Kindern mit Verhaltensproblemen helfen wollen, sollten wir uns zunächst selbst evaluieren, bevor wir aktiv werden.

Erzeugen Sie einen Augenblick des Gewahrseins, indem Sie sich fragen: Wie fühle ich mich? Was erlebe ich? Dabei kann die folgende Checkliste nützlich sein.

Der »grüne« Pfad der Ruhe

- ☐ Ich atme in normaler Geschwindigkeit/normalem Rhythmus.
- ☐ Ich fühle mich ruhig in meinem Körper.
- ☐ Meine Stimme klingt melodiös und variabel.
- ☐ Meine Gesichtsmuskeln fühlen sich entspannt an.
- ☐ Ich kann denken.
- ☐ Ich kann planen.
- ☐ Ich kann Optionen entwickeln.
- ☐ Ich kann andere Erwachsene um Unterstützung bitten oder eine Weile innehalten, wenn ich zu aufgebracht bin.

Der »rote« Pfad der Reaktivität

- ☐ Ich bin aufgebracht.
- ☐ Ich reagiere schnell.
- ☐ Meine Atmung ist flach oder schwergängig.
- ☐ Mein Körper ist angespannt.
- ☐ Ich kann nicht denken.
- ☐ Ich habe das Gefühl, daß ich explodieren werde.
- ☐ Ich spreche laut oder brülle.
- ☐ Ich kann nicht stillstehen oder stillsitzen.

Der »blaue« Pfad der Abkoppelung

- ☐ Ich habe das Gefühl, daß ich nur langsam reagieren kann.
- ☐ Ich kann nicht schnell genug denken.
- ☐ Ich habe das Gefühl, zu versinken oder zu verschwinden.
- ☐ Ich fühle mich unfähig, mit der Situation fertig zu werden.
- ☐ Ich fühle mich hilflos.
- ☐ Meine Stimme ist monoton.
- ☐ Ich empfinde meinen Gesichtsausdruck als starr.
- ☐ Ich fühle mich traurig.

Wenn Sie sich auf dem »grünen« Pfad befinden, können Sie zum nächsten Schritt der Untersuchung Ihrer Funktion als emotionaler Co-Regulator übergehen (»Selbstüberprüfung«, siehe Seite 143 ff.). Doch wenn Sie sich auf dem »roten« oder »blauen« Pfad befinden oder sich in eine dieser Richtungen bewegen, sollten Sie an diesem Punkt **STOPPEN.** Bringen Sie Ihr Kind oder das Kind, mit dem Sie arbeiten, physisch in Sicherheit, und nehmen Sie sich einen Moment Zeit zum Reflektieren. Auf den nächsten Seiten werden wir uns damit beschäftigen, wie wir uns selbst auf dem »grünen« Pfad heimisch machen können. Wenn wir uns sicher auf dem »grünen« Pfad befinden, können wir feststellen, wie gut wir unsere Beziehung zum Kind gestalten. Wenn wir nicht ruhig und wachsam sind, sind wir nicht in der Lage, bedächtig zu handeln und dem Kind zu helfen. **Wir kommen in die größten Schwierigkeiten, wenn wir auf die Verhaltensprobleme eines Kindes instinktiv reagieren – dies kann zu sehr mißlichen Resultaten führen. So etwas kommt vor, wenn ein Kind etwas sagt oder tut, das wir als respektlos empfinden oder das für uns persönlich in anderer Hinsicht ein »neuralgischer Punkt« ist.**

Wenn wir Dinge sagen, die wir später bedauern, fühlen wir uns manchmal schlecht, und unser Geist versucht, gegen dieses schlechte Gefühl anzukämpfen, indem er eine Erzählung entwickelt, die uns zu glauben hilft, daß das betroffene Kind unsere harsche Reaktion gebraucht oder verdient hat. In solch einer Situation kann man sich sehr einsam fühlen, und es ist sehr wichtig, daran zu denken, daß man nicht allein ist. In diese Lage können alle, die Kinder betreuen, geraten: Sie müssen emotionale Präsenz aufrechterhalten, obwohl ein hohes Risiko besteht und die Verantwortungslast groß ist.

Unsere eigenen Trigger – die vielen Faktoren, die uns dazu bringen zu handeln, ohne zuvor gründlich nachgedacht zu haben – sind ebenso mächtig wie die Trigger, die wir bei unseren Kindern oder Kindern, mit denen wir arbeiten, wirken sehen. Ruft unsere eigene Neurozeption ein Gefühl drohender Gefahr hervor, und wir können die Situation nicht verändern, sind wir für emotionale und behaviorale Herausforderungen ebenso anfällig wie unsere Kinder. Dessen brauchen wir uns nicht zu schämen. Als Menschen *durchlaufen wir unserer Natur gemäß ständig ein ganzes Spektrum positiver und negativer Emotionen.* Ich habe großes Verständnis für all die Eltern, die mir ihre Enttäuschung und ihre ganz normale Sehnsucht danach mitteilen, daß ihre Kinder »jenen anderen Kindern im Park ähnlicher wären, deren Eltern entspannt sind und sich ihrer Situation erfreuen.« Natürlich kann das Aufziehen eines Kindes mit Verhaltensauffälligkeiten ständige besondere Wachsamkeit erfordern, also einen Zustand der Hypervigilanz. Viele Eltern fühlen sich permanent »am Ende«, weil sie auf den nächsten Wutausbruch ihres Kindes warten oder sich vor dem Anruf eines Lehrers aus der Schule fürchten.

Entscheidend ist unser mitfühlendes Gewahrsein der gesamten Last, die wir als Eltern und verantwortliche Betreuer tragen. **Statt uns selbst zu beschimpfen**

oder uns schuldig zu fühlen, weil wir uns (wieder einmal) auf dem »roten« oder »blauen« Pfad befinden, können wir am Gewahrsein unserer selbst arbeiten und Selbstfürsorgemaßnahmen ergreifen, die uns wieder auf den »grünen« Pfad zurückführen. Wenn wir uns Gnade und die Anerkennung des vollständigen Spektrums menschlicher Gefühle – negativer wie positiver – zugestehen, ist das für alle Beteiligten vorteilhaft.

Was nährt Ihren »grünen« Pfad und verhilft Ihnen zu einer stärkeren Verbundenheit mit sich selbst und anderen? Was immer es sein mag – Kontakt zu einem Freund, zu gehen, zu meditieren, zu beten, Yoga, Körpertraining –, es ist in jedem Fall von Nutzen, personalisierte Werkzeuge für die Selbstregulation zu entwickeln, die auf den »grünen« Pfad zurückgeleiten, und diese häufig zu benutzen.

Kinder profitieren von unserer Selbstwahrnehmung als Erwachsene, weil wir vor einem Kind unseren emotionalen Zustand nicht verbergen können. Emotionen werden von einem Menschen zum anderen übermittelt, und mit Hilfe unserer Neurozeption fangen wir diese Signale auf. Wenn Sie vorgeben, mit Ihnen sei alles in bester Ordnung, obwohl das nicht der Wahrheit entspricht, kann das ein Kind verwirren, ihm widersprüchliche Botschaften über die Sicherheit der Beziehung vermitteln und darüber, wie sehr das Kind darauf vertrauen kann, daß Sie ihm helfen werden, bis es sich besser fühlt.

Wenn Sie sich nicht in der Hitze eines solchen Austauschs befinden, ist es Ihnen vielleicht nützlich, das Diagramm des Eisbergs auf der folgenden Seite für sich selbst auszufüllen. Sollten Sie sich von den Belastungen Ihres Lebens oder von der Last überfordert fühlen, für ein Kind mit Verhaltensproblemen sorgen zu müssen, hilft Ihnen vielleicht eine Beratung bei einem Psychotherapeuten, sich mit Ihren eigenen emotionalen Triggern auseinanderzusetzen, und bringt Sie auf einen Pfad, der Ihr Gewahrsein, Ihre Hoffnung und Ihr Selbstmitgefühl stärkt.

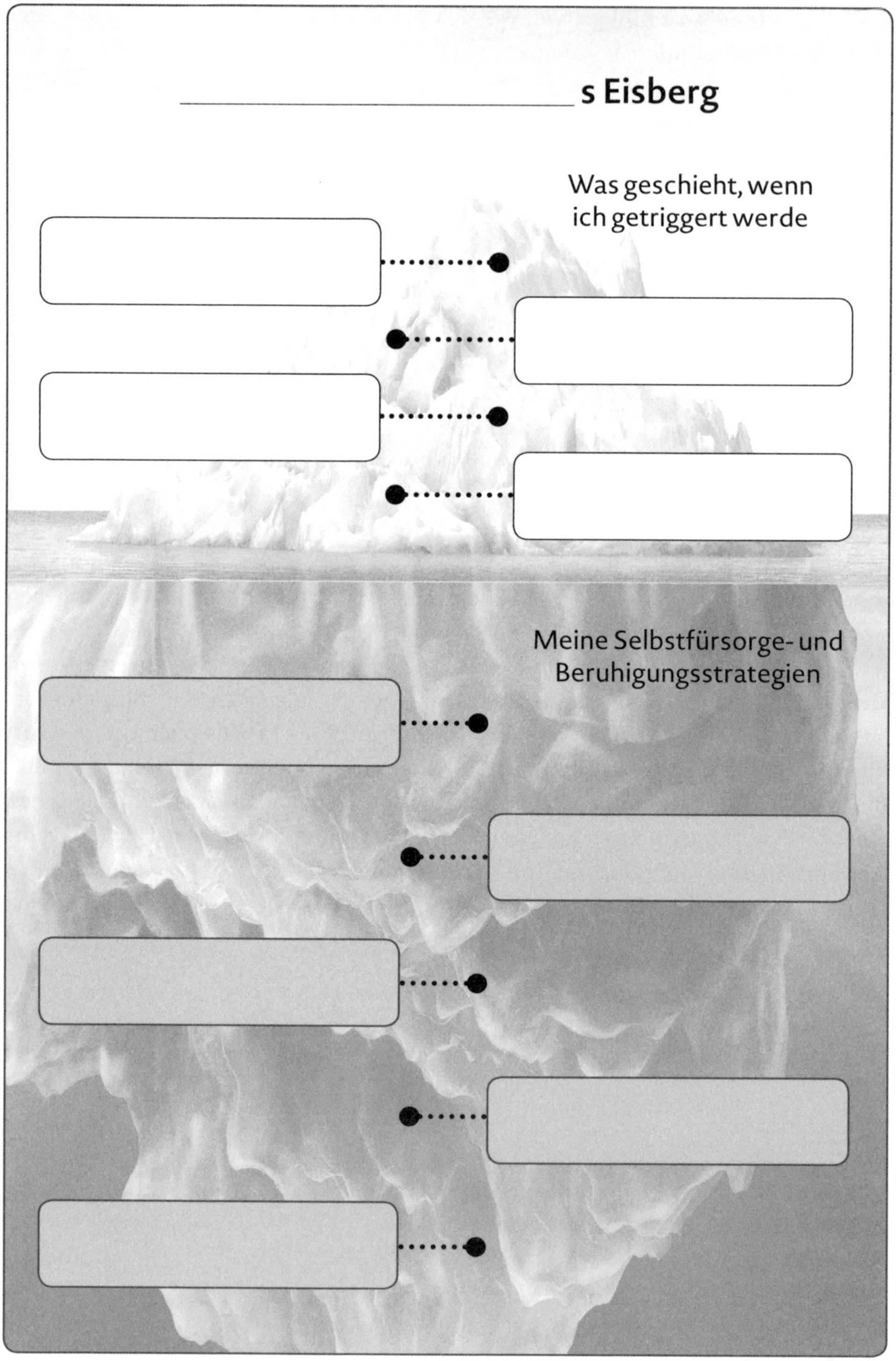

__________________s Eisberg
Was geschieht, wenn ich getriggert werde
Meine Selbstfürsorge- und Beruhigungsstrategien

Arbeitsblatt

Selbsteinschätzung und Selbstwahrnehmung: Die Ruhe bewahren – für Erwachsene

Wir werden uns nun mit unseren eigenen Triggern beschäftigen.

Denken Sie darüber nach, zu welchen Verhaltensweisen Sie neigen, wenn Ihr Kind oder Ihre Kinder, mit denen Sie arbeiten, sich problematisch verhalten.

Reflektieren Sie über Faktoren in Ihrer Lebensgeschichte oder Ihrer aktuellen Situation, die Ihre Bemühungen, auf dem »grünen« Pfad zu bleiben, beeinträchtigen könnten, und notieren Sie diese:

____

____

____

____

Denken Sie über persönliche Trigger nach, die Sie auf den »roten« Pfad führen könnten, wenn Sie sich um das Verhalten eines Kindes kümmern, und notieren Sie diese Trigger:

____

____

____

Ich kann folgende positive Unterstützung für mich selbst schaffen, um solchen Reaktionen entgegenzuwirken:

____

____

____

____

Glücklicherweise können wir unseren eigenen emotionalen Triggern entgegenwirken. Wenn wir Möglichkeiten nutzen, uns selbst zu unterstützen, kommt das unseren Beziehungen zugute, während wir Gewahrsein und Mitgefühl uns selbst gegenüber entwickeln. Denken Sie darüber nach, welche Selbstregulationswerkzeuge Ihnen zur Verfügung stehen. Welche Strategien der Selbstberuhigung können Sie nutzen? Eine Liste dieser Möglichkeiten hilft Ihnen, an die Selbstfürsorge zu denken und aktiv an der Verstärkung Ihrer Resilienz zu arbeiten, während Sie Ihr Kind oder andere Kinder unterstützen, die während ihrer eigenen emotionalen Stürme Ihre Präsenz brauchen.

Achtsamkeit unterstützt den therapeutischen Gebrauch des Selbst

Fürsorgliche Menschen sind für leidende Kinder das beste Werkzeug jeder Therapie, und wir können solchen Kindern am besten helfen, wenn wir in der Lage sind, für sie emotional präsent zu sein. *Achtsamkeit* kann uns allen helfen – Eltern wie Psychotherapeuten – und Beziehungen selbst dann nähren, wenn wir in den Sog emotionaler Turbulenzen unseres Kindes (und unserer eigenen) hineingerissen werden.

Achtsamkeit ist die Fähigkeit, ohne jedes Urteil Augenblick für Augenblick wahrzunehmen.[22] Jon Kabat-Zinn machte die amerikanische Öffentlichkeit schon in den 1980er Jahren auf die positive Wirkung von Achtsamkeit auf Gesundheit und Wohlbefinden aufmerksam, zu einer Zeit, in der er im Medical Center der University of Massachusetts ein sehr erfolgreiches Streßreduktionsprogramm entwickelte. Seither haben Studien gezeigt, daß Achtsamkeit psychotherapeutische und medizinische Behandlungsresultate verbessern kann, Streß verringert, Burnout und »Mitgefühlserschöpfung« verhindert, die Zufriedenheit mit der Rolle fürsorglicher Betreuer verstärkt und das Wohlbefinden der Eltern neurodiverser Kinder verbessert.[23]

Wir können Kindern nicht wirksam helfen, ihre problematischen Verhaltensweisen zu bewältigen, wenn wir nicht *zuvor uns selbst helfen,* präsent, unserer selbst gewahr und ruhig zu sein. Dies ist die Idee, die achtsamem Selbstmitgefühl zugrunde liegt. Kristin Neff, die führend diese Form von Achtsamkeit erforscht, beschreibt achtsames Selbstmitgefühl als: »Für uns selbst wie für jemanden, den wir wahrhaft lieben, zu sorgen, wenn wir leiden.« **Sie unterscheidet drei Bestandteile des Selbstmitgefühls: Selbstgüte, ein allgemeines Gefühl von Menschlichkeit und Achtsamkeit.**[24] Dr. Neffs umfangreiche Untersuchungen haben meßbare positive Wirkungen auf die psychotherapeutischen Betreuer von Eltern nachgewiesen, deren Kinder eine Diagnose des Autismus-Spektrums hatten, sowie auf die Betreuer vieler anderer klinischer Populationen.[25]

Selbstmitgefühl kann leicht wie eine Art Luxus erscheinen, insbesondere in Situationen, in denen sich ein Kind auf dem »roten« Pfad befindet und sofort Hilfe benötigt. Widmen wir uns der Entwicklung von Selbstmitgefühl jedoch über längere Zeit, kann dieses für uns so leicht und natürlich werden wie ... zu atmen.

Atmen für Betreuer in Augenblicken der Erleichterung

Das Grundlegendste, was uns allen zur Verfügung steht, ist unser Atem. Atmen Sie einmal durch. Versuchen Sie, einen Atemzug langsam und bewußt auszuführen. Lassen Sie beim zweiten oder dritten Atemzug das Ausatmen länger werden als das Einatmen. Fahren Sie noch einige Atemzüge lang auf diese Weise fort, wenn Sie sich dabei wohl fühlen. So können Sie die Aktivität des Nervensystems verlangsamen und die Bremse des Parasympathischen Systems aktivieren – ein besonders rascher Weg zurück auf den »grünen« Pfad.

Kristin Neff und der Psychologe Christopher Germer haben ein Selbstmitgefühl-Protokoll entwickelt, das die emotionale Regulation bei Eltern und Helfern jeder Art unterstützt.[26] Wird man im Umgang mit einem Kind mit einer schwierigen Situation konfrontiert, ist es nützlich und wirkt beruhigend, sich einzugestehen und sich zu sagen: »Das ist hart!« oder: »Dies ist ein Augenblick des Leidens«, und sich dann selbst mitfühlend zu behandeln. Oft reicht schon das Wahrnehmen der Tatsache, daß Sie getriggert worden sind, um sich selbst von einer impulsiven Äußerung oder Handlung abzubringen, die nicht im wohlverstandenen Interesse des Kindes liegt.

Wenn Sie sich wohl dabei fühlen, können Sie folgende von Neff und Germer entwickelte Übung ausprobieren, um Ihren Körper zu beruhigen und positive Gefühle sich selbst gegenüber zu erzeugen. Denken Sie hier wie bei anderen in diesem Buch vorgestellten Übungen daran, daß Sie, wenn Sie sich gestreßt fühlen, sofort damit aufhören – ohne sich deswegen zu verurteilen. Manchmal hat die Beruhigung des Körpers die Aktivierung von Gedanken zur Folge, die für einige Menschen unangenehm sind.

Übung

Liebevolles Atmen

- Nehmen Sie eine Haltung ein, in der sich Ihr Körper wohlfühlt und in der er während der Zeit der Meditation gestützt wird. Lassen Sie anschließend zu, daß sich Ihre Augen entweder teilweise oder vollständig schließen. Atmen Sie einige Male langsam und leicht, und lösen Sie alle unnötige Anspannung in Ihrem Körper auf.
- Wenn Sie möchten, können Sie eine Hand auf Ihr Herz oder eine andere Stelle Ihres Körpers legen, um eine beruhigende Wirkung zu erzeugen. Dies soll Sie daran erinnern, daß es uns nicht nur darum geht, Gewahrsein zu wecken, sondern daß wir warmherziges Gewahrsein mit unserer Atmung und uns selbst verbinden wollen. Sie können Ihre Hand dort liegen lassen oder sie jederzeit in eine Ruheposition zurückkehren lassen.
- Beginnen Sie dann, auf die Atmung in Ihrem Körper zu achten, wobei Sie hören, wie Ihr Körper ein- und ausatmet.
- Beachten Sie, wie Ihr Körper beim Einatmen genährt wird und sich beim Ausatmen entspannt.
- Versuchen Sie, den Körper atmen zu lassen. Es gibt nichts, was Sie tun müssen.
- Achten Sie nun auf den *Rhythmus* Ihrer Atmung, wie er in Sie hinein und wieder heraus strömt. Verwenden Sie ein wenig Zeit darauf, den natürlichen Rhythmus Ihres Atems zu spüren.
- Ihr ganzer Körper bewegt sich mit dem Atem, so wie sich das Meer bewegt.
- Natürlich wird Ihr Geist zu schweifen beginnen, so wie ein neugieriges Kind oder ein Hundewelpe sich regt. Kehren Sie in solchen Momenten sanft zum Rhythmus der Atmung zurück.
- Lassen Sie das sanfte Schaukeln Ihres ganzen Körpers zu. Er wird von Ihrer Atmung – *innerlich* – liebkost.
- Wenn Sie es als richtig empfinden, können Sie sich Ihrer Atmung überantworten, Ihren Atem zu allem, was existiert, machen. Einfach Atmen. Atem *sein*.
- Und nun lösen Sie Ihre Aufmerksamkeit von Ihrem Atem und sitzen still im eigenen Erleben. Lassen Sie sich fühlen, was immer es sein mag, und lassen Sie sich einfach sein, wie Sie sind.
- Öffnen Sie langsam und sanft die Augen.

Aus: *The Mindful Self-Compassion Workbook* (2018) von Kristin Neff, Ph. D, und Christopher Germer, Ph. D. Nutzung mit freundlicher Genehmigung von Kristin Neff, Ph. D.

Das Konzept des Selbstmitgefühls ist nicht populär in unserer Kultur, in der wir Kinder oft durch unsere Autorität zu beeinflussen versuchen statt durch unsere Verbundenheit mit ihnen. Dieses wertvolle und wirkmächtige Konzept der Achtsamkeitsforschung stützt eine der wichtigsten Thesen der Polyvagal-Theorie: Wenn Menschen sich sicher fühlen, entfaltet sich ihr soziale Verbundenheit schaffendes Verhalten (das Gegenteil herausfordernden Verhaltens), und Kampf-, Flucht- und Erstarrungsverhalten treten in den Hintergrund, weil sie nicht mehr erforderlich sind.[27]

Wir (Erwachsene, Eltern, Hilfeleistende, Psychotherapeuten, Ärzte) sind die wichtigsten Werkzeuge im Werkzeugkasten.

Die Erkenntnis, daß die Art, *wie wir sind, ebenso wichtig ist wie das, was wir sagen,* zwingt uns, uns ein wenig Zeit zu nehmen, um über die Botschaften zu reflektieren, die wir Kindern durch unsere Interaktionen mit ihnen übermitteln.[28] Wenn uns wirklich daran gelegen ist, Kindern zu helfen, zu uns in Verbindung zu treten, sollten wir uns Zeit nehmen, uns Situationen aus unserem eigenen Leben zu vergegenwärtigen, in denen wir uns in Gegenwart anderer Menschen wirklich sicher fühlten (oder noch fühlen). Das folgende Arbeitsblatt geleitet durch eine Übung, in der es darum geht, sich Erinnerungen an Erlebnisse der Verbundenheit und Sicherheit zu vergegenwärtigen.

Arbeitsblatt

Charakteristika der Verbindung

Suchen Sie einen ruhigen Ort auf, sitzen Sie dort eine Weile still, und schließen Sie die Augen. Denken Sie an eine Person aus Ihrem Leben – aus der Vergangenheit oder Gegenwart –, die Ihnen das Gefühl gab, in Sicherheit zu sein und geliebt zu werden. Stellen Sie sich Gesicht und Stimme dieses Menschen vor, und versetzen Sie sich in die beruhigenden Eigenschaften, die diese Person für Sie verkörpert. Falls Sie sich niemanden vorstellen können, der Ihnen dieses Gefühl vermittelt hat, können Sie auch in der Phantasie eine entsprechende liebevolle und weise Person erschaffen. Nehmen Sie sich ein wenig Zeit, um sich dieses Bild und die mit ihm verbundenen Eigenschaften zu vergegenwärtigen. Öffnen Sie anschließend wieder die Augen.

Welche Gefühle sind bei Ihnen während dieser Übung aufgetaucht?

____

____

____

Welche Wörter oder Vorstellungsbilder sind in Ihrem Geist erschienen, während Sie an die Interaktion mit dieser Person gedacht haben?

____

____

____

Was hat die Person zu Ihnen gesagt oder wie hat Sie sich Ihnen gegenüber verhalten, so daß Sie sich sicher und geliebt fühlten?

____

____

____

____

Die folgenden Übungen und früher beschriebene Werkzeuge für die Selbstfürsorge sollen Ihre Fähigkeit verbessern, sich Ihren eigenen Kindern oder Kindern, mit denen Sie arbeiten, zu öffnen. Sie können diese Strategien also benutzen, um auf den »grünen« Pfad der Beruhigung zu gelangen. So wie es für Kinder wichtig ist, ihr Haus der sozial-emotionalen Entwicklung zu erbauen, müssen Erwachsene ihre eigenen emotionalen Reaktionen im Blick behalten, um sicherzustellen, daß sie für ein Kind therapeutisch wirken können.

Wenn Ihre Antworten auf dem Arbeitsblatt »Auf welchem Pfad befinde ich mich?« (siehe Seite 133) darauf hindeuten, daß Sie sich auf dem »grünen« Pfad befinden, können Sie zum nächsten Schritt übergehen, zur Einschätzung der Qualität Ihrer Verbundenheit mit dem Kind. Das nächste Arbeitsblatt und die ihm folgenden werden Sie durch die verbleibenden Schritte geleiten, in denen sich die Entwicklungsprozesse des Kindes spiegeln.

*Selbstüberprüfung**

Wenn wir uns auf dem »grünen« Pfad befinden, können wir überprüfen, wie es um unsere Verbundenheit mit dem Kind bestellt ist.

---

* Diese Schritte entsprechen den sozial-emotionalen Entwicklungsmeilensteinen nach Greenspan und Wieder 1998, 2006b.

Arbeitsblatt

Verbundenheit und Bezogenheit für den Erwachsenen

☐ Ja, ich befinde mich auf dem »grünen« Pfad, und ich fühle mich zur Verbundenheit mit dem Kind in der Lage.

☐ Ich empfinde dem Kind gegenüber Mitgefühl (und sei es auch nur ein wenig).

☐ Der Ausdruck meines Gesichts (insbesondere des oberen Teils des Gesichts, der Augen und der Stirn), meine Körpersprache und andere Arten meines nonverbalen Ausdrucks sind entspannt – was zeigt, daß ich auf der Geist-Körper-Ebene für das Kind präsent bin.

☐ Ich kann mit Hilfe meiner Worte oder meiner Körpersprache zu dem Kind auf eine Weise in Kontakt treten, die das Kind braucht.

Falls Sie zu diesen Dingen grundsätzlich in der Lage sind, dann **gehen Sie zum nächsten Schritt über**. Wenn nicht, dann **STOPPEN Sie HIER** und kehren zur *frühesten* Phase der problematischen Situation zurück, indem Sie sich wieder den Übungen, die zu Beginn dieses Kapitels beschrieben wurden, zuwenden.

Adaptiert nach Greenspan & Wieder 2006b

Arbeitsblatt

Nonverbale Interaktionen für den Erwachsenen

Das Kind weiß, daß es mir wichtig ist und daß ich präsent und bereit bin, ihm zu helfen. Ich kann nun zu ihm in Kontakt treten.

☐ Ich kann Wörter, Gesten oder Signale benutzen, um festzustellen, ob wir miteinander kommunizieren können.

☐ Ich verfüge über die Zeit und den Raum, die ich benötige, um herauszufinden, was ich tun kann, um positive Signale bidirektionaler Kommunikation mit dem Kind hervorzurufen.

☐ Wir kommunizieren entspannt miteinander, mit Hilfe von Gesten oder Worten oder einer Kombination von beidem.

☐ Wir widmen uns einem gemeinsamen Erlebnis mit einem schönen Rhythmus gegenseitigen Aufeinander-Eingehens.

Falls Sie zu diesen Dingen in der Lage sind, **können Sie mit dem nächsten Schritt fortfahren**. Wenn nicht, dann **STOPPEN Sie HIER**, und kehren Sie zur *frühesten* Phase der problematischen Situation zurück, indem Sie sich wieder den Übungen, die zu Beginn dieses Kapitels beschrieben wurden, zuwenden.

Adaptiert nach Greenspan & Wieder 2006b

Arbeitsblatt

Gemeinsame soziale Problemlösung für den Erwachsenen

☐ Ich bin mir der Aufmerksamkeit des Kindes sicher, und wir kommunizieren in einem offenen Austausch miteinander.

☐ Ich kann nun einige Gesten oder Sätze zusammenstellen, um herauszufinden, ob das Kind dem, was ich sage, etwas hinzufügen will, indem es mir durch seine Körpersprache oder mit Worten etwas mitteilt.

☐ Wir widmen uns einem gemeinschaftlichen Erlebnis mit einem schönen Austauschrhythmus, der uns eine verbale oder gestische »Diskussion« ermöglicht.

☐ Ich fange an zu verstehen, was das Kind mir mitteilt oder was es von mir braucht.

Falls Sie zu diesen Dingen in der Lage sind, **können Sie mit dem nächsten Schritt fortfahren**. Wenn nicht, dann **STOPPEN Sie HIER**, und kehren Sie zur *frühesten* Phase der problematischen Situation zurück, indem Sie sich wieder den Übungen, die zu Beginn dieses Kapitels beschrieben wurden, zuwenden.

Adaptiert nach Greenspan & Wieder 2006b

Arbeitsblatt

Nutzung von Wörtern, Ideen und Spiel für den Erwachsenen

- ☐ Ich bin im Kommunikationsfluß mit dem Kind.
- ☐ Ich kann dekonstruieren, was soeben möglicherweise geschehen ist, indem ich rate, was das Kind erlebt, oder indem ich ihm einfache Fragen stelle.
- ☐ Ich kann mich mit dem Kind zusammen fragen, was geschieht und was nach Ansicht des Kindes geschehen ist.
- ☐ Ich kann die Bemühungen des Kindes herauszufinden, was es braucht, reflektieren und ihnen gegenüber offen sein.
- ☐ Ich lasse mich auf ein Gespräch mit dem Kind ein und benutze dazu Worte, Spiel, schriftliche Notizen sowie andere kreative Möglichkeiten, um herauszufinden, wo der Zusammenbruch eingetreten ist, und dem Kind zu helfen, neue Bewältigungsmöglichkeiten zu finden.

Falls Sie zu diesen Dingen in der Lage sind, **können Sie mit dem nächsten Schritt fortfahren**. Wenn nicht, dann **STOPPEN Sie HIER**, und kehren Sie zur *frühesten* Phase der problematischen Situation zurück, indem Sie sich wieder den Übungen, die zu Beginn dieses Kapitels beschrieben wurden, zuwenden.

Adaptiert nach Greenspan & Wieder 2006b

Arbeitsblatt

Brücken bauen für den Erwachsenen

☐ Ich fange an zu verstehen, wie das Kind seine eigene und meine Rolle bei dem, was geschehen ist, gesehen hat.

☐ Wir versetzen die Situation in ihren Kontext.

☐ Wir entwickeln Pläne für den zukünftigen Umgang damit.

☐ Ich betone, daß Menschen einander in schwierigen Situationen brauchen und daß ich für das Kind offen und erreichbar bin.

Anmerkungen:

Adaptiert nach Greenspan & Wieder 2006b

Die in den vorangegangenen Arbeitsblättern beschriebenen Prozesse sind dynamischer Natur. Sie gelangen nicht unbedingt sofort zum Abschluß, sondern entfalten sich über längere Zeit. Bei entsprechender Übung fällt Ihnen die Überprüfung Ihres eigenen emotionalen Zustandes und desjenigen des Kindes allmählich leichter. **Dieses entwicklungsorientierte Modell beginnt mit emotionaler Co-Regulation zwischen dem Kind und uns – dem Elternteil, Lehrer, Betreuer oder Psychotherapeuten. Es stellt die Beziehung in den Mittelpunkt und damit an den Platz, den sie einnehmen sollte.**

Kinder brauchen Erwachsene für die Co-Regulation

Wie wir gesehen haben, braucht ein Kind mit schwach entwickelter Fähigkeit zur Emotionsregulation die Hilfe eines Erwachsenen, um auf den »grünen« Pfad zurückzufinden. Indem wir diese Art von Hilfe anbieten, widmen wir uns emotionaler Co-Regulation. Dabei stimmen wir uns durch unsere Präsenz auf einen anderen Menschen ein und unterstützen ihn auf diese Weise. Stuart Shanker, ein Experte für Emotionsregulation, bezeichnet die Fähigkeit eines Kindes, seine Emotionen zu regulieren, als *Self-Reg*, was für »Selbstregulation« steht.[29] Durch unsere Interaktionen mit Kindern beeinflussen wir die Art, wie sie das Geschehen in der Welt in einen Sinnzusammenhang stellen. Sobald ein Kind sich hinsichtlich seines Geistes und Körpers sicher fühlt, entwickelt es umfassendere Möglichkeiten, zu lernen und zu wachsen, und seine Toleranz gegenüber neuen Erlebnissen, Empfindungen, Gefühlen und Ideen nimmt zu.

FELIX Die Macht emotionaler Co-Regulation

Als Felix in das Vorbereitungsjahr für die Grundschule kam, ging ihm der Ruf voraus, ein »explosives« Kind zu sein, das dazu neige, seine Klassenkameraden zu »pitschen«, wenn sie nicht taten, was er wollte. Doch seine Lehrerin für die erste Klasse hatte den Ruf, Schülern mit Verhaltensproblemen helfen zu können. Sie bemühte sich von Anfang an, den Kontakt zu Felix aufrechtzuerhalten, indem sie sich jeden Morgen vor ihn kniete, seine Hände in die ihren nahm, ihm warmherzig und präsent in die Augen schaute und eine echte Verbindung zu ihm aufbaute, während sie sein Gesicht nach Hinweisen auf sein aktuelles Befinden absuchte. Entdeckte sie dort Anzeichen für Furcht oder Zögern, hielt sie inne und verbrachte noch mehr Zeit mit ihm. Wenn sie Anzeichen für Streß auf seinem Gesicht oder an seinem Körper sah, bat sie ihn, ihr bei einer besonderen Aufgabe zu assistieren, und sorgte so dafür, daß er ihr nahe blieb. Ihr war klar, daß sie Felix' Beziehungssicherheit täglich neu evaluieren und sie erneut sicherstellen mußte, und daß er ihre Signale für Sicherheit brauchte, um ruhig und wachsam bleiben zu können. Diese Lehrerin schätzte und verstand intuitiv die positiven Auswirkungen emotionaler Co-Regulation auf Kinder.

Ihr Vorgehen erwies sich als wirksam. Felix »pitschte« seine Klassenkameraden nicht mehr so oft und entwickelte eine bessere Selbstkontrolle, indem er, wenn er frustriert war oder Hilfe brauchte, statt zu »pitschen«, Kontakt zu seiner Lehrerin aufnahm. Diese hielt regelmäßigen Kontakt zu Felix' Eltern, und beide Seiten lernten voneinander, was die Toleranz des Jungen hinsichtlich verschiedener Situationen betraf. An Tagen, an denen er verängstigt oder bekümmert aufwachte, tauschten der Vater und die Lehrerin rasch (und außer Hörweite von Felix) Informationen aus, indem er etwas sagte wie: »Heute ist ein grüner Morgen!« oder: »Heute war es ein roter Start in den Tag!«, was der Lehrerin die Möglichkeit gab, ihre Interaktionen und Anforderungen Felix gegenüber der aktuellen Situation anzupassen. Die Information erwies sich als wertvoll für eine optimale Anpassung des Arbeitsplans und der Arbeitslast des Jungen am betreffenden Tag.

Einige Monate nach Schuljahrsbeginn mußte die Lehrerin kurzfristig eine Woche pausieren. Weil sie Felix immer noch für sehr verletzlich hielt, hinterließ sie ihrer Vertreterin ausführliche Erläuterungen, in denen sie erklärte, daß Felix wahrscheinlich jeden Morgen und im gesamten Tagesverlauf emotionale Unterstützung der Lehrkraft benötige. Das Kind lag ihr aufrichtig am Herzen, und ihr war klar, daß seine Fähigkeit, das eigene Verhalten zu kontrollieren, von der Sicherheit der emotionalen Co-Regulation eines verständnisvollen Erwachsenen abhing.

Die Aushilfslehrerin hielt sich zwar an die Empfehlungen, aber Felix verspürte ihr gegenüber nicht das gleiche Maß an Verbundenheit wie der regulären Lehrerin gegenüber. Am zweiten Arbeitstag der Vertretung »pitschte« der Junge die Frau. Weil sie in ihrer Ausbildung gelernt hatte, angesichts negativer Verhaltensweisen Neutralität zu wahren, um diese nicht zu verstärken, versuchte sie, den Angriff zu ignorieren, was aber dazu führte, daß der Junge seine Attacken in den folgenden Tagen verstärkte.

Was war geschehen? Durch das plötzliche Ausbleiben der geliebten Lehrerin war bei Felix die Hemmschwelle gesunken und sein Defensivverhalten aktiviert worden. Durch sein »Pitschen« wollte er die Lehrerin keineswegs verletzen, sondern es handelt sich um einen instinktiven Impuls, den er aufgrund seines plötzlichen Wechsels auf den »roten« Pfad nicht kontrollieren konnte. Als die Vertreterin sein Verhalten dann ignorierte, fühlte er sich noch stärker im Stich gelassen.

Emotionale Co-Regulation als wichtigste Maßnahme für die Behandlung anhaltender Verhaltensprobleme zu sehen, ist von der heute üblichen Behandlung von Kindern mit gravierenden Verhaltensproblemen meilenweit entfernt. Ein solcher Paradigmenwechsel ist schon allein deshalb dringend notwendig, weil Kinder mit starken Verhaltensproblemen auch besonders verletzbar sind.

Wenn wir ruhig sind, können wir Signale für Beziehungssicherheit übermitteln

Wie wir gesehen haben, können wir ein Kind am besten unterstützen, wenn wir selbst ruhig sind. *Und die Art, wie wir Dinge sagen, ist ebenso wichtig, wie das, was wir sagen.* Der erste Schritt auf dem Weg zu einem Zustand der Eingestimmtheit bei der Arbeit mit einem Kind, das große Schwierigkeiten hat, besteht nicht darin, ihm etwas zu sagen, es zu belehren oder es zu instruieren, sondern vorrangig ist, in seiner Gegenwart *präsent zu sein.*

Arbeitsblatt

Kindern Signale für Beziehungssicherheit übermitteln

Im Sinne der Polyvagal-Theorie übermitteln Menschen durch den Klang ihrer Stimme, ihren Gesichtsausdruck, ihre Haltung und andere nonverbale Formen der Kommunikation Signale für Sicherheit oder Gefahr.[30]

Reflexion Arbeite ich von einer emotional stabilen Plattform aus? Unterstützen die Signale, die ich dem Kind übermittle, soziale Verbundenheit? Benutzen Sie die folgenden Fragen, um Ihren Umgang mit Signalen für Sicherheit zu überprüfen, und markieren Sie diejenigen, die bei Ihnen zutreffen.

Präsenz Bin ich dem Kind gegenüber präsent, indem ich ihm meine ungeteilte Aufmerksamkeit schenke, ohne mich von irgend etwas ablenken zu lassen und ohne mehrere Dinge gleichzeitig zu tun?

____

Stimmklang Entspricht das Volumen meiner Stimme den Bedürfnissen des Kindes? ______________________________

Läßt meine Stimme eine Sprachmelodie oder Prosodie erkennen? __________

Hat meine Stimme einen warmen und fürsorglichen Klang? __________

Gesichtsausdruck Bringt meine Mimik Sicherheit und Verbundenheit zum Ausdruck? ______________________________

Pacing und Timing Nähere ich mich dem Kind im Einklang mit seinen unmittelbaren aktuellen Bedürfnissen, und gestalte ich mein Timing entsprechend?

____

Haltung Ist meine Haltung entspannt, und wirken meine Gesten einladend?

____

Untergründige Botschaften, welche die emotionale Co-Regulation beeinträchtigen

Was Felix mit den beiden Lehrerinnen erlebte, veranschaulicht die Bedeutung unserer Interaktion mit Kindern. Sie spüren den Unterschied zwischen Furcht oder Verurteilung einerseits und Mitgefühl und positiver Aufmerksamkeit andererseits; doch wir können von uns selbst nicht erwarten, daß wir diese Botschaften permanent auszustrahlen in der Lage sind. Aber das ist okay und gar nicht anders zu erwarten.

Die besten unterstützenden Botschaften zu übermitteln ist nicht immer leicht. Selbst wenn wir unterstützend zu wirken versuchen, sind wir uns manchmal nicht über *untergründige Botschaften* im klaren, die die emotionale Co-Regulation beeinträchtigen. Dies war Natalies Problem, die sich von ganzem Herzen wünschte, ihrer Tochter Myra die Angst zu nehmen, die das Problem aber noch verschlimmerte, ohne sich darüber im klaren zu sein.

MYRA Die Bedeutung elterlicher »Widerstandsfähigkeit«

Myra, eine Fünftklässlerin, war gut in der Schule, aber ihre Mutter Natalie empfand einige ihrer Verhaltensweisen als besorgniserregend. Myra biß sich ständig auf die Fingernägel und die Unterlippe – so stark, daß dort eine offene, nicht heilende Wunde entstand. Der Kinderarzt des Mädchens nahm an, das Verhalten werde durch Streß verursacht, und empfahl eine Familientherapie. Dem äußeren Anschein nach hatte Myra ein angenehmes Leben. Ihre Eltern waren zwar geschieden, spielten aber beide in ihrem Leben wichtige Rollen. Natalie las die neuesten Elternratgeber und bemühte sich jeden Tag, die Verbindung zu Myra aufrechtzuerhalten. Der Mutter ging das Herz auf, wenn Myra berichtete, sie habe einen glücklichen Tag erlebt, und sie war niedergeschlagen, wenn es Myra nicht gut ging. So sehr sie sich auch bemühte, ihre Reaktionen zu verbergen, sorgte sie sich doch ständig wegen ihrer Tochter.

Als ich mich mit Natalie allein traf, um mit ihr einen Plan zu besprechen, der Myra helfen sollte, fragte ich sie, wie es ihr gehe. Sie wurde schnell sehr emotional, verstummte und brach in Tränen aus. Sie berichtete mir, als alleinerziehende Mutter empfinde sie es als eine schwere Last, für ihre Tochter sorgen zu müssen, und sie fühle sich dabei sehr einsam.

Zunächst möchte ich etwas über meine persönliche Reaktion auf meine Begegnung mit Natalie berichten. Ich selbst resonierte mit ihrem Kampf als sensible Mutter. Aufgrund meiner eigenen individuellen Besonderheiten versetzte mich ihre Geschichte in eine mitfühlende Haltung. Und obwohl ich der Frau nichts über mein eigenes Leben erzählte, hatte ich das Gefühl – und ihr schien es ebenso zu gehen –, daß angesichts der ungeheuren Verantwortung, die mit der Elternrolle verbunden ist, zwischen uns eine stillschweigende emotionale Verbindung bestand. In diesem natürlich entstandenen Moment der Nutzung meiner eigenen Situation für die Therapie ließ ich mich bei der Interaktion mit Natalie von meinen persönlichen Gefühlen leiten, wohl wissend, daß ebenso wichtig wie das, was ich sagte, in diesem Fall der Umstand war, daß ich meine eigene emotionale Präsenz die Führung übernehmen ließ – sie darüber entscheiden ließ, was ich vorzog, nicht zu tun oder zu sagen.

Diese Verbindung half mir, eine Einsicht zu kommunizieren: In den folgenden Wochen reflektierten wir beide – in einer Atmosphäre der Verbundenheit, nicht des Urteilens – darüber, wie Kinder die Fürsorglichkeit oder Sorge ihrer Eltern ihnen gegenüber mitbekommen. Ich würdigte Natalies Reflexionen darüber, wie schwierig die Situation einer alleinerziehenden Mutter ist und wie unmöglich es ist, dem Verhalten ihrer Tochter stets mit Güte und Geduld zu begegnen. Ich versicherte ihr, dies sei auch gar nicht das Ziel – weil wir als Menschen natürlich immer auch eigene Reaktionen haben –, und wir tauschten uns darüber aus, wie wichtig es ist, bei der Erfüllung dieser schwierigen Aufgabe sanft mit uns selbst umzugehen. Diese Interaktion öffnete ein Fenster des Vertrauens zwischen uns, das es uns ermöglichte zu mutmaßen, daß Myra die Besorgnis ihrer Mutter wahrnahm und beide ihre Ängste unabsichtlich gegenseitig *verstärkten*.

Diese Auffassung wird von Forschern bestätigt, die festgestellt haben, daß gemeinsames Grübeln über Probleme (exzessive Gespräche über Probleme und Verweilen bei den damit verbundenen negativen Gefühlen) insbesondere bei Mädchen Ängste verstärken können.[31] Natalies Art, ihrer Tochter ihre Liebe zu zeigen, bewirkte wahrscheinlich in Verbindung mit ihrem eigenen Streß, daß beide sich weniger sicher und durch ihre Interaktionen weniger stark verbunden fühlten. Statt einander zu mehr Ruhe zu verhelfen, verstärkten sie ungewollt gegenseitig ihre Ängste – was ihr Wohlbefinden verringerte, statt es zu stärken. Wir sprachen über die Möglichkeit, Resilienz zu entwickeln und daß sie durch Stärkung ihrer »Widerstandsfähigkeit« auch ihrer Tochter helfen könne.

Sobald Natalie das Problem verstanden hatte – daß ihr eigener emotionaler Ton, ihr Streßniveau und ihre Art, an die Problematik heranzugehen, die emotionale Co-Regulation behinderten –, veränderte sie ihre Strategien. Ich empfahl ihr Möglichkeiten der Streßreduktion, die an einer Universität in der Nähe angeboten wurden, und Natalie schloß sich einer achtsamkeitsbasierten Unterstützungsgruppe für Eltern an. Indem sie ihre eigene Situation untersuchte, fand sie heraus, daß das Beste, was sie für ihre Tochter tun konnte, darin bestand, sich zunächst um ihr eigenes sozial-emotionales Haus zu kümmern, ihre eigene Resilienz hinsichtlich ihrer Mutterrolle zu verstärken und zu lernen, zäher und weniger wachsam und besorgt zu sein. Im Laufe der Zeit veränderten sich ihre Interaktionen mit Myra, und Mutter und Tochter lernten, entspannter miteinander umzugehen. Sobald Myra mit ihrer Mutter offen über ihre Sorgen und Ängste zu reden begann, nahmen bei ihr Nägelkauen und Lippenbeißen ab und verschwanden schließlich ganz.

Sicherheit priorisieren: Weniger ist mehr

Zwar ist grundsätzlich nichts dagegen einzuwenden, daß man über Schwierigkeiten spricht, aber wir tun dies häufig zu schnell. Ist ein Kind nicht fest in den oberen Prozessen der sozial-emotionalen Entwicklung verankert – in der Lage, Top-down-Rat zu verinnerlichen und zu nutzen –, hilft es ihm wahrscheinlich nicht besonders, über Probleme zu reden. Es ist grundsätzlich nicht besonders sinnvoll, zu früh nach Top-down-Lösungen zu greifen, weil ein Kind in dieser Phase noch stark unter dem Einfluß von Bottom-up-Prozessen steht. Reden ist dann nicht nur nicht von Nutzen, sondern kann die Situation sogar verschlimmern. Wie bei Natalie und Myra kann Grübeln und das Verharren beim Stressor den Streß des Kindes noch *verstärken*. Bevor wir ein Problem mittels Belehrungen oder durch Verhängen von Konsequenzen zu lösen versuchen, müssen wir über eigene Gefühle und Motivationen reflektieren und uns Gedanken darüber machen, ob das, was wir zu sagen beabsichtigen, dazu führen wird, daß sich das Kind besser oder schlechter fühlt.

Co-Regulation in Aktion: Ein für Mateo besser geeigneter Ansatz

Wie wir in vielerlei Zusammenhängen gesehen haben, ist der Schlüssel aller unserer Bemühungen, Kindern mit Verhaltensproblemen zu helfen, ihnen zunächst ein Gefühl der Sicherheit zu vermitteln, eine Basis für die Förderung ihrer Entwicklung zu schaffen und sie widerstandsfähiger gegen Streß zu machen. Genau das half auch Mateo, dem Schüler, den wir zu Beginn dieses Kapitels kennengelernt haben, der in den »Beruhigungsraum« geschickt wurde und dessen Verhaltensweisen Streßreaktionen auf einen Behandlungsplan waren, der eine Verringerung der Signale für relationale Sicherheit erforderlich machte.

Der erste Schritt im Sinne des neuen Ansatzes bestand darin, daß die Erwachsenen, die sich um Mateo kümmerten, anfingen, auf sein Verhalten zu *achten*, statt es zu ignorieren. Seine Klassenhelferin lernte, daß der Junge, wenn er seinen Körper auf bestimmte Arten bewegte oder wenn er in ihre Richtung schaute, nicht einfach nur stören oder Aufmerksamkeit auf sich lenken wollte. *Vielmehr signalisierte er so sein Bedürfnis nach Sicherheit. Im Sinne dieser neuen Sicht lernte die Helferin, auf Mateos Signale zu achten und sich in Reaktion darauf nicht von ihm zu entfernen, sondern sich auf ihn einzulassen.*

Wie sich herausstellte, paßte diese Strategie ohnehin viel besser zu der Helferin selbst, einer sehr relational orientierten Person, die sich mit dem IEP-Plan nie wohlgefühlt hatte, weil dieser ihr abverlangt hatte, Mateos Verhalten zu ignorieren. Aufgrund ihres natürlichen Bedürfnisses, das Kind zu beruhigen, gelang es ihr schließlich, Mateo zu helfen, sich in seinem Körper und Geist sicherer zu fühlen. Und da sie ihm beibrachte, geringere Dosen von Streß zu ertragen, konnte er sich in der Klasse stärker bei der schulischen Arbeit engagieren.

Weil auch die übrigen Erwachsenen in Mateos Umfeld sich bemühten, stärker auf *emotionale Co-Regulation* zu fokussieren, entwickelte der Junge generell stärkeres Vertrauen. Auf der Grundlage dieser konstanten emotionalen Unterstützung intensivierte Mateo seine Kommunikationsbemühungen, zuerst in Form von Gesten, dann mit Hilfe von Zeichen und schließlich mit einem Tablet-Computer. **Erst dann entfalteten die ja grundsätzlich durchaus nützlichen Techniken, die sein behavioral orientiertes Behandlungsteam ihm anbot – Aufgaben in kleinere Teilschritte zu gliedern, Routinen vorauszusagen und zu entwickeln, visuelle Verlaufspläne zu erstellen und dergleichen mehr –, eine Synergiewirkung, während Mateo in eine ihm völlig neue Welt des Lernens und sozialer Aktivität eintrat.**

Wenn uns klar ist, wie sich das menschliche Gehirn im Laufe der Zeit entwickelt hat, sehen wir auch ein, daß die Anerkennung des liebevollen und vertrauensvollen Kerns des Menschseins die Grundlage der Behandlung ist.[32] Diese Essenz im Sinne wissenschaftlicher »Evidenz« zu prüfen mag nicht leicht sein, es ist aber von zentraler Bedeutung für die psychische und physische Gesundheit. Wenn wir diese Wahrheit anerkennen und in unsere Fürsorgesysteme integrieren, können wir noch viel mehr Kindern helfen, zu gedeihen, Verbundenheit zu erleben und aufzublühen. **Das Konzept der Neurozeption, das zur Zeit in der Psychotherapie, der Erziehung, der Sozialarbeit und im Justizvollzug noch keine wichtige Rolle spielt, vermag unsere Art, problematisches Verhalten zu sehen, zu verändern.**

Wir werden nun untersuchen, wie wir aufgrund der bisherigen Ausführungen das Verhalten von Kindern kontextualisieren können und wie sich dies spezifischer in das, *was wir tun*, um Kindern zu helfen, übersetzen läßt. In Kapitel 5 lernen wir Möglichkeiten kennen, Kinder zu unterstützen, indem wir zunächst auf Bottom-up-Ursachen und -Trigger von Verhaltensweisen fokussieren, bevor wir uns Top-down-Strategien zuwenden, mit denen sich Kapitel 6 vorrangig befassen wird.

Arbeitsblatt

Zusammenfassung: Sicherheit ist der Ausgangspunkt

Wenn wir mit einem Kind arbeiten wollen, können wir bestimmte Fragen stellen, die uns helfen, unsere Interaktionen zeitnah an aktuelle Erfordernisse anzupassen. Auf diese Weise können wir dosieren, was wir das Kind über die Farbe seines Pfades und seinen Entwicklungsprozeß fragen wollen.

1. **Auf welchem Pfad befindet sich das Kind?** ☐ grün ☐ rot ☐ blau
2. **Wie ist der Pfad beschaffen?** ☐ stark ☐ mittel ☐ leicht
3. **Auf welchem Pfad befindet sich die erwachsene Person?**
   ☐ grün ☐ rot ☐ blau
4. **An welchem(n) Entwicklungsprozess(en) arbeitet das Kind?** Markieren Sie alle zutreffenden Optionen.
   - ☐ Gelassenheit
   - ☐ Verbundenheit und Bezogenheit
   - ☐ bidirektionale Kommunikation
   - ☐ Kommunikation mit Hilfe von Gesten (oder technischen Mitteln, falls Gesten nicht möglich sind)
   - ☐ Verbinden von Wörtern/Symbolen zu Gedanken und Ideen
   - ☐ Austausch von Ideen und Gedanken mit anderen

Anmerkungen

Was hat geholfen? ______________________________

Was hat nicht geholfen? ______________________________

Zusammenfassung der Hauptpunkte dieses Kapitels

- Dr. Porges postuliert im Rahmen seiner Polyvagal-Theorie, daß Beziehungssicherheit der Ausgangspunkt für alle therapeutischen Interaktionen mit Kindern sein sollte.
- Es ist wichtig festzustellen, ob sich ein Kind »mental sicher« (*brainsafe*) fühlt oder nicht.
- Eine der ersten Fragen, mit denen wir uns beschäftigen müssen, lautet, ob problematische Verhaltensweisen darauf hindeuten, daß das System für soziale Verbundenheit des Kindes Hilfe in Form von Regulation in einer Beziehung benötigt.
- Als Eltern und Hilfeleistende müssen wir darauf achten, daß wir auf dem »grünen« Pfad bleiben und unser eigenes Nervensystem nähren, weil wir nur dann zu emotionaler Co-Regulation in der Lage sind.
- Ein Kind lernt Neues und entwickelt zunehmend Streßtoleranz und Resilienz, wenn es mit verkraftbarem, seinen Möglichkeiten entsprechend dosiertem Streß konfrontiert wird und wenn dies in Gegenwart unterstützender Erwachsener geschieht.
- Eltern und Hilfeleistende profitieren von Selbstfürsorge und Selbstmitgefühl, weil der »therapeutische Gebrauch des Selbst« das wichtigste Werkzeug ist, über das wir alle verfügen.

5

Umgang mit dem, was Verhalten zugrunde liegt

Bottom-up-Arbeit an Verhaltensproblemen

»Der Lehrstoff ist das unerläßliche Mineral, Wärme aber das Lebenselement der wachsenden Pflanze sowohl wie der kindlichen Seele.«

— Carl Gustav Jung, GW 17, S. 166

MORGAN Den Trigger finden

Morgans Eltern beschrieben ihren Jungen als vom Tag seiner Geburt an eine »Handvoll«. Er litt als Baby unter so schweren Koliken, daß sich seine nächtlichen Schreiattacken über drei Stunden hinzogen. Seine Eltern waren sehr erleichtert, als sein Geschrei im Alter von etwa fünf Monaten endete und Morgan ein dynamisches, umgängliches und frohes Kind wurde.

Zumindest war Morgan so, wenn er glücklich war. Wenn nicht, wurde er launisch, reizbar und herrisch. Dann protestierte und weinte er, wenn seine Eltern ihn morgens zur Schule brachten. Obwohl er mit den für die erste Klasse erforderlichen Leistungen keine Probleme hatte, äußerten seine Lehrer sich besorgt wegen seines Sozialverhaltens. Trotz seiner allem Anschein nach optimalen Umgebung – er hatte liebevolle Eltern und lebte in einer stabilen häuslichen Situation, in der für alle seine Grundbedürfnisse gesorgt wurde – hatte er offensichtlich massive Schwierigkeiten. Warum? Dafür gab es einen guten Grund, aber es kostete einige Mühe, ihn zu identifizieren.

Wir werden uns in diesem Kapitel gründlicher damit beschäftigen, wie man am besten mit individuellen Besonderheiten umgeht, insofern sie Verhaltensprobleme hervorrufen können. Dabei geht es uns darum herauszufinden, was alles zu den Herausforderungen beiträgt, mit denen ein Kind konfrontiert ist, damit wir mit Hilfe unterstützender Interventionen daran arbeiten können. Dazu müssen wir alles lokalisieren, was ein Kind vom »grünen« Pfad wegführen und es dazu bringen kann, um sich zu schlagen oder wegzulaufen, alles, was Vermeiden, Hypervigilanz, Ignorieren und Sich-Verschließen fördert.

Wir werden untersuchen, wie wir Body-up- und Top-down-Strategien miteinander verbinden können, um Kindern zu helfen, neue Bewältigungsmöglichkeiten zu erlernen. Wir werden herausfinden, wie wir Interaktionen nutzen können, um an Entwicklungsstörungen zu arbeiten und bei einem Kind die Fähigkeit, mit neuartigen Erlebnissen fertig zu werden, zu vergrößern. Wir werden uns auch damit befassen, wie Experten aus anderen Bereichen als dem psychotherapeutischen – darunter Kinderärzte – zur Entwicklung eines umfassenden Ansatzes beitragen können, der auf die Ursprünge der Verhaltensprobleme aller Kinder einzugehen in der Lage ist.

Die Art, wie wir vorgingen, um Morgan zu unterstützen, vermittelt einen guten Eindruck davon, wie man unter die Oberfläche von Verhaltensweisen schauen und herausfinden kann, welche Arten von Interaktion und gezielter therapeutischer Unterstützung ein bestimmtes Kind braucht. Die Anfangsbuchstaben der vier Aktivitäten, die dies ermöglichen, ergeben im Englischen das Akronym IDEA, das daran erinnert, daß wir unsere Gedanken und Ideen nutzen sollten, um einen ganz individuellen unterstützenden Ansatz für die Verhaltensprobleme eines Kindes zu entwickeln.

Inquire – Recherchieren der Lebensgeschichte des Kindes und Verfolgen seines Verhaltens mit dem Ziel, darin bestimmte Muster zu entdecken

Determine – Feststellen, welche Faktoren zu den Schwierigkeiten des Kindes beitragen

Examine – Auswerten der Ergebnisse unserer Recherche über Trigger und Ursachen

Address – Durch Interaktion und zielgerichtete therapeutische Unterstützung auf die Entwicklungsprobleme eingehen, die zur Entstehung des problematischen Verhaltens beigetragen haben

Recherchieren der Lebensgeschichte des Kindes und Verfolgen seines Verhaltens mit dem Ziel, darin bestimmte Muster zu erkennen

Die Lebensgeschichte eines Kindes

Wenn es um die psychische Gesundheit kleiner Kinder geht, ist es üblich, sich ein Bild von ihrer gesamten Lebensgeschichte zu machen, einschließlich der Schwangerschaft der Mutter, der Geburt und der Situation im ersten Lebensjahr des Kindes. Neurowissenschaftler haben bestätigt, daß die Beziehungen eines Kindes in den ersten Lebensjahren für die Entwicklung der Gehirnarchitektur von großer Bedeutung sind.[1] Wir können etwas über den Einfluß früher Beziehungen und der Umgebung eines Kindes herausfinden, indem wir gezielt danach fragen und indem Sie als Vater oder Mutter über die Einzelheiten früher Erlebnisse Ihres Kindes nachdenken.

Die folgenden Arbeitsblätter dienen der Gewinnung von Basisinformationen über die Lebensgeschichte eines Kindes. Ich benutze sie, wenn ich Eltern anläßlich eines ersten Beratungsgesprächs ohne ihre Kinder treffe. War ein Kind in Pflegeverhältnissen untergebracht oder wurde adoptiert, und ein Teil der notwendigen Informationen ist nicht verfügbar, können die Bezugspersonen zumindest die Informationen übermitteln, die sie selbst erhalten haben.

Arbeitsblatt

Die Schwangerschaft und die ersten Lebensmonate

(von den Eltern oder einer anderen Bezugsperson auszufüllen)

1. **Bitte beschreiben Sie die konkreten Umstände und Details der Schwangerschaft:** ______________________________

   ____

2. **Physische Gesundheit der Mutter/des Fötus während der Schwangerschaft:** ______________________________

   ____

3. **Gab es während der Schwangerschaft Komplikationen?**

   ☐ Nein ☐ Ja

   Beschreiben Sie sie: ______________________________

4. **Streßniveau der Mutter während der Schwangerschaft:**

   ☐ niedrig ☐ mittel ☐ hoch

   Beschreiben Sie es genauer: ______________________________

5. **Handelte es sich um eine Schwangerschaft von normaler Dauer (37 Wochen oder mehr)?** ☐ Nein ☐ Ja

   Frühgeburt? ☐ Nein ☐ Ja (___ Wochen)

6. **Wehen und Geburt:** ☐ unauffällig ☐ Komplikationen od. Schwierigkeiten

   Beschreiben Sie es genauer: ______________________________

7. **Hatte das Baby in seinem ersten Lebensjahr gesundheitliche Probleme oder Entwicklungsstörungen?** ☐ Nein ☐ Ja

   Beschreiben Sie dies: ______________________________

8. **Wie waren die Schlafmuster/-gewohnheiten in den ersten 6 Monaten?**

   ____

   In den zweiten 6 Monaten? ______________________________

   Im Alter von 2–5 Jahren? ______________________________

   Zur Zeit? ______________________________

Arbeitsblatt

Die frühe Lebensgeschichte

(von den Eltern oder Pflegepersonen auszufüllen)

1. **Wie würden Sie das erste Lebensjahr des Kindes beschreiben?** (Markieren Sie alle Unterpunkte, die zutreffen.)

   ☐ Wie ich es erwartet habe ☐ erfreulich ☐ erträglich

   ☐ mit mäßigem Streß verbunden ☐ sehr streßreich

   Erklären Sie dies näher: ______________________________

2. **Welche primären Bezugspersonen hatte das Kind in den ersten beiden Lebensjahren?** (Berücksichtigen Sie hier Kita-Betreuer, Eltern, Babysitter, die erweiterte Familie, Tagesmütter usw.)

   ____

   a. Primäre Bezugsperson(en): ______________________ Alter des Kindes während der Betreuung durch diese Bezugsperson: __________
   Wie viele Stunden täglich ______ oder wöchentlich ______ hat diese Bezugsperson mit dem Kind verbracht?
   Mit dieser Bezugsperson verbrachte Zeitspanne: ______________

   b. Primäre Bezugsperson(en): ______________________ Alter des Kindes während der Betreuung durch diese Bezugsperson: __________
   Wie viele Stunden täglich ______ oder wöchentlich ______ hat diese Bezugsperson mit dem Kind verbracht?
   Mit dieser Bezugsperson verbrachte Zeitspanne: ______________

3. **Hat das Kind vor der Klasse Null einen Kindergarten besucht?**

   ☐ Nein ☐ Ja

   Wenn ja, wie alt war das Kind zu dieser Zeit? __________

   Jahre im Kindergarten: __________

4. Ist in der Familie irgendein signifikanter Stressor aufgetreten oder ein schädliches Erlebnis vorgekommen:

a. Im ersten Lebensjahr des Kindes? ☐ Nein ☐ Ja

Erläutern Sie dies: ____________________

b. Im Alter von 2–5 Jahren? ☐ Nein ☐ Ja

Erläutern Sie dies: ____________________

c. Im Alter von 6–9 Jahren? ☐ Nein ☐ Ja

Erläutern Sie dies: ____________________

d. Im Alter von 10–13 Jahren? ☐ Nein ☐ Ja

Erläutern Sie dies: ____________________

5. Gab es am Verhalten Ihres Babys oder Kleinkindes etwas, das Sie zu irgendeinem Zeitpunkt als verwirrend empfunden haben?

☐ Nein ☐ Ja

Wenn ja, dann beschreiben Sie die Verhaltensweisen, und erklären Sie sie:

____

____

____

____

____

6. Wie alt war Ihr Kind, als Sie seine emotionalen Probleme und Verhaltensprobleme zum ersten Mal bemerkten?

Beschreiben Sie die Art der Probleme:

____

____

____

____

____

Verhaltensweisen verfolgen

Beim Zusammenstellen von Informationen über die Lebensgeschichte eines Kindes ist es nützlich, mit Hilfe einer einfachen Aufzeichnungsmethode das Verhalten zu verfolgen und dadurch Aufschluß über die Muster, Ursachen und Trigger zu erhalten. Durch Beobachtung des Verhaltens können wir die *Bedürfnisse* kennenlernen, die ein bestimmtes Verhalten für ein Kind möglicherweise erfüllt. Außerdem können wir so die *adaptiven und schützenden* Funktionen bestimmter Verhaltensweisen entdecken. Indem wir Verhalten beobachten, können wir mehr über das Nervensystem eines Kindes herauszufinden sowie über seine Wahrnehmung der Welt. Das folgende Arbeitsblatt ist ein Formular, mit dessen Hilfe Sie die fraglichen Verhaltensweisen einige Wochen lang verfolgen können.

Das Tagebuch der Eltern von Morgan

Ich bat Morgans Eltern, zwei Wochen lang ein Verhaltenstagebuch zu führen, damit wir sicher sein konnten, daß wir die entdeckten Muster mit einer gewissen Genauigkeit im Blick hatten. Als wir uns die Tagebucheinträge das erste Mal ansahen, kamen uns die Informationen ziemlich verwirrend vor. Es gelang uns nicht, ein Muster zu entdecken, das die Bedingungen oder Umstände, die zu Morgans Problemen beitrugen, eindeutig hätte erkennen lassen. Die Trigger variierten stark und reichten von der Aufforderung, das Spielzeug aufzuräumen, über Abneigung gegenüber bestimmten Arten von Speisen bis hin zu Kämpfen beim Spiel mit anderen Kindern. Es war nicht ohne Weiteres möglich, Muster oder Situationen zu identifizieren, die Morgan zu verschiedenen auffälligen Verhaltensweisen veranlaßten. Wir werden sehen, daß das Fehlen solcher Muster an und für sich zu einer nützlichen Information für uns wurde.

Arbeitsblatt

Verhalten verfolgen

Datum: ____________________

Name des Kindes: ____

Name des Protokollanten: ______________________________________

Tageszeit: ____

Aktivität/Erfordernis/Trigger vor dem besorgniserregenden Verhalten:

____

beobachtetes Verhalten: _______________________________________

Dauer des Verhaltens: ____

Erholungszeit (in Minuten): ____________________________________

Datum: ____________________

Name des Kindes: ____

Name des Protokollanten: ______________________________________

Tageszeit: ____

Aktivität/Erfordernis/Trigger vor dem besorgniserregenden Verhalten:

____

beobachtetes Verhalten: _______________________________________

Dauer des Verhaltens: ____

Erholungszeit (in Minuten): ____________________________________

Notizen: ____

____

____

____

____

Feststellen, welche Faktoren zu den Schwierigkeiten des Kindes beigetragen haben

Wenn sich die Muster nicht problemlos erkennen oder beobachten lassen, befrage ich die Eltern und andere Bezugspersonen zu einem noch größeren Spektrum gesundheitlicher Probleme und Prozesse, die das Kind betreffen. Dabei beginne ich mit dem wichtigsten Aspekt, dem Schlaf-Wach-Zyklus des Kindes. Als ich Morgans Eltern zum ersten Mal traf, erwähnten sie, er habe als Kleinkind Schlafprobleme gehabt. Das war für mich zunächst kein Warnzeichen, aber anläßlich unseres zweiten Zusammentreffens beschäftigte ich mich dann doch gründlicher mit dem Schlaf des Kindes. Die Eltern erinnerten sich, den Jungen in der Zeit, als er die Koliken gehabt hatte, mit dem Auto umhergefahren zu haben, damit er einschlief; nach einstündiger Fahrt brachten sie ihn in seiner Babyschale vorsichtig wieder in sein Bettchen.

Im weiteren Verlauf unseres Gesprächs gaben sie zu, sich nicht an längere Zeitspannen als einige Monate erinnern zu können, in denen Morgan die ganze Nacht fest durchgeschlafen habe. Im Alter von sechs Jahren wachte er *immer noch* jede Nacht häufig auf und ließ sich manchmal im Elternbett oder auf der Wohnzimmercouch nieder. Ich entdeckte schließlich, daß seit Jahren niemand in dieser Familie eine Nacht durchgeschlafen hatte. Dafür zu sorgen, daß Morgan durchschlief, war für die Eltern nach wie vor sehr schwer. Sie gaben zu, sie hätten ihm kürzlich erlaubt, auf seinem iPad Videospiele zu spielen, bis er einschlief. Dies war eine der wenigen Möglichkeiten, ihn nachts zur Ruhe zu bringen.

Nach diesen Offenbarungen wendeten wir uns der Klärung der Frage zu, weshalb Morgans Verhaltensstörungen so schwer vorauszusagen und zu entschlüsseln waren und wie sich sein chronischer Schlafmangel auf seine Emotionsregulation auswirkte. Priorität hatte für uns nun die Untersuchung der Qualität familiärer Schlafmuster (oder des Mangels daran).

Auswerten der Ergebnisse unserer Recherche über Trigger und Ursachen

Auf meine Bitte hin baten die Eltern den Kinderarzt des Jungen um eine Besprechung mit mir. In diesem Gespräch einigten wir uns darauf, uns zunächst darauf zu konzentrieren, den Schlaf des Kindes zu verbessern. Der Kinderarzt empfahl eine geringe Dosis Melatonin vor dem Schlafengehen, befürwortete aber auch, daß die Eltern zunächst mit mir zusammen herauszufinden versuchten, ob eine Verbesserung der *Schlafhygiene* der Familie die gesamte Situation zum Positiven hin verändern würde. Vielleicht würde sich ja, wenn Morgan besser schliefe, auch seine emotionale und behaviorale Regulation verbessern.

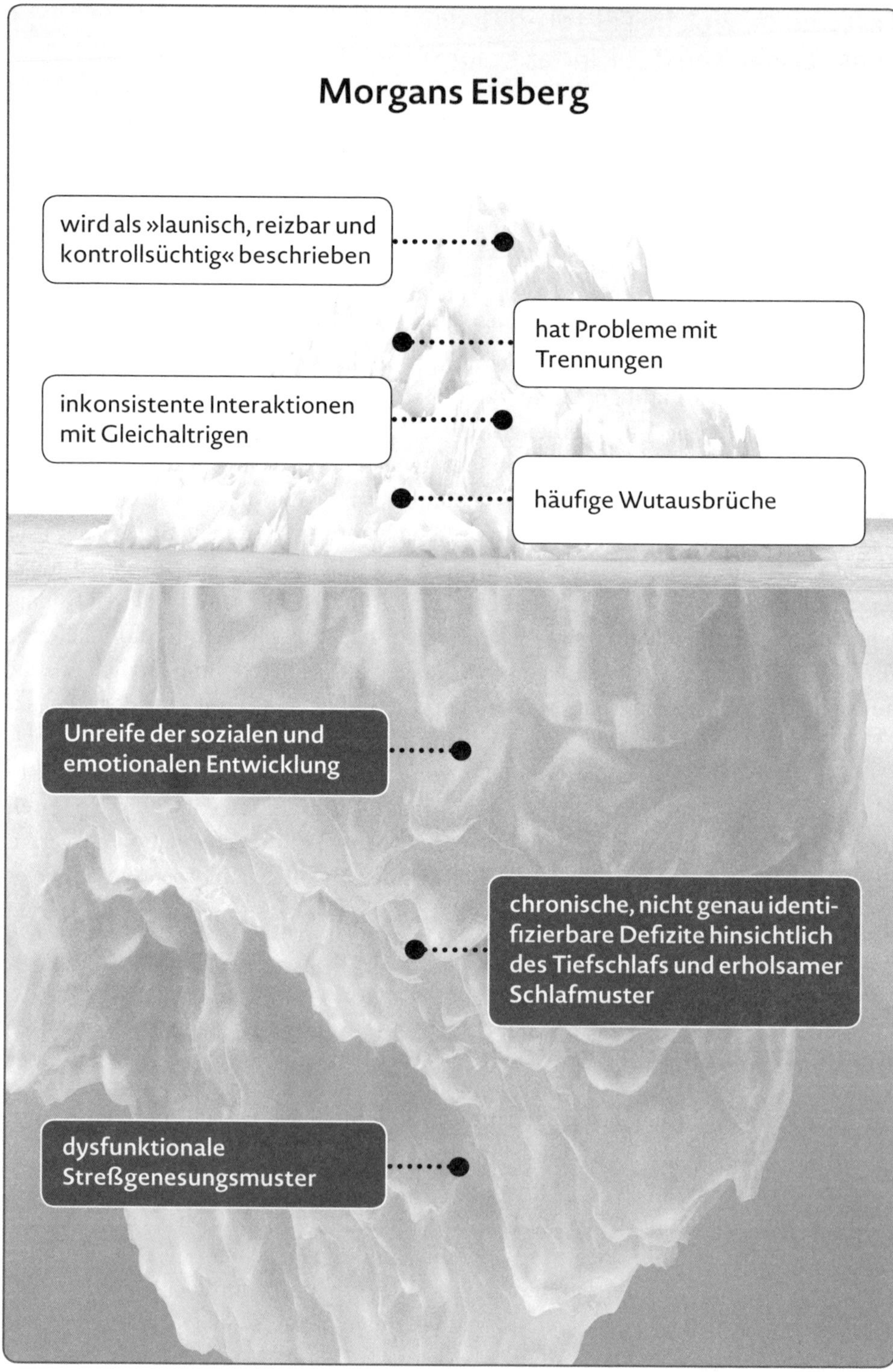
Morgans Eisberg
wird als »launisch, reizbar und kontrollsüchtig« beschrieben
hat Probleme mit Trennungen
inkonsistente Interaktionen mit Gleichaltrigen
häufige Wutausbrüche
Unreife der sozialen und emotionalen Entwicklung
chronische, nicht genau identifizierbare Defizite hinsichtlich des Tiefschlafs und erholsamer Schlafmuster
dysfunktionale Streßgenesungsmuster

Durch Interaktion und zielgerichtete therapeutische Unterstützung auf die Entwicklungsprobleme eingehen, die zur Entstehung des problematischen Verhaltens beigetragen haben

Morgans Eisberg zeigt, daß seine chronischen Schlafstörungen wahrscheinlich zu seinen Schwierigkeiten mit der Emotionsregulation beitrugen. Dies wiederum beeinträchtigte seine Kontrolle über sein Verhalten und seine Impulse. Seine Streßbelastung fluktuierte von Tag zu Tag, je nachdem, wie gut oder schlecht er in der vorherigen Nacht geschlafen hatte und wie er sich *in* seinem Körper fühlte (Interozeption). Beispielsweise entdeckten seine Eltern mit Hilfe ihres Beobachtungstagebuchs einen Zusammenhang zwischen seiner gelegentlichen Verstopfung und seinen Emotionsausbrüchen und Verhaltensproblemen. Wenn er unter Verstopfung litt, nahm die Zahl seiner Wutanfälle stark zu.

Ein wichtiger Aspekt des Umgangs mit Entwicklungsproblemen, die sich auf das Verhalten auswirken, besteht darin, zeitnah zu verfolgen, wie stark der Streß ist, den ein Kind erlebt, weil man nur dann sinnvoll dosieren kann, was dem Kind zu Hause, in der Schule und in einer Therapie abverlangt werden kann. Man sollte sich deshalb entweder notieren oder sich merken, was ein Kind bewältigen muß. Obwohl wir die lebensgeschichtlichen Informationen nur einmal zu notieren brauchen und obwohl wir Arbeitsblätter zur Verhaltensbeobachtung nur auszufüllen brauchen, wenn es sich als nötig erweist, empfehle ich Eltern, Lehrern und anderen Helfern dringend zu verfolgen, wie stark der Streß ist, dem ein Kind täglich ausgesetzt ist.

Ich lasse Eltern den Tagesverlauf ihres Kindes oft aufschreiben oder erzählen, bevor wir mit einer Therapiesitzung beginnen. Dies hilft uns abzuschätzen, wieviel wir dem Kind in einer bestimmten Therapiesitzung zumuten können. Ich empfehle Eltern auch, diese Informationen anderen Menschen, die Zeit mit dem Kind verbringen, zu übermitteln, so daß alle Erwachsenen im Leben des Kindes die Anforderungen, die sie an das Kind stellen, dosieren können, je nachdem, was das Kind körperlich und geistig bewältigen muß. So wie Eltern bei einem Kind mit Typ-1-Diabetes die Insulindosis dem aktuellen Blutzuckerspiegel anpassen, können wir unsere Anforderungen an ein Kind aufgrund temporärer Verhaltenscharakteristika der aktuellen Situation anpassen.

Den auf der nächsten Seite wiedergegebenen Fragebogen können Eltern ausfüllen (oder einen eigenen Fragebogen zusammenstellen) und die Ergebnisse Lehrern ihres Kindes und anderen Helfern vor Beginn eines Schultages oder einer Therapiesitzung zur Verfügung stellen, damit die Interaktionen und Anforderungen auf die aktuelle allostatische Belastung des Kindes abgestimmt werden können.

Arbeitsblatt

Die Streßbelastung eines Kindes in Echtzeit verfolgen

Haben Sie das Gefühl, daß Ihr Kind heute besonders starken Streß empfindet? ☐ Nein ☐ Ja

Erklären Sie: ______________________________

Wie hat Ihr Kind in der vorigen Nacht geschlafen?

☐ gut und lange genug (mindestens 8–10 Stunden)

☐ mäßig gut ______ (wie viele Stunden)

☐ schlecht ______ (wie viele Stunden)

Ist an der Nahrungsaufnahme des Kindes heute etwas ungewöhnlich?

☐ Nein ☐ Ja

Beschreiben Sie: ______________________________

Hat das Kind heute gesundheitliche Probleme?

☐ Allergien ☐ Verstopfung ☐ Durchfall ☐ Hunger

☐ einen Virus oder eine andere Krankheit ☐ Sonstiges

Hat das Kind heute irgendeinen zusätzlichen Stressor erlebt?

☐ Nein ☐ Ja

Beschreiben Sie: ______________________________

Gibt es sonst noch etwas, das Sie mir mitteilen möchten oder das Sie heute beobachtet haben? ______________________________

____

____

Unser Plan für Morgan sah vor, daß wir uns zunächst darauf konzentrieren würden, seinen Schlaf zu verbessern. Um herauszufinden, was den Jungen beruhigen würde, füllten seine Eltern Checklisten über seine sensorischen Präferenzen aus – darüber, welche Empfindungen er besonders genoß und welche ihm halfen, sich zu beruhigen. Dazu zählten eine Massage seiner Hände, Arme und Schultern mit festem Druck und das Hören von Musik über seine Kopfhörer. Ein Kind mit Hilfe von Empfindungen zu beruhigen, die ihm angenehm sind, ist eine Body-up-Strategie. Wir können die sensorischen Präferenzen eines Kindes nutzen, um ihm einen erholsamen Schlaf zu ermöglichen.

Wir entwickelten einen Plan, der die Schlafhygiene der ganzen Familie verbessern sollte. Ich empfahl, mit der Vorbereitung auf den Schlaf mehrere Stunden vor dem Zubettgehen zu beginnen, nämlich zum Zeitpunkt der Rückkehr aller Familienmitglieder nach Hause gegen 17.00 Uhr. Mir war nämlich aufgefallen, daß die Aktivitäten der Familie am Abend in der Regel chaotisch und hektisch waren und sich wahrscheinlich negativ auf den Schlaf sowohl der Eltern als auch des Kindes auswirkten. Deshalb empfahl ich Morgans Eltern, den gesamten Ablauf der abendlichen Aktivitäten zu überdenken.

Die Eltern gaben zu, daß ihre abendlichen Verrichtungen ihnen wenig Zeit ließen, sich im Familienkreis zu entspannen – was an den Wochenenden leichter möglich war. Sie erklärten, daß *sie selbst* sich an den Abenden während der Woche nur selten auf dem »grünen« Pfad befänden, sich oft gestreßt fühlten und sich vor Morgans Stimmungsschwankungen fürchteten. Ich erklärte die Rolle, die emotionale Co-Regulation spielt, und weshalb es so wichtig ist, während der abendlichen Routineverrichtungen so oft wie möglich gemeinsam auf dem »grünen« Pfad zu sein.

Ein paarmal traf ich Morgans Eltern allein, um mit ihnen die Einzelheiten einer Neugestaltung des familiären Zusammenlebens zu besprechen, das der psychischen und physischen Gesundheit aller Beteiligten besser gerecht würde. Ich legte den Eltern zunächst nahe, mit ihrem eigenen Streß besser umzugehen. Deshalb besorgte sich Morgans Mutter eine Achtsamkeits-App, mit deren Hilfe sie nach der Arbeit noch im Büro eine kurze Meditation ausführte. So schuf sie einen Raum für sich selbst und stärkte ihre Absicht, ihren Geist zu beruhigen, bevor sie zu Hause ankam. Morgans Vater entschloß sich, sechs Monate lang am Nachmittag seine Arbeit eine Stunde früher zu beenden und seinen Sohn dann entsprechend früher von seinem Nachmittagsprogramm in der Schule abzuholen, damit er weniger erschöpft zu Hause ankam und mehr Zeit für die Vorbereitung des gemeinsamen Abendessens blieb.

Sobald Eltern und Kind zu Hause wären, sollten sie dem Plan nach mit ruhigerer Stimme miteinander sprechen, denn Morgans sensorisches Profil zeigte, daß er sehr sensibel auf die Emotionen von Erwachsenen und den Klang ihrer Stimmen reagierte. Ich empfahl den Eltern, diese warmherzige und entspannte Art verbaler

Äußerungen bis zum Abendessen beizubehalten und Morgan dann in ein leichtes Gespräch einzubeziehen – dies war eine ziemliche Umstellung, weil sie vorher schnell gegessen und sich dann im Fernsehen die Nachrichten angeschaut hatten.

Außerdem empfahl ich der Familie, die Gewohnheit aufzugeben, daß sich jeder vor seinen eigenen Bildschirm zurückzog, und statt dessen gemeinsam ein neues Ritual zu entwickeln, das mit Morgans Interessen im Einklang stand – beispielsweise nach dem Essen gemeinsam ein Buch zu lesen. Weitere Empfehlungen waren, am Abend das Licht im ganzen Haus zu dimmen und einige von Morgans Lieblings-Songs als Hintergrundmusik abzuspielen, um auch dadurch zu signalisieren, daß es an der Zeit war, die eigenen Aktivitäten zu verlangsamen und sich zu entspannen.

Schließlich empfahl ich der Familie noch, mit dem Anschauen von Fernsehsendungen mindestens eine Stunde vor der Schlafenszeit aufzuhören und Morgan nach dem abendlichen Waschen eine feste, beruhigende Schulter- und Rückenmassage anzubieten. Seine Eltern orientierten sich ebenfalls an diesen Empfehlungen zur Schlafhygiene, indem sie ihre elektronischen Geräte und das Fernsehen früher ausschalteten, so daß die ganze Familie sich rechtzeitig vor dem Zubettgehen der Beruhigung ihres Zustandes zuwenden konnte.

Der Plan für die Entwicklung besserer Schlafgewohnheiten begann mit Empfehlungen von Body-up-Aktivitäten für die ganze Familie. Es folgt eine Zusammenfassung aller wichtigen Details:

- Die Eltern vergegenwärtigten sich die Stärke ihres eigenen Streß und wie dieser sich auf Morgan auswirkte.
- Die Mutter machte es sich zur Gewohnheit, nach der Arbeit und vor dem Aufbruch nach Hause kurz zu meditieren.
- Der Vater verkürzte seine Arbeitszeit um eine Stunde.
- Beide Eltern überwachten ihre Emotionsregulation und sprachen mit sanfterer Stimme miteinander und mit Morgan.
- Alle Familienmitglieder hörten eine Stunde vor dem Zubettgehen mit der Benutzung irgendwelcher Bildschirme auf, um sich für die Bettruhe bereit zu machen.
- Die Eltern stimmten die sensorische Umgebung auf Morgans Präferenzen ab, indem sie das Licht im Haus dimmten und im Hintergrund sanfte Vokalmusik abspielten.
- Die Eltern boten Morgan nach dem abendlichen Gang ins Bad eine Schultermassage an.
- Die Familie entschloß sich, im Rahmen der Vorbereitungen auf die Nachtruhe gemeinsam ein Buch zu lesen.

Glücklicherweise erzeugten diese Veränderungen die erhoffte Wirkung. Es dauerte keine zwei Wochen, bis Morgan nur noch einmal pro Nacht aufwachte; dies war eine erhebliche Veränderung, die seine glücklichen Eltern sehr überraschte. Nachdem sie viele Jahre lang seinetwegen in jeder Nacht mehrmals aufgewacht waren, fühlten sie sich schon aufgrund dieser geringen Veränderung verjüngt. Die optimale Anpassung der neuen abendlichen Routine dauerte einige Monate; dazu mußte geklärt werden, wie man mit liebgewonnenen Verhaltensmustern umgehen wollte, beispielsweise mit Morgans Angewohnheit, nachts in das Schlafzimmer seiner Eltern zu kommen. (Später in diesem Kapitel wird erläutert, wie wir Morgan darin unterstützten, sich von diesem Verhaltensmuster zu lösen.) Doch nach drei Monaten schlief die ganze Familie besser als zu irgendeiner anderen Zeit, an die sich die Beteiligten noch erinnern konnten.

Immer wieder weisen Untersuchungen nach, wie wichtig Schlaf für Gesundheit und Wohlbefinden sowie für die Emotionsregulation ist, welche die Voraussetzung dafür ist, daß wir in der Lage sind, unsere Emotionen und Verhaltensweisen zu steuern.[2]

Es ist sehr wohl der Mühe wert, sich mit Qualität und Quantität des Schlafes Ihres Kindes oder der Kinder, mit denen Sie arbeiten, zu befassen, um herauszufinden, ob schlechter Schlaf einer der Gründe für die Verhaltensprobleme eines Kindes ist.

Morgans Eltern berichteten erleichtert, die Reizbarkeit des Jungen und seine Stimmungsschwankungen hätten deutlich abgenommen, seit er ohne Unterbrechungen und tief schlafen könne. *Der nächste Schritt bestand darin, an Morgans sozialer und emotionaler Entwicklung zu arbeiten, die aufgrund seiner vorherigen Regulationsprobleme nicht abgeschlossen war.* Seinen Lehrern machte Sorge, daß er in den Pausen gegenüber anderen Kindern häufig herrisch auftrat oder daß er sich irgendwohin zurückzog und allein spielte. Doch bevor wir uns dieser Thematik zuwenden, werden wir uns noch ein wenig damit beschäftigen, wie wir die sensorischen Präferenzen von Kindern nutzen können, um ihnen zu helfen, in ihrem eigenen Körper Ruhe zu finden.

Sensorische Präferenzen nutzen, um Kindern zu helfen, ihren physischen Körper zu beruhigen

Wir können Kindern helfen, sich wohler zu fühlen, wenn unsere Interaktionen die beruhigende Wirkung sensorischer Erlebnisse im Körper maximal verstärken und wir sie als Hebel nutzen können. Indem wir die sensorischen Präferenzen eines Kindes mit nicht-urteilenden, engagierten Interaktionen kombinieren, können wir das

Kind besser beruhigen, wenn bei ihm Verhaltensprobleme zu erkennen sind. So wie Empfindungen uns belasten und beunruhigen können, können sie uns auch helfen, uns wohl und sicher zu fühlen.

Wie finden wir etwas über die Präferenzen eines Kindes heraus? Die Arbeitsblätter auf den folgenden Seiten werden Ihnen helfen, sensorische Präferenzen zu identifizieren; dabei beginnen wir mit den auditorischen Präferenzen. Die Arbeitsblätter sollten von den Eltern oder Betreuern des Kindes ausgefüllt werden. Jeder von uns hat bestimmte sensorische Präferenzen, die uns helfen, auf dem »grünen« Pfad zu bleiben – oder auf ihn zurückzukehren, wenn wir unter Streß geraten sind. Geht es um ein jüngeres Kind, können Sie die sensorisch beruhigenden Aktivitäten vorschlagen, die Sie für dieses Kind notiert haben. Mit älteren Kindern und mit Jugendlichen sollte man ein Gespräch darüber führen, wie verschiedene sensorische Erlebnisse helfen können, uns geistig und körperlich ruhiger zu fühlen.

Beim Ausfüllen der Arbeitsblätter sollten Sie auch darüber nachdenken, von welchen sensorischen Strategien Sie selbst als Erzieher oder Betreuer profitieren können. Der Duft von Lavendel beispielsweise hat bei einigen Menschen eine beruhigende Wirkung auf das Nervensystem.[3]

Die folgenden Arbeitsblätter umfassen keine Liste sensorischer Präferenzen für Geschmäcke, weil ich grundsätzlich davon abrate, Nahrung zum Gegenstand einer sensorischen Strategie zu machen, die einem Menschen helfen soll, sich zu beruhigen. Nahrung im Rahmen einer beruhigend wirkenden sensorischen Strategie zu benutzen kann sich negativ auf die Gesundheit auswirken, unter anderem in Form von Gewichtszunahme und des Vermeidens der bedrohlichen Gefühle, die den Problemen hinsichtlich der Emotionsregulation zugrunde liegen. Aus diesen Gründen empfiehlt es sich, die übrigen sensorischen Systeme zu nutzen, um Kindern zu helfen, ihren Körper und Geist zu beruhigen. Nahrung hingegen sollte man generell als wunderbare Möglichkeit verstehen, im Rahmen gemeinsamer Mahlzeiten zu den übrigen Familienmitgliedern in Verbindung zu treten.

Arbeitsblatt

Auditorische Vorlieben

Wir können Kindern helfen, sich wohler zu fühlen, wenn unsere Interaktionen die beruhigende Wirkung sensorischer Erlebnisse im Körper maximal verstärken und wir sie als Hebel nutzen können.

1. **Geräusche: Welche Arten von Umgebungsgeräuschen gefallen Ihrem Kind besonders gut?** ____________________

2. **Wie reagiert Ihr Kind typischerweise auf:**

   menschliche Stimmen ____________________

   männliche Stimmen ____________________

   weibliche Stimmen ____________________

3. **Welche Stimmlautstärke bevorzugt Ihr Kind?**

   ☐ leisere Stimmen ☐ lautere Stimmen

4. **Welche Tonhöhe von Stimmen bevorzugt Ihr Kind?**

   ____

5. **Welche Arten von Vokalmusik hört Ihr Kind am liebsten?**

   ____

6. **Welche Arten von populärer Musik mag Ihr Kind?**

   ____

7. **Welche Arten von Instrumentalmusik hört Ihr Kind gern?**

   ____

8. **Welche Arten von Naturgeräuschen mag Ihr Kind besonders?**

   ____

Arbeitsblatt

Visuelle Vorlieben

Wir wenden uns nun dem visuellen System zu, um herauszufinden, wie das Kind sein visuelles System benutzt, um sich in der Welt zu bewegen.

1. **Welche Arten von Dingen schaut sich Ihr Kind gern an?**

   ____

2. **Merkt Ihr Kind, wenn bei Ihnen zu Hause etwas nicht am richtigen Ort steht?** ☐ Nein ☐ Ja

   Falls das Kind es merkt, ist seine Reaktion darauf dann gewöhnlich ☐ negativ? ☐ positiv? ☐ neutral?

3. **Unternimmt Ihr Kind etwas, wenn Dinge, die ihm gehören, nicht am richtigen Ort sind?** ☐ Nein ☐ Ja

4. **Empfindet Ihr Kind es als beruhigend, Gesichter anzuschauen?** ☐ Nein ☐ Ja

5. **Bevorzugt Ihr Kind:**
   ☐ direkten Blickkontakt?
   ☐ peripheren Blickkontakt (jemanden aus den Augenwinkeln anzuschauen)?
   ☐ andere Formen von indirektem Blickkontakt?

   Wenn letzteres, dann benennen Sie diese: ______________________________

   ____

6. **Haben Sie beobachtet, ob Ihr Kind bei gedämpftem Licht ruhiger ist?** ☐ Nein ☐ Ja

7. **Welche Art von Beleuchtung hilft Ihrem Kind, sich zu beruhigen?**

   ____

Arbeitsblatt

Taktile Vorlieben

Berührung spielt in unserem Leben eine wichtige Rolle. Das hier vorliegende Arbeitsblatt hilft Ihnen festzustellen, welche Arten von taktilen Empfindungen Ihr Kind beruhigen.

1. **Welche Berührungsarten beruhigen Ihr Kind (Umarmungen, Massagen, festes Drücken, leichte Berührungen usw.)?**

   ____

2. **Schläft Ihr Kind am liebsten mit einer Bettdecke bedeckt?**

   ☐ Nein ☐ Ja

3. **Spielt das Gewicht der Decke eine Rolle?**

   Wenn ja, bevorzugt Ihr Kind dann

   ☐ eine leichte Decke?

   ☐ eine schwerere Decke, die ein wenig auf seinen Körper drückt?

4. **Wo an seinem Körper läßt sich Ihr Kind am liebsten berühren (Kopf, Arm, Hand, Schulter, Rücken, Füße usw.)?**

   ____

5. **Welche Art von Druck bevorzugt Ihr Kind?**

   ☐ festen Druck ☐ leichten Druck

Arbeitsblatt

Duftvorlieben

Das olfaktorische System (der Geruchssinn) steht in einer sehr starken Verbindung zu Erinnerungen. Häufig empfinden Erwachsene und Kinder bestimmte Arten von Gerüchen als tröstlich. Dieses Arbeitsblatt hilft Ihnen herauszufinden, welche Arten von Gerüchen Ihr Kind als beruhigend empfindet.

1. **Welche Arten von Gerüchen mag Ihr Kind und auf welche reagiert es positiv?**

   ____

2. **Markieren Sie unter den folgenden Gerüchen diejenigen, die Ihr Kind besonders mag:**
   - ☐ Gerüche von Nahrungsmitteln (welche Arten? ______________)
   - ☐ natürliche Gerüche (welche Arten? ______________)
   - ☐ Lavendel
   - ☐ Rose
   - ☐ Kiefer
   - ☐ Zitrus
   - ☐ Aromaöle (welche Arten? ______________)
   - ☐ andere Düfte (welche Arten? ______________)

3. **Auf welche Arten von Gerüchen/Düften reagiert Ihr Kind negativ?**

   ____

4. **Unter welchen Umständen haben Sie die negative Reaktion auf bestimmte Gerüche oder Düfte beobachtet?**

   ____

   ____

Arbeitsblatt

Bewegungsvorlieben

Nun wenden wir uns Bewegungen in allen ihren Formen zu. Sie helfen Kindern, mit ihren Emotionen und Erlebnissen fertig zu werden.

1. Welche Arten von Bewegungen gefallen Ihrem Kind besonders?

- ☐ Krabbeln
- ☐ Gehen
- ☐ Laufen
- ☐ Springen
- ☐ Schwingen
- ☐ Tanzen
- ☐ Schaukeln oder Geschaukelt-Werden
- ☐ Hüpfen
- ☐ Sitzen
- ☐ Liegen
- ☐ Klatschen
- ☐ Tippen
- ☐ Schlenkern
- ☐ andere

2. Wenn Ihr Kind sich bewegt, welche Geschwindigkeiten und welchen Rhythmus bevorzugt es dann?

Geschwindigkeit: ☐ schnell ☐ mäßig ☐ langsam
☐ fluktuierend zwischen schnell und langsam

Rhythmus:
☐ voraussehbares Muster
☐ stetiger, unveränderlicher Rhythmus
☐ unvorhersehbarer Rhythmus

Eine Warnung

Ich möchte an dieser Stelle eine wichtige Warnung bezüglich der Arbeit an sensorischen Systemen aussprechen. Wir haben uns im Kapitel 4 auf die Suche nach sensorisch beruhigend wirkenden Strategien konzentriert und in Kapitel 3 gesehen, daß Erinnerungen sensorische Erlebnisse sind, die mit emotionalen Markern *(tags)* versehen sind.[4] Insofern ist es möglich, daß ein sensorisches Erlebnis – ein Geruch, eine Berührung, ein Klang/Geräusch oder ein Anblick – bei einem Kind eine negative Reaktion auslösen (triggern) kann, ebenso wie durch solche Empfindungen Gefühle der Sicherheit und Ruhe hervorgerufen werden können. Falls Sie feststellen, daß ein Kind aversiv auf die sensorischen Erlebnisse, die Sie ihm ermöglichen oder empfehlen, reagiert, sollten Sie die Aktivität sofort beenden und dem Kind auf eine Art, die es annehmen kann, tröstliche Zuwendung bieten. Das Nervensystem von Kindern, die schädlichen Streß oder Traumata erlebt haben, ist überempfindlich. In Kapitel 8 werden einige dieser komplexen Zusammenhänge erklärt. Sollten Sie feststellen, daß bestimmte sensorische Erlebnisse eine negative Wirkung auf ein Kind (oder auf Sie selbst) haben, empfiehlt es sich, einen Spezialisten für solche Probleme hinzu zu ziehen, um die Hintergründe genauer zu untersuchen und sinnvolle Möglichkeiten einer zusätzlichen Unterstützung zu finden.

Wenn wir wissen, welche Arten von Aktivitäten ein Kind sucht und genießt, können wir daraus ableiten, welche sensorischen Erlebnisse wir nutzen oder ihm empfehlen können, um ihm zu helfen, in seinem physischen Körper Ruhe und Entspannung zu finden, was wiederum zu einer Verbesserung der Emotionsregulation und der mit dem »grünen« Pfad assoziierten Fähigkeiten führt. *Diese Strategien sollte man grundsätzlich im Kontext warmherziger Interaktionen anwenden, also nicht wie eine Art Übung, die das Kind allein ausführt.* Emotionale Co-Regulation ist vorrangig, und durch sie kann sich die emotionale Selbstregulation entwickeln. Die Nutzung der sensorischen Strategien hilft uns zu erkennen, daß die Methode, ein Kind auf dem »roten« Pfad sympathischer Erregung oder dem »blauen« Pfad der Unverbundenheit zu beruhigen, gleichermaßen darin besteht, die menschliche Verbundenheit zu fördern.

Emotionale Co-Regulation ist vorrangig, und durch sie kann sich die emotionale Selbstregulation entwickeln.

Außerdem sollten wir bedenken, daß sensorische Präferenzen sich ständig verändern. Wenn ein Kind in einem bestimmten Augenblick ein sensorisches Erlebnis bevorzugt, bedeutet das nicht, daß es diese Vorliebe für immer behalten wird. Trotzdem ist es nützlich, die *aktuellen* Vorlieben zu kennen (entweder durch das Stellen entsprechender Fragen oder durch eigene Beobachtung), bevor man ein bestimmtes sensorisches Erlebnis empfiehlt oder anbietet, weil man nur so sichergehen kann, daß die Wahl für den betreffenden Augenblick die richtige ist. Deshalb sehe ich davon ab, bestimmte »sensorische Diäten« zu empfehlen (z. B. einem Kind zu einer bestimmten Tageszeit oder in Reaktion auf ein bestimmtes Verhalten ein immer gleiches sensorisches Erlebnis zu präsentieren). Bei diesem Vorgehen wird die Dynamik der sich ständig verändernden Natur sensorischer und emotionaler Erlebnisse, die wir als Menschen haben, übersehen. Besser nutzt man bei der Arbeit das, was einem Kind in einem ganz bestimmten Augenblick hilft, wozu Sie verschiedene Arten von sensorischem Input empfehlen können.

Eine neue Intervention, die den »passiven Pfad« nutzt

Kürzlich hat Dr. Porges eine neue Intervention für den »passiven Pfad« vorgestellt, das *Safe and Sound Protocol* (SSP), das die mit der Regulierung des behavioralen Zustandes und der sozialen Verbundenheit assoziierten neuronalen Pfade trainiert.[5] Frühe Studien über das SSP mit Kindern und Jugendlichen, bei denen eine Störung des autistischen Spektrums diagnostiziert worden war, haben gezeigt, daß sich mit Hilfe dieser Methode die autonome Regulation und die auditorische Verarbeitung verbessern lassen.[6] Ich habe diese Intervention bei einigen Kindern angewendet und ähnlich wie viele meiner Therapeutenkollegen positive Resultate beobachtet. Ich verfolge mit großem Interesse die laufenden Untersuchungen zu dieser neuen vielversprechenden *auditorischen Intervention*, mit der Kinder in einer sicheren und entspannten Umgebung konfrontiert werden können.

> Unsere sensorischen Toleranzen und Schwellen verändern sich ständig. Was wir in einem bestimmten Augenblick als beruhigend empfinden, kann uns eine Stunde später oder am nächsten Tag unangenehm sein. Arbeiten Sie mit einem Kind immer partnerschaftlich, beobachten Sie das Kind genau, und bemühen Sie sich um Feedback von ihm, um zu verstehen, welche Erlebnisse es als beruhigend und positiv empfindet. Einem Kind zu helfen, beruhigende sensorische Strategien zu entwickeln, kann lebenslange positive Auswirkungen auf die physische und psychische Gesundheit haben.

Body-up- und Deeskalationsstrategien: Wie man herausfindet, was bei einem Kind wirkt

Aus Kapitel 2 wissen wir, daß bei einem Kind, das sich auf dem »roten« Pfad befindet, das Hören nachläßt, weil sich sein Körper auf Kampf oder Flucht vorbereitet. Vor der Behandlung hatte Morgan oft Wutanfälle bekommen, die so schnell (und oft im Beisein anderer) über ihn hereinbrachen, daß seine Eltern nicht wußten, was sie tun konnten, um ihm zu helfen. Sie können die in diesem Kapitel untersuchten sensorischen Präferenzen als Ausgangspunkt für Experimente mit verschiedenen Strategien benutzen, um herauszufinden, wie Sie einem Kind helfen können, seinen Zustand zu deeskalieren. Grundsätzlich geht es jedoch darum, den Input zu reduzieren, mit dem ein Kind, das sich auf dem »roten« Pfad befindet, fertig werden muß.

Leise und langsam beginnen

Bei einem Kind, das in Schwierigkeiten ist, empfiehlt es sich in jedem Fall, leise und langsam zu beginnen. Wenn Sie beispielsweise mit dem Kind reden und merken, daß nichts von dem, was Sie sagen, zu ihm durchdringt, dann sprechen Sie leiser, und versuchen Sie es mit einer anderen Stimmlage, oder hören Sie ganz zu sprechen auf. Sie können dem Kind auch eine Umarmung oder einen nonverbalen, physischen Trost in Form einer Geste anbieten. Signalisiert die Körpersprache des Kindes das Bedürfnis nach physischem Kontakt, dann gehen Sie sanft und in aller Ruhe darauf ein. Stößt das Kind Sie weg, dann respektieren Sie seine Präferenz. Jedes Kind und jede Situation ist anders. Nach dem Abklingen des eskalierten Zustandes (oder an einem anderen Tag) ist es nützlich, das Kind zu fragen, welche Arten von tröstlicher Unterstützung ihm am besten hilft, mit Schwierigkeiten fertig zu werden.

Zu Kindern auf dem »blauen« Pfad in Verbindung treten

Wenn sich ein Kind auf dem »blauen« Pfad der Abgetrenntheit befindet, beginnen wir ebenfalls leise und langsam, aber unser Ziel ist dann, das Kind zurück in die Verbundenheit mit uns zu geleiten. Es geht uns dann nicht darum, das stark aktivierte Nervensystem des Kindes zu beruhigen, sondern wir versuchen, das Kind *in den Zustand sozialer Verbundenheit zurück* zu locken. Denken Sie daran, daß Kinder auf dem »blauen« Pfad sehr verletzlich sind und das Gefühl haben, in großer Gefahr zu sein; deshalb müssen wir uns ihnen mit Liebe nähern und indem wir ihnen eine Verbindung anbieten, nicht indem wir Forderungen stellen.

Deeskalationsstrategien für behavioral aktivierte Kinder auf dem »roten« Pfad

- Nutzen Sie respektvolle und empathische Strategien, damit sich das Kind und die Menschen in seiner Umgebung weiterhin sicher fühlen.
- Übermitteln Sie Signale für Sicherheit, und bleiben Sie selbst in einem regulierten Zustand, wobei Sie sich vergegenwärtigen sollten, daß es sich bei dem, was Sie miterleben, um einen vorübergehenden Zustand handelt.
- Schränken Sie Ihre verbalen Äußerungen dem Kind gegenüber ein, und bedenken Sie, daß es Sie möglicherweise nicht gut hört.
- Respektieren Sie die Kommunikation des Kindes, und bieten Sie ihm, falls es Sie wegstößt, durch Ihre emotionale Präsenz und Ihre Körpersprache trotzdem Geborgenheit.
- Braucht das Kind physischen Raum, dann entfernen Sie sich langsam und respektvoll von ihm.
- Bleiben Sie leise und langsam; begeben Sie sich physisch auf die Ebene des Kindes, oder setzen Sie sich auf den Boden, und verstärken Sie Frequenz und Rhythmus Ihrer Geräusche und physischen Bewegungen im Einklang mit der Körpersprache des Kindes.
- Fragen Sie das Kind zu einem späteren Zeitpunkt, was ihm am meisten hilft, wenn es in Schwierigkeiten ist.

Obwohl Morgans behaviorale Ausbrüche deutlich seltener geworden waren, seit er nachts besser schlief, verhielt er sich gegenüber anderen Menschen in seiner Umgebung immer noch sehr herrisch, er widersprach weiterhin gerne, und er hielt starr an bestimmten Handlungen fest. Dies hatte ich nicht anders erwartet, wie ich seinen Eltern versicherte, weil Morgans emotionale und physiologische Regulation – der Körperzustand, der darüber entscheidet, wie wir in der Welt reagieren und uns verhalten – einen so schwierigen Start gehabt hatte. Dies erklärte auch, warum es ihm schwerfiel, mit anderen Kindern zu spielen. Es war nicht überraschend, daß Morgans »Entwicklungshaus« nach den jahrelangen Problemen auf der Ebene des Fundaments unterentwickelt geblieben war: Er hatte einen festen Schlaf, eine gute Emotionsregulation und die Fähigkeit zu sozialer Kommunikation erst entwikkeln müssen. Sobald er über diese grundlegenden Fähigkeiten verfügte, machte er schnell Fortschritte – wahrscheinlich weil seine frühe Umgebung optimal war, er von liebevollen Eltern unterstützt wurde und seine Top-down-Fähigkeiten anfingen, sich zu entwickeln.

Bedenken Sie, daß Bottom-up-Strategien zu Top-down-Strategien führen

Bevor wir Morgans fundamentale Schwierigkeiten identifiziert hatten, war er einfach nicht in der Lage, seine Körperempfindungen zu verstehen und Möglichkeiten zu finden, sich selbst zu helfen. Es ist nicht ungewöhnlich, daß Kinder, denen es (aus einer Vielzahl von Gründen) permanent schwerfällt, ihren Körper zu beruhigen, auch Schwierigkeiten mit ihrem Verhalten und ihren sozial-emotionalen Fähigkeiten haben.

Deshalb erlöste die Stabilisierung von Morgans Schlafmuster den Jungen nicht auch sofort von allen Verhaltensproblemen. Zwar nahmen seine explosivsten Reaktionen nach der Verbesserung der Schlafsituation deutlich ab, doch blieben eingefleischte dysfunktionale Muster – beispielsweise seine Angewohnheit, das Schlafzimmer seiner Eltern aufzusuchen, wenn er mitten in der Nacht aufwachte – bei ihm weiterhin bestehen.

Aktivitäten, die Kindern helfen, zu ihrem Körper und Geist in Verbindung zu treten

Wir wissen mittlerweile, daß bei Kindern, denen es schwerfällt, ihre Emotionen und Verhaltensweisen zu steuern, wahrscheinlich auch Lücken oder Einschränkungen hinsichtlich der frühen Entwicklungsprozesse bestehen, die ihr sozial-emotionales Haus betreffen. Therapeutische Aktivitäten wie die Achtsamkeitsmeditation, Yoga, Gruppensport und östliche Kampfkünste können Kindern helfen, diese Entwicklungsprozesse zum Abschluß zu bringen, insbesondere wenn ein Kind die betreffenden Aktivitäten als angenehm – und natürlich auch als sicher – empfindet. Solche Aktivitäten helfen, »die fokussierte Aufmerksamkeit sowie Sequenzierungs- und Planungsfähigkeiten« zu stärken, die bei Kindern mit frühen Regulationsproblemen oft beeinträchtigt sind.[7]

Eine therapeutische Aktivität, die mir besonders gefällt, besteht darin, Kindern zu helfen, ihren erstaunlichen Körper und Geist zu schätzen zu lernen. Wenn wir sie dabei unterstützen, sich mit ihrem eigenen Nervensystem vertraut zu machen und es zu würdigen, erschließt uns dies eine völlig neue Welt der Selbstfürsorge. Viele Kinder, mit denen ich arbeite, haben so konsistent negative Botschaften über ihr Verhalten verinnerlicht, daß sie angenehm überrascht sind, wenn sie erfahren, daß unserem Körper (und unserem Verhalten) eine besondere Weisheit eigen ist und daß wir von dem, was unser Körper uns sagt, lernen können, wenn wir genau zuhören.

Der Weg zu Top-down-Ansätzen

Nachdem wir uns um Morgans Schlafprobleme gekümmert hatten, konzentrierten sich unsere Therapiesitzungen auf die Stärkung seines Top-down-Denkens durch Verbesserung seines Selbstgewahrseins. *Unser Ziel war, dem Jungen zu helfen, seinen Geist zu benutzen, um seinen Körper zu beruhigen; Worte zu benutzen, um seine Gefühle und Ideen zu beschreiben; und schließlich selbst Lösungen zu finden, durch die er seine Schwierigkeiten überwinden konnte.* Uns war klar, daß der richtige Zeitpunkt zur häufigeren Nutzung von Top-down-»Denk«-Strategien gekommen war, als es Morgan möglich geworden war, im Umgang mit anderen Menschen mittels eines besser regulierten (und nicht unter Schlafentzug leidenden) Körpers und Geistes seine sozialen und emotionalen Muskeln einzusetzen.

Achtsamkeitsübungen für Kinder

Ich bringe Kindern seit vielen Jahren einfache Achtsamkeits- und Atemübungen bei und erziele damit gute Resultate. Ich bin keine Expertin für Achtsamkeit, aber ich habe ihre Kraft vor Jahren zu schätzen gelernt, nachdem ich Zeugin ihrer erstaunlichen Wirkung geworden war, als ich mich von einer völlig unerwartet über mich hereinbrechenden Krankheit erholte. Diese zwang mich plötzlich, kürzer zu treten, und daraufhin entdeckte ich, wie tröstlich meine Achtsamkeitsübung wirkte und wie positiv sie mein Leben veränderte. Ich war erstaunt über ihre beruhigende Wirkung auf die Atmung und über die Macht der Wirkung des Im-gegenwärtigen-Augenblick-*Seins*, wenn man nicht gleich wieder versucht, etwas zu verändern.

Ich bringe Kindern und Eltern mit Hilfe von zwei Strategien bei, den Geist zu nutzen, um den Körper zu beruhigen. Dies erfordert zunächst, bewußt zur Ruhe zu kommen und dem Kind zu ermöglichen, auf seine Körperempfindungen zu achten. Die zweite Möglichkeit besteht darin, Kindern zu helfen, eigene Strategien zu entwickeln, mit deren Hilfe sie ihrem Körper geben können, was er braucht.

Ich erkläre Kindern meist zuerst, wie wichtig es ist, die »Muskeln« des Gewahrseins der Empfindungen und Gefühle in unserem Geist und Körper zu trainieren. Folgende kurze Übung benutze ich manchmal in kleinen Gruppen von Kindern. Sie eignet sich aber auch für die Arbeit mit einem einzelnen Kind. Versuchen Sie, sich die wichtigsten Punkte der Übung zu merken und diese dann zusammen mit dem Kind (oder den Kindern) auszuführen, damit sie Ihre Anleitung hören und gleichzeitig Ihre eigene Teilnahme erleben. Die Anwendung dieser Strategien ist dann am wirksamsten, wenn wir als Erwachsene Kindern, mit denen wir arbeiten, Signale der Verbundenheit und Sicherheit übermitteln – durch unsere Körpersprache, die Prosodie unserer Stimme und eine positive emotionale Gestimmtheit.

Informationsblatt

Einstimmung auf unseren Geist und Körper

Setting Richten Sie einen Raum, in dem es still ist, so her, daß Kinder darin auf dem Boden liegen können. Legen Sie möglichst Decken und Kissen bereit, auf die sich die Kinder legen oder mit denen sie sich zudecken können, wenn ihnen das lieber ist.

Erzählung der Erwachsenen

Wir werden jetzt üben, unserem Körper zuzuhören. Deshalb nehmen wir uns zunächst ein wenig Zeit, um zur Ruhe zu kommen. Dazu können wir uns auf ein Kissen oder auf den Boden setzen, uns auf den Rücken legen oder gegen ein Kissen lehnen. Wenn wir wollen, können wir auch die Augen schließen, aber das muß nicht sein. Tue, was du als am angenehmsten empfindst. Mach es dir jetzt bequem, und verändere deine Position so, daß du dich wohlfühlst.

Schließe nun die Augen, atme tief und angenehm ein und stoße die Luft langsam wieder aus. Und dann noch ein angenehmer, tiefer Atemzug. Achte still und in dich gekehrt auf alles, was du in diesem Augenblick spürst. Das kann ein Jucken auf der großen Zehe sein oder die Kühle des Bodens; es kann aber auch ein Gedanke oder ein Gefühl sein, etwas, das dir durch den Kopf geht. Versuche , auf alles zu achten, was auftaucht. Was wir in unserem Körper oder Geist fühlen, ist weder richtig noch falsch; deshalb brauchen wir nichts daran zu verändern. Im Augenblick reicht es völlig, sehr still und ruhig zu sein, damit wir unserem Körper zuhören können. Wir nehmen uns dafür zwei Minuten Zeit; und wenn ich die Glocke ertönen lasse oder dir sage, daß es Zeit wird, sich wieder aufzurichten, dann tun wir das und sprechen anschließend darüber, wie das, was du erlebt hast, für dich war.

Lassen Sie nach zirka zwei Minuten eine Glocke ertönen, oder geleiten Sie die Kinder sanft mit Worten aus der Übung zurück.

Nun kannst du deine Finger und Zehen ein wenig bewegen und dich aufrecht hinsetzen.

Nach der Übung und wenn das Kind oder die Kinder wieder sitzen, können Sie sie nach ihren Erlebnissen fragen. Uns geht es darum, Kinder darin zu unterstützen, daß sie ein Spektrum von Erlebnissen kennenlernen, darunter Empfindungen, Gefühle oder Gedanken. Das Wichtigste bei der Nachbesprechung ist zu bedenken, daß es keine richtigen oder falschen Antworten gibt. *Alles*, worüber ein Kind reflektiert, ist okay. Wenn es beispielsweise etwas »Dummes« sagt, kann das darauf hinweisen, daß es sich bei dem Bemühen, seinen Körper zu beruhigen, unwohl gefühlt hat, und wir können diesen Anlaß nutzen, um vorsichtig darauf hinzuweisen, daß unsere Gedanken und unser Körper manchmal gegen Beruhigungsversuche ankämpfen und daß wir mit etwas Derartigem rechnen müssen. Ein wichtiger Teil dieser Übung besteht darin, daß wir unsere Bereitschaft erkennen lassen, die sich entwickelnde Fähigkeit des Kindes, Empfindungen, Gedanken und Gefühle zu bemerken, zu akzeptieren.

Es mag einfach klingen, daß wir Kindern helfen sollen, der Signale ihres Körpers und Geistes gewahr zu werden. Tatsächlich ist es jedoch für niemanden einfach, zur Ruhe zu kommen und sich in die Vorgänge in seinem Inneren einzustimmen. Manchmal kann dies sogar Angst erzeugen und das Gefühl, überfordert zu sein; deshalb sollten Sie die Kinder im Auge behalten und sie darauf hinweisen, daß sie jederzeit wieder die Augen öffnen und sich hinsetzen können, falls sie sich unwohl fühlen.

Häufiger jedoch erlebt ein Kind, das begriffen hat, worum es geht, den Vorgang der Einstimmung als befähigend, weil er ihm hilft, proaktiv zu werden. Nachdem wir Kindern bei der Entwicklung eines Gewahrseins ihrer Empfindungen geholfen haben, können wir uns auf den Weg nach oben machen und ihnen helfen, Top-down-Strategien zu entwickeln, die auf ihren eigenen Gedanken und Vorstellungen basieren. Natürlich beinhaltet eine der vermittelten Strategien, daß wir ihnen (als Eltern, Lehrer, Therapeuten) zur Verfügung stehen, um ihnen zu helfen oder einfach mit ihnen zusammen zu sein, wenn sie Verbundenheit oder Bestätigung brauchen.

Neben dem Anbieten unserer Unterstützung können wir Kindern auch helfen, zu ihrem eigenen Körper in Verbindung zu treten, um ihn mit Hilfe von Top-down-Strategien zu beruhigen. Im folgenden Kapitel beschäftigen wir uns intensiver mit Top-down-Strategien. Mit Hilfe der anschließend wiedergegebenen Arbeitsblätter halfen wir Morgan, seine noch verbliebenen Schlafprobleme zu lösen: Wenn er mitten in der Nacht aufwachte, konnte er nicht wieder einschlafen, ohne aufzustehen, im Haus umherzuwandern und seine Eltern zu suchen. Er erklärte, eigentlich fände er es ziemlich unheimlich, nachts durch die Diele zu stapfen, und er würde lieber in seinem eigenen Bett bleiben. Daraufhin halfen wir ihm, dieses Problem zu lösen, indem wir *ihn fragten*, was seinem Körper ermögliche, sich ruhig zu fühlen.

Wir können Kinder fragen, was sie als beruhigend empfinden, indem wir die früher in diesem Kapitel vorgestellten Arbeitsblätter zu den sensorischen Empfindungen adaptieren. Befindet sich ein Kind auf dem »grünen« Pfad und in einem »Top-down«-Denkmodus, können wir ihm beim Entdecken von Möglichkeiten, sich selbst zu beruhigen, helfen.

Arbeitsblatt

Auditorische Vorlieben

Fragen Sie das Kind, und notieren Sie seine Antworten.

Geräusche/Klänge Welche Arten von Geräuschen/Klängen gefallen dir besonders? ____________________

Wenn das Kind daraufhin keine konkreten Geräusche/Klänge zu nennen vermag, können Sie weiter nachfragen:

Musik? ____________ **Welche Art?** ____________

Naturgeräusche? ____________________

menschliche Stimmen? ____________________

Welche anderen Geräusche helfen dir, dich ruhig oder glücklich zu fühlen?

____

Arbeitsblatt

Visuelle Vorlieben

Fragen Sie das Kind, und notieren Sie seine Antworten.

Welche Arten von Dingen schaust du dir gerne an?

___

Welche Dinge siehst du am liebsten in deinem Schlafzimmer?

___

In unserem Zuhause?

___

In der Schule?

___

In der Natur?

___

Arbeitsblatt

Taktile Vorlieben

Fragen Sie das Kind, und notieren Sie seine Antworten.

Welche Art von Berührung magst du am liebsten? Nennen Sie Beispiele: Umarmungen, Händehalten, Massagen, Tippen, Drücken usw.

Notieren Sie:

____

Hast du gern eine schwere Decke auf dem Körper, wenn du schläfst?

☐ Ja ☐ Nein

Hast du lieber ein leichtes Bettuch oder gar nichts auf deinem Körper?

☐ Ja ☐ Nein

Hältst du gern etwas fest, um dich zu beruhigen? Wenn das Kind nicht antwortet, können Sie ihm Möglichkeiten vorschlagen.

____

Eine Lieblingsdecke oder etwas anderes Weiches?

____

Ein Lieblingsstofftier?

____

Ein Lieblingsspielzeug?

____

andere Möglichkeiten

____

Arbeitsblatt

Duftvorlieben

Fragen Sie das Kind, und notieren Sie seine Antworten.

Welche Gerüche magst du am liebsten?

____

☐ Essensgerüche

Welche Arten? ______________________________________

☐ Naturgerüche

Welche Arten? ______________________________________

☐ Gerüche in der Außenwelt

Welche Arten? ______________________________________

☐ andere Gerüche

Welche Arten? ______________________________________

Arbeitsblatt

Bewegungsvorlieben

Fragen Sie das Kind, und notieren Sie seine Antworten.

Welche Bewegungen mag dein Körper besonders?

- ☐ Gehen
- ☐ Laufen
- ☐ Springen
- ☐ Schaukeln oder Geschaukelt-Werden
- ☐ Schwingen
- ☐ Tanzen
- ☐ Hüpfen
- ☐ Sitzen
- ☐ Liegen
- ☐ Klatschen
- ☐ Tippen
- ☐ Schlenkern
- ☐ andere Möglichkeiten

Kinder nach ihren sensorischen Vorlieben zu fragen kann in zweifacher Hinsicht nützlich sein. Erstens ist dies eine weitere Möglichkeit, das Gewahrsein des eigenen Körpers zu verbessern, und zweitens gibt es den Kindern Gelegenheit, eigene Lösungen zu entwickeln, wodurch ihr Top-down-Denken verstärkt wird.

Das war bei Morgan der Fall. Als wir darüber sprachen, was ihn dabei unterstützen könnte, nicht ins Schlafzimmer seiner Eltern zu wandeln, sondern wieder einzuschlafen, fielen ihm zwei Dinge ein, die er in solchen Situationen tun könnte: seinen Teddy in den Arm zu nehmen und auf das stark abgedeckte Nachtlicht in seinem Zimmer zu schauen. **Indem wir Morgan dazu brachten, das Gewahrsein seines eigenen Körpers mit seinem Denken zu verbinden, entwickelte er mehr Selbstvertrauen und fühlte sich dazu befähigt, Neues auszuprobieren und mit Hilfe seines Top-down-Denkens neue Lösungen zu entwickeln.**

Morgan profitierte auch von geführter Imagination, einer Geist und Körper einbeziehenden Intervention, bei der ein Kind sich verschiedene Szenarien vorstellt, die ihm helfen, Körper und Geist zu beruhigen. Zwei Techniken, die ihm besonders gut gefielen, waren *achtsames Atmen* und *sich und anderen gute Wünsche zu übermitteln.*

Achtsames Atmen

Aus Kapitel 4 wissen wir, daß wir die Atmung nicht nur nutzen können, um uns selbst zu beruhigen und mit einem Kind zusammen Co-Regulation zu praktizieren, sondern daß wir Kindern auch beibringen können, selbst Atemübungen auszuführen. Sogar Kinder im Kindergartenalter können Freude an einfachen Atemtechniken entwickeln. Manchmal empfehle ich einem Kind, sich die Aktivität des Einatmens vorzustellen, indem es so tut, als würde es eine wunderschöne Blume riechen, und sich dann die Blütenblätter oder ein Löwenzahnblatt vorzustellen und beim Ausatmen die Löwenzahnsamen fortzublasen. Die amerkanische Website »The Sesame Street in Communities« bietet nützliche Hilfsmittel an, darunter eine ausdruckbare Anleitung für die Blumen-Atemübung und ein kurzes Video, in dem das »Count and Cookie Monster« eine »Kerzen auf dem Kuchen ausblasen«-Atemübung vorführt.[8]

Gute Wünsche übermitteln

Susan Kaiser Greenlands klassisches Buch erläutert Möglichkeiten, Kindern die Achtsamkeit nahezubringen.[9] In diesem Buch ist eine Übung enthalten, die die Autorin zusammen mit Gay McDonald entwickelt hat, einem Meister der frühkindlichen Erziehung. Die Übung hat den Namen *Sending friendly wishes.* Die Kinder lernen darin, gegenüber anderen und sich selbst Gutwilligkeit zum Ausdruck zu bringen. Die Übung beginnt mit einer geführten Imagination, welche Kinder vom Körper aufwärts (durch Entspanntheit des Körpers und der Atmung) *und* Top-down (durch Nachdenken über die Vorstellungsbilder) unterstützt.

»Fordern Sie die Kinder auf, sich selbst gute Wünsche zu senden, indem sie sich vorstellen, daß sie glücklich sind und Freude haben, daß sie gesund und bei ihrer Familie und ihren Freunden in Sicherheit sind.«[10] Anschließend werden die Kinder aufgefordert, anderen Menschen in ihrer Umgebung und in der Welt gute Wünsche zu senden. Die Übung endet mit einem »Kreis guter Wünsche«; dabei sagen die Kinder still innerlich: »Möge ich glücklich sein, möge ich gesund und stark sein, möge ich mich wohl und sicher fühlen und mit meiner Familie, meinen Freunden, meinen Tieren und allen, die ich liebe, in Frieden leben.«[11]

In den letzten Jahren wurden viele Achtsamkeitstrainingsprogramme für Kinder entwickelt, darunter das *School Yoga Project*, das Tausenden von Kindern in New York City gute Dienste geleistet hat und in dessen Anwendung zahlreiche Lehrer überall in den USA ausgebildet wurden.[12]

Zum Abschluß: Erfolgreiches Kombinieren von Body-up- und Top-down-Ansätzen

Durch die Nutzung eines Body-up-Ansatzes und durch Einbeziehung der Top-down-Strategien, die Morgan im Dialog mit seinen Eltern für sich ausgewählt hatte, halfen wir dem Jungen, mit seinen Verhaltensproblemen fertig zu werden. Schließlich kam der Tag, an dem Morgan seinen Stolz wegen seines ersten erfolgreichen Versuchs, im Haus der Familie seines besten Freundes zu übernachten, zum Ausdruck brachte. Allmählich entwickelte er mehr Selbstvertrauen, und es gelang ihm, die Grundschule erfolgreich abzuschließen und die Zeit dort zu genießen.

In diesem Kapitel haben wir eine Brücke zwischen Body-up-Strategien – beginnend mit dem Schlaf-Wach-Zyklus – und Top-down-Strategien gebaut und den Kindern ermöglicht, eigene Lösungen zu entwickeln. Im nächsten Kapitel werden wir uns genauer anschauen, wie wir Spiel und Top-down-Denken nutzen können, um Kindern zu helfen, bei emotionalen und behavioralen Problemen eigene Lösungen zu entwickeln.

Zusammenfassung der Hauptpunkte dieses Kapitels

- Wir beginnen mit Body-up-Strategien, wenn die Entwicklungsstufe (nicht das numerische Alter) eines Kindes hauptsächlich Bottom-up-Charakteristik hat *oder* wenn ein Kind sich zur Zeit in einer Streßreaktion (auf dem »roten« oder »blauen« Pfad) befindet.
- Zu den Body-up-Strategien zählt die Arbeit an den individuellen Besonderheiten von Kindern, einschließlich ihrer sensorischen Präferenzen, weil dies ermöglicht, die Reaktion auf Streß und die Neurozeption von Gefahr zu verringern.
- Das wichtigste Werkzeug in unserem Werkzeugkasten ist die menschliche Verbundenheit.
- Achtsamkeitsstrategien schaffen eine Verbindung zwischen Body-up- und Top-down-Arbeit.

6

Der Übergang von der Body-up- zur Top-down-Arbeit

> *»Kreatives Denken inspiriert zur Entwicklung von Ideen. Und Ideen inspirieren zu Veränderung.«*
>
> — BARBARA JANUSZKIEWICZ

Darrell, sieben Jahre alt, hatte Schwierigkeiten, in der Schule mit seinen Emotionen fertig zu werden, insbesondere in den Pausen. Einmal traf ihn beim Prellballspiel der Ball. Als ein Klassenkamerad daraufhin rief: »Du bist raus!«, boxte Darrell ihn gegen die Schulter und brauchte danach Stunden, um sich wieder zu beruhigen. Darrell stammte aus einer stabilen Familie und war sich ganz sicher darüber im klaren, daß es nicht richtig war, einen Klassenkameraden anzugreifen. Deshalb fühlte er sich nach explosiven Reaktionen dieser Art verwirrt und beschämt.

Wie können wir Kindern wie Darrell helfen, die problematisches Verhalten entwickeln, obwohl sie das gar nicht wollen? In diesem Kapitel konzentrieren wir uns darauf, eine Brücke zwischen *Co-Regulation* und der Fähigkeit eines Kindes zur *Selbstregulation* der eigenen Emotionen und Verhaltensweisen zu schlagen. Da jedes Kind einen ganz besonderen Eisberg hat, müssen wir seine Situation geduldig aus einer völlig unvorbelasteten Perspektive identifizieren.

Vier Schritte zur Identifikation von Ursachen und zur Beschäftigung mit ihnen

Durch die Arbeit mit Darrell, seinen Eltern und seiner Schule, die darauf zielte, das Verhalten des Jungen zu verstehen, habe ich wichtige Erkenntnisse gewonnen. Wir orientierten uns dabei an den vier Prioritäten, die schon im vorigen Kapitel in Zusammenhang mit der Entwicklung des Plans, der Morgan half, beschrieben wurden. Wir benutzten das Akronym IDEA als Merkhilfe für die vier zentralen Konzepte:

Inquire – Recherchieren der Lebensgeschichte des Kindes und Verfolgen seines Verhaltens, um darin bestimmte Muster zu entdecken

Determine – Feststellen der Faktoren, die zu den Schwierigkeiten des Kindes beitragen

Examine – Auseinandersetzung mit den Ergebnissen unserer Recherche über Trigger und Ursachen

Address – Durch Interaktion und zielgerichtete therapeutische Unterstützung auf die Entwicklungsprobleme eingehen, die zu Verhaltensauffälligkeiten führen

Im vorigen Kapitel ging es um die Bedeutung der Lebensgeschichte eines Kindes. In diesem Kapitel konzentrieren wir uns auf den zweiten, dritten und vierten Punkt des obigen Schemas, versetzen uns tiefer in die Ursachen von Verhaltensproblemen und bewegen uns von dort aufwärts, um Kindern die Möglichkeit zur Nutzung von Top-down-Strategien zu erschließen. Wir werden lernen, wie wir Kindern helfen können, ihr eigenes emotionales Haus zu stärken, und wir werden sie mit Werkzeugen vertraut machen, die sie für die *Selbstregulation* nutzen können.

Recherchieren der Lebensgeschichte des Kindes und Verfolgen seines Verhaltens, um darin bestimmte Muster zu entdecken

Um etwas über die Sorgen der Eltern zu erfahren, treffe ich mich mit ihnen zuerst ohne das Kind, weil wir sonst in Gegenwart des Kindes häufig in der dritten Person über dieses sprechen würden, was Schuld- und Schamgefühle, die sie wahrscheinlich ohnehin schon empfinden, noch verstärken würde. Außerdem informiere ich mich grundsätzlich über die Bindungsgeschichte des Kindes in den ersten Lebensjahren, wobei mein Blick auf die frühe Beziehungssicherheit gerichtet ist.

Darrells Mutter berichtete, ihre Schwangerschaft mit Darrell sei ohne besondere Vorkommnisse verlaufen, und die Geburt selbst sei »schnell und leicht« gewesen, verglichen mit dem, was einige Freundinnen von ihr erlebt hätten. Die Eltern hatten von Anfang an das Glück, in ihrem Beruf flexibel zu sein; ein Elternteil hatte von zu Hause aus einer Teilzeitbeschäftigung nachgehen können, so daß Darrell immer mindestens einen Elternteil und manchmal sogar beide um sich gehabt hatte (gelegentlich allerdings auch von einem Babysitter betreut wurde), bis er im Alter von drei Jahren in den Kindergarten kam.

Verfolgen des Verhaltens durch Führen eines Tagebuchs, um bestimmte Muster zu entdecken

Nachdem Darrells Eltern und Lehrer zwei Wochen lang mit Hilfe eines speziellen Arbeitsblatts das Verhalten verfolgt hatten, traf ich mit ihnen zusammen, um ihre Aufzeichnungen zu analysieren. Uns fiel sofort ein Muster auf: Darrells Verhalten wurde meist während unstrukturierter Zeitspannen problematisch – auf dem Spielplatz, während Ausflügen und anläßlich von Zusammenkünften der Familie. Allen diesen Situationen waren bestimmte Aspekte gemeinsam: Es fehlte eine von Erwachsenen vorgegebene Struktur, andere Kinder waren präsent, und die Beaufsichtigung durch Erwachsene war eingeschränkt.

Die Eltern erinnerten sich, daß Darrell während des ersten Jahres im Kindergarten von einem älteren Kind tyrannisiert worden war. Die Erwachsenen hatten dies erst nach einigen Monaten bemerkt, als Darrell plötzlich eine tiefe Schramme auf dem Gesicht hatte und er einem Betreuer berichtete, ein anderes Kind habe ihn verletzt. Eine Untersuchung ergab, daß das ältere Kind Darrell und andere beim Spiel in einem Baumhaus, dem wachsamen Blick der aufsichtführenden Erwachsenen entzogen, regelmäßig schikaniert hatte. Schließlich hatte dieses Kind die Einrichtung verlassen, und Darrells Eltern und Betreuer hatten angenommen, der Junge werde nach dem Ende dieser Erlebnisse keine dauerhaften Probleme haben. Ihnen war nicht klar, wie stark die Vorfälle Darrells Gefahrenidentifikationssystem geprägt hatten – wie sehr die unangenehmen Interaktionen ihn auf der Ebene des Unterbewußten traumatisiert hatten.

Die frühen Interaktionen eines Kindes können die Wahrnehmung aller zukünftiger Interaktionen des betreffenden Menschen beeinflussen, und sie liefern uns wichtige Informationen für die Entschlüsselung des Verhaltens, um das es uns geht. Aufgrund dieser neuen Informationen über Darrells Vorgeschichte verfügten wir nun über eine Arbeitshypothese zu Darrells Gefühl der Verletzlichkeit auf dem Spielplatz und zu einem potentiellen Trigger: seine impliziten (unbewußten) Erinnerungen an erlebte Schikane in einer anderen Schule.

Obwohl die Erlebnisse in der Vorschule viele Jahre zurücklagen, wirkten sie wahrscheinlich immer noch auf Darrells Emotions- und Verhaltenskontrolle ein. Als wir die Geschehnisse im Umfeld seiner problematischen Verhaltensweisen in einen Zusammenhang brachten, setzte sich bei dem Team – zu dem auch seine Eltern und Lehrer zählten – die Auffassung durch, sein Kampf-oder-Flucht-Verhalten sei wahrscheinlich eine Art Schutzreaktion, die auf die unbewußten Relikte der Erlebnisse im Kindergarten zurückging. Dies hätte erklärt, warum Darrell so heftig und unberechenbar auf allem Anschein nach ziemlich normale Kindheitserlebnisse reagierte. Weil die ursächlichen Vorfälle so weit zurücklagen und weil nie jemand mit ihm darüber gesprochen hatte, war es Darrell nie möglich gewesen, diese Erinnerungen in sein bewußtes Gewahrsein zu integrieren. Deshalb wurde sein Nervensystem im Laufe der Zeit und aufgrund bestimmter Bedingungen auf Verteidigungsreaktionen fixiert, mit der Folge, daß nun er selbst andere Menschen angriff. Seine dysfunktionale Neurozeption erklärte, weshalb er häufig Gefahrensignale von Mitschülern auffing, die gar nicht die Absicht hatten, ihm Schaden zuzufügen.

Menschen sind komplexe Wesen, und unsere Trigger und Reaktionen auf belastende Ereignisse sind dementsprechend ebenso komplex und haben vielfältige Ursachen. Wenn ein Kind etwas als belastend empfindet, muß ein anderes Kind dies nicht ebenso empfinden. Unzuträgliche Erlebnisse können, insbesondere bei regelmäßigem Vorkommen, das sich entwickelnde Gehirn des Kindes und seine Sicht der Welt beeinflussen.[1] Weil unsere individuellen Besonderheiten in Verbindung mit unseren Erlebnissen Rückschlüsse darüber zulassen, wie wir auf Situationen reagieren werden, müssen wir den Reaktionen jedes Kindes besondere Aufmerksamkeit schenken.

Verhält sich ein Kind aggressiv – und insbesondere bei Losbrechen aggressiven Verhaltens ohne jede Vorwarnung – nehmen wir oft irrigerweise an, das Kind wolle absichtlich Schaden anrichten, es fehle ihm an Disziplin, oder es versuche, die Aufmerksamkeit auf sich zu ziehen. Doch Darrell hatte wie viele besonders verletzliche Kinder einfach keine Top-down-Kontrolle über sein Verhalten, wenn bei ihm irgendein Trigger aktiviert wurde. Manchmal erfand er Gründe, um sein Verhalten zu erklären; aber in Wahrheit hatte er nicht die geringste Vorstellung davon, was seine verletzenden Interaktionen bei anderen Schülern auslöste.

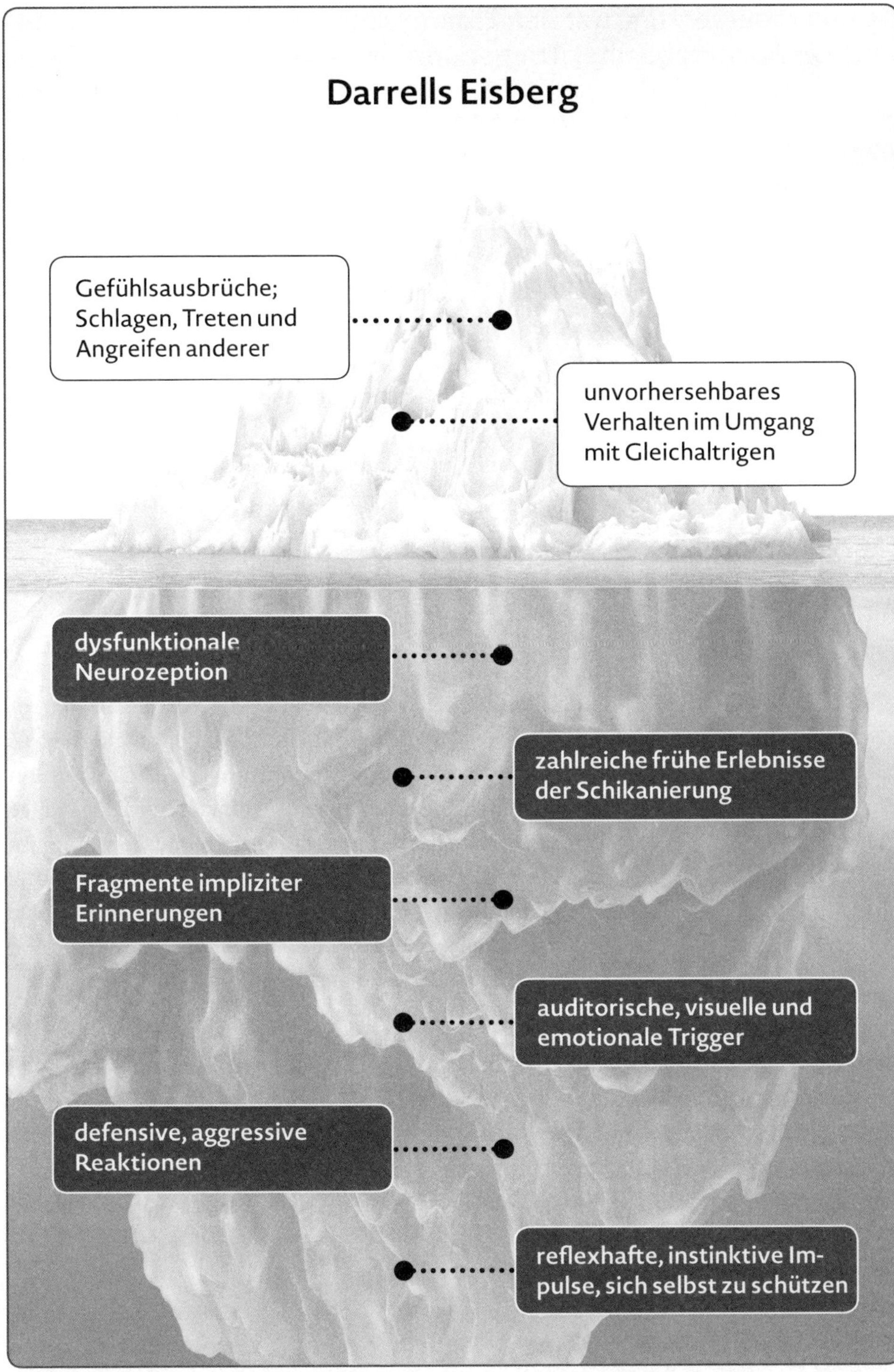

Original: Copyright © 2019 Mona Delahooke – *dt. Ausgabe*: »Mehr als Verhalten«: © G.P. Probst Verlag 2020

Auseinandersetzung mit den Ergebnissen unserer Recherche über Trigger und Ursachen

Mit ihrem neuen Verständnis der Situation konnten Darrells Eltern und Lehrer das Verhalten des Jungen nun nicht mehr als absichtliche aggressive Akte deuten, sondern als Defensivreaktionen, die durch bestimmte Eigenheiten der relationalen und/oder der physischen Situation in der Schule ausgelöst wurden. Ohne daß es Darrell klar war, aktivierten bestimmte Geräusche, Empfindungen und Anblicke bei ihm eine unbewußte Erinnerung an die in der Vorschule erlebten Schikanierungen, was bei ihm *scheinbar* unvorhersehbare Kampf-oder-Flucht-Reaktionen auslöste.

Die frühen Erlebnisse hatten Darrell dazu gebracht, automatische defensive Verhaltensweisen zu entwickeln, was aggressives Verhalten gegenüber Mitschülern einschloß. *Im Laufe der Zeit hatte sein Gefahrenerkennungssystem eine Überaktivität entwickelt und hatte dadurch die starken Reaktionen hervorgerufen.* Weil seine frühen Traumata seine Reizschwelle für bestimmte Erlebnisse stark gesenkt hatten, reagierte er ständig übertrieben auf alltägliche Erlebnisse mit anderen Schülern, so wie es beim Prellball geschehen war.

Die neue Sichtweise erstaunte und erleichterte seine Eltern und ermöglichte ihnen, das scheinbar willkürliche physische Verhalten ihres Sohnes zu verstehen. Aufgrund der neuen Hypothese empfanden auch die Lehrer mehr Sympathie Darrell gegenüber und fühlten sich besser in der Lage, bei ihm ein Gefühl der Sicherheit zu stärken. Die Schulverwaltung engagierte eine sanfte und warmherzige Schulhelferin, die das Verhalten Darrells und seiner Mitschüler genau beobachtete. Ihre ruhige Präsenz trug dazu bei, daß Darrell mehr Signale für relationale Sicherheit empfing. Beispielsweise fiel ihr auf, daß Darrell oft defensiv reagierte, wenn andere Kinder sich ihm zu schnell oder ohne Vorwarnung näherten. Beobachtungen dieser Art trugen zur Erhärtung unserer Arbeitshypothese bei.

Es ist wichtig, so viele Informationen wie möglich über die früheren Beziehungserlebnisse eines Kindes zusammenzutragen. Oft wirken unterbewußte Erinnerungen schwächend auf die Fähigkeit eines Kindes, bestimmte Erlebnisse zu tolerieren. Problematische Verhaltensweisen können durch Erinnerungen, Gedanken, Gefühle, Anblicke, Gerüche oder Geräusche hervorgerufen werden, die Defensivreaktionen triggern, ohne daß das betroffene Kind und die Erwachsenen in seiner Umgebung es merken.

Durch Interaktion und zielgerichtete therapeutische Unterstützung auf die Entwicklungsprobleme eingehen, die zu Verhaltensauffälligkeiten führen

Unterdessen evaluierte ich Darrells soziale und emotionale Entwicklung. Es überraschte mich nicht, daß ich Lücken in seiner sozial-emotionalen Entwicklung entdeckte, die dazu beitrugen, seine plötzlichen Gefühlsausbrüche zu erklären. Seine Eltern waren zunächst irritiert, als sie hörten, daß Darrell in sozialer und emotionaler Hinsicht nicht voll ausgereift sei; schließlich sahen sie ihren Sohn als begabt und talentiert an. Aber sie bestätigten, daß es für ihn schwierig, wenn nicht gar unmöglich sei, über seine Gefühle zu sprechen, sein eigenes Verhalten zu analysieren oder rechtzeitig vor einem Gefühlsausbruch Hilfe zu suchen. Wenn sie über solche Vorfälle mit ihm sprachen, reagierte er oft albern, wechselte das Thema oder dachte sich irgendeine Geschichte aus (»Er hat mich zuerst geschlagen!«), auch wenn die Erwachsenen längst wußten, daß es anders gewesen war.

Der Grund für dieses Verhalten war, daß die oberen Stockwerke von Darrells sozial-emotionalem Haus noch nicht fertiggestellt waren. Dies galt für Prozeß IV (soziale Problemlösung), Prozeß V (Entwicklung des Gebrauchs von Symbolen) und Prozeß VI (Brücken schlagen) – also für alle Faktoren, die es einem Kind ermöglichen, sich vom Geschehen ein wenig zu distanzieren, Motivationen und Gefühle zu bezeichnen und Brücken zwischen den eigenen Ideen und den Ideen anderer zu bauen. Um an diesen Dingen zu arbeiten, traf ich mich mit Darrells Eltern, seinem Lehrer und seiner Schulhelferin und erörterte mit ihnen allen Möglichkeiten, Darrells sozial-emotionale Entwicklung durch individualisierte unterstützende Interaktionen zu fördern.

Eine Brücke von der Co-Regulation zur erfolgreichen Selbstregulation schlagen

Wir entwickelten ein Programm, das Darrells Top-down-Denken unterstützen sollte. Dazu brachten wir ihm bei, wie er erkennen konnte, wann er getriggert wurde, und wie er neue Möglichkeiten, mit seinen Reaktionen umzugehen, entdecken konnte. **Unter dem zuverlässigen Einfluß relationaler Sicherheit half Darrells Betreuungsteam dem Jungen gemeinsam, (1) zu erkennen, wann er getriggert wurde oder wann er anfing sich aufzuregen; (2) etwas zu tun, damit er sich besser fühlte, wozu auch zählte, nötigenfalls bei einem Erwachsenen Hilfe zu suchen; und (3) zu lernen, über seine Gefühle und Gedanken zu sprechen.** Diese drei Strategien sollten Darrells automatisches und aggressives (wenn auch defensives) Verhalten verringern.

Wir sollten stets nach den *frühesten* Anzeichen für ein Problem in der Entwicklung eines Kindes suchen und dort mit der Arbeit beginnen. Die effektivste Möglichkeit, Top-down-Fähigkeiten zu verbessern, besteht darin, das Gefühl relationaler Sicherheit des Kindes zu stärken, weil Kinder durch die verläßliche Präsenz Erwachsener, die sich im Zustand der Eingestimmtheit mit ihnen befinden, ihre Emotionen zu kontrollieren lernen. Deshalb engagierte die Schulleitung eine erwachsene Vertrauensperson, die dem Lehrer in der Klasse helfen und durch emotionale *Co-Regulation* bei Darrell die Gefühlsausbrüche verringern sollte. Die Schulverwaltung mußte rasch handeln, um Darrells Verweilen auf dem »roten« Pfad einzuschränken, weil die Eltern von Mitschülern Bedenken wegen der Sicherheit ihrer Kinder hatten, nachdem Darrell einige von ihnen gestoßen oder geschubst hatte.

Relationale Strategien

Wenn der Schulhelferin (oder dem Lehrer) auffiel, daß Darrell vom »grünen« Pfad abkam, rückte sie ihm physisch näher; dabei nutzte sie eine gewinnende Mimik und einen entsprechenden körperlichen Ausdruck, ihre natürlicherweise warme, prosodische Stimme und ihre Zuversicht ausstrahlende, entspannte emotionale Präsenz. Wenn sie merkte, daß Darrell sich vom »grünen« Pfad in Richtung »rot« bewegte, verließ sie mit ihm den Klassenraum, und beide spielten draußen eine Weile zusammen. In der Regel reichte dies aus, um Darrell auf den Weg zurück zum »grünen« Pfad zu bringen; er konnte dann wieder in den Hintergrund rücken, blieb aber still auf die Aktivitäten im Klassenraum fokussiert. **In kurzer Zeit hatten diese beiden engagierten Erwachsenen (der Lehrer und die Schulhelferin), die beide die heilende und unterstützende Macht von Beziehungen verstanden, den Klassenraum und den Spielplatz mit Signalen für Sicherheit getränkt.**

Darrells problematisches Verhalten nahm Woche um Woche ab, seit die Schule die neue, besonders einfühlsame Schulhelferin eingestellt hatte. *Sie wurde von einer entwicklungsorientierten Psychotherapeutin supervidiert und verstand den Unterschied zwischen dem Überwachen des aggressiven Verhaltens mittels intensiven Beobachtens und Aussprechens von Warnungen und emotionaler Co-Regulation mit dem Ziel, dem Kind ein Gefühl der Sicherheit zu vermitteln.* Ich vereinbarte mit ihr, dem Lehrer und Darrells Eltern wöchentliche Telefonanrufe, um über die angewandten Strategien und die Prinzipien dieses Ansatzes zu sprechen.

Interaktionsanleitung für die an Darrells Betreuung beteiligten Erwachsenen

1. Die Schulhelferin und der Lehrer verfolgen, ob Darrell auf dem »grünen« Pfad bleibt, und überwachen, ob er auf einen anderen Pfad wechselt.
2. Läßt Darrells Verhalten erkennen, daß er vom »grünen« Pfad abkommt und sich dem »roten« nähert, rückt ihm ein aufmerksamer Erwachsener näher.
3. Hat dieser Erwachsene sich Darrell genähert, übermittelt er ihm zahlreiche Signale für Sicherheit – durch entsprechende mimische Äußerungen und Körperhaltungen, durch eine warm klingende, prosodische Stimme und durch Zuversicht ausstrahlende, entspannte emotionale Präsenz.

ANMERKUNG: Wie wir schon wissen, können der Polyvagal-Theorie gemäß bestimmte sensorische Erlebnisse wie das Erleben der Prosodie beruhigend wirken. Die individuellen Vorlieben bestimmter Kinder hinsichtlich der sensorischen Verarbeitung lassen letztlich Voraussagen darüber zu, wie sie auf unsere Interaktionen reagieren werden.

Beobachten von Entwicklungsproblemen und wie man mit ihnen umgehen sollte

Die Schulhelferin und der Lehrer beobachteten während der nächsten Monate weiter Darrells stabile Fortschritte. Daraufhin entschloß ich mich, das freie Spiel des Jungen zu beobachten, und vereinbarte ein Teamtreffen mit den Eltern, dem Lehrer und der Helferin, um mit ihnen über Darrells Entwicklung zu sprechen. Uns allen war aufgefallen, daß Darrell bei Interaktionen mit Gleichaltrigen immer noch Anzeichen für Unreife erkennen ließ. Er hatte oft Schwierigkeiten, wenn seine Freunde etwas anderes spielen wollten als er. Kam es im Rahmen des freien Spiels zu Verhandlungen mit Gleichaltrigen, war es ihm nicht möglich, Probleme effektiv zu lösen; oft gab er dann seine eigenen Vorstellungen auf und wanderte umher auf der Suche nach anderen Aktivitäten, denen er sich widmen könnte. Ich erklärte dem Team, daß man mit dieser Entwicklung hätte rechnen können, weil Darrell aufgrund der Schikanierung durch einen anderen Jungen nur über unzureichende Erfahrung mit sozialen Interaktionen mit Gleichaltrigen verfügte und deshalb zu Hypervigilanz und starker Reaktivität neigte.

Wir kamen gemeinsam zu der Überzeugung, es als nächstes mit einer auf den familiären Beziehungen basierenden Spieltherapie zu versuchen, die Darrells sozial-emotionale Entwicklung stärker fördern sollte. **Zu diesem Schritt entschlossen wir**

uns, weil die direkteste und effektivste Art, Kindern zu helfen, soziale und emotionale Stärke zu entwickeln, aus der primären Sprache der Kindheit, dem Spiel resultiert.

Spiel als neuronales Training: Die Heilung behavioraler und emotionaler Dysregulation

Dr. Porges bezeichnet Spiel als »neuronales Training«. Spiel ist ein unverzichtbares Werkzeug in unserem Arsenal zur Unterstützung von Kindern mit Verhaltensauffälligkeiten.[2] Ein neuronales Training ist es insofern, als es durch reziproke Interaktionen im Zustand der Sicherheit in Gegenwart anderer den »Muskel« der Emotionsregulation trainiert. Diese Definition des Spiels bezieht sich ausdrücklich auf interaktives Spiel, also nicht auf Dinge wie Video-Spiele, denen sich Kinder allein widmen können. Spiel ermöglicht Kindern, Bottom-up- *und* Top-down-Aktivitäten in Echtzeit zu nutzen. Dies ist eines der therapeutisch wirksamsten Mittel bei der Arbeit mit Kindern.

Das Spiel von Kindern ist ein Training,
das auf die Komplexität der sozialen Welt vorbereitet.

Eine neuere Studie untersuchte eine Intervention, die auf dem Eins-zu-eins-Spiel von Lehrern mit Kindern im Kindergartenalter basierte. Es ging darum herauszufinden, ob sensible und kommunikative Interaktionen mit Kindern Veränderungen ihrer Streßreaktionssysteme zur Folge haben würden (in Form der Aktivierung des Sympathischen Nervensystems über die HPA-Achse).[3] Die Untersuchung zeigte, daß es bei den Kindern der Interventionsgruppe (die Intervention ist unter dem Namen *Banking Time* bekannt) verglichen mit den Kindern einer Kontrollgruppe zu einem signifikanten Absinken des Kortisolspiegels im Speichel kam (dieser Kortisolspiegel ist ein physiologischer Indikator für Streß). Diese Pilotstudie gilt als die erste, die eine positive Auswirkung einer spielbasierten Intervention für Kinder im Vorschulalter auf die Gesundheit über *Biomarker* dokumentiert, ein wichtiger Hinweis auf die positive Wirkung engagierter Beziehungen in einem schulischen Setting.

Über die positiven Wirkungen und die Komplexität von Spiel wurde ich von einer der führenden Autoritäten für symbolisches Spiel, Dr. Serena Wieder, aufgeklärt. Dr. Wieder entschloß sich aufgrund ihrer jahrzehntelangen praktischen Erfahrung und ihrer frühen Untersuchungen mit Dr. Stanley Greenspan, das in Kapitel 2 erläuterte System der sozial-emotionalen Entwicklung zu beschreiben. Dr. Wieder machte mich auf die Vielfalt des Spiels aufmerksam und darauf, daß es viel über die emotionalen Prozesse bei einem Kind offenbart, was sowohl »positive Gefühle, Sehnsüchte und Wünsche, geliebt und umsorgt zu werden«, als auch »negative Gefühle wie Eifersucht, Rache, Ängste und Aggression« einschließt.[4] Das Spiel von Kindern ist ein Training, das auf die Komplexität der sozialen Welt vorbereitet.

Kinder fühlen sich zum Spiel hingezogen, weil sie dabei zu anderen Menschen in Kontakt treten können, während sie viele verschiedene Gefühle und Körperzustände erleben. Der Polyvagal-Theorie zufolge trainiert Spiel die effektive Nutzung des Systems für soziale Verbundenheit zur Regulation primitiver Kampf-oder-Flucht-Reaktionen.[5] Mit seiner Hilfe »trainieren« Kinder auf dem »grünen« Pfad, wobei sie sich in der Nähe des »roten« Pfades bewegen und mit einem Spektrum von Gefühlen und Impulsen experimentieren, ohne sich in Gefahr zu bringen. Spiel hilft Kindern zu lernen, mit ihren »großen« Emotionen, Ängsten und Sorgen fertig zu werden.

Denken Sie an das einfache Guckuck-Spiel und daran, wie fasziniert Babys davon sind, einen kurzzeitigen Kontaktverlust zu erleben und sich zu freuen, wenn der verschwundene Erwachsene plötzlich wieder auftaucht. Bei diesem frühen Spieltraining kann ein Kind eine kleine Dosis Angst erleben und deren Nachlassen spüren.

Ein anderes Beispiel ist das amüsante Versteckspiel. Das neuronale Training beginnt, wenn das Kind ein gewisses (erträgliches) Maß an Streß (eine sympathische Aktivierung) erlebt, während es sich einen Ort zum Verstecken sucht. Wenn es sich auf dem »grünen« Pfad befindet und die Top-down-Kontrolle bei ihm aktiviert wird, kann es sein Kichern und verräterische Bewegungen unterdrücken und wird nicht gefunden. Kinder, bei denen die Fähigkeit, Impulse zu unterdrücken, noch nicht voll entwickelt ist, können oft dem Drang nicht widerstehen, ein Geräusch zu erzeugen oder ihrem Mitspieler auf andere Weise ihr Versteck zu verraten. Deshalb ist das Versteckspiel ein wunderbarer Test für die Einschätzung der Fähigkeit eines Kindes, Impulse zu hemmen und sein Verhalten bewußt zu steuern.

Spiel ermöglicht Kindern, auf eine für sie ungefährliche und sozial akzeptable Weise mit negativen und positiven Gefühlszuständen zu experimentieren – sie können sich dabei nach Belieben aggressiv, kompetitiv oder nährend verhalten – und sich so darauf vorbereiten, die Komplexität des realen Lebens zu bewältigen.[6] Außerdem trägt Spiel zur Zügelung der aggressiven Impulse von Kindern bei, indem es ihnen eine symbolische Möglichkeit des Umgangs mit Aggressionen erschließt, eine einzigartig effiziente Art, Denken und Fühlen zu trainieren.[7]

In dieser Zeit schulischen, ökonomischen, sozialen und politischen Drucks brauchen alle Kinder (und Erwachsenen) mehr Zeit für Spiel.

Darrell fiel es schwer, in Gegenwart anderer Kinder allein zu spielen, weil in den wichtigen Jahren seiner Zeit im Kindergarten sein »roter« Pfad viele Male aktiviert worden war. Wegen der Unvorhersehbarkeit seiner Reaktionen mieden seine Klassenkameraden ihn oft oder versuchten, sein Verhalten zu beeinflussen, indem sie ihm Anweisungen gaben, wenn er mit ihnen spielen wollte. Dadurch entstand ein Teufelskreis, in dem immer wieder sein Kampf-oder-Flucht-Verhalten aktiviert wurde, statt daß er sich für effektivere und angemessenere Verhaltensweisen entschied. Insofern war es nicht überraschend, daß Darrells Fähigkeit zu spielen im Alter von sieben Jahren noch nicht besonders gut entwickelt war. Streß beeinträchtigt die natürliche Neugier und Experimentierfreude von Kindern und ihre Fähigkeit zum spielerischen Aufbau sozialer Kontakte. Ich empfahl Darrells Eltern, ihn täglich in spielerische Interaktionen einzubeziehen, um die Entwicklung dieser Fertigkeiten bei ihm zu fördern.

Wie unterstützt Spiel die soziale und emotionale Entwicklung?

Warum ist interaktives Spiel für die kindliche Entwicklung so wichtig? Weil es hilft, Defizite in der sozialen und emotionalen Entwicklung zu überwinden. Spiel wirkt heilend, weil es ermöglicht, Resilienz und emotionale Stärke zu entwickeln, sofern es gelingt, ein verkraftbares Maß an sympathischer Erregung mit dem durch soziale Verbundenheit entstehenden Gefühl der Sicherheit zu verbinden.[8] Wie wir in den vorherigen beiden Kapiteln erklärt haben, sind Kinder mit länger bestehenden Verhaltensproblemen in der Regel verletzlicher, und eines der Ziele, die wir verfolgen, ist, ihre Fähigkeit, unangenehme Empfindungen, Gefühle oder Gedanken zu ertragen, zu verbessern.[9] Deshalb ist Spiel die großartige natürliche Sprache der Kindheit, die in der Lage ist, die Streßtoleranz von Kindern zu verbessern. Spiel ist so verführerisch wie amüsant und hilft Kindern, das Gefühl zu entwickeln, daß sie mit den Schwierigkeiten, denen sie sich Tag für Tag gegenüber sehen, fertig werden und dabei gleichzeitig sich selbst und ihre Umgebung erforschen können.

Spiel hilft Kindern, ein Spektrum positiver und negativer Emotionen mit Hilfe sozialer Verbundenheit zu meistern, indem sie die Muskeln emotionaler Co-Regulation und die Fähigkeit zum Symbolisieren gleichzeitig trainieren. Spiel ist ein nützliches Werkzeug für alle Kinder, die in einer oft als bedrohlich und unberechenbar erscheinenden Welt aufwachsen.

Spiel mit Eltern und anderen wichtigen Bezugspersonen ist eine Möglichkeit, Entwicklungsdefizite aufzuarbeiten. Kinder können auf diese Weise ihre Fähigkeiten stärken und schließlich die Ursachen problematischer Verhaltensweisen auflösen. Entwicklungsförderndes Spiel bereitet Kinder außerdem darauf vor, sich Ressourcen für die Kontrolle ihres Verhaltens, ihrer Emotionen und ihrer Impulse anzueignen.

Merkmale entwicklungsfördernden therapeutischen Spiels

- Erfordert soziale Interaktion mit einem fürsorglichen, engagierten Erwachsenen (ist nicht ohne Partner möglich).
- Kind und Erwachsener haben Freude am Spiel und fühlen sich dabei sicher und im allostatischen Bereich (im Bereich des »guten Streß«).
- Im allgemeinen gibt das Kind, nicht der Erwachsene, den Ton an.
- Charakteristisch für diese Art von Spiel sind Reziprozität und abwechselndes Aktivwerden.

Spiel unterstützt Top-down-Denken

Für Kinder ist Spiel ein natürlicher Zustand, der ihre unterbewußten Sorgen, Ängste, Konflikte, Bestrebungen und Freuden zutage fördert. Spiel ist die beste Möglichkeit herauszufinden, was ein Kind denkt und womit es sich beschäftigt. Durch das Spiel werden Hinweise und Antworten zutage gefördert, über die das Kind möglicherweise noch nicht sprechen kann. Wenn z. B. Darrells Eltern oder sein Lehrer ihn nach seinem Verhalten fragten, konnte er nicht plausibel darauf antworten; er wechselte das Thema oder antwortete etwas, das mit der realen Situation nichts zu tun hatte. Doch als einige Erwachsene in seinem Umfeld anfingen, therapeutisch mit dem Jungen zu spielen, gelang es, ihn auf die Thematik zu fokussieren und die gesuchten Antworten in seinem Spiel zu entdecken. **Kinder offenbaren uns ihre Sorgen durch ihr Spiel, oft lange bevor sie sich in Worten darüber äußern können.** Spiel hilft Kindern, allmählich die Fähigkeiten zu entwickeln, die sie brauchen, um direkter über ihre Gefühle und Motivationen reden (oder sie anders symbolisieren) zu können.

Dem hüpfenden Ball folgen

Beziehungsbasiertes entwicklungsförderndes Spiel beinhaltet, daß wir dem Kind folgen, weil es uns durch seine Handlungen, Themen, Emotionen und die Inhalte seines Spiels zeigt, womit es beschäftigt ist.[10] Die Grundlage hierfür schaffen wir durch unsere bloße physische und entspannte emotionale Präsenz. Wenn wir zulassen, daß wir dem Kind folgen und nicht-urteilende, interaktive Partner in seinem Spiel sind, entdecken wir, was im Geist des Kindes vor sich geht. Die Aufgabe des Erwachsenen ist nicht, zu führen, zu lehren oder über Aspekte des Spiels zu urteilen. Wir begeben uns dorthin, wohin das Kind uns führt, und wir tun dies mit einem nicht-urteilenden Empfinden von Neugier, Energie und des Akzeptierens.

Die Arten von physischen Bewegungen, Spielzeugen, Themen, Symbolen und Ideen, von denen sich ein Kind natürlicherweise angezogen fühlt, geleiten uns zu einem immer besseren Verständnis seiner Motivationen, Emotionen, Ängste und Sorgen.[11] So gelang es uns, Darrell zu helfen, die Nachwirkungen seines frühen Traumas und den Streß seiner aktuellen Lebenssituation in Einklang zu bringen.

Ich unterstützte Darrells Familie einige Monate lang, indem ich ihr in wöchentlichen Sitzungen beibrachte, gemeinsam zu spielen. Um die Eltern dazu zu bringen, sich dem Fluß des Spiels zu überlassen, benutzte ich meine »Souffleurstimme« (indem ich ihnen meine Reflektionen, Vorschläge oder Ermutigungen zuflüsterte), während sie mit ihrem Sohn spielten.

Darrell spielte am liebsten mit seinen Tierfiguren. Wenn seine Eltern in unseren Sitzungen mit ihm spielten, war er ein wilder Löwe oder Tiger und setzte sich aktiv mit Problemen auseinander wie dem, daß er sich im Wald verirrte und ein anderes Tier verletzte (oder selbst verletzt wurde). Emotionale Themen mit Hilfe von Symbolen durchzuarbeiten (indem sie sich beispielsweise vorstellen, ein Tier oder ein Superheld zu sein), hilft Kindern, sich in einer sicheren Umgebung mit ihren eigenen Gefühlen, Impulsen, Ängsten und Wünschen zu beschäftigen.[12] **Wie bei vielen Kindern der Fall, war das Spielen mit den Eltern auch für Darrell eine sehr gute Möglichkeit, sein emotionales Denken und seine Fähigkeit zu sozialer Problemlösung zu trainieren, verbunden mit positiven Auswirkungen auf sein »reales« Leben.**

Innerhalb eines Zeitraums von einigen Monaten entwickelten sich Darrells Spielthemen vom anfänglichen Fokussieren auf wilde Tiere zur Beschäftigung mit »guten und bösen Kerlen«. Es machte ihm viel Freude, Dramen zu entwickeln, in denen seine Mutter und sein Vater die Rollen von Personen übernahmen, die etwas »Böses« taten, und es gefiel ihm, die Übeltäter als Polizist, König oder Herrscher unverzüglich zu bestrafen. Er genoß es, die »bösen Kerle« ins Gefängnis zu werfen, und bestrafte sie sogar eigenhändig für ihre Vergehen. Vermutlich waren die Themen von Darrells Spiel Reinszenierungen seiner frühen traumatischen Erlebnisse mit dem Kind, das ihn im Kindergarten schikaniert hatte.

Zulassen eines großen Spektrums von Gefühlen beim Spiel

Manchmal wecken die Themen, die Kinder für ihre Spiele wählen – insbesondere wenn es sich um aggressivere, negative Themen handelt –, unsere elterlichen Instinkte, unseren Kindern angemessenes Verhalten beizubringen. Als Darrell sich beispielsweise zu Beginn seiner Therapie ausmalte, böse Kerle verstießen gegen Gesetze, und er müsse sie bestrafen (indem er sie beispielsweise schlug), erschauderten seine Eltern und versuchten ihm in der Therapiesitzung beizubringen, »nett zu sein«. Daraufhin erklärte ich ihnen, das Spiel helfe ihm, sehr starke widersprüchliche Emotionen miteinander zu versöhnen. Das Spiel weite sein emotionales Spektrum massiv aus – was sogar die Wahrscheinlichkeit *verringere*, daß er sich im Umgang mit Altersgenossen aggressiv verhalte. Diese Erklärung half den Eltern, selbst beim Spiel spontaner zu werden und zuzulassen, daß er und sie selbst in ihren jeweiligen Rollen ein ganzes Spektrum von Emotionen zum Ausdruck brachten, statt aus dem Spielfluß herauszutreten, um dem Jungen »eine Lektion zu erteilen«.

Fortsetzung des neuronalen Trainings

Durch ein wenig Coaching beflügelt, fanden Darrells Eltern gut in ihre Rollen hinein, traten zu ihren eigenen inneren Kindern in Kontakt und genossen die Dramen, die sie mit ihrem geliebten Sohn durchspielten. Ihnen war nun klar, daß Darrell Gefühle der eigenen Machtlosigkeit durcharbeitete, die für ihn sehr belastend gewesen waren. Das Spiel half, die Lücken in Darrells sozialer und emotionaler Entwicklung zu schließen. Er lernte dadurch, über seine Gedanken, Gefühle und Ideen zu sprechen, und dies erschloß ihm die Möglichkeit, mit anderen über eigene Erlebnisse zu kommunizieren. *Wenn ein Kind anderen eigene Erlebnisse mitteilen kann, ist es in der Lage, selbst Lösungen zu Problemen zu entwickeln. Dies verstärkt die Fähigkeit zur Selbstregulation und ist der Entwicklung des Top-down-Denkens geschuldet, das die Streßreaktionen des Kindes moduliert und hemmt.*

In unseren Debriefing-Sitzungen, an denen Darrell nicht teilnahm, staunten seine Eltern und ich darüber, wie das Spiel den frühen Gefühlen der Hilflosigkeit und Verletzlichkeit des Jungen eine Stimme gegeben hatte – Gefühlen, die nun in den Äußerungen der Spielfiguren, die er kreierte, zum Ausdruck kamen. Ich vermutete, daß das Spiel Darrell auch half, seine frühen traumatischen Erlebnisse zu integrieren, doch das war eine fast zu große Belastungsprobe für ihn.

Spiel in Weitwinkelperspektive

Darrell profitierte von dem, was man als traditionelles »symbolisches Spiel« bezeichnen könnte, wobei oft Spielzeug benutzt wird und bestimmte Rollen dargestellt werden. *Aber das ist nur eine Definition von Spiel.* Manche Kinder spielen nicht gern mit Spielzeug; sie werfen lieber einen Ball, bewegen sich in der Natur oder widmen sich in anderer Form einem lebendigen Austausch von Gesten und Worten. Dieser erweiterten Perspektive gemäß ist Spiel alles, was als angenehm, organisch und als Austausch mit anderen in einer Atmosphäre interpersonaler Sicherheit empfunden wird.

Grundlagen des Spiels

Spiel trainiert die Muskeln der Emotionsregulation und stärkt die Kanäle symbolischen Selbstausdrucks.

Tipps für entwicklungsförderndes und beziehungsbasiertes Spiel mit Kindern:

- Lege alle elektronischen Geräte außer Reichweite, und löse dich von allen Formen der Ablenkung.
- Habe deinen Spaß, entspanne dich, und bleibe neugierig.
- Folge der Führung des Kindes, und würdige seine Bedürfnisse und die Themen, die in seinem Spiel zum Ausdruck kommen.
- Löse dich von allen eigenen Plänen.
- Verhalte dich interaktiv, und sei engagiert.
- Verzichte darauf, beim Spielen zu belehren oder Fragen zu stellen, wenn du die Antwort ohnehin kennst (etwa: »Welche Farbe hat die Schlange?«).
- Werde eins mit der Rolle, die du übernommen hast, und trete zu deinem spontanen inneren Kind in Kontakt.
- Viel Spaß!

Denken Sie daran, daß der Top-down-Zugang dynamisch ist und sich ständig verändert

Bei der Beschäftigung mit den Vorteilen der Top-down-Kontrolle sollten wir nie vergessen, daß sich Regulation und Aufmerksamkeit ständig verändern. Wir alle wechseln immer wieder auf den »grünen« Pfad und entfernen uns wieder von ihm. Nur weil wir (oder ein Kind) über Top-down-Fähigkeiten verfügen, haben wir noch lange nicht zu allen Zeiten Zugang zu unserer Denkfähigkeit. Geraten wir auf den »roten« Pfad, müssen wir dies erkennen und unsere Bottom-up-Strategien nutzen, was immer sie beinhalten mögen (eine Pause einzulegen, zu atmen, Achtsamkeitsübungen auszuführen usw.), um zum »grünen« Pfad zurückzufinden und wieder zu unserem Denken in Kontakt zu treten.

Fachkundige Hilfe suchen

Wenn Sie im Umgang mit Ihrem Kind oder einem Kind, mit dem Sie arbeiten, das Spiel therapeutisch nutzen wollen, sollten Sie sich um Unterstützung oder eine Konsultation bemühen. Dies gilt speziell dann, wenn Sie sich nicht sicher sind, welche Art von Spiel für das betreffende Kind besonders geeignet ist, oder *wie* das Kind vom Spiel profitieren könnte. Manchmal werden durch Spiel bei Kindern oder sogar bei uns selbst als ihren Spielpartnern problematische Emotionen oder Verhaltensweisen aktiviert oder zeitweise verstärkt. *Vergessen Sie nie, daß Sie, falls eine Aktivität, der Sie sich mit einem Kind zusammen widmen, belastend wirkt, die Aktivität vorsichtig beenden und das Erlebte nutzen können, um Ihre Bemühungen noch besser auf die speziellen Bedürfnisse und die Situation des Kindes abzustimmen.* Sichern Sie sich in jedem Fall die Unterstützung eines Fachkundigen, wenn das Spiel beim Kind oder bei Ihnen schmerzhafte oder intrusive Gefühle oder Erinnerungen aktiviert, denn Spiel für Kinder und mit Kindern ist nicht immer leicht.

Für Eltern ist es wichtig, sich Therapeuten zu suchen, die daran glauben, daß die therapeutische Wirkung von den vertrauensvollsten Beziehungen des Kindes ausgeht – daß sie nicht vom Therapeuten in Abwesenheit der primären Bezugspersonen hervorgerufen wird.

Es würde über den für dieses Buch gesteckten Rahmen deutlich hinausgehen, hier detaillierte Instruktionen für therapeutische Nuancen des Spiels aufzuführen. Deshalb empfehle ich Eltern dringend, Hilfe bei Fachleuten mit einer entsprechenden Ausbildung zu suchen. Falls Sie regelmäßig mit Kindern arbeiten, sollten sie eventuell selbst an solch einer Ausbildung teilnehmen, weil die positiven Auswirkungen dieser Arbeit so weitreichend und für die neurologische Entwicklung so förderlich sind. Bestimmte Aspekte des Spiels sind in praktisch jedem Beruf, in dem mit Kindern gearbeitet wird, von Nutzen. Im Anhang (Seite 317) finden Sie Namen von Institutionen, die mit DIR® und der therapeutischen Nutzung von Spiel und entwicklungsfördernden und beziehungsbasierten Therapien vertraut sind. Diese Therapeuten nutzen für ihre Arbeit oft Modelle wie DIR-Floortime® [13], Child-Parent Psychotherapy (CPP)[14], Interpersonale Neurobiologie[15], und das Neurorelational Framework (NRF)[16].

Der Übergang zur Top-down-Verarbeitung: Die Einbeziehung der Kinder in den Prozeß

Mit der Zeit lernte Darrell, zu anderen Kindern in Kontakt zu treten und seine starke Neigung zum Kämpfen zu überwinden. Die vielfältige Unterstützung, die er im Klassenraum genoß, in Verbindung mit dem verläßlich stattfindenden therapeutischen Spiel mit seinen Eltern stärkte sein System für soziale Verbundenheit.

Im Spiel fanden seine persönliche Wahrheit, seine Ängste und sein Gefühl eigener Machtlosigkeit in den wilden Tieren und den Rollenspielfiguren, zu denen er »wurde«, eine Stimme, während er die Leiden seiner symbolischen Helfer erforschte und »heilte«. Diese Art von Spiel stärkte seine Fähigkeit, auf dem »grünen« Pfad zu verweilen, und seine Symbolisierungsfähigkeiten und verringerte seine Emotionsausbrüche. Da sein sozial-emotionales Haus nun stärker geworden war, war es ihm möglich, seine Top-down-Verarbeitung und sein Denkvermögen zu erschließen und zu nutzen, indem er mit Erwachsenen, denen er vertraute, über seine Gefühle und Ideen redete.

Als er eines Tages aus der Schule nach Hause kam, teilte er seinem Vater etwas mit, das er erlebt hatte. Er sagte: »Ich war traurig, weil mein bester Freund heute beim Mittagessen mit einer neuen Gruppe zusammensaß.« In diesem einen Satz kam Darrells erstaunlicher Fortschritt zum Ausdruck. Er hatte nun endlich Zugang zu der machtvollen Top-down-Fähigkeit, etwas zu benennen, um es zu zähmen (*Name it to tame it*), wie Daniel Siegel und Tina Bryson es ausgedrückt haben.[17] Er konnte jetzt etwas, das er vorher in Form eines Stoßes oder Remplers entladen hatte, in verbaler Form ausdrücken. Er konnte auch mit Gleichaltrigen etwas aushandeln, statt sie zu schlagen – und wenn er Hilfe brauchte, konnte er sich einen Erwachsenen suchen, der ihm zuhörte und bereit war, ihn zu unterstützen. Mit Hilfe liebevoller und fürsorglicher Erwachsener entwickelte sich Darrell vom Grund aufwärts (Emotionsregulation) zu den Top-down-Fähigkeiten – die ihm ermöglichten, über seine Gefühle zu sprechen, wie auch über Wut, Eifersucht und Ängste.

Feiern der Macht des Denkvermögens

Anerkennen der Art, wie ein Kind Erlebtes ausdrückt.

Würdigen der Tatsache, daß ein Kind sein Erlebnis mitteilt und Anbieten positiver individualisierter Lösungen.

Feiern der Macht des Denkens – das uns helfen kann, negative Erlebnisse in verkraftbare zu verwandeln, wobei die Kinder dazu angeleitet werden, aktiv nach eigenen Lösungen zu suchen.

Kontext Wir versichern den Kindern, daß sie nun fähig sind, Lösungen zu ihrem aktuellen Problem und für andere, zukünftige Kontexte zu finden, wobei wir die unglaubliche Macht des Gewahrseins und menschlicher Verbundenheit, uns zu einem besseren Gefühl zu verhelfen, hervorheben.

Wie man einem Kind helfen kann, Top-down-Strategien zu entwickeln

Ich komme auf diesen Punkt immer erst dann zu sprechen, wenn das betreffende Kind von seiner Entwicklung her dazu bereit ist. Warum? Wie schon in Kapitel 1 erläutert wurde, basieren unsere Bemühungen, Kindern mit besonderen Problemen zu helfen, oft nicht auf einem Plan, der den aktuellen Entwicklungsstand berücksichtigt. Wir versuchen stattdessen, Kindern (oder Teenagern) etwas beizubringen, wenn sie noch gar nicht in der Lage sind, das, was sie nach unseren Vorstellungen lernen sollen, in die Tat umzusetzen. Und wenn das Kind dann nicht tut, was wir ihm beigebracht haben, sind wir frustriert. Aber wir sollten von Kindern nicht erwarten, daß sie ihre Selbstregulation aktivieren können, bevor wir sie durch emotionale Co-Regulation darauf vorbereitet haben. Das bedeutet nichts anderes, als daß das Zusammen-*Sein* mit dem Kind allen Erziehungs- und Belehrungsbemühungen vorausgeht.

Die Fähigkeit, das Gehirn zur Beruhigung von Körper und Geist zu nutzen, erzeugt ein besonderes Hochgefühl

Verfügt ein Kind über Top-down-Fähigkeiten, kann es die unglaubliche Macht des Denkens nutzen, um mit Herausforderungen fertig zu werden. Die gesamte psychische Gesundheit basiert auf dem soliden Fels heilenden Austauschs, der Menschen ermöglicht, sich selbst besser zu verstehen, ihr Leiden zu verringern und bessere Möglichkeiten des Umgangs mit schwierigen Emotionen zu finden.

Top-down-Denken nutzende Ansätze werden allgemein als kognitive oder kognitiv-behaviorale Paradigmen bezeichnet. Die Top-down-Kontrolle erschließt Kindern unendlich viele Möglichkeiten, sich selbst besser zu verstehen, zu ihren eigenen schwierigen Emotionen in Kontakt zu treten, sie zu beruhigen und die Macht des eigenen Geistes zu entdecken. Verfügt ein Kind oder Teenager über die Fähigkeit zu Top-down-Denken, erschließt ihm dies ein Spektrum sehr wirksamer Techniken und Ansätze. Einige von diesen, etwa *Collaborative and Proactive Solutions* (CPS)[18] und die Dialektisch-Behaviorale Therapie (DBT), sind sehr gründlich erforscht worden und haben sich als für Menschen mit starken Emotionen und Verhaltensauffälligkeiten nützlich erwiesen.[19]

Im folgenden sehen Sie eine Zusammenstellung von Ansätzen, die Kindern helfen können. Sie sind den drei Kategorien Body-up-, Hybrid- und Top-down-Ansätze zugeordnet, wobei die Hybrid-Ansätze sowohl Body-up- als auch Top-down-Strategien nutzen.

- **Top-down-Ansätze:** kognitive Therapien; kognitiv-behaviorale Therapien; Collaborative and Proactive Solutions (CPS); Dialektisch-Behaviorale Therapie (DBT)
- **Hybrid-Ansätze:** DIR-Floortime®; Neuro Relational Framework (NRF); Schauspiel, Kunsttherapie; Achtsamkeitstraining
- **Bottom-up-Ansätze:** sensumotorisch basierte Ergotherapie; Adapted Physical Education (APE); Physiotherapie; Yoga; Biofeedback; Bewegungstherapien; neurologisch orientierte Musiktherapie; Safe and Sound Protocol (SSP)

Im weiteren Verlauf dieses Kapitels werde ich beschreiben, wie ich Kindern durch Top-down-Übungen und entsprechende Unterweisungen helfe, ihren Geist zu nutzen, um ihre Gedanken, Emotionen und Verhaltensweisen zu beeinflussen.

Eine gute Präsentation ist wichtig!

Zunächst werden wir uns mit dem wichtigsten Grundprinzip beschäftigen, das wir bei der Art, wie wir mit Kindern über ihr Nervensystem sprechen, berücksichtigen müssen. Denken Sie daran, daß die Art, *wie* wir etwas sagen, ebenso wichtig ist wie das, *was* wir sagen (der Inhalt). Kinder sind eher bereit, etwas zu lernen, wenn sie nicht das Gefühl haben, beurteilt, zum Schweigen gebracht oder einer Prüfung unterzogen zu werden. Machen Sie sich also vor Betreten des Raums bewußt, ob *Sie* sich auf dem »grünen« Pfad befinden, wenn Sie lehren, und entwickeln Sie andernfalls Selbstmitgefühl, zeigen Sie sich flexibel, und ändern Sie Ihren Plan für die bevorstehende Therapiesitzung!

Ich habe schon in Kapitel 2 erläutert, daß ich Farben benutze, weil sie Erwachsenen am effektivsten helfen, den autonomen Pfad eines Kindes zu verstehen, an dem sie sich bei ihrer Arbeit orientieren sollten. Doch aufgrund meiner eigenen beruflichen Erfahrungen und der Kommentare von Eltern, anderen Therapeuten und Lehrern benutze ich Farben nicht, um Kindern etwas über Selbstregulation *beizubringen.* Wie ich festgestellt habe, kann die Nutzung von Farbsystemen unabsichtlich die Botschaft übermitteln, bestimmte autonome Zustände seien »besser« als andere. Beispielsweise könnte ein Lehrer ein Kind auffordern, »seine Farbe zu verändern«, wenn das Kind sich problematisch verhält oder Schwierigkeiten hat, sich zu beruhigen. Benutzt man Farben in diesem Sinne im Rahmen einer Strategie des Verhaltensmanagements, vermittelt man Kindern implizit die Botschaft, daß Rot »schlecht« und Grün »gut« ist. Eltern berichten oft, wenn ihr Kind miterlebt habe, wie Klassenkameraden »ihre Farbe gewechselt« hätten, entwickle es Angst davor, dies selbst auch tun zu müssen.

Es gibt keinen guten oder schlechten autonomen Zustand. Ich habe zwar festgestellt, daß Farben nützlich sind, wenn es um *unsere* Interaktionen als Erwachsene mit Kindern geht, aber ich benutze grundsätzlich keine Farben, um Kindern etwas über Selbstregulation *beizubringen.* Ich löse dieses Problem auf eine dem jeweiligen Entwicklungsstand entsprechende und individualisierte Weise, indem ich die Kinder dazu bringe, *ihre autonomen Pfade mit eigenen Worten zu beschreiben.*

Wir helfen den Kindern zunächst, eine gesunde Wertschätzung des Autonomen Nervensystems und dessen, wie es uns schützt, zu entwickeln. Anschließend lehren wir sie zu erkennen, welcher der drei Pfade bei ihnen in Reaktion auf das, was in ihrem Gehirn und Körper vor sich geht, aktiviert worden ist.

Das folgende Protokoll ist ein Beispiel für meine Vorgehensweise. Ich empfehle Ihnen, es sowohl an den Entwicklungsstand als auch an die Reaktionen der Kinder, mit denen Sie arbeiten, anzupassen. Das vorgestellte Skript ist für Kinder im Grundschulalter gedacht, ich habe es aber auch schon bei der Arbeit mit älteren Kindern benutzt. Am besten eignet es sich für die Arbeit mit einem einzelnen Kind. Man kann es aber auch benutzen, wenn man mit einer kleinen Gruppe oder sogar mit einer ganzen Klasse arbeitet, sofern andere Erwachsene als Helfer hinzugezogen werden.

Einem Kind beibringen, seinen autonomen Zustand zu erkennen und zu benennen

Anmerkung für den Trainer: Stellen Sie jeden der drei Pfade in einem positiven/neutralen Ton vor.

Das Skript:

Unser Körper ist verbunden mit unserem Gehirn, das uns hilft, zu denken, Probleme zu lösen und herauszufinden, wie wir uns fühlen. Manchmal empfinden wir etwas im Körper, beispielsweise Bauchschmerzen oder Herzklopfen, und manchmal tauchen Empfindungen in unserem Geist auf, etwa eine Idee, ein Gedanke oder eine Erinnerung. Wir alle fühlen uns manchmal ruhig und glücklich und manchmal verängstigt, traurig oder in anderer Weise unwohl. Das ist normal und gehört zu unser aller Leben. Durch unsere Gefühle schützt uns unser Körper und hilft uns, gesund und in Sicherheit zu bleiben. Wir können uns über unsere Gefühle klar werden, indem wir sie mit einem bestimmten Wort assoziieren. Wir werden uns heute damit vergnügen, bestimmte Worte für die Gefühle in unserem Geist und unsere körperlichen Empfindungen festzulegen. Die so gewählten Wörter helfen uns, uns darüber klar zu werden, was wir tun können, um uns besser zu fühlen.

Ruhig, wohlig und sicher

Wir werden uns nun drei Arten, auf die wir uns in unserem Körper und Geist fühlen können, genauer anschauen. Manchmal fühlen wir uns ruhig, und wir können uns auch glücklich, wohl und sicher fühlen. Wenn das der Fall ist, wollen wir oft spielen und mit anderen zusammen Dinge tun, die uns Freude machen. Kannst du (oder »Kann jemand von euch«, wenn es sich um eine Gruppe handelt) eine Situation nennen, in der du dich (ihr euch) so gefühlt hast (habt)? Was hast du (habt ihr) damals getan? Fällt dir (euch) ein Wort ein, das deinen (euren) Körper und Geist beschreibt, wenn du dich (ihr euch) ruhig, wohl und sicher fühlst (fühlt)?

Lassen Sie viel Zeit, und bitten Sie dann jedes Kind, sein persönliches besonderes Wort zu nennen. Benutzen Sie das im Anschluß an diesen Text abgedruckte Arbeitsblatt, um dem Kind die Möglichkeit zu geben, das Wort aufzuschreiben und/oder ein Bild davon zu zeichnen.

Große Gefühle und der Drang, sich zu bewegen

Wir werden nun über eine andere Art, wie Menschen sich fühlen können, sprechen. Manchmal fühlen wir uns zittrig, verängstigt, wütend oder verspüren das Bedürfnis, uns zu bewegen – und zwar schnell. Wenn wir uns so fühlen, tun wir unerwartet Dinge, derentwegen wir uns später schlecht fühlen; beispielsweise tun oder sagen wir dann etwas Gemeines, das uns selbst überrascht. Kannst du (oder »kann jemand von euch«) ein Beispiel für eine Situation nennen, in der du dich (er sich) so gefühlt hast (hat)? Und fällt dir (euch) ein Wort ein, das beschreibt, wie es sich im Körper und im Geist anfühlt, wenn man zittrig oder wütend ist oder sich so fühlt, als wollte man von etwas oder jemandem möglichst weit wegkommen?

Lassen Sie viel Zeit, und fordern Sie dann jedes Kind auf, sein persönliches besonderes Wort zu nennen. Benutzen Sie das Arbeitsblatt im Anschluß an diesen Text, und geben Sie dem Kind die Möglichkeit, das Wort aufzuschreiben und/oder ein Bild davon zu zeichnen.

Traurig, einsam und langsam

Menschen können auch noch andere Gefühle spüren. Manchmal sind wir traurig, einsam oder verlangsamt. Unser Körper will sich dann nicht besonders stark bewegen, und wir sind nicht daran interessiert, etwas mit unseren Freunden und unserer Familie zu unternehmen, nicht einmal etwas, das uns normalerweise Spaß macht. Manchmal haben wir sogar das Gefühl, »erstarrt« zu sein, als könnte unser Körper sich nicht besonders schnell bewegen. Kannst du (oder »könnt ihr«, wenn es sich um eine Gruppe handelt) ein Beispiel für eine Situation nennen, in der du dich (ihr euch) so gefühlt hast (habt)? Fällt dir (euch) ein Wort ein, das deinen (euren) Körper und Geist beschreibt, wenn du dich (ihr euch) langsam, auf einem Tiefpunkt oder so, als wolltest du (wolltet ihr) nicht mit anderen spielen oder zusammen sein, fühlst?

Lassen Sie viel Zeit, und bitten Sie dann jedes Kind, sein persönliches besonderes Wort zu nennen. Benutzen Sie das im Anschluß an diesen Text abgedruckte Arbeitsblatt, um dem Kind die Möglichkeit zu geben, das Wort aufzuschreiben und/oder ein Bild davon zu zeichnen.

Arbeitsblatt

________________s Geist und Körper

Mein besonderes Wort für den Zustand, in dem ich mich in meinem Geist und Körper ruhig, wohl und sicher fühle, ist: ______________________________.
Und hier ist meine Zeichnung dieses Zustandes.

Mein besonderes Wort für den Zustand, in dem ich starke Gefühle habe, verängstigt oder wütend bin und mich bewegen muß, ist: ________________.
Und hier ist meine Zeichnung dieses Zustandes.

Mein besonderes Wort für den Zustand, in dem ich mich traurig, einsam oder auf einem Tiefpunkt fühle, ist: ______________________________.
Und hier ist meine Zeichnung dieses Zustandes.

Durch diese Übung wollen wir die Botschaft übermitteln, daß alle Menschen, weil sie lebendig sind und in einer sehr geschäftigen Welt leben, regelmäßig mit den unterschiedlichen Pfaden in Kontakt treten. Wir wollen Kindern vermitteln, daß die Beeinflussung des Spektrums unserer Emotionen und unserer körperlichen Erlebnisse etwas Natürliches und zu erwarten ist. Entscheidend ist es, Kindern zu helfen, ihre Empfindungen und Emotionen zu erkennen und ihrer gewahr zu werden, damit sie sich selbst beruhigen können oder Hilfe finden, wenn Sie Unterstützung benötigen.

Ich habe festgestellt, daß Kinder diese Übung als amüsant und befreiend empfinden, weil Erwachsene auf negative Verhaltensweisen häufig beschwichtigend reagieren oder sie zu löschen versuchen, statt sich tiefreichender damit zu beschäftigen oder dem Kind zu helfen, sie mit adaptiven Emotionen zu verbinden. Deshalb müssen wir daran denken, alle autonomen Pfade so neutral wie möglich darzustellen.

Wenn wir Kindern etwas über die drei Pfade beibringen, wollen wir ihnen zwei Botschaften übermitteln. Erstens wollen wir sie darin unterstützen, ihres physiologischen Zustandes zunehmend gewahr zu werden, und wir wollen sie wegen des Erstarkens ihrer Wahrnehmung der Körper-Geist-Verbindung loben. Dies können wir beispielsweise zum Ausdruck bringen, indem wir sagen: »Es ist phantastisch, wie du auf die Signale deines Körpers geachtet hast!« Natürlich sollten wir unsere Ausdrucksweise auf die Situation des betreffenden Kindes abstimmen. Unser zweites Anliegen ist, auf dieser Information aufbauend den Kindern zu erkennen zu helfen, *was sie brauchen*, wenn sie sich nicht auf ihrem ruhigen (dem »grünen«) Pfad befinden – und damit werden wir uns als nächstes beschäftigen.

Kindern helfen, eigene Lösungen zu finden

Sobald ein Kind in der Lage ist, seinen autonomen Zustand zu erkennen, sollten wir ihm als nächstes helfen, eigene Lösungen zu den Problemen, mit denen das Leben sie konfrontiert, zu entwickeln. Denken Sie stets daran: Am wichtigsten ist, wie ein Kind Ereignisse wahrnimmt – deshalb müssen wir hier seine Wahrnehmungen und Erlebnisse nutzen und sie im Einklang mit dem Bemühen um personalisierte Einstimmung dazu bringen, sein *eigenes* Verständnis seiner Reaktionen auf wichtige Lebensereignisse zu entwickeln. Die auf den folgenden Seiten vorgestellten beiden Arbeitsvorlagen sollen Kindern helfen, sich mit ihren Streßreaktionen und einem proaktiven Umgang mit diesen auseinanderzusetzen. Weil die Co-Regulation den Weg ebnet, sollte die Atmosphäre, der Ton des Gesprächs kollaborativ, positiv und von Hoffnung geprägt sein.

Als Beispiel werden wir uns Darrells Arbeitsblatt anschauen. Darrell benannte und identifizierte seine verschiedenen physiologischen Zustände zunächst mit Hilfe des »Geist und Körper«-Arbeitsblatts. Er füllte es mit einem Elternteil aus, und das Blatt gibt seine Antworten wieder. Bei einigen Antworten brauchte er ein wenig Hilfe.

Als nächstes beschäftigte Darrell sich mit dem Arbeitsblatt »Auf meine Reaktionen achten« (Seite 224). Darauf befaßt sich das Kind mit Situationen, Menschen, Orten, Dingen usw., die bei ihm die drei verschiedenen Arten von Gefühlen in Körper und Geist hervorrufen.

Und schließlich füllte Darrell das Arbeitsblatt »Meine Strategien entwickeln« (Seite 225) aus. Hier setzt sich das Kind mit seinen Antworten auseinander, um Strategien oder Lösungen zu entdecken, die ihm helfen können, auf den ruhigen, wohligen und sicheren Pfad zurückzukehren.

Arbeitsblatt – Beispiel

Darrells Geist-und-Körper-Erlebnisse

Mein spezielles Wort für Situationen, in denen ich mich in meinem Geist und Körper ruhig, wohl und sicher fühle, ist: glücklicher Camper
Und das hier ist meine Zeichnung dazu:

Mein spezielles Wort für Situationen, in denen ich starke Gefühle (Angst, Wut und das Bedürfnis, mich zu bewegen) habe, ist: Explosion
Und hier meine Zeichnung dazu:

Mein spezielles Wort für Situationen, in denen ich mich traurig, einsam oder langsam fühle, ist: Schildkröte
Hier ist meine Zeichnung von ihr.

Arbeitsblatt – Beispiel

Auf meine Reaktionen achten – Darrell

Dinge, die bewirken, daß ich mich wie ein glücklicher Camper fühle:

Wochenenden

mit Großvater Kürbisse aushöhlen

mit Großmutter Plätzchen backen

Eis essen

Dinge, die in meinem Körper eine Explosion auslösen können:

Wenn in der Schulpause zu viele Kinder auf dem Klettergerüst sind

Wenn Mami und Papi mich mit einem Babysitter zu Hause lassen

Wenn ich Halsweh oder Bauchschmerzen habe

Dinge, die meinen Körper zur Schildkröte machen können

der Tod meines Hamsters

als mein Freund Jamal sich ein Bein gebrochen hatte

wenn ich kotzen muß

wenn meine Freunde mich beschimpfen

wenn mein Lehrer mich auffordert, aus der Klasse zu gehen und dort stehen zu bleiben

Arbeitsblatt – Beispiel

Meine Strategien entwickeln – Darrell

Wie kann ich mir helfen, damit ich zum glücklichen Camper zurückkomme, nachdem ich eine Explosion erlebt habe?

Indem ich die Blütenblätter von der Blume blase (seine bevorzugte Atemübung).

Indem ich warte, bis nur noch zwei oder drei Personen auf dem Klettergerüst sind.

Indem ich mit Mami und Papi spreche, ob ich nicht bei Großmutter bleiben kann, statt bei einem Babysitter.

Indem ich einem Erwachsenen sage, wie ich mich fühle.

Indem ich mich hinlege.

Indem ich Mami bitte, mir eine Geschichte vorzulesen.

Wie kann ich mir helfen, damit ich zum glücklichen Camper zurückkomme, wenn ich eine Schildkröte bin?

Indem ich ein Bild von meinem Hamster Hamlet zeichne.

Indem ich an meinen Hamster oder an Mami und Papi denke.

Indem ich meinen Freund Jamal besuche und ihm einen Hamburger mitbringe.

Indem ich Mami bitte, sich zu mir zu setzen, wenn ich das Gefühl habe, daß ich kotzen muß.

Indem ich mir jemanden suche, mit dem ich reden kann, wenn meine Freunde mich beschimpfen.

Indem ich Mami bitte, mit meinem Lehrer zu reden, damit er mich nicht mehr aus der Klasse schickt.

Arbeitsblatt

________________s »Auf meine Reaktionen achten«

Dinge, die bewirken, daß ich mich fühle wie ein ______________________.

(Wort des Kindes für »sich ruhig, wohlig und sicher fühlen«):

____

____

____

Dinge, die bewirken können, daß mein Körper das Gefühl hat, zu ________

____.

(Wort des Kindes für starke Gefühle aus dem »Geist und Körper«-Arbeitsblatt):

____

____

____

Dinge, die bewirken können, daß mein Körper ______________________.

(Wort des Kindes für traurig, einsam oder langsam aus dem »Geist und Körper«-Arbeitsblatt):

____

____

____

Arbeitsblatt

Meine Strategien entwickeln

Wie kann ich mir helfen, zurückzukehren zu meinem ____________________ (Wort des Kindes für »sich ruhig, wohlig und sicher fühlen«), **wenn ich** ________ ____________________________ (Wort des Kindes für starke Gefühle) **bin**?

____

____

____

____

____

____

Wie kann ich mir helfen, zurückzukehren zu meinem ____________________ (Wort des Kindes für »sich ruhig, wohlig und sicher fühlen«), **wenn ich** ________ __________________ (Wort des Kindes für traurig, einsam oder langsam) **bin**?

____

____

____

____

____

____

Wir ermöglichten Darrell, eigene Selbstregulationsmöglichkeiten zu entwickeln. Zu diesem Zweck führten wir Gespräche mit ihm, die ihn in die Lage versetzten, eigene Top-down-Strategien zu ersinnen, und die ihm halfen, sich selbst zu beruhigen, wenn er sich gestreßt fühlte. *Weil er diese Lösungen selbst entwickelte, sie ihm also nicht von Erwachsenen vorgeschlagen wurden, standen sie in einer Verbindung zu seinem Körper und Gehirn, die ihm selbst als sinnvoll erschien, was ihre Wirksamkeit erhöhte.*

Gelegenheiten zum Top-down-Denken finden

Oft stammen die kreativsten Lösungen und Strategien von den Kindern selbst. Wir können sie während eines Spaziergangs oder eines Gesprächs im Auto fragen, wie sie unsere Versuche als Erwachsene, ihnen zu helfen, wahrnehmen. Vorausschauende Fragen wie »Wenn du aufgebracht bist, was kann ich dann tun, um dich zu unterstützen oder dir zu helfen, damit du dich wieder besser fühlst?« helfen einem Kind, Lösungen für zukünftige Probleme zu entwickeln.

Erinnern und Vorhersagen

Eine Aktivität, der sich Eltern und Therapeuten mit Kindern zusammen widmen können, besteht darin, gemeinsam ein »Was zu tun ist«-Diagramm zu entwickeln, das erfaßt, wie sich das Kind bestimmte Situationen vorstellt und wie es dann einen Plan entwickelt, um diese Situationen zu bewältigen. Dies ist eine Variante des Arbeitsblatts »Meine Strategien entwickeln«, eine einfache Top-down-Übung im *Erinnern* schwieriger Situationen und im *Vorhersagen* verschiedener Resultate dieser Situationen. Es hilft uns, weitere Selbstregulationsstrategien zu entwickeln und Kinder damit vertraut zu machen, wie sie sich selbst beruhigen können. Das Diagramm kann außerdem die Planung und Sequenzierung wichtiger Aktivitäten für die Entwicklung der Exekutivfunktion unterstützen.

Darrell hatte besondere Freude an einer bestimmten Aktivität und nannte sie »Der *Situation Room* [das Lagezentrum] mit Darrell und Mami«, nachdem er im Fernsehen gehört hatte, daß es im Weißen Haus einen *Situation Room* gebe. Die Aktivität bestand darin, daß Darrell und seine Mutter die Situationen, die ihm zu schaffen machten, in einer Spalte notierten, seine Gefühle aufgrund der Situation in der nächsten Spalte und eine Erinnerung daran, was er tun konnte, um ruhig zu bleiben, in einer dritten Spalte. Es folgt als Beispiel Darrells Diagramm, und anschließend finden Sie ein Blanko-Formular, das Sie personalisieren können.

Arbeitsblatt

Situation Room mit Darrell und Mami

Was passiert ist	Wie ich mich fühlte	Was ich tun kann
Andere Kinder haben sich beim Prellballspiel über mich lustig gemacht.	Ich habe mich geschämt.	Ich bleibe ruhig, indem ich mir sage: »Es ist okay, wenn ich mich schäme« und dann mit einem Freund oder mit meinen Eltern darüber spreche.
Mein Nachbar wollte mir seinen iPad nicht ausleihen.	Ich war wütend.	Ich stelle auf Mamis iPhone einen Wecker auf fünf Minuten, damit wir das iPad abwechselnd benutzen können.

Situation Room oder »what to do?«-Tabelle

Was passiert ist	Wie ich mich fühlte	Was ich tun kann

Wie wir durch unsere Interaktionen und Gespräche die Top-down-Verarbeitung fördern können

Wir können das Top-down-Denken fördern, indem wir eine Atmosphäre schaffen, die den Forschergeist und den Verzicht auf Urteile begünstigt. Nehmen Sie sich als Eltern die Zeit, um mit Ihrem Kind zusammen zu sein, ohne abgelenkt zu werden, und schaffen Sie Raum für Gespräche, ohne daß elektronische Geräte, Internet, Fernsehen und andere die Aufmerksamkeit zerstreuende Einflüsse präsent sind.

Wir können durch unsere Selbstreflexion ein Beispiel für Top-down-Denken vorführen. Wenn Sie zusammen mit einem Kind eine schwierige Situation erleben, können Sie darüber reflektieren, wie es für Sie als Erwachsenen war, dies zu erleben, und dann innehalten und abwarten, ob das Kind Ihre Gedanken aufgreift, indem es mitteilt, wie es sich in der Situation selbst gefühlt hat.

Beispielsweise sagte Darrells Mutter eines Tages in einer Therapiesitzung: »Es tut mir leid, daß ich dich gestern angebrüllt habe. Ich hatte Angst, als wir unseren Hund nicht finden konnten, und habe deshalb die Beherrschung verloren.« Im Anschluß an diese Äußerung begann Darrell, darüber zu sprechen, wie er sich gefühlt hatte, als seine Mutter wütend geworden war, und wie sehr er sich geängstigt hatte, ein Auto könnte seinen geliebten Hund überfahren haben. (Glücklicherweise war der Hund mittlerweile wieder heil zu Hause angekommen; ein Nachbar hatte ihn gefunden.)

Die Zielsetzung vom Kind zu Beziehungen hin verschieben

Was war der wichtigste Aspekt bei den Bemühungen, Darrells Wunden zu heilen, der sich unbewußt auf seine Emotions- und Verhaltensregulation auswirkte? Sein Betreuungsteam verlagerte den Schwerpunkt seines Ansatzes vom *Verhalten* des Kindes als Ziel der Veränderung hin zur Priorisierung *unterstützender Beziehungen* und einer *individualisierten Förderung der Entwicklung*. Wie sich herausstellte, brauchte Darrell genau das: die heilende Kraft von Beziehungen, die gegen die sozialen und emotionalen Einengungen gerichtet war, durch welche die problematischen Situationen überhaupt erst entstanden waren. Sobald die autonome Regulation stabiler geworden war, wurde Darrell offener und war stärker daran interessiert, Top-down-Strategien zu erlernen, mit deren Hilfe er seinen Geist nutzen konnte, um seinen Körper zu beruhigen. Seine Bottom-up- *und* Top-down-Fähigkeiten wurden unterstützt durch die vielen Erwachsenen in seinem Leben – seine Eltern, Lehrer, Therapeuten, die erweiterte Familie und die Gemeinschaft, in der er lebte –, die ihn alle liebten und ihm helfen wollten.

Stigmatisierungen verringern und Psychohygiene fördern

Leider ist in unserer Kultur mit der Thematik psychischer Gesundheit immer noch eine Stigmatisierung verbunden. Ich erlebe dies aus der Perspektive der Therapeutin immer wieder in Interaktionen und Begegnungen, in denen psychische Probleme eines Kindes anders behandelt werden als schulische Probleme oder körperliche Krankheiten. Emotionale Bedürfnisse unterscheiden sich nicht von anderen Bedürfnissen, werden aber nicht genauso gut verstanden, weil es um Aspekte des Geistes geht, die aus irgendeinem Grund als mysteriöser und weniger greifbar angesehen werden.

Über Psychohygiene sprechen wir weniger oft und in einem anderen Ton als über körperliche Gesundheit. Kindern kommt es zugute, wenn wir als Erwachsene häufiger und möglichst entspannt über unsere Emotionen und Konzepte sprechen – etwa über Verletzlichkeit, Angst und Scham. Wenn Kinder dies miterleben, hilft ihnen das zu begreifen, daß Stimmungsschwankungen (und Verhaltensänderungen) zum Menschsein gehören. In diesem Zusammenhang möchte ich das Werk von Brené Brown empfehlen, deren Programme und Bücher und deren gesamtes Lebenswerk darauf zielen, uns zu helfen, unsere Verletzlichkeit anzunehmen, statt sie zu verbergen.[20]

Die Wunder des Top-down-Denkens

Im Laufe der Zeit lernte Darrell, sein Denkvermögen zu nutzen, um die oft unvorhersehbaren Reaktionen seines Körpers auf dem »roten« Pfad zu verstehen. **Dann passierte etwas Erstaunliches: Er erlebte eine Neurozeption und verwandelte sie in Perzeption (Wahrnehmung).**[21] Man könnte auch sagen: Er entwickelte Selbstgewahrsein. Eines Tages sagte Darrell nach einem für ihn schwierigen Tag in der Schule: »Der glückliche Camper und meine Explosion haben heute gegeneinander gekämpft.« Daraufhin fragte ihn sein Vater: »Und wer hat gewonnen?« Darrell deutete nur mit einem Daumen nach oben. Das Lächeln auf seinem Gesicht und die Reaktion seines Vaters waren ein schönes Beispiel für das Wunder – und die Effektivität – der Nutzung des Gehirns zur Beruhigung und Organisation der Empfindungen des Körpers.[22]

Zusammenfassung der Hauptpunkte dieses Kapitels

Das IDEA-Prinzip – um Kindern mit Verhaltensproblemen helfen zu können, muß man folgendes tun:

1. **Inquiring** – Die Lebensgeschichte des Kindes recherchieren und seine Verhaltensweisen verfolgen, um bestimmte Muster darin zu entdecken.
2. **Determining** – Feststellen, welche Faktoren zu den Schwierigkeiten des Kindes beitragen.
3. **Examining** – Untersuchen, was unsere Recherchen über Trigger und Ursachen ergeben haben.
4. **Addressing** – Auf die Entwicklungsprobleme eingehen, die zu den Verhaltensauffälligkeiten geführt haben, zunächst durch unsere Interaktionen und nötigenfalls durch gezielte therapeutische Unterstützung.
   - Spiel hilft, die Lücken in der sozialen und emotionalen Entwicklung von Kindern zu verringern, und unterstützt sie darin zu lernen, über Gedanken, Gefühle und Ideen zu reden; außerdem erschließt das Spiel ihnen die Möglichkeit, ihre Erlebnisse mit anderen zu teilen.
   - Agiert ein Kind im Top-down-Modus, können wir mit Aussicht auf Erfolg Strategien empfehlen und Gespräche über die Macht und die Wunder führen, die durch die Nutzung des Geistes zur Selbstregulation, zum Planen und zur Lösung von Problemen zur Geltung kommen.

TEIL III

Neurodiversität, Trauma und Blick in die Zukunft

7

Verhalten bei Autismus und Neurodiversität: Vorsichtig behandeln!

> *»Verändere deinen Blick auf die Dinge, dann verändern sich die Dinge, die du anschaust.«*
>
> — Dr. Wayne Dyer

Bei Norton, einem Achtjährigen, war im Alter von vier Jahren hochfunktionaler Autismus diagnostiziert worden. Sobald es seinen Eltern möglich war, hatten sie sich um Behandlungen für den Jungen bemüht, unter anderem in Form von Sprachtherapie, Ergotherapie und einer Therapiegruppe für die Vermittlung sozialer Fertigkeiten, und Norton hatte auf alle diese Bemühungen gut angesprochen. Als ich seine Kinderärztin anrief, um mich als Nortons Entwicklungspsychologin vorzustellen, beschrieb sie Norton als »skurril und gewitzt«. Wir waren uns einig darüber, daß er ein fröhliches, wißbegieriges Kind war, das in schulischer Hinsicht wahrscheinlich sehr erfolgreich sein würde.

Nortons Eltern meldeten ihren Sohn in einer lokalen Privatschule an, wo er aufgrund seines ausgezeichneten visuellen und auditorischen Gedächtnisses überragende Leistungen erzielte. Allerdings war man in dieser Schule den Verhaltenseigenarten des Jungen gegenüber nicht besonders tolerant, und insbesondere galt das für eine bestimmte Angewohnheit von Norton: Er schnippte oft mit seinen Fingern, und zwar so laut, daß die Aufmerksamkeit seiner Mitschüler darauf gelenkt wurde, obwohl es ihm durchaus möglich war, weniger laut zu schnippen, wenn er seine Finger beobachten konnte. Seine Eltern machten sich wegen des Schnippens eigentlich keine Sorgen, aber als Norton in die zweite Klasse versetzt werden sollte, beantragte sein Lehrer wegen der potentiell störenden Wirkung des Schnippens bei der Schulleitung einen Plan für Verhaltensinterventionen.

Kurz nachdem der Lehrer diesen Antrag gestellt hatte, traf ich Nortons Eltern, um mit ihnen verschiedene Unterstützungsmöglichkeiten zu besprechen. Dieses Gespräch kreiste um ein Dilemma: Sollten wir das störende Verhalten direkt anvisieren, um es zu verändern, oder sollten wir vorher über seine Bedeutung und seinen Wert für Norton reflektieren?

Dies ist bei der Auseinandersetzung mit atypischen Verhaltensweisen neurodiverser Kinder immer eine zentrale Frage: Sollte man ein Kind dazu bringen, sein

Verhalten zu ändern, bevor man versteht, welche Funktion dieses Verhalten für das Kind erfüllt? Oder ist es besser, die eigenen Überzeugungen und Erwartungen bezüglich der Bedeutung bestimmter Verhaltensweisen für ein Kind zu verändern?

Im Laufe der Jahre hat meine Besorgnis bezüglich der Art, wie Verhaltensweisen von Kindern mit einer Diagnose im Bereich des autistischen Spektrums verstanden, gedeutet und behandelt werden, stark zugenommen. Ganz besonders gilt das für Kinder und Teenager mit komplexen Kommunikationsproblemen. Diese werden oft als »nonverbal« bezeichnet, ein Begriff, den ich für ebenso unzutreffend wie unsensibel halte. Ich selbst bezeichne solche Kinder als *»nonspeakers«* (»Nichtsprechende«) oder manchmal auch als *»Menschen, die eine Tastatur benutzen, um zu kommunizieren«. Diese Formulierungen werden der Tatsache gerecht, daß die Probleme solcher Kinder nicht unbedingt auf der verbalen/kognitiven Ebene liegen.* Erwachsene behandeln die Betreffenden oft mit rigorosen »Top-down«-Ansätzen, die auf die Veränderung oberflächlicher Verhaltensweisen zielen. Ich widme in diesem Buch ein ganzes Kapitel der Erforschung anderer Möglichkeiten.

Wie ich bereits in einem früheren Kapitel erwähnte, haben mir meine Erlebnisse in multidisziplinären Teams während meiner post-doktoralen Studien gezeigt, wie wichtig es ist, die *individuellen Besonderheiten*[1] eines Kindes zu berücksichtigen. Individuelle Eigenarten bei der unterstützenden Betreuung von Autisten zu respektieren ist deshalb sehr wichtig, weil die konkreten Erscheinungen nahezu unendlich variieren können und weil es keine zwei Betroffenen gibt, deren Situation gleich ist. Als Mitglied eines multidisziplinären Teams, dem Sprach- und Sprechtherapeuten, Ergotherapeuten, Sehtherapeuten, Physiotherapeuten, Kinderärzte, pädiatrische Neurologen und andere Fachleute angehörten, erlangte ich umfassende Kenntnisse darüber, wie die Gehirn-Körper-Verarbeitung Entwicklung, Verhalten und psychische Gesundheit beeinflußt. Mit Hilfe der umfassenden Informationen von Fachleuten, die sich mit unterschiedlichen Gehirnbereichen befaßten, lernte ich die *Adaptationen* zu schätzen, die Kinder entwickeln, um mit ihren speziellen Gehirn-Körper-Verbindungen zurecht zu kommen. Und dies machte mich neugierig auf die besonderen Verhaltensweisen der Kinder, statt daß ich sie als »offensichtlich gestört« abstempelte.

Forscher haben sich mit vielen wichtigen Bereichen befaßt, die für das Verständnis des Verhaltens von Kindern mit Autismus nützlich sind, darunter übermäßige sensorische Responsivität, gastrointestinale Probleme, Schlafstörungen und Angstzustände.[2] Viele Kinder mit Diagnosen des autistischen Spektrums erleben Probleme, die einen oder mehrere der genannten Bereiche betreffen. Sensorische Überresponsivität (SOR) ist eine extreme Reaktion auf sensorische Reize.[3] Das Vorkommen von SOR bei Autismus wurde als so massiv erkannt, daß dieses Symptom als Kriterium für die Autismus-Diagnose (zusätzlich zu sensorischer Unterresponsivität) in die neueste Version des DSM, das DSM-5, aufgenommen wurde. Forscher schätzen, daß mindestens 56 bis 70 Prozent der Kinder mit einer Autismus-Diagnose die Kriterien für sensorische Überresponsivität erfüllen.[4]

Es ist wichtig zu verstehen, wie die sensorische Responsivität eines Kindes und andere individuelle Besonderheiten beobachtbares Verhalten beeinflussen, und dieses Verständnis zu nutzen, um für jedes Kind die beste Art von Unterstützung zu finden.

Schon vor zwei Jahrzehnten habe ich den Eltern meiner Patienten dringend geraten, »abweichendes« Verhalten bei Autismus nicht zu verändern. Damals trat ich dafür ein, dieses Verhalten zunächst zu respektieren und zu versuchen, es zu verstehen. Manchmal zweifelte ich in dieser Zeit an meinem eigenen Instinkt. Was, wenn ich falsch lag? Die Spanne der frühkindlichen Entwicklung war ein wichtiges Zeitfenster, und jeder Augenblick im Laufe eines Tages war eine wichtige Gelegenheit, die Entwicklung des Kindes zu fördern.

Wir achten oft nicht auf den starken Streß, unter dem viele Kinder ständig leiden, statt daß wir uns bei der Behandlung an ihm orientieren.

Glücklicherweise wurden um die gleiche Zeit (in den 1990er Jahren) viele Erkenntnisse über Möglichkeiten der Anwendung neurowissenschaftlicher Prinzipien auf die klinische Praxis bekannt. Im Jahre 2000 faßte ein wegweisender Bericht die vielfältigen Untersuchungen über das Gehirn des Kindes und die soziale Entwicklung zusammen und lieferte mir die Informationen, die ich brauchte, um meine Bedenken bezüglich des stärkenbasierten Ansatzes, dem ich damals folgte, zu überwinden.[5] Ein zentrales Konzept fiel mir als besonders wichtig für meine Arbeit mit Familien und deren kleinen Kindern auf. Darin heißt es: **»Die Entstehung der Selbstregulation ist eine Grundlage der frühkindlichen Entwicklung, die alle Verhaltensbereiche berührt.«**[6] Viele Behandlungspläne, die ich sah, zielten darauf, Verhaltensweisen zu verändern, ohne sich mit eventuellen Auswirkungen auf die Emotionsregulation des Kindes zu befassen. Hingegen war für mich die Emotionsregulation *das* zentrale Thema, und ich empfahl Eltern, sich mit dieser Botschaft an die Behandlungsteams ihrer Kinder zu wenden.

Zwei Jahrzehnte später sind sich die Experten einig, daß die Unterstützung der Emotionsregulation mit Hilfe von Beziehungen für uns in unserer klinischen Praxis vorrangig sein sollte.[7] Und nirgendwo ist dies notwendiger, als wenn es um die Unterstützung von Menschen mit Autismus geht. Die Autorin Teresa Hamlin, eine Autismus-Expertin, ist der Meinung, daß die Auswirkungen von Angst und Streß bei der Behandlung von Autismus oft übersehen werden.[8] Wir achten oft nicht auf den starken Streß, unter dem viele Kinder ständig leiden, statt daß wir uns bei der Behandlung an ihm orientieren. Hamlin schreibt: »Die meisten heutigen Behandlungsverfahren konzentrieren sich auf die Verbesserung der sozialen Kompetenzen, der Kommunikation und des Verhaltens in der Schule. Übersehen wird hingegen oft, daß es gar nicht möglich ist, diese Ziele zu erreichen, wenn Streß unberücksichtigt bleibt.«[9]

Zusätzliche Bestätigung für den entwicklungsorientierten und beziehungsbasierten Ansatz, dem ich folge, erhielt ich, weil ich erfreulicherweise Gelegenheit hatte, frühere Klienten als junge Erwachsene wiederzusehen. Viele von ihnen freuten sich, mir berichten zu können, was ihnen an den verschiedenen Therapien, die sie kennengelernt hatten, gefallen und mißfallen hatte. Was ich über die Lebensgeschichten dieser ehemaligen Klienten gehört habe, war für mich sehr inspirierend und entspricht im übrigen der Sicht vieler anderer junger Erwachsener, die ich anläßlich von Konferenzen kennengelernt oder deren Bücher oder Blog-Texte ich gelesen habe.

Ich frage ehemalige Patienten und ihre Eltern stets, an welche Aspekte unserer gemeinsamen Arbeit sie sich erinnern. Die jungen Erwachsenen sagen dann oft: »Es hat mir immer Freude gemacht, hier zu sein.« Und die Eltern sagen Dinge wie: »Sie haben uns empfohlen, grundsätzlich davon auszugehen, daß unser Kind kompetent ist.« Schauen wir uns nun einige Probleme an, die auftauchen, wenn wir über die Verhaltensweisen von Kindern mit einer Diagnose im Bereich des Autismus-Spektrums nachdenken.

Was geschieht, wenn wir versuchen, Oberflächenverhalten zu verändern, ohne darüber nachzudenken, welche adaptiven Vorteile dieses Verhalten für das betreffende Kind hat oder wie die geplante Intervention die Entwicklung des Selbstempfindens des Kindes und seines Vertrauens zu anderen Menschen beeinflussen kann? Wir untersuchen in diesem Kapitel Antworten auf die genannten Fragen und befassen uns mit den positiven Auswirkungen einer unterstützenden im Gegensatz zu einer urteilenden Haltung dem Verhalten der Kinder gegenüber, *bis zu dem Zeitpunkt, zu dem wir herausfinden, was dieses Verhalten für das Kind hinsichtlich des Erlebens seines eigenen Körpers und Geistes repräsentiert.*

Individuelle Differenzen würdigen, statt über sie zu urteilen

Wir beschäftigen uns mit dem Verhalten von Kindern vom Zeitpunkt ihrer Geburt an. Beispielsweise sagen wir: »Sie ist so ein gutes Baby!«, wenn das Kind »pflegeleicht« ist, nicht zuviel weint, nachts durchschläft und seine Stimmungen vorhersehbar und leicht zu verstehen sind. Ohne es zu merken, lassen wir so die (verständliche) Tendenz unserer Kultur erkennen, Verhaltensweisen zu schätzen, die wir leicht verstehen können und die unser Leben als Eltern, Lehrer und Betreuer erleichtern. Erreichen Kinder das Schulalter, überhäufen wir sie mit Lob und guten Zensuren, wenn sie gut zuhören, Anweisungen befolgen, still sitzen können und bei Prüfungen gute Ergebnisse erzielen.

Oft belohnen wir dieses »gute« Verhalten durch Anerkennung, ohne daß uns klar ist, welche Botschaften wir damit gleichzeitig übermitteln, wenn die natürlichen Neigungen des betreffenden Kindes nicht dem »pflegeleichtes Kind«-Profil entsprechen, insbesondere soweit es um die Kriterien des schulischen Milieus geht (daß z. B. Kinder, die still sitzen können, »besser« sind als diejenigen, die das nicht können; oder daß still zu sein besser ist, als laut zu sein). Solche Botschaften mögen zwar den Erfordernissen der Erziehung innerhalb einer Gruppe entsprechen, aber sie ignorieren, wie wichtig es ist, das Spektrum individueller Besonderheiten, das im Verhalten der Kinder zum Ausdruck kommt, zu verstehen und zu würdigen, nicht jedoch zu beurteilen.

Nur zu oft begnügen sich Fachleute damit, die Verhaltensbesonderheiten eines Kindes in eine Checkliste für die Autismusdiagnose einzuordnen, statt sie als Anpassungen an die Art der Informationsverarbeitung zu verstehen, die für die speziellen Körper-Hirn-Informationswege des Kindes charakteristisch sind. Weil alle Verhaltensweisen Bewegungen und Empfindungen beinhalten, benutzt die Autismusforscherin Anne Donnellan den Begriff *»sensory and movement differences«* (sensorische und motorische Differenzen), um individuelle Besonderheiten im Verhalten von Menschen mit Autismusdiagnose zu beschreiben.[10]

Viele Kinder bewegen ihren Körper auf mehr Arten, als ein bestimmtes Setting ihnen gestatten oder tolerieren würde, insbesondere wenn ihr spezielles Verhalten andere Kinder stören könnte. Zwar ist es verständlich, daß Lehrer das Verhalten in ihren Klassen beeinflussen müssen, doch fehlt ihnen oft das Gespür, die »Konstellation von Adjustierungen und Anpassungen zu würdigen, die mit einer Diagnose belastete Menschen vornehmen müssen, um mit den Umständen ihres Lebens fertig zu werden.«[11]

Warum es wichtig ist, Kindern Kompetenz zuzuschreiben

Wenn wir darauf beharren, daß Kinder Dinge tun, die zu tun ihr Körper von Natur aus nicht geneigt oder bereit ist, kann das die Selbstwahrnehmung der Betreffenden negativ beeinflussen und sie unter zusätzlichen Streß setzen. Der autistische Autor Ido Kedar, der durch Tippen auf einer Tastatur kommuniziert, hat geschrieben: »Mein Körper ist seine eigene Herausforderung, ganz für sich allein.«[12] Er erklärt weiter, daß die »Experten« nicht verstanden hätten, wie sie ihm hätten helfen können. »Vielleicht nahmen sie an, ich sei zu dumm, oder sie konnten einfach nicht erkennen, was ich gelernt hatte, weil ich es anders gelernt hatte, als es mir mit ihren Methoden möglich gewesen wäre.«[13]

Wir sollten würdigen, wie Körper und Gehirn von Kindern Verhalten nutzen, um mit ihrer Umgebung und ihrem Erleben des In-der-Welt-Seins fertig zu werden.

Das bedeutet nicht, daß wir uns eine Laissez-faire-Einstellung gegenüber Verhalten zu eigen machen sollten. Im Gegenteil müssen wir *genauer* hinschauen und Differenzen registrieren, ohne zu unterstellen, daß das Verhalten eines Kindes pathologisch oder gestört ist oder daß es irgendwie spiegelt, daß dem Kind eine bewußte Entscheidung schwerfällt. Wenn wir Kindern grundsätzlich *Kompetenz zuschreiben*, bestätigen wir damit, daß ihr Verhalten notwendige Anpassungen an die Signale ihres Körpers zum Ausdruck bringt. Wir sollten würdigen, wie Körper und Gehirn von Kindern Verhalten nutzen, um mit ihrer Umgebung und ihrem Erleben des In-der-Welt-Seins fertig zu werden. Wenn wir die adaptiven Funktionen eines Verhaltens würdigen, können wir entscheiden, ob und wie wir intervenieren wollen, um das Autonomieempfinden und die Fähigkeit des Kindes zu unabhängigen Entscheidungen zu stärken.

Wirkt das Verhalten eines Kindes in seiner Familie oder in der Schule sehr störend, sind respektvolle Bemühungen um Modifikation und Anpassung natürlich oft unvermeidlich. Eltern sollten stets mit einem unterstützenden multidisziplinären Team zusammenarbeiten, wenn sie Sorgen haben, die mit den erwähnten Problemen zusammenhängen. In Kapitel 8 werden wir uns damit befassen, daß wir auch Verhaltensweisen im Blick haben müssen, die signalisieren, daß sich ein Kind *zusätzlich* in einem toxischen Streßmuster befindet oder daß es ein Trauma erlebt hat. In solchen Fällen zeigt Verhalten manchmal das unmittelbare Bedürfnis eines Kindes nach Sicherheit in einer Beziehung und nach intensiver relationaler Unterstützung an.

Aber weshalb sollten wir uns bemühen, Verhalten zu *verstehen*, bevor wir es zu *eliminieren* versuchen? Der Körper verfügt über eine eigene Weisheit, und wir sollten Kindern helfen, dessen gewahr zu werden. Nur zu oft reagieren wir als Erwachsene vehement auf ein bestimmtes Verhalten, und unsere erste Reaktion besteht häufig darin, daß wir versuchen, Kindern beizubringen, sich zu »benehmen«. Manchmal ist das ein plausibler Bestandteil guter elterlicher Fürsorge oder eine unabdingbare Konsequenz der Notwendigkeit, als Lehrer in einer Klasse die Disziplin aufrechtzuerhalten. Ich glaube jedoch, daß es sehr ratsam ist, einen Augenblick innezuhalten und über unsere schnellen Reaktionen auf Verhaltensbesonderheiten eines neurodiversen Kindes nachzudenken. *Indem wir dies tun, können wir Kindern beibringen, die Signale ihres eigenen Körpers zu respektieren und sie bei der Entwicklung eigener kreativer Lösungen, die ihren individuellen Besonderheiten Rechnung tragen, zu be-*

rücksichtigen. Dies ist das Gegenteil von jenem schmeichelnden, verstärkenden (und nicht verstärkenden) Verhalten, das so oft mit intensiver Betreuung verbunden ist, wenn bei einem Kind eine Störung des autistischen Spektrums diagnostiziert wurde.

Bei Norton, der sich das Fingerschnippen nicht verkneifen konnte, erwiesen sich verschiedene Behandlungsansätze, die über mehrere Jahre angewandt wurden, als unwirksam. In einer bestimmten Phase versuchte sein Lehrer, ein Verhaltensdiagramm zu nutzen, wobei Norton sich Sticker »verdienen« konnte, wenn er das Fingerschnippen unterließ. Doch weil es ihm nicht gelang, sich genügend Sticker zu verdienen, um einen Preis zu bekommen, der wöchentlich vergeben wurde, entstand bei ihm so starker Streß in Verbindung mit Befangenheit und Hypervigilanz, daß der Lehrer diesen Ansatz nicht weiter verfolgte.

Unterdessen genoß Norton in unseren Spieltherapiesitzungen in meiner Praxis, an denen auch seine Eltern teilnahmen, die Darstellung verschiedener Szenarien, die ihn im Alltagsleben unter Streß setzten, im Rollenspiel. Unsere Sitzungen ermöglichten ihm auf eine für ihn angenehme Weise, mit seinen Eltern und mir über alles zu reden, was ihm in den Sinn kam. In einer Sitzung bat er mich, die Rolle seines Verhaltenstherapeuten in der Schule zu spielen, während er sich selbst in dieser Situation spielen wollte. Weil ich wußte, wie sehr sich sein Verhaltenstherapeut damit abmühte, sein Fingerschnippen zumindest zu verringern, nutzte ich die Gelegenheit, um ein wenig nachzuforschen. Ich fragte ihn in meiner Rolle als Verhaltenstherapeut: »Sag einmal, ärgert es dich, wenn ich zu dir sage, daß du nicht mehr so viel mit den Fingern schnippen sollst?«

»Ja!«, antwortete Norton blitzschnell. »Ich schnippe, wenn ich Angst habe.«

Nortons Eltern und ich hielten inne und ließen diesen machtvollen Augenblick auf uns wirken. In diesem sicheren Raum und in spielerischer Interaktion mit den Menschen, denen er am meisten vertraute, konnte Norton ein Gefühl mit einem Wort bezeichnen. Dieser Augenblick repräsentierte einen wichtigen Entwicklungsmeilenstein. Norton gewährte uns einen Einblick in sein Erleben der Welt und erklärte, wie er sich wirklich fühlte, wenn Erwachsene versuchten, ein Verhalten zu verändern, daß ihm half, mit Situationen fertig zu werden, in denen er Angst empfand.

Ich denke oft über ähnliche Botschaften nach, die wir Kindern bezüglich körperlicher Anpassungen übermitteln, wenn wir sie auffordern, ihre Hände oder ihren Körper »ruhig« zu halten oder ihr Verhalten in anderer Hinsicht anzupassen. Was geschieht mit ihrem Nervensystem (in positiver oder negativer Hinsicht), wenn wir sie auffordern, eine Aktivität zu unterlassen, die auszuführen ihr Körper sie instruiert hat?

Glücklicherweise hatte ich die Sitzung an jenem Tag auf einem Video festgehalten (was ich oft tue, um die Aufnahme in Nachbesprechungen mit Eltern noch einmal abspielen zu können). Als wir uns die Aufzeichnung später anschauten, waren wir alle verblüfft über Nortons prägnante und tiefgründige Erklärung seines Verhaltens.

Ich benutze diesen Video-Clip (natürlich mit freundlicher Genehmigung von Nortons Eltern) häufig, wenn ich Kollegen im Umgang mit Problemen der sozialen und emotionalen Entwicklung und in der Behandlung und Unterstützung von Autisten unterrichte.

Viele von uns fühlen sich wohler, wenn sie ein autistisches Kind unterrichten, statt selbst von ihm zu lernen. Manche Experten versuchen beispielsweise, solchen Kindern die Sprache der Emotionen beizubringen. Dabei kommt mir eine verbreitete Strategie, das Durchblättern von Karten oder Büchern, die unterschiedliche Arten von Gesichtsausdruck zeigen, in den Sinn. Aber wie wir im vorigen Kapitel gelernt haben, können wir dieses Ziel auch erreichen, indem wir das Kind spielerisch und geduldig beim Entdecken von Gefühlen, Empfindungen und Gedanken im eigenen Körper unterstützen. Dies wird häufig als *Verkörpern* (*embodiment*) von Erlebnissen bezeichnet.[14] **Es ist etwas völlig anderes, zu spüren, wie es ist, im eigenen Körper traurig oder wütend zu sein, als diese Gefühle mit Hilfe von Fotos oder Zeichnungen zu identifizieren, als würde man eine Übung ausführen.**

Nach Nortons wichtigem Durchbruch organisierten wir eine Teamsitzung, an der seine Lehrer und Spezialisten teilnahmen, um unsere unterschiedlichen Arten des Umgangs mit seinem Verhalten zu koordinieren. Einige Mitglieder des Teams wollten Norton dazu bringen, zu einem anderen, weniger deutlich sichtbaren Verhalten zu wechseln. Ich vertrat die Auffassung, zunächst darüber nachzudenken, daß eine Aufforderung, das Fingerschnippen aufzugeben, Norton möglicherweise eine negative Botschaft bezüglich der natürlichen Neigungen seines Körpers und seiner sich entwickelnden Identität übermitteln würde, nachdem er erklärt hatte, das Fingerschnippen lindere seine Angst.

Letztlich entschied sich das Team anläßlich des Treffens, das Fingerschnippen zu einer vertrauten Form von Bewegung umzudeuten, die beruhigend auf Norton wirkte, und das Verhalten aufgrund dieser Funktion zu würdigen. Statt dem Jungen Sticker anzubieten, um ihm zu helfen, sich von seinem Verhalten zu lösen, beschlossen seine Lehrer, ihm Fragen zu stellen und durch ihre Äußerungen Nortons Selbstvertrauen zu stärken, sich mitfühlend zu zeigen und seine Kompetenz zu bestätigen, wenn er mit den Fingern schnippte. Dies würden sie im Sinne des therapeutischen Gebrauchs des Selbst tun: Sie würden zu ihrem eigenen »grünen« Pfad in Kontakt treten, um eine warmherzige und akzeptierende Haltung übermitteln zu können, und das Kind fragen: »Sagt dein Körper dir etwas darüber, wie du dich fühlst oder was du jetzt brauchst?« Oder: »Kann ich im Moment etwas tun, um dir zu helfen?«

Natürlich hätte das Team rasch damit beginnen können, Norton zu helfen, andere, weniger ablenkende Möglichkeiten, seine Angst zu lindern, zu entdecken. Grundsätzlich ist nichts dagegen zu sagen, daß man einem Kind hilft, ein Ersatzverhalten zu finden. Es hat aber gewisse Vorteile, wenn wir die Botschaften, die wir Kindern bezüglich ihres Verhaltens übermitteln, gezielter formulieren. Wir können neurodiversen Kindern – und nicht nur ihnen, sondern allen Kindern in einer Klasse – Hoffnung stärkende Botschaften über Toleranz und die Fähigkeit, sich selbst zu akzeptieren, übermitteln.

In diesem Fall beinhaltet die Botschaft, daß man Diversität der Bewegung und des Verhaltens nicht automatisch als negativ beurteilen sollte.

Statt ihre Frustration darüber auszudrücken, daß Norton sich nicht genügend Mühe gab, das Fingerschnippen zu unterlassen, fingen die Erwachsenen in seinem Leben an, ihm gegenüber mehr Mitgefühl und Toleranz zu entwickeln. Diese Botschaften stärkten ihn auf dem »grünen« Pfad und bewirkten, daß Nortons Fingerschnippen um etwa ein Drittel abnahm, ohne daß irgendeine andere Intervention erfolgt wäre, bevor das Team ihm Ersatzverhaltensweisen vorschlug (was das Thema der Teamsitzung in der folgenden Woche war). *Ich vermutete, daß sein Streß nachließ, nachdem er ermutigt worden war, sich stärker verbal über seine Angst zu äußern.*

Norton profitierte von diesem neuen Verständnis seines Verhaltens. Sein Lehrer fühlte sich nicht mehr so sehr dadurch belästigt und gestattete ihm zu schnippen, und gleichzeitig arbeitete er mit daran, dem Jungen zu helfen, sich andere Möglichkeiten der Beruhigung seines Körpers zu erschließen. Inzwischen erforschte Nortons Ergotherapeut, der an unseren Teamsitzungen teilnahm, vorsichtig potentielle Ersatzverhaltensweisen, indem er Norton dazu anregte, ein größeres Spektrum sensorischer Strategien zu erproben, die er als beruhigend empfand. Schließlich entschied er sich dafür, seine Hände zusammenzudrücken, wenn er das Bedürfnis dazu verspürte, und wie er berichtete, empfand er dies als beruhigend. **Diese gemeinsam erarbeitete Lösung erfüllte ihren Zweck, weil Norton sich wertgeschätzt, verstanden und sicher fühlte.** Außerdem stand ihm nun eine zusätzliche neue und wirksame Möglichkeit zur Bewältigung von Situationen zur Verfügung, in denen er Angst empfand: Er konnte die Erwachsenen in seiner Umgebung um Unterstützung bitten.

Nortons Fähigkeit, ein Gefühl durch ein Wort zu repräsentieren, war das Resultat jahrelanger entwicklungsfördernder nährender Zuwendung durch spielerische, sichere und engagierte Beziehungen, in denen die Grundlage für diese Fähigkeit geschaffen worden war.[15] In Kapitel 2 wurde erklärt, wie die sozial-emotionale Entwicklung mit emotionaler Co-Regulation unter Beteiligung vertrauenswürdiger Erwachsener beginnt, wodurch schließlich bidirektionale Kommunikation, soziale Problemlösungen und eine synergistische integrative Fähigkeit, Worte mit Gefühlen zu verbinden und diese Information auch anderen mitzuteilen, geschaffen werden. **Bei Norton führten die vielen Tausend Interaktionen über viele Jahre zur Entwicklung eines Gefühls der Autonomie sowie zur Fähigkeit zusammenzuarbeiten und zu kommunizieren.**

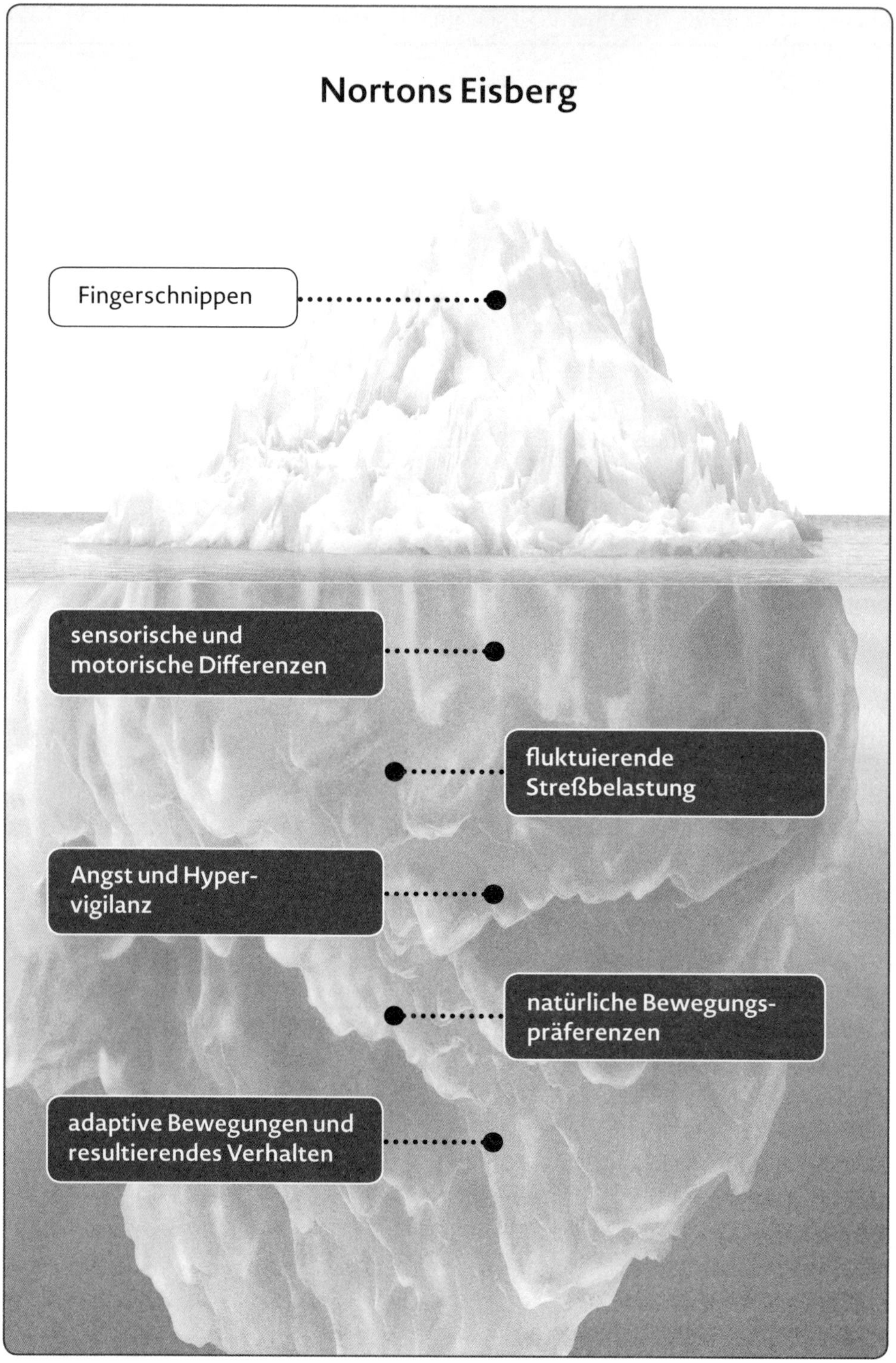
Nortons Eisberg
Fingerschnippen
sensorische und motorische Differenzen
fluktuierende Streßbelastung
Angst und Hypervigilanz
natürliche Bewegungspräferenzen
adaptive Bewegungen und resultierendes Verhalten

Kompetenz zuschreiben

Im Rahmen dieses neuen Paradigmas fokussieren wir nicht auf Störungen und neurotypische Standards, sondern würdigen die adaptive Funktion vermeintlicher Verhaltensauffälligkeiten. Diesem Ansatz gemäß respektieren wir die Weisheit der Gehirn-Körper-Verbindung eines Kindes. Wenn wir auf das phylogenetische, adaptive Wesen von Verhalten fokussieren, können wir seinen Wert würdigen, statt ihn reflexhaft zu diskreditieren. Dr. Porges hat hierzu geäußert: »**Statt sich damit auseinanderzusetzen und zu verstehen, daß die beobachteten individuellen Unterschiede jeweils eine neuronale Grundlage haben, vermitteln wir solchen Kindern, ihr Verhalten sei schlecht, auch wenn es um unwillkürliche Verhaltensweisen geht. Eine andere Möglichkeit des Umgangs mit individuellen Unterschieden wäre, einige individuelle Besonderheiten von Schülern positiv hervorzuheben und zu loben.**«[16]

Diese neue Perspektive ermöglicht uns allen, ein tieferes Verständnis der Gehirn-Körper-Verbindung zu entwickeln und sie zu würdigen, eine Wertschätzung, an der es dem heute üblichen Umgang mit Autismus mangelt.

GENELLE

Wenn der falsche Behandlungsansatz eine Situation noch verschlimmert

Bei Genelle war im Alter von zwei Jahren eine expressive und rezeptive Kommunikationsverzögerung und im Alter von drei Jahren Autismus diagnostiziert worden. Außerdem hatte sie Probleme hinsichtlich ihrer sozialen Fertigkeiten, und sie spielte lieber allein oder mit Erwachsenen als mit Gleichaltrigen. Wegen ihres Verhaltens kam sie oft in Schwierigkeiten, wozu auch ihre Gewohnheiten beitrugen, Teile von Liedern unablässig zu wiederholen und ihre Klassenkameraden während des Unterrichts auf dem Kopf und an den Armen zu berühren. Dies war vor allem in der ersten Klasse ein Problem, weil es andere Schüler ablenkte.

Ein Team ihrer Schule entwickelte einen Verhaltensplan, um Genelle zu helfen, ihr Verhalten in eine positivere Richtung zu lenken. Ihr Lehrer und ihre Schulhelferin lobten sie und verstärkten erwünschte Verhaltensweisen wie stilles Arbeiten oder Unterlassen des Singens. Weil sich durch diese Strategie aber nur sehr geringe meßbare Erfolge erzielen ließen, erweiterte das Team sie, indem es entschied, daß Genelle in Situationen, in denen sie auf das unerwünschte Verhalten zurückkam, vom Lehrer aufgefordert werden sollte, damit aufzuhören. Kam sie auch der dritten Aufforderung nicht nach, sollte die Schulhelferin sie aus der Klasse in einen »Beruhigungsraum« bringen, einen ehemaligen Lagerraum, der nun für Kinder reserviert war, die in der Klasse Schwierigkeiten hatten. Man hoffte, Genelle würde auf diese Weise lernen, daß das Berühren anderer Kinder und das Singen in der Klasse negative Konsequenzen nach sich zog.

Als Genelles Lehrer die Schulhelferin zum ersten Mal aufforderte, das Mädchen in den Beruhigungsraum zu bringen, war Genelle verwirrt. Sie schien nicht zu verstehen, warum sie den Beruhigungsraum aufsuchen sollte, nahm aber auch den emotional kühlen Ton der Helferin wahr, die schweigend mit ihr in den Raum ging. Weil Genelle es gewohnt war, daß Erwachsene freundlich mit ihr redeten, empfand sie das Schweigen und den festen Griff der Frau auf ihrer Hand als beunruhigend. Die Helferin öffnete die Tür, wies Genelle an hineinzugehen und folgte ihr. Nachdem sich die Tür mit einem lauten Klacken hinter ihnen geschlossen hatte, erklärte die Helferin dem Mädchen, sie würden gemeinsam drei Minuten in diesem Raum bleiben. Anschließend setzte sie sich auf einen Stuhl und kommunizierte während der ganzen drei Minuten nicht mit dem Kind.

Als Genelle in die Klasse zurückkehrte, war sie ruhiger und berührte ihre Mitschüler nicht mehr. Deshalb glaubte ihr Lehrer, die Technik habe gewirkt; tatsächlich war Genelles Nervensystem vom »grünen« auf den »blauen« Pfad gewechselt. Die Kombination des Sitzens in einem kleinen leeren Raum mit der Anwesenheit einer erwachsenen Person, die keinerlei Signale für die Sicherheit der Situation erkennen ließ, wirkte sich sehr massiv auf das ANS des Kindes aus, und sie wurde in einen Zustand innerer Belastung versetzt. Dies war für Genelle alles andere als eine beruhigende Lernerfahrung, nämlich sehr belastend. Aufgrund ihrer Entwicklungsbesonderheiten war es Genelle nicht möglich, ihre Gefühle zu beschreiben. Und ihre extreme Furcht zerstörte die relationale Plattform von Sicherheit, die ihre aufmerksamen und hingebungsvollen Eltern ihr zu Hause und in der Schule zu erbauen geholfen hatten.

Als ihre Mutter sie in der folgenden Woche an der Schule absetzen wollte, weigerte Genelle sich, aus dem Auto zu steigen. Das überraschte und besorgte ihre Mutter. Während eines gemeinsamen Besuchs in einem Kaufhaus am nächsten Tag geriet Genelle beim Anblick einer Umkleidekabine und beim Klacken der sich schließenden Tür in Panik. Sie hyperventilierte und fing an zu weinen, und ihre Mutter konnte sich absolut keinen Reim darauf machen, warum sie so reagierte. Besorgt wegen dieses neuen Verhaltens, das sie bei ihrem

Kind bisher noch nie beobachtet hatte, rief sie mich am nächsten Tag an. Wir trafen uns ohne Genelle und konnten mit Hilfe von Genelles Lehrer und ihrer Schulhelferin aufklären, was vorgefallen war, da beide in der Schule ein Verhaltenstagebuch führten. Ich vermutete, daß durch den Vorfall im Beruhigungsraum bei Genelle eine traumatische Erinnerung entstanden war.

Was war geschehen? Wenn wir adaptive individuelle Besonderheiten als formbares Oberflächenverhalten deuten und wir ihnen begegnen, indem wir einem Kind deswegen die soziale Unterstützung entziehen, *können wir die Situation des Kindes dadurch verschlimmern*. Eine *iatrogene Situation* kann entstehen, und *die Behandlung kann noch zusätzlich Probleme erzeugen*. Genau das war bei Genelle passiert.

Genelles Verhalten signalisierte nicht die Absicht zu stören und war auch kein Versuch, die Aufmerksamkeit auf sich zu lenken. Was sie erlebte, veranschaulicht, daß wir bei der Arbeit mit autistischen Kindern zwischen absichtlichem schlechtem Benehmen und Reaktionen auf die speziellen neuronalen Verbindungen eines bestimmten Kindes unterscheiden müssen. Solange wir dies nicht tun, kann es passieren, daß wir ohnehin schon verletzliche Kinder unabsichtlich unter noch stärkeren Streß setzen, indem wir unzutreffende Annahmen über Verhalten, Fehlverhalten und Absichtlichkeit entwickeln. Genelles Singen und ihr Berühren gleichaltriger Kinder waren instinktive adaptive Reaktionen ihres Körpers auf ihre Neigung zu sensorischer Überreaktivität, ihr Bedürfnis nach propriozeptivem Input und ihres Nervensystems auf das lebhafte Treiben in einem Klassenraum, der reich an sensorischen Eindrücken war.

Die Herausbildung neuer Sichtweisen über Autismus

Elizabeth Torres, die an der Rutgers University im Fachgebiet theoretische Neurowissenschaft forscht, beschäftigt sich damit, wie sich im Verhalten von Autisten die Bemühungen der Betroffenen spiegeln, mit den physiologischen Differenzen, die ihrem Verhalten zugrunde liegen, fertig zu werden.[17] Ihr theoretisches Modell des Autismus, das *Movement Sensing Perspective* genannt wird und das Torres zusammen mit Caroline Whyatt entwickelt hat, impliziert, daß die zugrundeliegenden Differenzen hinsichtlich Bewegung und Sinneswahrnehmung ein primäres zentrales Merkmal von Autismus sind. Dieses neue Modell befindet sich in krassem Gegensatz zum aktuellen DSM-Paradigma, das den Autismus als Störung der sozialen Kognition, der Interaktion und der Kommunikation beschreibt.[18] Falls das Modell von Torres und Whyatt sich als zutreffend erweist, hat es tiefreichende Implikationen für

Verständnis und Behandlung der Verhaltensbesonderheiten autistischer Kinder und für deren Unterstützung.

Als ich anläßlich einer Autismuskonferenz im Jahre 2013, an deren Organisation ich beteiligt war, das erste Mal miterlebte, wie Elizabeth Torres ihre Untersuchungen präsentierte, mußte ich mich sehr zusammenreißen, um nicht während des ganzen Vortrags meiner Begeisterung freien Lauf zu lassen. Sie stellte eine Sicht vor, der zufolge für Autismus charakteristische Verhaltensweisen auf komplexen Differenzen hinsichtlich der bidirektionalen Kommunikation im Nervensystem beruhen. Diese Erklärung erschien mir sinnvoller als alle aktuellen und älteren Theorien, die damals noch in Umlauf waren und es immer noch sind. Elizabeth Torres' Arbeit erinnerte mich an das, was ich im Laufe der Jahre von Anne Donnellan gelesen hatte, die, wie ich schon früher erwähnte, glaubt, daß Verhaltensweisen (Bewegung) die Anpassungen und Adaptationen beinhalten, die Menschen aufgrund ihrer ganz persönlichen und einzigartigen neurobiologischen Besonderheiten vornehmen. Außerdem erinnerte mich das Verständnismodell von Torres an Dr. Porges, nach dessen Auffassung Verhaltensweisen überlebenssichernde Anpassungen an die Neurozeption eines Menschen hinsichtlich seiner Umgebung (einschließlich der relationalen Umgebung seiner nächsten Beziehungen) sind.

Verhalten und Autismus

Wenn wir uns mit den Verhaltensproblemen neurodiverser Populationen auseinandersetzen, müssen wir die Vorstellung aufgeben, daß Verhaltensweisen oder Wesenszüge stabil sind und durch eine »Störung« hervorgerufen werden. In Zusammenhang mit der Entwicklung von IEPs höre ich oft: »Dieses Verhalten ist bei Kindern mit Autismus verbreitet.« Solchen Äußerungen mag zwar die Absicht zugrunde liegen, die Eltern eines solchen Kindes zu beruhigen, aber ich habe auch viele sagen hören, sie empfänden solche Aussagen als respektlos. *Tatsächlich gibt es beim Autismus und bei anderen Entwicklungsstörungen zu viele Varianten, als daß solche Verallgemeinerungen von irgendeinem Nutzen sein könnten. Außerdem schlägt sich darin eine Unterschätzung der Individualität eines Kindes nieder.*

Ein weiterer Fehler besteht in der Annahme, schlechte Resultate bei standardisierten kognitiven Tests vermöchten die intellektuelle Funktionsfähigkeit neurodiverser Populationen adäquat wiederzugeben. Der Terminus »Unterdurchschnittliche kognitive Leistungsfähigkeit« ist eine besonders gefährliche Abstempelung in Fällen von Autismus, die mit allergrößter Vorsicht benutzt werden sollte, weil viele traditionelle IQ-Tests die Intelligenz von Populationen mit besonderem Förderbedarf unterschätzen. Sie können durchaus vorhandene Fertigkeiten unterbewerten, weil sie für neurotypische Kinder mit neurotypischer motorischer Funktionsfähigkeit entwickelt wurden. **Ein Kind kann die Antwort auf eine Testfrage wissen, aber aufgrund einer Streßreaktion oder wegen sensorischer und motorischer Differenzen nicht in der Lage sein, dem Evaluierenden diese Antwort zu nennen.**[19] Dies führt bei vielen Schülern zur unbeabsichtigten Konsequenz einer Absenkung der Erwartungen, der IEP-Ziele und der schulischen Anforderungen.

Kommen wir noch einmal auf Genelle zurück, deren permanentes Singen von Ohrwürmern und deren Bedürfnis, Dinge und andere Schüler zu berühren, in ihrer Schule Besorgnis erregte. Versetzen wir uns in die Perspektive der Adaptation eines solchen Kindes im Einklang mit seiner eigenen Physiologie, können wir verstehen, warum eine Bestrafung, die »problematisches« Verhalten verringern soll, in solch einem Fall nicht zum Erfolg führen konnte. Wir beschlossen deshalb, die vermeintlich Besorgnis erregenden Verhaltensweisen zu würdigen. Es gab aber noch ein weiteres Problem, mit dem wir fertig werden mußten: Genelle fürchtete sich nun vor verschlossenen Türen.

Bottom-up-Ursachen und positive Unterstützung anschauen

Ich ermutigte das Team, eine neue Vorgehensweise auszuprobieren. Der erste Schritt bestand darin, innezuhalten und zu versuchen, Genelles Verhalten durch Reflexion darüber zu würdigen, inwiefern dieses Verhalten für sie adaptiv war. Die neurowissenschaftliche Begründung dessen, daß man sich dafür Zeit nehmen sollte, stammt aus Dr. Torres' Arbeit an der Rutgers University. Sie argumentiert aus motorisch-sensorischer Perspektive, indem sie erklärt, daß man »viele symptomatische Verhaltensweisen, etwa *Stimming* (Schutz vor Reizüberflutung), Abwenden des Blicks und ritualistische Routinen *als Bewältigungsmechanismen verstehen kann, die der Stabilität und Kontrolle von Wahrnehmung und Handlungsfähigkeit zugute kommen.*«[20] Demnach könnten die besonderen Verhaltensweisen, die wir bei Autismus beobachten, dem betroffenen Kind helfen, mit der Aufnahme von Informationen aus der Welt mit Hilfe ihres sensorischen Systems fertig zu werden und im Sinne dieser Informationen zu handeln.

Ich forderte das Team auf, sich eine neue Sicht zu eigen zu machen und zu verstehen, daß Genelles repetitives Singen und ihr ritualisiertes Berühren von Objekten in Wahrheit Adaptationen und Bewältigungsmechanismen waren. Sie traten im Klassenraum auf, weil Genelle dort unter sensorischer Überreaktivität (SOR) in ihrem auditorischen System und unter sensorischer Unterreaktivität im propriozeptiven System litt. Insofern half ihr Verhalten ihr wahrscheinlich, die Situation im Klassenraum zu ertragen und sich dort so wohler zu fühlen.

Auf der Grundlage dieser Hypothese machten wir uns daran, den Streß und die traumatische Erinnerung aufzulösen, die der Aufenthalt im Beruhigungsraum bei ihr verursacht hatte. *Zunächst unterbanden wir jede Anwendung negativer Konsequenzen auf ihr Verhalten und machten die Stärkung ihrer Beziehungssicherheit zu unserer zentralen Strategie, damit sie sich im Klassenraum wieder sicher fühlen konnte.* Dann gelangten wir zu der Überzeugung, daß es möglicherweise ein Irrtum gewesen war anzunehmen, daß Genelles Verhaltensauffälligkeiten Versuche waren, die Aufmerksamkeit auf sich zu lenken oder sich einer Anforderung zu entziehen, und wendeten uns der Sicht zu, daß ihr Verhalten eine Adaptation an ihre Physiologie war.

Unsere Erklärung für den Wechsel zu einem völlig anderen Ansatz war, daß das Bemühen, als problematisch erscheinende Verhaltensweisen durch Top-down-Strategien zu eliminieren, die Tatsache ignorierte, daß es sich dabei aller Wahrscheinlichkeit nach um Bottom-up-Prozesse handelte. Wir hatten noch eine andere Möglichkeit: die fraglichen Verhaltensweisen als »persönliche Anpassung« zu verstehen, die Genelle vorgenommen hatte, so wie Menschen zuweilen ihre Haltung verändern, ohne unbedingt darüber nachzudenken, einfach weil ihr Körper sich in der ursprünglichen Haltung unwohl fühlte.[21]

Angesichts dieser wichtigen Veränderung unserer Sicht ermutigte ich die Eltern des Mädchens, sich verstärkt um Therapien zu bemühen, *die das Feedback des Körpers nutzen, das Genelle ohnehin instinktiv suchte* – nämlich solche, bei denen Musik, Berührung und Rhythmus eine Rolle spielten. Ich empfahl, Genelle zu ermöglichen, ihren natürlichen Neigungen zu folgen, statt zu versuchen, diese zu unterbinden. In Dr. Torres' Forschungslabor wurde vermutet, daß solche Erlebnisse sensorische, somatisch-motorische Schleifen trainieren, die ihrerseits andere neurologische Entwicklungsprozesse unterstützen.[22]

Glücklicherweise brachte Genelles Sprachtherapeut die Eltern mit einer neurologisch orientierten Musiktherapeutin in Kontakt, deren Techniken perfekt mit Genelles natürlichen Neigungen harmonierten.[23] In ihren Sitzungen mit Genelle benutzte die Therapeutin verschiedene Musikinstrumente und half Genelle durch Klänge und Rhythmen, sich mit ihrem Körper in Bewegung verbundener zu fühlen (und das Gefühl zu entwickeln, eine bessere Kontrolle über ihn zu haben). In der sicheren Situation der Therapiesitzungen konnte sie Klänge als angenehm empfinden, die sie gemeinsam mit der talentierten und relational sehr kompetenten Therapeutin erforschte. Ihre Mutter nahm kurze Videosequenzen von den Sitzungen auf und stellte sie den übrigen Mitgliedern des Behandlungsteams vor. Wir bewunderten die innovative Nutzung von Musik und Bewegung und den erfreuten Blick Genelles, während sie mit der Therapeutin und ihrer Mutter tanzte und sang.

Genelles Ergotherapeutin konferierte mit dem gesamten Team über Möglichkeiten der Zusammenarbeit mit dem Ziel, bei dem Mädchen angenehme sensorische und motorische Erlebnisse zu fördern, insbesondere solche, die Klänge und verschiedene Arten von Bewegung einbezogen und so Genelles Körperwahrnehmung verstärkten.

Es ist nützlich, unterschiedliche therapeutische Modalitäten und Unterstützungsarten in den Zusammenhang zu stellen, in dem sie hinsichtlich der neurologischen Entwicklung einzuordnen sind. Das bedeutet nichts anderes, als daß wir uns fragen sollten, ob eine bestimmte Therapie eine stärkere Body-up- oder Top-down-Charakteristik hat. Anschließend können wir uns fragen, ob wir angesichts der konkreten Situation des Kindes, mit dem wir es zu tun haben, die angemessensten Techniken benutzen. Natürlich hat keine Therapie ausschließlich Body-up- oder Top-down-Charakter.

Wir können die Autonomie eines Kindes fördern, indem wir ihm Aktivitäten anbieten, die der Integration, der Kommunikation, der Selbstvertretung und vor allem dem Erleben von Freude und Verbundenheit in Beziehungen zugute kommen.

Ich hoffe, daß das Verständnis des Unterschieds zwischen der Behandlung von Defiziten und der Unterstützung der Entwicklung uns helfen wird, Verhaltensdifferenzen mit mehr Respekt zu betrachten und sie in stärkerem Maße zu akzeptieren, statt autistische Menschen weiterhin zu beschuldigen oder zur Konformität zu drängen.

Eine Veränderung der Wahrnehmungen

Unsere neue Sicht von Genelles Verhalten hatte tiefreichende Auswirkungen auf das Team. Weil wir alle ihr Verhalten jetzt als individuelle Anpassung an ihre speziellen Gehirn-Körper-Verbindungen verstanden, fühlten sich ihr Lehrer und ihre Schulhelferin weniger unter Druck, auf Änderungen ihres Verhaltens hinzuwirken. Sie beschlossen, Genelle zuzugestehen, sich so zu verhalten, wie es ihren natürlichen Neigungen entsprach, solange sie dadurch andere Schüler in ihrer Klasse nicht massiv ablenkte. Um ihren Klassenkameraden zu ermöglichen, Genelle besser zu verstehen, organisierte ich zusammen mit dem Lehrer in der Klasse ein Gespräch, in dem wir versuchten, Genelles Verhalten zu entmystifizieren und zu entstigmatisieren. Die arglosen und liebevollen Kommentare und Fragen der Klassenkameraden erinnerten uns Erwachsene daran, daß Kinder von Natur aus tolerant und flexibel sind und vieles akzeptieren.

Aber verstärken wir so nicht »schlechtes Benehmen«?

Wenn wir uns dafür entscheiden, Verhalten zu würdigen, statt zu versuchen, es zu verändern, laufen wir dann nicht Gefahr, *negatives* Verhalten zu verstärken? Ich bin nicht dieser Meinung. Wenn wir an Situationen mit einer Geist und Körper einbeziehenden Sicht der kindlichen Entwicklung herangehen, können wir Kindern mittels der aktuellsten therapeutischen Strategien und Ansätze zu lernen helfen, sich sicher zu fühlen, Risiken einzugehen und ihr Potential vollständig zu nutzen. In früheren Kapiteln wurde bereits erläutert, daß das für Kinder weitaus vorteilhafter ist, als zu versuchen, Verhaltensweisen zu eliminieren, bevor wir sie verstehen.

Ignorieren Sie Verhalten nicht, beachten Sie den Eisberg der Kausalität

Die beschriebene umfassendere Sicht des Verhaltens befreit uns nicht von der Notwendigkeit, die speziellen Kenntnisse von Pädiatern und anderen Experten zu nutzen, um die unter der Spitze des Eisbergs verborgenen vielfältigen Trigger und Ursachen zu identifizieren – was biomedizinische Aspekte von Verhalten einschließt. Bestimmte Verhaltensweisen von Kindern mit beeinträchtigten motorischen Systemen, insbesondere Nichtsprecher, können auf akutem Schmerz, bestimmten physischen Empfindungen oder körperlichen Krankheiten basieren. Viele der Fallgeschichten in diesem Buch zeigen, daß die Liste potentieller Trigger sehr lang ist. *Deshalb ist es wichtig, in einem Team zu arbeiten und es Eltern und Spezialisten – darunter Kinderärzten, Entwicklungspsychologen und Neurologen – zu ermöglichen, sich vor wichtigen Entscheidungen über das weitere Vorgehen zu äußern und sicherzustellen, daß das Kind nicht unter Schmerzen, einer Infektion, einer chronischen Krankheit oder anderen medizinischen Problemen leidet, die einer Behandlung bedürfen.*[24]

Verhaltensweisen und individuelle Differenzen bei Autismus und anderen Formen von Neurodiversität

Es wurde bereits darauf hingewiesen, daß das Etikett Autismus die Gefahr birgt, die bei Fachleuten ohnehin verbreitete Neigung zu verstärken, ihre Erwartungen einem Kind gegenüber zu verringern und sein Potential durch eine Art Zimmerdeckenabsenkung unsichtbar zu machen.[25] Etikettierungen [wie die Diagnose Autismus] können Erwartungen beeinflussen, weil Psychotherapeuten und Psychiater im Sinne des medizinischen Störungsmodells ausgebildet worden sind, das Entwicklungsdifferenzen als Defizite ansieht. Wir können die in unserer Kultur sehr verbreitete Sicht der Verhaltensdifferenzen bei Autismus aber auch verändern, indem wir Menschen dazu bringen, Neurodiversität zu würdigen, statt zu versuchen, das Verhalten eines betroffenen Kindes so zu verändern, daß es »normaler« wirkt.

Mir geht es keineswegs darum anzuregen, daß wir atypisches Verhalten ignorieren, oder darauf hinzuwirken, daß wir intensive frühe Interventionen bei Kindern mit einer Autismusdiagnose nicht unterstützen. Hingegen sollten wir Verhaltensauffälligkeiten grundsätzlich aus einer neuen Perspektive betrachten und nicht versuchen, sie zu verändern, bevor wir wirklich verstanden haben, welche Funktion sie erfüllen. Manchmal hat ein Verhalten keinen Sinn und Zweck – *und auch das ist okay. Neurotypische Beobachter werden vielleicht niemals verstehen, warum ein Kind seine einzigartigen repetitiven Bewegungen liebt oder warum es seine sehr speziellen Interessen unbedingt behalten möchte.* Die Erwachsenen im Leben des Kindes haben hinsichtlich der Botschaften, die sie einem Kind über dessen Verhalten übermitteln, eine Wahl. Welche Art von Botschaften wollen Sie übermitteln?

Die besten Wegweiser im Bereich dieser Thematik sind die Autisten selbst. Ido Kedar berichtet in seinen Büchern und seinem Blog, daß Menschen sein äußeres Verhalten oft als negativ beurteilen und daß sie ihm jede Kompetenz absprechen.[26]

Naoki Higashida, der kommuniziert, indem er auf einer Tastatur tippt, ist Autor des Buches *The Reason I Jump*, das Ido Kedars Themen aufgreift. Er schreibt: »Wir haben nicht einmal eine ausreichende Kontrolle über unseren eigenen Körper. Sowohl still zu stehen als auch uns zu bewegen fällt uns schwer – es ist, als würde man einen defekten Roboter fernzusteuern versuchen. Außerdem werden wir ständig beschimpft und können nicht einmal erklären, wie wir selbst eine Situation sehen. Ich hatte sehr oft das Gefühl, von der ganzen Welt verlassen worden zu sein.«[27]

Ido Kedars und Naoki Higashidas Schriften erinnern uns daran, daß wir besser nach Stärken als nach Schwächen Ausschau halten sollten, besser nach Kompetenz als nach Inkompetenz, und daß wir das Potential jedes Menschen ins Zentrum stellen und jeden individuell unterstützen sollten, statt alle nach ein und demselben Schema zu behandeln.

Die Deutung von Verhalten neurodiverser Menschen

1. **Das sensorische und das motorische Profil (Bewegungsprofil) beeinflussen die Fähigkeit eines Kindes, Ihnen zu verdeutlichen, was es denkt und was es tun kann.** Machen Sie nicht den Fehler anzunehmen, daß Kinder mit Bewegungsdifferenzen (einschließlich derjenigen, die nicht sprechen können) die richtigen Antworten nicht kennen, sich absichtlich »schlecht benehmen« oder nicht kooperieren wollen. Gestehen Sie jedem Kind im Zweifelsfall zu, daß es das Bestmögliche will, und unterstellen Sie, daß es zwar versteht, worum es geht, aber *eine seiner Situation angemessene Unterstützung braucht, um Ihnen dies zu zeigen.*
2. **Beraten Sie so rasch wie möglich mit Experten, um dem Kind zu helfen zu kommunizieren.** Ergänzende und ersetzende Kommunikation (*Alternative and Augmentative Communication* – AAC), einschließlich eines Subtypus, der gestützten Kommunikation *(Facilitated Communication* – FC), sind Subspezialitäten der

Sprachtherapie. Kinder, die mit gesprochener Kommunikation Schwierigkeiten haben (sogenannte Nichtsprecher), benötigen Unterstützung und Hilfe bei der Suche nach alternativen Kommunikationsmöglichkeiten. Einige Sprachtherapeuten sind aufgrund ihrer Teilnahme an einer Spezialausbildung in der Lage, Kindern mit schwerwiegenden Sprachproblemen zu helfen.

3. **Alle Kinder brauchen Zeit für den Aufbau von Vertrauensbeziehungen, weil sie nur auf dieser Grundlage riskieren können, Fehler zu machen.** Ermutigung und bestätigende Präsenz von Erwachsenen hilft Kindern, ruhig und wachsam zu bleiben. Zwar ist es nicht immer leicht, mit neurodiversen Kindern zu kommunizieren, doch sollten alle Erwachsenen, die im Leben eines Kindes eine Rolle spielen, sich bemühen, sich über dessen Intentionen und Ideen klar zu werden. Der erste Schritt besteht im Aufbau einer Vertrauensbeziehung, weil diese dem Kind ermöglicht, sich sicher zu fühlen, Risiken einzugehen und sich beharrlich zu bemühen, uns zu zeigen, was es weiß und kann.

Das Ignorieren von Verhalten, das wir würdigen sollten

Ich habe einmal an einer Besprechung teilgenommen, in deren Verlauf ein autistischer Teenager über eine frustrierende Episode aus seiner Kindheit berichtete. Er war damals fünf Jahre alt gewesen und hatte sich seit 45 Minuten in einer Sitzung mit seiner Verhaltenstherapeutin befunden. Er war des permanenten Drills müde und wollte nach Hause. Weil er sich weder sprachlich noch gestisch ausdrücken konnte, ging er zum Fenster, drückte seine Nase dagegen und starrte intensiv nach draußen. Dies war der Versuch des Jungen, der Therapeutin und seiner Mutter klar zu machen, daß er gehen wollte.

Die Therapeutin verstand die Botschaft aber nicht und tat den Kommunikationsversuch des Jungen als *Stimming* ab – eine Form der Selbststimulation ohne jede Bedeutung. Weil draußen ein Hundeausführer mit einer Gruppe von Hunden vorbeiging, sagte die Therapeutin zur Mutter: »Er fixiert sich auf die Hunde.« Sie nahm an, das natürliche starke Interesse an Hunden habe das Kind ans Fenster gelockt. »Wir sollten das ignorieren und versuchen, ihn wieder zurück an den Tisch zu bringen.« Im Alter von siebzehn Jahren erinnerte sich dieser Junge mit einem Gefühl starker Frustration an seinen damaligen Versuch, sich verständlich zu machen.

Die Therapeutin war nicht absichtlich rüde gewesen; sie hatte sich vielmehr an einer gebräuchlichen Behandlungstechnik orientiert, die erwünschtes Verhalten verstärkt und durch »planvolles« oder »taktisches« Ignorieren Kindern zu helfen versucht, neue Verhaltensweisen zu erlernen und zu verinnerlichen. Ich fühle mich angesichts der Anwendung solcher Methoden zunehmend unwohl, weil sie einem umfassenderen, komplexen Verständnis von Autismus nicht gerecht werden. Wenn wir Verhalten isoliert betrachten, basiert unser Handeln auf der Annahme, wir bräuchten nur bestimmte Verhaltensweisen von Autisten zu verändern, statt daß wir sie als eine Form von Kommunikation verstehen, als einen Ausdruck der Streßbelastung eines Kindes, seiner Neurodiversität oder als »nichts weiter als einen Teil der Vielfalt menschlicher Diversität.«[28] Das Vorgehen der Therapeutin in unserem Beispielfall basierte auf einem Modell, das Verhaltensdifferenzen bei Autismus als deviant und veränderungsbedürftig ansieht.

Vielleicht müssen die Behandlungssysteme und die Behandler selbst ihre Wahrnehmungen des Verhaltens von Autisten verändern, statt zu versuchen, autistische Kinder so zu verändern, daß sie neurotypischer wirken.

Und schließlich ist es aus entwicklungsbezogener und beziehungsbasierter Sicht einfach nicht angemessen, Kinder zu ignorieren. Vielleicht meinen wir, daß wir nur ein bestimmtes Verhalten (also nicht das Kind selbst) ignorieren, doch dabei vergessen wir, daß die Kinder diese Unterscheidung nicht unbedingt vornehmen. Bei Menschen, die sich ignoriert fühlen, wird das System für soziale Verbundenheit geschwächt, das uns ermöglicht, auf dem »grünen« Pfad zu verweilen. Ein solches Verhalten hilft dem Kind nicht, kann Verwirrung stiften und die Verbundenheit mit anderen Menschen beeinträchtigen. Denken Sie einmal darüber nach, wie Sie sich das letzte Mal fühlten, als ein Mensch, der Ihnen wichtig war, Sie ignorierte. **Wenn wir ignoriert werden, verringert das unsere emotionale Verbindung zu anderen Menschen, die für uns als Rettungsinseln fungieren sollten, wenn wir leiden.**

- Wenn ein auffälliges Verhalten ein Kommunikationsversuch eines Kindes ist (was bei nicht sprechenden Kindern mit einer Diagnose des autistischen Spektrums oft der Fall ist), übermittelt Ignorieren dem Kind eine unangemessene emotionale Botschaft. Der Erwachsene bringt dadurch im Grunde zum Ausdruck: »Mich interessiert nicht, was du mir zu übermitteln versuchst, und ich werde dir nur dann Aufmerksamkeit schenken, wenn du meinen Forderungen nachkommst.«
- Ignorieren spiegelt ein übermäßig vereinfachendes Verständnis des Verhaltens eines autistischen Kindes, das es versäumt, die Komplexität der zugrundeliegenden Gedanken und Gefühle zu berücksichtigen.
- Sowohl für das Kind selbst als auch für seine Eltern und Betreuer ist es belastend und unnatürlich, das Kind zu ignorieren.

Statt ein ungewöhnliches Verhalten zu ignorieren, sollte man besser das Gegenteil tun, nämlich der Aktivität des Kindes besondere Aufmerksamkeit schenken und sich fragen, was das Kind durch sein Verhalten mitzuteilen versucht. Und wie können wir es dem Kind erleichtern zu kommunizieren? **Wenn wir einem Kind Kompetenz zugestehen, verschieben sich unsere Prioritäten vom Drängen auf konformes Verhalten hin zur Förderung von Entwicklung, Kommunikation und Selbstvertretung.** Entscheidend ist die Perspektive, aus der wir Verhalten betrachten.

Erweiterung unseres Verständnisses von Verhalten

Wann müssen wir das System verändern, statt das Verhalten des Kindes zu verändern? In einer Welt, in der Verhaltensdifferenzen nicht immer geschätzt werden, müssen wir zusammenarbeiten und unsere Vorstellungen über Verhalten (und unsere Toleranz Verhalten gegenüber) so erweitern, daß wir Kinder und andere Menschen nicht schädigen. Bevor wir Verhaltensweisen zum Gegenstand von Interventionen machen, weil wir sie als störend oder merkwürdig empfinden oder weil sie bei uns in anderer Hinsicht Unwohlsein hervorrufen, müssen wir uns fragen: Sind unsere Bemühungen, Verhalten zu verändern, wirklich im wohlverstandenen Interesse eines Kindes?

Das Arbeitsblatt auf der nächsten Seite wird Ihnen helfen, über Besonderheiten und natürliche Neigungen von Kindern nachzudenken und auf dieser Grundlage darüber zu entscheiden, ob es besser ist zu intervenieren oder ob wir besser unsere eigenen Erwartungen und Vorstellungen bezüglich des Verhaltens eines Kindes verändern.

Arbeitsblatt

Verhaltensweisen haben einen Sinn

Könnte das Verhalten des Kindes ein natürliches Bedürfnis erfüllen? Braucht das Kind diese Bewegung (dieses Verhalten), um etwas zu kommunizieren oder um auf dem »grünen« Pfad zu bleiben?

☐ Ja ☐ Nein

Wenn ja, dann notieren Sie Ihre Beobachtungen über die Bedürfnisse des Kindes:

____

____

____

Könnte das Verhalten des Kindes auf ein darunter verborgenes Problem wie **körperlichen Schmerz** oder eine **emotionale Belastung** hinweisen?

☐ Ja ☐ Nein

Wenn ja, dann benennen Sie mögliche Ursachen:

____

____

____

Findet eine umfassende Kommunikation mit dem Behandlungsteam (Kinderarzt, Eltern und Lehrer) des Kindes über die Bedeutung seines Verhaltens statt?

☐ Ja ☐ Nein

Wenn ja, dann beschreiben Sie diese:

____

____

____

Anwendung des Ansatzes auf die Situation in einer Klasse

Die Art, wie wir mit Kindern über ihr Verhalten reden, kann sich auf alle Schüler einer Klasse auswirken. Deshalb sollten wir darüber reflektieren, wie wir mit Verhaltensweisen und anderen individuellen Besonderheiten sowie mit den Botschaften, die wir Kindern hinsichtlich ihrer Präferenzen übermitteln, umgehen. Dabei geht es um zwei Ziele: (1) allen Kindern in der Klasse zu helfen, Signale ihres Körpers als wichtige Informationen zu verstehen, statt als etwas, das sie besser ignorieren oder dessen sie sich schämen sollten; und (2) den Kindern das Akzeptieren von Unterschieden vorzuleben, damit wir einer neuen Generation von Kindern beibringen, Varianten menschlichen Verhaltens, die dem autistischen Spektrum und anderen Formen von Neurodiversität zugerechnet werden, zu akzeptieren.

Die Arbeitsblätter auf den folgenden Seiten werden Ihnen helfen, sich mit unterschiedlichen Bedürfnissen zu beschäftigen, die Kinder zum Ausdruck bringen, und zu lernen, sich diesen Bedürfnissen mit einer warmherzigen, engagierten Haltung zu nähern. Natürlich beschreiben die Arbeitsblätter nur Beispiele für Situationen und mögliche Reaktionsweisen. In Kapitel 4 wurde erklärt, daß der therapeutische Gebrauch des Selbst uns bei der Arbeit mit Kindern grundsätzlich führen sollte.

Wir müssen unsere Prioritäten verändern und Kindern mitfühlende Botschaften über die Weisheit ihres eigenen Körpers übermitteln, statt sie wegen ihrer natürlichen Neigungen und ihrer adaptiven Reaktionen bloßzustellen. Wichtig ist auch, mit Sprachtherapeuten und Kommunikationsexperten zusammenzuarbeiten, die über eine umfassendere Sicht der neurologischen Entwicklung verfügen, um den Kindern so früh wie möglich helfen zu können zu kommunizieren. Kommunikation unterstützt den Prozeß *emotionaler Co-Regulation*, die entscheidende Grundlage für Lernen und Gedächtnis und der heilende Balsam, der das Leiden von Kindern lindert.

Bevor wir Verhaltensweisen zu verändern versuchen, müssen wir uns darüber klar werden, was diese uns über die Bedürfnisse und das Erleben eines Kindes mitteilen. Gelingt uns dies, werden die Kinder ihre eigenen Körperempfindungen und Neigungen würdigen. Diese Vorgehensweise hilft uns, viele zur Zeit noch gebräuchlichen Praktiken zu überwinden, die engherzige Definitionen dessen sind, was bei der Behandlung und Unterstützung von Autismus als »angemessenes« Verhalten anzusehen ist.

Arbeitsblatt

Mit Kindern über sensorische Bedürfnisse reden: Bewegung

Denken Sie über die Unterschiede zwischen A und B in den folgenden Beispielen nach:

Kind zeigt in einer Schulklasse Bewegungsdifferenzen.

A. Der emotionale Ton ist urteilend:
»Du mußt deinen Körper ruhig halten; du störst deine Nachbarn.«

B. Der emotionale Ton ist warmherzig und gewinnend:
»Ich sehe, daß dein Körper darum bittet, sich umherbewegen zu können. Würdest du gern aufstehen und dich ein wenig strecken?«

Kind liegt auf dem Boden oder auf einem Tisch, statt aufrecht auf seinem Stuhl zu sitzen.

A. Der emotionale Ton ist urteilend:
»Setz dich aufrecht hin. Du kannst dich jetzt nicht einfach hinlegen.«

B. Der emotionale Ton ist warmherzig und gewinnend:
»Dir scheint es im Moment ein wenig schwerzufallen, dich aufrecht hinzusetzen. Vielleicht kannst du dich neben mich setzen und dich mit diesen hübschen Kissen ein wenig abstützen.«

Denken Sie sich selbst ein paar Formulierungen aus, die Sie benutzen können, wenn Sie mit einem Kind über seine Bewegungspräferenzen und seine unterschiedlichen Bedürfnisse reden wollen.

Name des Kindes: ______________________________

Formulierungen: ______________________________

____

Arbeitsblatt

Mit Kindern über sensorische Bedürfnisse reden: Geräusche und Berührungen

Denken Sie über die Unterschiede zwischen A und B in den folgenden Beispielen nach:

Wenn Sie beobachten, daß ein Kind negativ auf Geräusche reagiert

A. Der emotionale Ton ist neutral oder urteilend:

»Bitte paß auf und singe zusammen mit uns.«

B. Der emotionale Ton ist warmherzig und gewinnend:

»Hast du Lust, dich zu mir zu setzen? Diese Klänge sind neu für dich, und ich bin hier, um dich zu unterstützen.«

»Du findest wohl, es ist hier drinnen ein bißchen laut. Du kannst dir die Kopfhörer aufsetzen, wenn du das brauchst.«

Wenn Sie beobachten, daß ein Kind bestimmte Arten von Berührung vermeidet

A. Der emotionale Ton ist gedrückt:

»Nun mach schon! Du hast mit dem Fingermalen ja noch nicht einmal angefangen. Die Zeit läuft dir davon.«

B. Der emotionale Ton ist warmherzig und gewinnend:

»Ich sehe, daß dir das Berühren von Farbe nicht so richtig Spaß macht. Fühlt es sich auf deiner Haut ein bißchen komisch an?«

»Vielleicht können wir es zusammen ausprobieren.«

Entwickeln Sie unter Berücksichtigung des emotionalen Tons selbst ein paar Sätze, die Sie benutzen können, um mit einem Kind über sensorische Präferenzen und unterschiedliche Bedürfnisse zu reden.

Name des Kindes: ______________________________

Formulierungen: ______________________________

____

Gewahrsein und Selbstmitgefühl demonstrieren

Wir haben viele Möglichkeiten, Gewahrsein und Mitgefühl unserem eigenen Körper und Geist gegenüber zu demonstrieren und so Kinder dazu anzuregen, es uns gleich zu tun. Die Atem- und Selbstmitgefühl-Übungen aus Kapitel 4 sowie die Hinweise zur Achtsamkeitspraxis im Anhang werden Ihnen helfen, zu Ihrem Körper in Verbindung zu treten (falls Sie dies nicht ohnehin von Natur aus tun). Dies erfordert *zumindest*, daß wir unsere Aktivitäten so weit verlangsamen, daß *wir* aufmerksam verfolgen können, was unser Körper uns sagt. Das Merkblatt auf der folgenden Seite empfiehlt bestimmte Phrasen, die unsere mitfühlende Aufmerksamkeit auf die Signale unseres Körpers lenken und uns als Erwachsenen so helfen, Kindern zu demonstrieren, wie wir auf solche Signale achten.

Wenn wir als Erwachsene zeigen, daß wir die Signale, die unser Körper uns gibt, schätzen, helfen wir dadurch Kindern, ihre eigenen Körpersignale zu würdigen. Wir demonstrieren etwas, das für viele Kinder mit einer Diagnose auf dem Autismus-Spektrum schwierig ist: das Planen, Sequenzieren und Adjustieren motorischer Handlungen. Die Herausforderungen, mit denen diese Kinder konfrontiert werden, führen oft zu Differenzen hinsichtlich der Art, wie ihr Körper sensorische Information erschließt und nutzt, um Reaktionen hervorzurufen.

Statt von Kindern zu fordern, daß sie ihr Verhalten ändern, müssen wir *unsere* Herangehensweise ändern. Wenn Sie merken, daß der Gesichtsausdruck, die Gestik oder die Haltung eines Kindes vom »grünen« Pfad weg und dem »roten« oder »blauen« Pfad zustrebt, können Sie liebevoll versuchen, die Veränderung zusammen mit dem Kind zu untersuchen. Das Arbeitsblatt auf der übernächsten Seite enthält Beispiele für Formulierungen, mit denen wir Kindern helfen können, wenn sie auf das Feedback ihres Körpers achten, dieses besser zu tolerieren und mit uns darüber zu kommunizieren. Denken Sie daran, daß bei Kindern, bei denen Autismus diagnostiziert wurde, stärkere Differenzen der sensorischen Verarbeitung bestehen, was »normale« Erlebnisse für sie sehr unangenehm machen kann.

Kinder durch das Erleben von Verbundenheit mit uns zu beruhigen – und ihnen zu helfen, sich selbst zu beruhigen –, fördert ihre soziale und emotionale Entwicklung in ihrem ganzen Leben, beginnend mit der Reaktivität von Säuglingen bis hin zur Fähigkeit von Kindern, sich selbst zu beobachten und über das, was in ihrem Körper und Geist vor sich geht, zu kommunizieren.

Merkblatt

Wie man demonstriert, was es bedeutet, die Aufmerksamkeit auf die Signale des Körpers zu richten

Einfache Äußerungen können Kindern zu erkennen helfen, daß Erwachsene ihre eigenen körperlichen Erlebnisse nutzen, und sich zu überlegen, was in Anbetracht der aktuellen Situation zu tun ist. Fokussieren Sie die Aufmerksamkeit bei solchen Äußerungen nicht auf das Kind, um ihm explizit etwas beizubringen. Nutzen Sie besser Gelegenheiten zu beiläufigen Kommentaren, während Sie sich auf dem ruhigen »grünen« Pfad befinden. Die folgenden Sätze sind nur Beispiele, und Sie können natürlich auch auf eigene Erlebnisse zurückgreifen, wenn Ihnen geeignete Beispiele in den Sinn kommen.

»Mein Körper sagt mir, daß ich mich einen Moment lang hinsetzen sollte.« *(Setzen Sie sich anschließend hin.)*

»Diese Polizeisirenen bringen mich dazu, genau aufzupassen.« *(Während Sie das Tempo Ihres Autos verlangsamen und den Straßenrand ansteuern.)*

»Mein Magen knurrt, und ich habe Hunger.« *(Essen Sie anschließend etwas.)*

»Meine Augen sagen mir, daß es hier drinnen zu hell ist.« *(Dimmt daraufhin das Licht im Raum.)*

Indem wir benennen, was wir empfinden, und indem wir diese Empfindungen durch eine entsprechende Handlung unterstreichen, übermitteln wir eine machtvolle Botschaft über das Anhören der Weisheit unseres Körpers und fordern Kinder durch unser Beispiel auf, dies ebenfalls zu tun.

Merkblatt

Kindern helfen, Körperempfindungen wahrzunehmen und zu würdigen

Denken Sie über Möglichkeiten nach, einem Kind zu helfen, die Informationen zu nutzen, die durch Körperempfindungen übermittelt werden.

Sie können die folgenden Äußerungen dem Entwicklungsstand und den Kommunikationsmöglichkeiten des betreffenden Kindes anpassen. Und Sie können diese Sätze auditorisch oder visuell (gesprochen oder mit Hilfe von aufgeschriebenen Wörtern oder Bildern) präsentieren:

»Es sieht so aus, als hättest du gerade etwas empfunden. Was könnte das gewesen sein?«

»Sagt dein Körper dir jetzt etwas?«

»Du hast große Augen. Sagt dein Körper dir momentan, daß du auf etwas achten sollst?«

»Sieht ganz so aus, als ob dein Körper sich bewegen will.« Und beziehen Sie sich stets auf Behagen fördernde Erlebnisse, etwa: »Würdest du gern neben mir sitzen oder mit mir spazieren gehen (oder ______________________)?«

Entwickeln Sie Äußerungen speziell für Ihr Kind oder für das Kind, mit dem Sie arbeiten: ____

____

____

____

Prioritäten setzen

Wenn wir Compliance zu unserer obersten Priorität machen, übermitteln wir Kindern manchmal unabsichtlich die Aufforderung, ihren Körper zu ignorieren. Diese Botschaft wurde Norton in seiner Schule übermittelt – dem Jungen, der mit seinen Fingern schnippte, um mit seiner Angst fertig zu werden. Nach einem schwierigen Jahr in seiner ersten Schule beschlossen seine Eltern, ihn in einer kleinen Privatschule anzumelden, was sich natürlich nicht alle Familien leisten können. In der neuen Schule durften die Schüler auf großen Gymnastikbällen statt auf Stühlen sitzen oder auch auf dem Boden. Die Schule gab den Schülern in gewissen Grenzen auch die Möglichkeit, sich die sensorischen Erlebnisse zu verschaffen, die sie brauchten, um ruhig und aufmerksam zu bleiben. Norton gedieh in dieser neuen Umgebung, er blieb er selbst und wurde später in eine kleine progressive Highschool aufgenommen. Aufgrund seiner ausgezeichneten Leistungen, die er seinem sehr guten Gedächtnis zu verdanken hatte, schloß er die Schule als Zweitbester seines Jahrgangs ab.

Nortons Erfolg zeigt, wie wichtig es ist, sich im Umgang mit problematischem Verhalten folgende Fragen zu stellen: Können wir die Zeit und die Mühe aufbringen, den adaptiven Effekt des Verhaltens eines Kindes zu verstehen, bevor wir versuchen, sein Verhalten zu verändern? Besteht eine Möglichkeit, Toleranz zu entwickeln und unsere Einstellungen zu verändern, statt einfach nur das Verhalten des Kindes zu modifizieren? Können wir die Verhaltensdifferenzen des Kindes als Orientierungshilfe für die Entwicklung besonders innovativer Ansätze nutzen, für Lösungen, die das einzigartige Profil der neurologischen Entwicklung des Kindes respektieren?

Im nächsten Kapitel wenden wir uns einer weiteren Gruppe von Kindern zu, die von einem veränderten Verständnis von Verhaltensproblemen ebenfalls profitieren können: denjenigen, die in ihrer Kindheit mit schädlichem Streß, Traumata und anderen ungünstigen Erlebnissen fertig werden mußten.

Zusammenfassung der Hauptpunkte dieses Kapitels

- Zu den Verhaltensweisen neurodiverser Populationen zählt »die Konstellation von Adjustierungen und Adaptationen, die Menschen vornehmen, um mit den Umständen ihres Lebens besser fertig zu werden.«[29]
- Kinder verfügen über eigene einzigartige Möglichkeiten, im Einklang mit ihren individuellen Besonderheiten auf das Geschehen in der Welt zu reagieren.
- Wir müssen uns über die Bedeutung eines Verhaltens für ein bestimmtes Kind klar werden, bevor wir intervenieren, um das Gefühl interpersonaler Sicherheit, Autonomie und die unabhängige Entscheidungsfindung zu unterstützen.

8

Unterstützung bei problematischem Verhalten von Kindern, die schädlichem Streß und Traumata ausgesetzt waren

»Wenn wir alle den Mut finden, diesem Problem direkt ins Gesicht zu schauen, werden wir, so glaube ich, über die Macht verfügen, nicht nur unsere Gesundheit, sondern auch unsere Welt zu transformieren.«

— Dr. Nadine Burke Harris

Wenn Kinder Traumata, unablässigen Streß oder beides erlebt haben, ist ihr Nervensystem wahrscheinlich sehr empfindlich. In solchen Fällen ist es besonders wichtig, mit Verhaltensproblemen sehr sensibel und mitfühlend umzugehen. Auch dann kann es schwierig sein, einerseits herauszufinden, wodurch ein bestimmtes Verhalten hervorgerufen wurde, und andererseits festzustellen, wie man dem Kind in dieser Situation am besten hilft. Wir werden uns in diesem Kapitel mit der Wirkung von schädlichem Streß beschäftigen und damit, wie man am besten mit den Verhaltensproblemen von Kindern umgeht, die schädigenden Erlebnissen ausgesetzt waren.

Zu diesem Zweck werden wir die Situationen von vier Kindern untersuchen: Jessie, Matt, Loren und Lena. Wir werden sehen, daß das, was die Vier erlebt haben, die Art, wie Erwachsene ihnen zu helfen versuchten, und was letztlich bei alldem herauskam, sehr unterschiedlich ist. Doch alle vier Geschichten können uns zu begreifen helfen, wie schwer es in solchen Fällen ist zu helfen, welche Fehler uns dabei unterlaufen können und welche Möglichkeiten wir haben, im Leben solcher Kinder etwas Positives zu bewirken.

Bevor wir uns den Geschichten der vier Kinder zuwenden, müssen wir uns vergegenwärtigen, wie sich Streß auf die Gehirnentwicklung auswirkt.

Die Auswirkungen früher nachteiliger Erlebnisse auf die Gehirnentwicklung

Belastende oder traumatische Erlebnisse sind oft die Wegbereiter problematischer Verhaltensweisen. Bei manchen Kindern existieren Risikofaktoren, die sie für emotionale oder behaviorale Probleme prädisponieren, wozu auch ein Spektrum

»schädigender Kindheitserlebnisse« (engl.: *adverse childhood experiences* – abgekürzt ACE) zählt.[1]

Die US-Gesundheitsorganisation Kaiser führte in Kalifornien von 1995 bis 1997 die erste ACE-Studie in Zusammenarbeit mit den Centers for Disease Control (CDC) durch. Über 17.000 Patienten füllten Fragebögen über ihre frühen Kindheitserlebnisse, ihren aktuellen Gesundheitszustand und ihren Lebensstil aus. Die Forscher befragten die erwachsenen Probanden nach schädigenden Kindheitserlebnissen unter anderem folgender Art:

- körperliche Mißhandlungen
- sexueller Mißbrauch
- emotionale Mißhandlungen
- physische Vernachlässigung
- emotionale Vernachlässigung
- Gewalttätigkeit eines Intimpartners
- Gewalttätigkeit gegenüber der Mutter des Patienten
- Substanzmißbrauch in der Familie
- psychische Erkrankungen in der Familie
- Trennung oder Scheidung der Eltern
- Gefängnisaufenthalte von Familienangehörigen

Die Forscher stellten fest, daß die Teilnehmer der Studie während ihres ganzen Lebens in dem Maße unter gesundheitlichen, zwischenmenschlichen und behavioralen Problemen litten, wie sich schädigende Erlebnisse in ihrer Kindheit gehäuft hatten. Die Studie machte als eine der ersten auf Risikofaktoren in der frühkindlichen Entwicklung und auf die Wirkung von Traumata aufmerksam. Sie zeigte, daß es sinnvoll ist, sich in jedem Fall mit der Lebensgeschichte von Kindern zu befassen.

Verbunden mit der neueren Fokussierung auf ACE ist die Würdigung des Ansatzes *Trauma-Informed Care*, der »die Präsenz von Trauma-Symptomen und die Rolle, die Traumata im Leben von Kindern gespielt haben, anerkennt.«[2] Dr. Nadine Burke Harris, Kinderärztin und Gründerin des *Center for Youth Wellness* in San Francisco, hat sich viele Jahre lang mit der Wirkung schädigender Kindheitserlebnisse auf die Entwicklung befaßt. Ihr Buch *The Deepest Well* (2018/2020) beschreibt sehr anschaulich die massive Wirkung von schädlichem Streß auf das sich noch entwickelnde Gehirn von Kindern und setzt sich nachdrücklich dafür ein, daß Eltern und die Angehörigen helfender Berufe sich um Kinder, die unter der Wirkung von ACE leiden, verstärkt kümmern sollten.[3]

Dr. Burke Harris und ihre Kollegen haben in einer retrospektiven Chart-Analyse mit 701 Kindern die Beziehung zwischen ACE und der Gesundheit von Kindern untersucht. Die Resultate waren ernüchternd: Wenn Kinder in ihrem bisherigen

Leben mit mehr als vier ACEs konfrontiert worden waren, bestand eine 32,6fach höhere Wahrscheinlichkeit des Auftretens von Lern- und Verhaltensproblemen als bei Kindern mit weniger oder keinerlei ACEs.[4] Obwohl es sich um eine korrelative Studie handelt, die nicht die Existenz einer Kausalität beweist, legen die Ergebnisse die Notwendigkeit weiterer Untersuchungen nahe und zeigen, daß eine intensivere Auseinandersetzung mit der Wirkung von Traumata und schädlichem Streß auf die kindliche Entwicklung dringend erforderlich ist.

In einem Interview berichtete Dr. Burke Harris, daß MRT-Untersuchungen des Gehirns von Kindern, die in erheblichem Maße schädigenden Erlebnissen und schädlichem Streß ausgesetzt waren, »eine Schrumpfung des Hippocampus [eines Gehirnbereichs, der für das Gedächtnis und die Emotionsregulation wichtig ist] und eine Vergrößerung der Amygdala, des Furchtzentrums im Gehirn, erkennen lassen. Dies kann Hypervigilanz hervorrufen – eine überstarke Sensibilität gegenüber Gefahren oder Herausforderungen.«[5] Dieser biologische Befund erklärt, warum Kinder mit hohen ACE-Werten oft Lernprobleme haben: Der Hippocampus ist für die Erzeugung und Aufrechterhaltung von Erinnerungen verantwortlich.

Wird die Streßreaktion wiederholt ausgelöst, kann die Gehirnentwicklung beeinträchtigt werden. Die Verhaltens- und Lernprobleme traumatisierter Kinder spiegeln diese schädliche Wirkung von Streß auf das sich entwickelnde Gehirn.

Wir werden nun sehen, inwieweit uns diese Vorinformation hilft, die Situation von vier Kindern zu untersuchen. Wir beginnen mit Jessie.

JESSIE

Bedrohliche Gefühle und Erinnerungen, die das Verhalten beeinflussen

Jessie war das Kind von Marla, einer Highschool-Studentin im Senior-Jahr. Er war mit einem lauten Schrei zur Welt gekommen. Seine Mutter und sein Vater Joe, ein Klassenkamerad von Marla, beschlossen, das Kind gemeinsam aufzuziehen und bei Marlas Eltern zu leben, bis sie ihren Abschluß geschafft hatten und ihren Lebensunterhalt selbst verdienen konnten.

Jessies Großmutter kümmerte sich tagsüber um den Jungen, während seine Eltern in der Highschool waren, und er erreichte problemlos alle wichtigen Entwicklungsmeilensteine. Die ganze Familie war stolz auf Marla und Joe, als sie die Abschlußprüfung schafften. Kurze Zeit später zogen sie mit ihrem Sohn in ein Apartment um. Sie arbeiteten in Wechselschichten in einem Fastfood-Restaurant in der Nähe, so daß sie sich beide um ihren Sohn kümmern konnten, ohne ihn in eine Tagespflege geben zu müssen.

Die neue Situation erwies sich für alle Beteiligten als schwierig, auch für Jessie. Er hatte unter der Obhut seiner Großmutter schon im Alter von drei Monaten die Nacht durchgeschlafen, doch in der neuen Umgebung wachte er, nun elf Monate alt, Nacht für Nacht viele Male auf. Erschöpft, finanziell klamm und gestreßt stritten Marla und Joe häufig und laut im Beisein Jessies. Beide dachten nicht darüber nach, daß die Spannungen zwischen ihnen sich negativ auf ihr Kind auswirken könnten, bis sie Jessie, als er zwei Jahre alt war, in eine Kita brachten, wo er bald andere Kinder biß.

Wie kam es dazu? Der Umzug aus dem Haus der Großmutter und die späteren Konflikte seiner Eltern erwiesen sich als ACEs – frühe schädigende Kindheitserlebnisse. Für seine Großmutter war er der Mittelpunkt allen Geschehens gewesen, und plötzlich fand er sich mit seinen überforderten und erschöpften Eltern in einer neuen, ihm völlig frenden Umgebung wieder. Als Jessie seine Eltern ständig brüllen hörte, erlebte er den »roten« Pfad der Gefahr. Weil sensorische Erlebnisse auch emotionale Erlebnisse sind, erzeugte das Geräusch der erhobenen Stimmen seiner Eltern wahrscheinlich bedrohliche Erinnerungen, die für Jessie mit bestimmten lauten Geräuschen und Stimmen verbunden waren. Dies war ein wichtiger Teil des Puzzles, das aufgelöst werden mußte, als es darum ging, Jessie zu helfen.

Bei meinem ersten Zusammentreffen mit der Familie versuchten wir gemeinsam, alle Einzelteile zu einem Gesamtbild zusammenzufügen. Meine oberste Priorität war, Marla und Joe zu helfen, sich in meiner Gegenwart sicher zu fühlen, statt mich als eine weitere Expertin oder als Mutterfigur zu sehen, die ihnen das »schlechte Benehmen« ihres Kindes vorwarf. Sobald zwischen uns eine Vertrauensbeziehung entstanden war, schauten wir uns die Streßquellen des Paars an und würdigten ohne jedes Urteil, was Jessies Verhalten über seine Emotionen verriet.

Indem wir analysierten, was in Jessies jungem Leben geschehen war, gelang es uns, mehrere Streßquellen zu lokalisieren. Der Umzug (der die Möglichkeiten des Jungen, Zeit mit seiner Großmutter zu verbringen, stark einschränkte), das Hören der lauten und bedrohlich klingenden Stimmen seiner Eltern, die Unterbrechungen seines Schlafs und die dramatische Veränderung seines Tagesablaufs trugen wahrscheinlich alle zu seinen anfänglichen Schwierigkeiten in der Kita bei. Wir fanden heraus, daß Jessie andere Kinder gewöhnlich dann biß, wenn es in der Kita am unruhigsten und lärmigsten war: in der für freies Spiel reservierten Zeit. Wir vermuteten, daß die vielen Veränderungen in Jessies Leben seine Selbstregulationsschwelle gesenkt hatten, weil die Verhaltensprobleme erstmals nach den Veränderungen seiner äußeren Situation aufgetreten waren. Eine leichte Verzögerung der Sprachentwicklung intensivierte sein automatisches Verhalten zusätzlich, weil er anderen nicht schnell und leicht erklären konnte, was ihn beschäftigte. Ich vermutete, daß bestimmte Situationen Jessie rasch auf den »roten« Pfad versetzten, und weil er Schwierigkeiten damit hatte, seine Sorgen stimmlich auszudrücken, biß er irgend jemanden, der gerade in der Nähe war. Dies war seine Art, mit dem Streß in seinem Körper fertig zu werden. Seine Kampf-oder-Flucht-Reaktion war eine Anpassung an die wahrgenommene Gefahr.

Jessies frühe schädigende Erlebnisse trugen wahrscheinlich zur Verletzlichkeit seines Nervensystems bei. Seine Eltern taten ihr Bestes, aber der Streß, den Jessie aufgrund der Ferne von seiner geliebten Großmutter, der neu auftretenden Schlafstörungen und der lauten Streitigkeiten seiner Eltern erlebt hatte, verringerten sein entstehendes Gefühl von Sicherheit. Außerdem belegten seine Kita-Betreuer ihn mit Konsequenzen wegen seines »schlechten Benehmens«. Seine Streßreaktionen wurden als absichtliches Verhalten gedeutet, und die Konsequenzen, welche die Betreuer in strengem Ton gegen Jessie verhängten, bewirkten nichts anderes, als daß sie die generelle Streßbelastung des Jungen noch verstärkten. Hinsichtlich seines Hauses sozial-emotionaler Entwicklung entstanden bei ihm Probleme, die das Fundament und den Rohbau der Beziehungen betrafen – was zu Schwierigkeiten hinsichtlich der Emotionsregulation führte, durch die Verhaltensprobleme entstanden.

Letztlich half Jessie ein mehrgleisiges Vorgehen. Erstens brachte ich alle Personen, die in seinem Leben wichtige Rollen spielten, dazu, sich vorrangig um sein Gefühl der Sicherheit zu kümmern. Zweitens empfahl ich Jessie und seinen Eltern einen pädiatrischen Sprachtherapeuten, der sich mit Hilfe eines entwicklungsbezogenen und beziehungsbasierten Ansatzes um die Verzögerung seiner Sprachentwicklung kümmern sollte. Um die gleiche Zeit zwang eine Mieterhöhung Marla und Joe, wieder bei Marlas Mutter, Jessies geliebter Großmutter, einzuziehen. Daß Jessies problematische Verhaltensweisen im Laufe der nächsten Monate abnahmen, war zweifellos der verstärkten Beziehungswärme von seiten der Erwachsenen sowie der Vertrautheit und Sicherheit, die von der Großmutter ausgingen, zuzuschreiben. (Die Großmutter konnte Jessie nun mittags aus dem Kindergarten abholen, viel früher, als es seinen Eltern möglich gewesen war.)

Jessies Eisberg
zeitweiliges Beißen im Kindergarten
Beeinträchtigung der Schlaf-Wach-Zyklen
Neurozeption von Gefahr
Verzögerung der Sprachentwicklung
Veränderungen in der physischen und relationalen Umgebung
Entfernung von der Sicherheit/Geborgenheit, die von der Großmutter ausging
häusliche Konflikte der Eltern
Erinnerungen an laute Stimmen
Veränderungen des Tagesablaufs
Kita-Situation, in der Erinnerungen/Gefühle getriggert wurden

MATT Anzeichen für Traumata erkennen

Julia und Samuel hatten sich jahrelang erfolglos Unfruchtbarkeitsbehandlungen unterzogen, bevor sie sich zu einer Adoption entschlossen. Sie waren begeistert, als ein Sozialarbeiter sie anrief und ihnen mitteilte, ein Brüderpaar brauche ein liebevolles Zuhause. Nach monatelangem Papierkrieg adoptierte das Paar schließlich Matt, der drei Jahre alt war, und seinen ein Jahr jüngeren Bruder Rett.

Das Familienleben wurde sehr aufregend und turbulent. Rett fand sich leicht in die neue Situation hinein; er schlief meist gut und konnte sich von Enttäuschungen meist gut erholen. Matt hingegen hatte von Anfang an große Schwierigkeiten. Er wachte in jeder Nacht mehrmals weinend auf und hatte im Kindergarten Schwierigkeiten, seine Aufmerksamkeit zu fokussieren. In der Klasse Null spielte er nur selten mit Gleichaltrigen; statt dessen saß er allein irgendwo und las Bücher. Zu Hause suchte Matt keinen Kontakt zu seinen Adoptiveltern und griff sie sogar oft verbal an, wenn er wütend war.

Im Alter von sieben Jahren entdeckte Rett, daß Matt im Keller des Hauses der Familie ein Feuer angezündet hatte. In einer anderen Situation holte Matt während eines Streits den Hamster der Familie aus seinem Käfig und warf ihn gegen eine Wand; das Tier war sofort tot.

Ein Psychologe diagnostizierte bei Matt eine Reaktive Bindungsstörung sowie eine Störung des Sozialverhaltens und äußerte sich besorgt darüber, daß Matt nur schwer mit gleichaltrigen Kindern in Kontakt trat. Die Schule ermöglichte dem Jungen eine psychotherapeutische Beratung und entwickelte für ihn einen Behandlungsplan für sein Verhalten, um ihn zu unterstützen. Seine Lehrer und die Eltern wurden instruiert, Matt eine Struktur vorzugeben, erwünschtes Verhalten positiv zu verstärken und bei dysfunktionalem Verhalten sofort naheliegende Konsequenzen zu veranlassen (etwa Ausschluß aus der Pause).

Leider erwies sich der Unterstützungsplan als ineffektiv. Matt hatte nur wenige Freunde und war ein Einzelgänger, der seine freie Zeit meist allein mit Videospielen verbrachte. Nachdem er einmal einen großen Topf in Richtung seiner Mutter geschleudert hatte, riefen seine Eltern in ihrer Verzweiflung die Polizei.

Als ich Matts Eltern kennenlernte, berichteten sie mir, sie hätten gewußt, daß er als kleines Kind mißhandelt und vernachlässigt worden sei, hätten aber gehofft, daß die Sicherheit und Liebe, die sie ihm boten, ihm helfen würden, genauso wie sein Bruder zu gedeihen.

Matts Verhaltensauffälligkeiten – sozialer Rückzug, Gewalttätigkeit gegen Tiere, Zündeln und Bedrohung der eigenen Eltern – zeigten, daß sich Gehirn und

Körper des Jungen ständig im Defensivmodus befanden. Er hatte nie die Fähigkeit entwickelt, seine Emotionen zu regulieren – die Fähigkeit, zusammen mit seinen primären Bezugspersonen dauerhaft auf dem »grünen« Pfad zu verweilen. Dadurch wurden alle seine übrigen Entwicklungsmeilensteine ebenfalls in Frage gestellt, darunter die Fähigkeit, zu anderen Menschen in Kontakt zu treten, über Probleme und Situationen nachzudenken, seine Gefühle auszudrücken und sich um Hilfe zu bemühen. *Sein aggressives Verhalten war ein frühes Signal dafür, daß er in seiner Umgebung Gefahr oder Lebensgefahr wahrnahm, obwohl er tatsächlich in Sicherheit war.* Die frühen physischen und emotionalen Verletzungen hatten bei Matt ein Trauma verursacht, das sein Vermögen, Emotionen und kognitive Fähigkeiten zu steuern, stark beeinträchtigte. Außerdem war es ihm aufgrund dessen nicht möglich, seine eigenen Ziele mit dem Gemeinwohl in Einklang zu bringen, und dieses Defizit hatte starke Auswirkungen auf sein Gerechtigkeitsgefühl.[6]

Lehrer, Ärzte und frühere Therapeuten hatten Matt im Sinne von Modellen behandelt, die auf der Annahme basierten, er leide unter »Störungen«, statt auf der Grundlage der Erkenntnis, daß seine Verhaltensweisen unabsichtliche, der Überlebenssicherung dienende Anpassungen an frühe traumatische Erlebnisse waren. Ihm wurden Medikamente verschrieben, die seine Emotionsregulation unterstützen sollten, und es wurde ein Interventionsplan entwickelt, der sich auf die Belohnung oberflächlichen Verhaltens und die Bestrafung »maladaptiven« Verhaltens konzentrierte. Nichts von alldem half. **Unglücklicherweise agierten die drei Systeme, die Matt zu helfen versuchten – das Schulsystem, die medizinische Versorgung und die psychiatrische Betreuung –, unabhängig voneinander, koordinierten ihre Bemühungen also nicht und kommunizierten nicht über den wichtigsten Faktor in seinem Leben: die Tatsache, daß Matt schon früh im Leben schädlichem Streß ausgesetzt gewesen war.**

Psychotherapeuten, Ärzte und Lehrer versuchten Matt zu vermitteln, er müsse sein Verhalten *ändern*. Es gelang ihnen aber nicht, ein gemeinsames Vorgehen zu entwickeln, das ihm tatsächlich hätte helfen können. Es gab ja einen Grund für sein Verhalten: Seine Handlungen waren automatische Reaktionen auf zahlreiche frühe traumatische Erlebnisse, bei denen er das Gefühl gehabt hatte, sein Leben sei durch eben die Personen gefährdet, von denen er abhängig war. Weil er sich nicht konkret an irgendwelche schwerwiegenden Mißhandlungen erinnern konnte und weil er von Erwachsenen wegen seiner unterbewußt initiierten, der Überlebenssicherung dienenden Verhaltensweisen bestraft worden war, fing er an, über sich selbst und andere Menschen negativ zu denken.

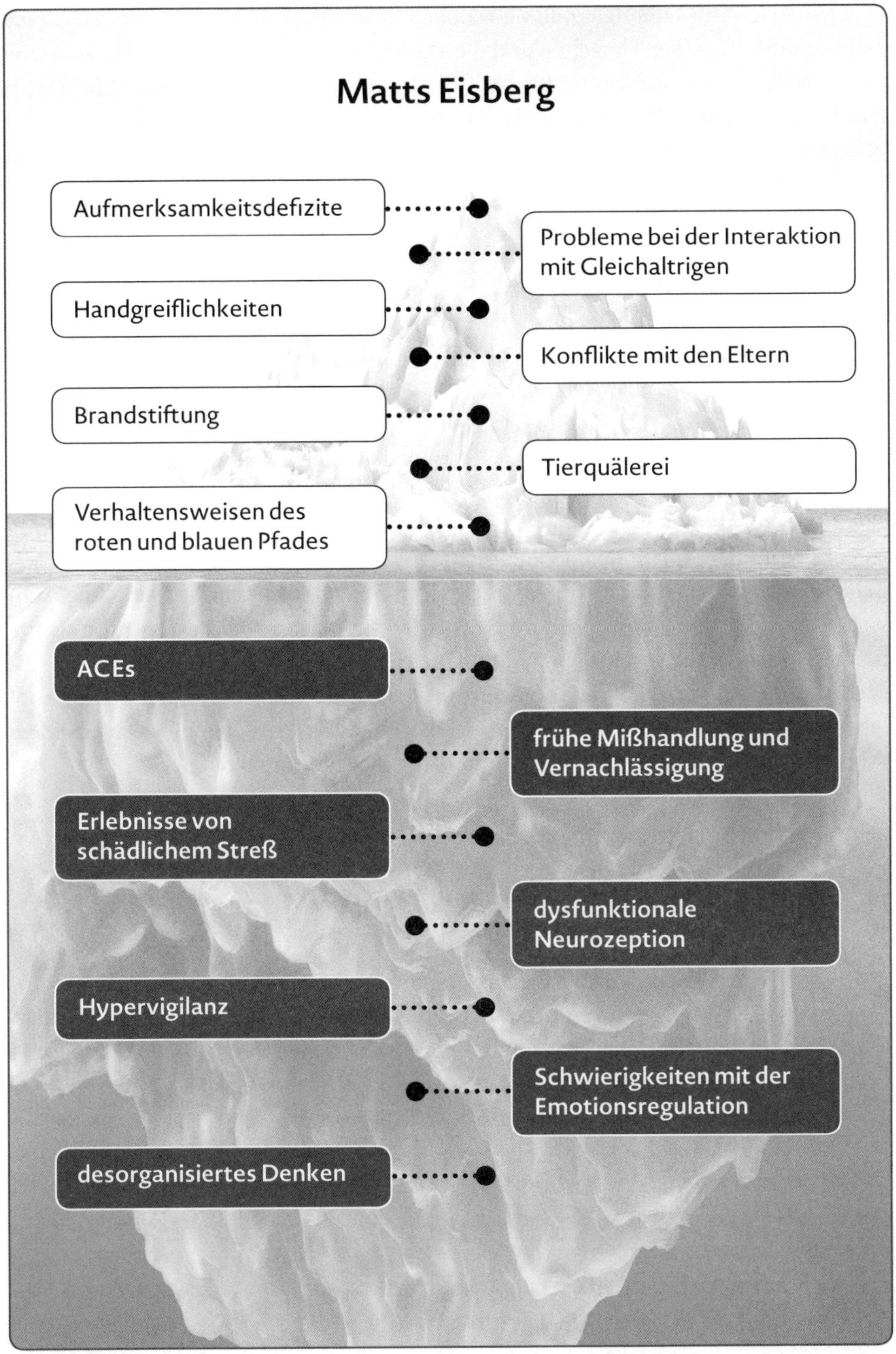
Matts Eisberg
Aufmerksamkeitsdefizite
Probleme bei der Interaktion mit Gleichaltrigen
Handgreiflichkeiten
Konflikte mit den Eltern
Brandstiftung
Tierquälerei
Verhaltensweisen des roten und blauen Pfades
ACEs
frühe Mißhandlung und Vernachlässigung
Erlebnisse von schädlichem Streß
dysfunktionale Neurozeption
Hypervigilanz
Schwierigkeiten mit der Emotionsregulation
desorganisiertes Denken

Problematisch an Matts Behandlung war, daß sie auf Veränderung seines Verhaltens zielte, ohne daß dessen Ursachen und die Auswirkungen seiner Geschichte auf seine individuellen Besonderheiten untersucht wurden. Diese Vorgehensweise führte zu einer Verstärkung seiner trüben Gedanken und Gefühle der Welt und sich selbst gegenüber. Er ersann eine Erzählung, in der andere Menschen seine Feinde waren, die er bestrafen mußte. Seine Handlungen waren eine Art Präventivschlag, einem traumatisierten Gehirn entsprungen. Auszeiten und andere Strafmaßnahmen, mit denen er belegt wurde, vertieften sein Gefühl der Isolation noch, ebenso wie die Erzählung, andere seien »hinter ihm her«.

Die Reise Matts und seiner Familie führte dazu, daß er stationär behandelt werden mußte, weil er plötzlich suizidal wurde und drohte wegzulaufen. Sein langer Aufenthalt in einem psychiatrischen Krankenhaus hatte für die Familie die positive Auswirkung, daß sie mit einer Psychiaterin in Kontakt kam, die sämtliche Medikationen evaluierte, die Matt im Laufe seines jungen Lebens verschrieben bekommen hatte. Diese Frau hatte kurz vorher eine Ausbildung in traumabewußter Betreuung absolviert, und sie empfahl einen neuen Behandlungsplan, in dem die Medikation verringert und die relationale Unterstützung verstärkt wurde. Sie schloß sich Matts Behandlungsteam an und nahm an Treffen mit seinen Eltern teil, als Matts Rückkehr in die häusliche Umgebung vorbereitet wurde. Die Einstellung dieser Ärztin war in meinen Augen ein Segen für Matt, da sie ihre Rolle nicht darauf beschränkt sah, die Medikation zu kontrollieren. Die Eltern beschlossen, Matt im ersten Highschool-Jahr zu Hause unterrichten zu lassen. Alle Mitglieder des Behandlungsteams sind sehr zuversichtlich, daß er eine vielversprechende Zukunft vor sich hat.

LOREN Unablässiger schädlicher Streß

Loren hatte zu Beginn seines Lebens zweifellos große Schwierigkeiten gehabt. Er war erst vier Jahre alt gewesen, als die Jugendschutzbehörde ihn von seinen biologischen Eltern trennte, nachdem die Polizei seinen Vater wegen Drogenhandel festgenommen hatte und Loren in dessen Wohnung an ein Bett gefesselt vorgefunden worden war. Lorens Mutter hatte die Familie schon einige Monate vorher verlassen, und Loren hatte schon sehr früh körperliche und emotionale Mißhandlungen und Vernachlässigung erlebt.

Loren war offensichtlich durch unablässigen schädlichen Streß traumatisiert – durch die permanente Aktivierung des Streßmanagementsystems seines Körpers mangels schützender Unterstützung durch einen Erwachsenen.[7]

Seither hatte sich seine Situation kaum verbessert. Um ihm ein stabileres Zuhause zu geben, hatten die Behörden ihn bei entfernten Verwandten untergebracht. Doch kurz nach seiner Ankunft in dieser Familie fing Loren an, den noch sehr kleinen Sohn seiner Pflegeeltern anzugreifen, ihn zu schlagen oder ihn an den Haaren zu ziehen, wenn dieser ihm zu nahe kam. Weil das Pflegeelternpaar sich nicht in der Lage sah, mit Loren zurechtzukommen, forderte es den zuständigen Sozialarbeiter bald auf, eine andere Unterbringung für ihn zu finden.

Dann wurde er bei einem Paar untergebracht, das bereits vier andere Pflegekinder betreute und dafür bekannt war, »die Zügel fest in der Hand zu haben«. Der für Loren zuständige Sozialarbeiter hoffte, Struktur und Regeln dieser Pflegefamilie würden Loren helfen; aber genau das schien ihn noch leichter zu triggern, was wiederholte explosive Ausbrüche zur Folge hatte, wobei er Speisen und Geschirr vom Tisch fegte und andere Anwesende schlug. Diese Pflegeunterbringung wurde nach weniger als einem Jahr ebenfalls beendet.

Bei Loren wurde eine Störung mit oppositionellem Trotzverhalten (ODD), eine Aufmerksamkeits-Defizit-Hyperaktivitäts-Störung (ADHS) sowie eine schwere Lernschwäche diagnostiziert, und er verbrachte den größten Teil der folgenden sechs Jahre in einer therapeutischen Wohngruppe mit eigener Schule. Als er zwölf Jahre alt war, tippte ihm einmal ein Gleichaltriger, während er für das Mittagessen anstand, von hinten auf die Schulter. Loren erschrak so sehr, daß er dem anderen Jungen mit einem kräftigen Boxschlag die Nase brach.

Lorens Gehirn hatte sich im Laufe der Zeit sehr stark auf *Verteidigung* fixiert. Seine frühen und lange anhaltenden negativen Erlebnisse hatten zur Entstehung seiner unberechenbaren, dem »roten« Pfad zuzurechnenden Verhaltensweisen geführt – instinktiven Defensivreaktionen sogar auf allem Anschein nach harmlose Situationen, verursacht durch eine dysfunktionale Neurozeption.[8] Diese Vorfälle kamen immer wieder vor, und schließlich landete Loren in einer Jugendstrafanstalt, ein weiteres Paradebeispiel für die Theorie über die School-to-Prison-Pipeline.[9] **So wie Loren haben die meisten Jugendlichen, die ähnliches erlebt haben, lange unter stark schädlichem Streß gelebt, unter anderem in Form des Erlebens von Armut, der Gefahr von Hunger, Rassismus und impliziten Vorurteilen.**[10]

Warum erhielt Loren nicht die Hilfe, die er dringend gebraucht hätte? Leider mangelte es den meisten in Lorens Leben wichtigen Erwachsenen an einer Ausbildung in traumabewußter Betreuung. Sie wußten einfach nicht, wie man ein Kind, dessen Gehirn und Körper traumatischen Erlebnissen und unablässigem schädlichem Streß ausgesetzt waren, am besten unterstützt.

Was an Belohnungen und Bestrafungen problematisch ist

Die Erwachsenen in Lorens Leben, die ihm zweifellos wohlgesinnt waren, taten ihr Bestes, um dem Jungen zu helfen. Seine Pflegeeltern und Lehrer hatten im Grunde das gleiche im Sinn: Sie belohnten »positives« Verhalten und verhängten Konsequenzen für »negatives« Verhalten.

Aber dieses Vorgehen half Loren nicht. Warum? Die Erwachsenen verstanden nicht, daß Belohnen und Bestrafen bei so starken Schädigungen, wie Loren sie an Gehirn und Körper erlebt hatte, nicht die gewünschte Wirkung entfalten können. Die benutzten Techniken mögen die anvisierten Verhaltensweisen zwar zeitweilig verstärkt bzw. verringert haben, sie halfen Loren aber nicht nennenswert, das zu erreichen, was er am dringendsten erreichen mußte: seine Reaktionen auf Streß unter Kontrolle zu bringen.

Dies wurde anläßlich der IEP-Treffen offenkundig, bei denen die Psychotherapeuten und Lehrer, die Loren betreuten, sein herausforderndes Verhalten wiederholt als absichtlich bezeichneten, statt es als Resultat früher Traumatisierungen zu verstehen.

Folgende Kommentare eines Angehörigen der Schulverwaltung über Lorens Verhalten und seine Lernmotivation sind in dieser Hinsicht sehr aufschlußreich:

- *»Loren kann weitaus mehr schaffen, als er momentan tatsächlich schafft.«*
- *»Loren trifft die Entscheidung zu arbeiten oder nicht zu arbeiten in der Schule.«*
- *»Loren ist im Grunde faul, und es ist seine Entscheidung, wenn er die erforderliche Arbeit nicht tut.«*
- *»Loren versteht tatsächlich weitaus mehr von seinem Mathematik-Pensum und seinem Lesestoff, als er zugibt.«*
- *»Loren sabotiert eigene Fortschritte in seiner Schularbeit.«*
- *»Loren ist sehr launisch.«*

Sechs Jahre lang – von der Zeit, als Loren sechs Jahre alt war, bis zum Erreichen des Alters von zwölf Jahren – versuchte sein Betreuungsteam, sein Verhalten zu verändern, indem es ihm starke Ansporne für positives Verhalten präsentierte und bei negativem Verhalten seine Privilegien (etwa die Teilnahme an Schulausflügen und Klassenfahrten) verringerte. Doch so sehr sich Loren auch bemühte, meist verlor er Privilegien. Und seine psychische Gesundheit fluktuierte zwischen dem »blauen« Pfad (in Form von Verzweiflung und der Weigerung, den Klassenraum zu verlassen) und dem »roten« Pfad (in Form von Gewalttätigkeit anderen gegenüber). Ein Psychiater versuchte, Loren durch Psychopharmaka zu helfen, doch das bewirkte letztlich nicht viel Gutes, weil viele dieser Mittel bei ihm unangenehme Nebenwirkungen hervorriefen, von Gewichtszunahme bis zu extremer Lethargie und Schläfrigkeit.

Die Wirkung von Traumata verstehen

Als Lorens Fall in einem Workshop zur Sprache kam, den ich für eine der Institutionen leitete, die sich um ihn kümmerten, sprachen wir über Traumatheorie, die »eine Ursache für bestimmte Schwierigkeiten voraussetzt, eine Ursache, die kein individueller Charakterfehler ist, keine moralische Schwäche und keine angeborene Bösartigkeit, sondern die Folge einer Schädigung.«[11]

Dies führte zu einem Gespräch über Lorens Eisberg und darüber, inwiefern die Zuschreibungen, die wir vornehmen, darüber entscheiden, wie wir interagieren und einen Behandlungsplan entwickeln. Der Vergleich mit dem Eisberg ermöglichte ein tieferes Verständnis des *Kontexts* der Verhaltensauffälligkeiten und die Veränderung unserer Sicht der Verhaltensprobleme.

Zu verstehen, daß bei Loren Gehirn und Körper traumatisiert waren und deshalb zu instinktiven, der Überlebenssicherung dienenden Verhaltensweisen des »roten« Pfades neigten, half uns, zu einem anderen Verständnis zu wechseln, das auf die Ursachen seines Verhaltens, statt auf das Verhalten selbst, fokussierte.

Wir diskutierten darüber, wie uns die Polyvagal-Theorie helfen könnte, Lorens Verhalten als Anpassungen an das Gefühl von Lebensgefahr zu verstehen – als Ausdruck seines Überlebensinstinkts.[12] Am meisten profitierte Loren von der Verlagerung der Zielsetzung vom Verhalten selbst zur Förderung sozialer Verbundenheit und von Beziehungen. Dann schufen wir Lorens Eisberg und schauten uns sein Verhalten aus traumabewußter Sicht an.

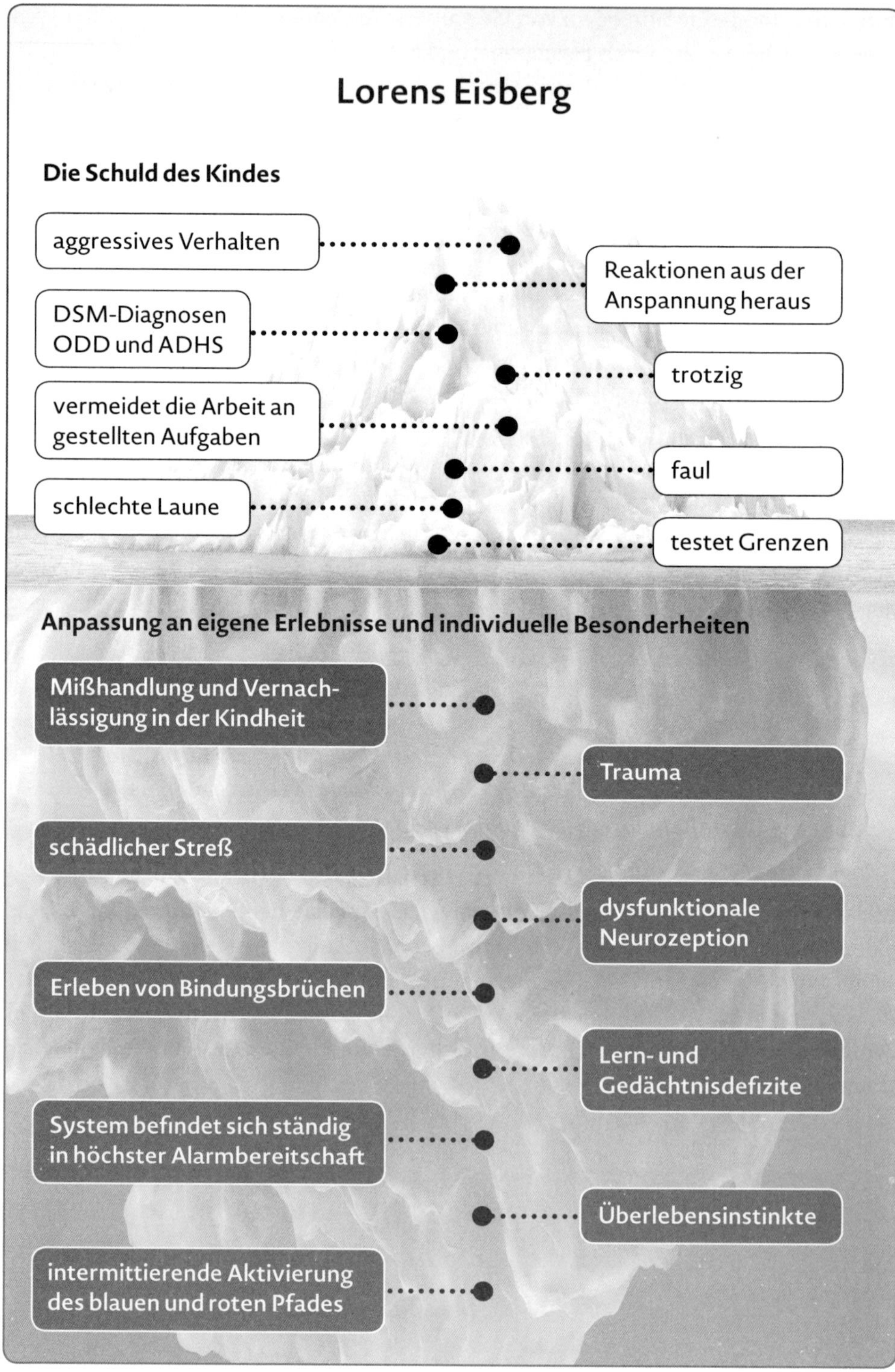
Lorens Eisberg
Die Schuld des Kindes
aggressives Verhalten
Reaktionen aus der Anspannung heraus
DSM-Diagnosen ODD und ADHS
trotzig
vermeidet die Arbeit an gestellten Aufgaben
faul
schlechte Laune
testet Grenzen
Anpassung an eigene Erlebnisse und individuelle Besonderheiten
Mißhandlung und Vernachlässigung in der Kindheit
Trauma
schädlicher Streß
dysfunktionale Neurozeption
Erleben von Bindungsbrüchen
Lern- und Gedächtnisdefizite
System befindet sich ständig in höchster Alarmbereitschaft
Überlebensinstinkte
intermittierende Aktivierung des blauen und roten Pfades

Arbeit an Beziehungen, nicht an Verhaltensweisen

Als wir uns entschlossen, das Ziel unserer Arbeit von den Verhaltensweisen auf die Beziehungen zu verlagern, bestand der erste Schritt unserer Bemühungen, Loren zu helfen, darin, seine aktuellen Quellen relationaler Unterstützung zu analysieren.

»Hat Loren in seinem Leben jemanden, dem er vertraut, jemanden, bei dem er sich sicher fühlt?« fragte ich.

Lorens Sozialarbeiter berichtete, es gebe Mary, eine pensionierte Lehrerin, die in der Wohngruppe als Freiwillige mitarbeite. Sie kenne Loren, seit er neun Jahre alt gewesen sei, und habe eine fürsorgliche Beziehung zu ihm, helfe ihm bei den Hausaufgaben, gehe regelmäßig mit ihm essen und streife mit ihm zusammen durch die Nachbarschaft.

Mary hatte Lorens Schulteam auch geholfen, ein Programm zu entwickeln, das ihn bei der Arbeit an der Überwindung seiner Lernschwierigkeiten unterstützen sollte.

In all den Jahren, in denen Mary sich um Loren gekümmert hatte, hatte er nur zweimal Gefühlsausbrüche erlebt, die gegen sie gerichtet waren. Mary hatte zwar keine Ausbildung in der Betreuung Traumatisierter, aber sie schien intuitiv verstanden zu haben, das man Kindern am besten durch Beziehungen hilft.

Marys Verbindung zu Loren zeigte eindeutig, wie eine Beziehung die Neurozeption von Sicherheit unterstützen kann und daß dadurch das Bedürfnis des Kindes nach defensiven, auf Selbstschutz zielenden Verhaltensweisen verringert und schließlich eliminiert wird. Wir müssen damit rechnen, daß Kinder, die in ihrem Leben schädlichen Streß oder Traumata erlebt haben, Verhaltensauffälligkeiten entwickeln. (Eben diese Verhaltensweisen haben ihnen geholfen zu überleben.) *Durch die Förderung von Beziehungen zu solchen Kindern können wir ihnen helfen, die unterbewußten, dem Selbstschutz dienenden Reaktionen zu verändern, sobald ihnen klar ist, daß sie diese nicht mehr brauchen.*

Bruce Perry, MD, Senior Fellow der Child Trauma Academy, hat die Wirkung von Traumata auf Kinder viele Jahre lang studiert. Die schädigende Wirkung frühkindlicher Traumata anerkennend, weist er darauf hin, daß »starke und gesunde Beziehungen dazu beitragen können, Kinder vor dauerhaften Schäden zu bewahren, die auf diese Art von Erlebnissen zurückgehen, und daß sie für ihre Resilienz unverzichtbar sind.«[13]

Statt das Verhalten von Kindern, die Traumata erlebt haben, zu pathologisieren, sollten wir unsere Perspektive verändern und unsere Unterstützungsmethoden dieser neuen Sicht entsprechend modifizieren. Wir können neue Erzählungen über Kinder wie Loren entwickeln, die zweifellos etwas Gutes zustande bringen wollen, deren traumatisiertes Gehirn es ihnen aber erschwert, etwas zu lernen und sich »normal« zu benehmen, auch wenn das nicht ihre eigene Schuld ist. Wie Lorens

Verbindung zu Mary zeigt, kann man Kindern helfen, aus einem automatisch ausgelösten Gefühl drohender Gefahr zu einem Gefühl der Sicherheit zu wechseln, indem man ihr Gefühl, in Beziehungen sicher zu sein, stärkt.

Kindern helfen, die mit schädlichem Streß oder Traumata konfrontiert wurden

Aus früheren Kapiteln wissen wir, daß sich unsere Strategien für den Umgang mit Verhalten verändern, wenn wir es schaffen, die Verhaltensauffälligkeiten von Kindern wie Loren als *nützliche Adaptationen* zu verstehen. Das Grundmuster ist bei allen Kindern mit Verhaltensproblemen das gleiche, aber diejenigen, die Traumata erlebt haben, sind auch emotional sehr verletzlich. Weil diese Kinder oft extreme und unvorhersehbare Verhaltensauffälligkeiten zeigen, müssen wir vorsichtiger und präziser vorgehen und so vermeiden, daß wir eine Situation unabsichtlich noch belastender machen, weil unsere Vorstellungen über Lösungsmöglichkeiten auf die falschen Ziele gerichtet sind.

Ein wichtiger Schritt ist das Erstellen einer umfassenden Geschichte der relationalen und physischen Umgebung eines Kindes: In welchem Alter wurde es mit schädigenden Erlebnissen konfrontiert? In den ersten beiden Lebensjahren? War der Streß chronisch oder erlebte das Kind Zyklen relationaler Sicherheit? Gab es im Leben des Kindes einen zuverlässigen und stabilen Erwachsenen?

Unterstützung geben und Ungerechtigkeiten anerkennen

Unsere Sicht problematischen Verhaltens in traumatisierten Populationen zu verändern kostet Zeit, Ressourcen und Training. Wichtig ist dabei vor allem, mit den Eltern und Betreuern der Kinder zu kooperieren, um ihnen helfen zu können, Selbstgewahrsein zu entwickeln und auf respektvolle Weise etwas über emotionale Selbstfürsorge zu lernen, das den besonderen Bedürfnissen des betreffenden Kindes entspricht. Man sollte den Kindern und ihren Familien den Kontakt zu Therapeuten ermöglichen, die in der Nutzung traumabewußter Praktiken erfahren sind und die bei ihrer Arbeit die besonderen Erlebnisse der Familie, ihre individuellen Besonderheiten, ihre Kultur, ihre bevorzugte Art zu lernen, ihre Fähigkeiten und ihre sozial-emotionale Entwicklung berücksichtigen. *Dies schließt ein, die Wirkung von Armut, Rassenzugehörigkeit, Macht und Privilegien hinsichtlich der Wahrnehmung der Welt als sicher oder unsicher zu berücksichtigen. In einer Welt, in der Ungerechtigkeit grassiert, müssen wir die zusätzlichen Gefahren in Betracht ziehen, denen farbige Kinder ausgesetzt sind.*

Voraussehbarkeit bieten und Kinder auf die Veränderung liebgewonnener Gewohnheiten vorbereiten

Voraussehbarkeit wirkt auf die meisten Kinder beruhigend, insbesondere auf diejenigen, die in ihrer frühen Kindheit schädigende Situationen erlebt haben. Menschen, die früh traumatisiert wurden, fällt es oft schwer, sich auf unerwartete Veränderungen einzustellen, flexibel zu denken oder Probleme zu lösen, wenn sich Dinge anders entwickeln, als sie es angenommen hatten. Treten Veränderungen zu schnell oder ohne eine für die betroffenen Kinder ausreichende Vorwarnzeit ein – und das gilt auch, wenn Erwachsene diese Veränderungen als positiv oder gutartig ansehen –, kann ein Kind dadurch auf einen »roten« Pfad gelangen.

Loren beispielsweise erlebte oft emotionale Störungen, wenn er mit unerwarteten Veränderungen konfrontiert wurde – und das kam im System der Pflegeunterbringen nur zu häufig vor. Einmal bekam Lorens Sozialarbeiter von einem Spender Eintrittskarten für ein Baseball-Spiel wenige Stunden vor dem Termin. Weil der Betreuer wußte, daß Loren ein Fan der Mannschaft war, sorgte er rasch dafür, daß er und ein paar seiner Freunde sich das Spiel anschauen konnten. Allerdings wurde Loren erst über das Vorhaben informiert, als ein Fahrer die Gruppe abholte, um sie zu dem Spiel zu bringen.

Äußerlich betrachtet schien Loren in der Lage zu sein, sich an die unerwartete Situation anzupassen, doch innerlich hatte er große Schwierigkeiten, mit einer so spontanen Veränderung seiner Alltagsroutine fertig zu werden – obwohl er sich über die Abwechslung eigentlich hätte freuen können. Als die Gruppe im Stadion ankam, fing Loren mit einem der anderen Pflegekinder einen Streit an und boxte dieses Kind in den Magen. In der Terminologie der neurologischen Entwicklungsstörungen werden solche unvorhersehbaren Ausbrüche *Streß-Sensibilisierungsreaktion (sensitized stress response)* genannt, womit ein Augenblick bezeichnet wird, in dem das Verhalten eines Kindes unvorhersehbar wirkt und das Kind »auf Eierschalen zu gehen« scheint.[14]

Niemand in Lorens Betreuungsteam hatte vorausgesehen, daß der Ausflug zu dem Baseball-Spiel Loren so stark triggern könnte, daß er auf einen »hellroten« Pfad wechseln würde. Ein Betreuer, der über Lorens Verhalten enttäuscht war und hoffte, dem Jungen bei diesem Anlaß klar machen zu können, daß er sich besser »in den Griff bekommen« müsse, bestrafte ihn später wegen des Wutausbruchs, indem er Lorens iPad konfiszierte.

Wie hätte man all dies verhindern können? Wäre sich das Betreuungsteam über Lorens Sensibilität angesichts plötzlicher Veränderungen oder Übergänge im klaren gewesen, hätte jemand Loren darauf vorbereiten können, was ihn bei dem Ausflug erwartete, und wenn der Trigger schon ausgelöst gewesen wäre, hätte jemand einfühlsam mit Loren darüber reden können, wie er sich bei dem, was geschehen war, gefühlt hatte. Traumabewußte Praxis hilft Betreuern, Ereignisse, die bei Kindern als Trigger wirken, zu verstehen und zu kontextualisieren, um ihnen die Genesung von traumatischen Erlebnissen zu ermöglichen.

Bei Loren verschworen sich auch weiterhin die Umstände gegen ihn. Ein Jahr nach dem Workshop hörte ich, daß Mary, die eine so starke Verbindung zu Loren entwickelt hatte, weggezogen war. Wenige Monate später fand Loren sich erneut im Jugendstrafvollzug wieder – eine weitere Bestätigung der Statistik. **Er hatte das System der Pflegeunterbringungen durchlaufen, ohne daß sich irgend jemand um die existierenden Möglichkeiten gekümmert hätte, die Traumatisierten helfen, Schädigungen zu überwinden, die durch Mißhandlung und Vernachlässigung entstehen.**

Doch es gibt Hoffnung für Loren und Menschen in ähnlichen Situationen. Trainingsprogramme wie Sandra Blooms *Sanctuary Model* nutzen einen Ansatz, der die Wirkung von Traumata auf das Gehirn berücksichtigt, um direkt auf die Lösung dieses Problems hinzuarbeiten – ein Verfahren, das durchaus zu einer Standardbehandlung für Traumatisierte werden könnte.[15] Der Traumaexperte Bruce Perry hält dieses Modell für eines der momentan besten, weil es eine Anzahl von Ausbildungen für Einzelne und Institutionen anbietet.[16]

Unterstützung von Vorhersehbarkeit und Umgang mit Veränderungen von Alltagsroutinen

Durch strukturierte Unterstützung können wir dazu beitragen, emotionale und behaviorale Störungen zu vermeiden, um den Streß, der bei Kindern durch die unerwartete Veränderung vertrauter Abläufe hervorgerufen wird, abzufangen. Zwar ist es in jedem Fall das Beste, Kinder auf Veränderungen vorzubereiten (wie auf Seite 283 beschrieben wird), doch geschehen manchmal unerwartete Dinge. *In solchen Fällen ist unser wichtigstes Werkzeug der therapeutische Gebrauch des Selbst.* Wir müssen dann die emotionalen Signale für Sicherheit, die das Kind erreichen, verstärken, indem wir uns so bald wie möglich zu dem Kind setzen oder indem wir ein wenig mit ihm spazierengehen. Wenn möglich, sollten wir uns etwas Zeit nehmen, um zu erklären, was die bevorstehende Veränderung beinhaltet und wann sie eintreten wird.

Kinder, die von Traumata und von schädlichem Streß genesen, profitieren von Vorhersehbarkeit. Diese können wir fördern, indem wir mit ihnen im voraus über den zu erwartenden zeitlichen Ablauf reden, damit sie wissen, was auf sie zukommt. Außer indem wir über Zeitpläne reden, können wir Kindern auch durch visuelle Zeichen, Poster und Whiteboards mit Bildern oder Wörtern helfen, sich auf jeden

Tag und auf jede Woche vorzubereiten. Falls sie Schwierigkeiten haben, sich an Abfolgen zu erinnern oder sie zu verstehen, ist es manchmal sehr nützlich, ihnen etwas in Form von Bildern oder Symbolen zu präsentieren. Außerdem können Sie verändern, was auf dem Whiteboard zu sehen ist, indem Sie ein Bild hinzufügen oder entfernen und indem Sie einen neuen Plan notieren, wenn eine Veränderung bevorsteht.

Unterstützung von Vorhersehbarkeit und Umgang mit Veränderungen von Alltagsroutinen

Wir können für Vorhersehbarkeit sorgen, indem wir Kindern einen visuellen oder auditorischen Plan zur Verfügung stellen oder indem wir beides miteinander verbinden.

Visuell: Wenn ein Kind ein visueller Lerntyp ist, sollten Sie ein Whiteboard, ein Poster oder etwas Ähnliches nutzen, um den Tagesplan des Kindes vom Morgen bis zum Abend zu notieren. Falls es Bilder besser versteht, können Sie Fotos oder Bilder von den Ereignissen benutzen und sie in der gewünschten Reihenfolge auf der Tafel anordnen. Tritt plötzlich eine Veränderung ein, können Sie das Geschriebene oder die Bilder so umstellen, daß die Veränderung berücksichtigt wird, damit das Kind dies visuell vor Augen hat und mental damit beginnen kann, seine Erwartungen zu verändern und die Fähigkeit zu entwickeln, mit dem Unerwarteten fertig zu werden.

Auditorisch: Falls ein Kind ein auditorischer Lerntyp ist, können Sie ihm helfen, sich den Tagesverlauf vom Morgen bis zum Abend vorzustellen, indem Sie mit ihm darüber reden. Sie können den Plan für das Kind maßschneidern und dabei interaktiv vorgehen, indem Sie das Kind fragen, ob es weiß, was im Laufe des Tages als Erstes, Zweites, Drittes usw. geschehen wird. Sie sprechen mit ihm über den Verlauf der Ereignisse oder singen diesen sogar, um das Gefühl der Vorhersehbarkeit zu stärken.

Tritt plötzlich eine Veränderung ein, sollten Sie möglichst bald darüber reden und das Kind dazu bringen, sich an Ihrem beruhigenden »grünen« Pfad zu orientieren, um möglichst bald auf seinen eigenen »grünen« Pfad zurückkehren zu können.

Flexibilität, Kontrolle und Wahlmöglichkeiten

Zwar helfen Struktur und Vorhersehbarkeit Kindern ganz grundsätzlich, doch ist es noch wichtiger, auf das einzugehen, was das Nervensystem eines Kindes in einem bestimmten Moment braucht. Wenn wir auf das eingehen, was Kinder brauchen, und dabei darauf achten, ob sie sich sicher fühlen, wird uns klar, daß wir ihnen auch Flexibilität sowie Kontroll- und Wahlmöglichkeiten zugestehen müssen.

Kinder profitieren davon, wenn sie Einfluß haben und Flexibilität erleben, während sie lernen, sich an Veränderungen anzupassen. Dies kann besonders nützlich sein, wenn ein Kind sich vom »grünen« Pfad auf den »roten« zubewegt. Wir müssen daran denken, daß die Beeinflussung der eigenen Umgebung (selbst wenn sie in Form von aggressivem Verhalten stattfindet) für Kinder, die vorher *keinerlei Einfluß* auf belastende oder lebensbedrohliche Umstände hatten, eine (unbeabsichtigte) *adaptive* Reaktion ist.

Wir können Kindern helfen, ihre Flexibilität allmählich zu verbessern, indem wir ihnen zugestehen, bezüglich unkomplizierter Fragen eigene Entscheidungen zu treffen, beispielsweise darüber, in welcher Reihenfolge sie bestimmte Dinge tun (»Würdest du lieber zuerst die Hausaufgaben in Rechtschreibung oder in Mathematik erledigen?«), wie sie ihre freie Zeit verbringen wollen oder wer bei einem Brettspiel anfangen soll. *Bei der Dosierung unserer Interaktionen lassen wir uns von den farbigen Pfaden führen und helfen den Kindern, sich in Richtung eines »hellgrünen« Pfades zu bewegen. Ich habe dies an früherer Stelle als Vygotskis »Zone der nächsten Entwicklung« bezeichnet, was bedeutet, daß man Kinder zum Erlernen von Neuem anhalten sollte, ohne sie dabei zu überfordern.*

Es ist sinnvoll, einem Kind (in einem überschaubaren Rahmen) Zeit und Raum für flexible Entscheidungen darüber zuzugestehen, was es tun will – wobei man allerdings berücksichtigen sollte, was es zum betreffenden Zeitpunkt bewältigen kann. Ein solches Vorgehen hat einerseits den Vorteil, daß es das Gewahrsein im gegenwärtigen Augenblick stärkt, und andererseits den einer Stärkung der Problemlösungsfähigkeiten. Wir können auch durch unser eigenes Denken als Erwachsene Flexibilität demonstrieren, wenn etwas Unerwartetes passiert. (Brennt beispielsweise das Abendessen im Kochtopf an, können wir frohgemut die Entscheidung treffen, zum Abendessen Frühstücksspeisen zu servieren.)

Bruce Perry faßt treffend zusammen: »Wir können nicht nachdrücklich genug darauf hinweisen, wie wichtig es ist, traumatisierten Kindern ein Höchstmaß an Einfluß zuzugestehen, Vorhersehbarkeit zu sichern und ihnen zu ermöglichen, Zeitpunkt, Dauer und Intensität ihrer Erlebnisse zu moderieren.« [17]

Betreuerwechsel einschränken

Wechsel des Betreuungspersonals sollten so weit wie möglich vermieden werden. Kinder in Pflegeverhältnissen müssen ungewöhnlich häufige Wechsel ihrer Pflegeeltern, Therapeuten, Berater und Lehrer verkraften. Konsistente Beziehungen sind aber sehr wichtig für sie. Will man Kindern helfen, die unter den Nachwirkungen von schädlichem Streß und von Traumata leiden, muß man sie zum Vertrauen in Beziehungen befähigen (oder dieses Vertrauen wiederherstellen). Wir nutzen, was ihnen fehlte und was zur Entstehung des Traumas beigetragen hat – fürsorgliche Erwachsene, die dem Kind zur Hilfe kommen –, um den Heilungsprozeß einzuleiten, während wir neue Erinnerungen an Erlebnisse von Sicherheit und Schutz kreieren, um bei dem Kind ein Gefühl des Vertrauens zu erzeugen. Dr. Porges lehrt: »**Sicherheit ist die Behandlung, und die Behandlung ist Sicherheit.**«[18]

Fragen, die sich Therapeuten bezüglich ihrer Interventionen bei Kindern, die schädlichen Streß und Traumata erlebt haben, stellen können

- Verstärkt oder schwächt meine Intervention das Sicherheitsgefühl des Kindes?
- Fördere ich durch meine Interaktionen oder Techniken konsistente Botschaften von Sicherheit?
- Übermittle ich dem Kind unabsichtlich Botschaften, denen es entnehmen könnte, daß mit ihm etwas grundsätzlich nicht in Ordnung ist?
- Inwiefern ist das Verhalten des Kindes eine Anpassung oder eine Überlebensstrategie, die ursprünglich dazu diente, es vor der Neurozeption einer Gefahr zu schützen?

Was man bei der Arbeit mit traumatisierten oder unter schädlichem Streß leidenden Kindern vermeiden sollte

Wenn wir uns mit den Verhaltensproblemen verletzlicher Kinder oder Teenager beschäftigen, sollten wir strafende Maßnahmen vermeiden – unter anderem Schläge auf das Gesäß und andere Formen körperlicher Bestrafung, Isolation, Ignorieren, Beschämen oder Beschuldigen. Bestrafungen können bei einem Kind stärkere Streßreaktionen des ANS auslösen.

Punkte- und Stufensysteme

Auch die potentiell schädlichen Konsequenzen anderer populärer Techniken der Verhaltensbeeinflussung sollten wir im Blick behalten, darunter Punkte- und Stufensysteme (die Kindern je nach Verhalten Privilegien aberkennen oder zusprechen). Bei einem Kind, das seine eigenen Top-down-Fähigkeiten noch nicht nutzt, um Bottom-up-Streßreaktionen zu modulieren, können solche Praktiken negative Auswirkungen haben und das Kind vom »grünen« Pfad der Verbundenheit und Bezogenheit abbringen. *Verliert ein Kind immer wieder seine Privilegien, kann es in einen Zustand der Hoffnungslosigkeit und Verzweiflung verfallen, insbesondere wenn die Verluste durch Verhaltensweisen verursacht werden, die das Kind noch nicht beeinflussen kann.*

Disziplinierungstechniken, die man beim Umgang mit Kindern vermeiden sollte

- jede Art von physischer oder körperlicher Bestrafung
- Ausschluß, Isolation oder Hausarrest
- unbedachter Gebrauch von Handschellen bei Minderjährigen vor Gericht
- Absonderung, Beschämung, Beschuldigung oder Ignorieren
- Punkte- und Stufensysteme der Verhaltensbeeinflussung
- Brüllen, Anschreien, Bloßstellen oder Entwürdigen von Kindern

Vielleicht werden eines Tages Erlebnisse wie die von Loren Forschern helfen, bessere Möglichkeiten zur Behandlung der Wirkung von Traumata und schädlichem Streß auf Körper und Geist zu finden. Bis dahin können wir die Zeit nutzen, um unsere Sicht der Grundlagen des Verhaltens verletzlicher Populationen zu verändern. Wir alle, die wir uns um besonders gefährdete Kinder kümmern, können darauf hinarbeiten, eine Umgebung zu schaffen, in der sichere Beziehungen zu fürsorglichen Erwachsenen vorrangig für Prävention oder Auflösung der Auswirkungen von schädlichem Streß und von Traumata auf Kinder genutzt werden.

Varianten des Erlebens von Traumata und schädlichem Streß bei Kindern

Wenn Kinder mehrfach schädigende Situationen erlebt haben, ist bei ihnen die Gefahr der Beeinträchtigung des Entwicklungsverlaufs sowie der körperlichen und psychischen Gesundheit erhöht; doch wie Kinder solche Erlebnisse aufnehmen und wie sie darauf reagieren, variiert sehr stark. Lenas Erlebnisse veranschaulichen, daß sogar Kinder ohne die typischen Risikofaktoren starke Streßreaktionen erleben können.

LENA

Eine endlose Folge von Kämpfen

Als Ruths Mann wegen einer neuen beruflichen Position kurzfristig ins Ausland umziehen mußte, schien die achtjährige Tochter Lena damit zunächst gut fertig zu werden. Zwei Monate später jedoch veränderte sich etwas: Plötzlich verwandelte Lena jeden Tag in eine Folge von Kämpfen – vom Zähneputzen über das Duschen bis zur Erledigung der Hausaufgaben.

»Jeder Tag ist zu einem riesigen Problem geworden«, erklärte die Mutter mir, als sie mich um Hilfe bat. Der Kinderarzt hatte Lena zu mir geschickt. Ruth fühlte sich völlig erschöpft durch die ständigen Kämpfe mit ihrer Tochter, die sie so entsetzlich beschimpfte, daß sie manchmal in Tränen ausbrach.

Ich schlug Ruth vor, einige Wochen lang über das Verhalten ihrer Tochter und ihre Reaktionen Tagebuch zu führen. Als ich diese Eintragungen zusammen mit ihr in Abwesenheit Lenas analysierte, entdeckte ich ein Muster: Lena protestierte hauptsächlich bei Aktivitäten, die ihr Vater vor seiner Abreise beaufsichtigt hatte.

Bevor ihr Mann weggezogen war, hatte Ruth nachts als Krankenschwester gearbeitet und am Tag geschlafen. Der Vater hatte Lena aus der Kinderbetreuung abgeholt, ihr bei den Hausaufgaben geholfen und dafür gesorgt, daß sie zeitig zu Bett ging. Statt wegen der Abwesenheit des Vaters einen Babysitter zu engagieren, war Ruth in eine Tagesschicht gewechselt, weil sie glaubte, ihre Präsenz am Abend würde Lena helfen, die Abwesenheit des Vaters zu ertragen, und ihre Beziehung würde davon profitieren.

Nach mehreren Sitzungen mit Mutter und Tochter teilte ich Ruth meine Auffassung mit, daß Lenas extreme und herausfordernde Reaktionen auf zuvor unauffällige Ereignisse vermutlich Streßreaktionen seien, die mit der Abwesenheit des Vaters zusammenhingen. Weil ihr geliebter Vater nicht erreichbar war, sanken Lenas Toleranzschwellen ins Bodenlose. Alltägliche Aktivitäten, die vorher völlig unproblematisch gewesen waren, wurden nun zu wahren Schlachtfeldern in den Kämpfen zwischen Mutter und Tochter.

Doch wenn die Mutter Lena fragte, wie sie sich nach der Abreise des Vaters fühle, beharrte die Tochter darauf, daß das für sie »völlig in Ordnung« sei. Aber das stimmte nicht. Und Ruths wohlmeinende Bemühungen, auf Lena einzugehen – in Form von Anreizen, indem sie mit ihr redete und indem sie ihre Tochter beschwor, sich besser zu benehmen –, hatten nur zur Folge, daß Lenas Verhalten auf dem »roten« Pfad noch stärker wurde. Sie hatte ihr sogar ein Buch gekauft, in dem Kindern und Teenagern erklärt wurde, wie sie mit negativen Gedanken und Gefühlen umgehen könnten. Aber da Lena sich gegen fast alles zur Wehr setzte, wollte sie auch mit diesem Buch nichts zu tun haben.

Das Problem bestand darin, daß Ruth Top-down-Ansätze benutzte, um Bottom-up-Probleme zu lösen: Lenas Verlust- und Trauergefühle saßen in ihr so fest, daß sie nicht durch irgendwelche Kommunikationskanäle entweichen konnten. Lena war noch nicht in der Lage, ihre Gefühle ihrem Vater gegenüber anzuerkennen, zu ihnen in Kontakt zu treten oder auch nur über sie nachzudenken. Deshalb waren die Versuche ihrer Mutter, sie dazu zu bringen, darüber zu reden, verfrüht. Der plötzliche Verlust der Präsenz ihres geliebten Vaters brachte Lena unter starken Streß, der sich in ihrem Verhalten niederschlug.

Ruths Sicht ihrer Tochter veränderte sich, als sie begriff, daß es nicht Lenas *Entscheidung* war, »schwierig« zu sein, sondern daß sie *litt*. Durch mehr Mitgefühl und weniger Urteil veränderte Ruth ihre Strategien so, daß sie zunächst *bottom-up* arbeiten konnte: indem sie Kontakt aufnahm, weniger redete und mehr zuhörte. Ich drängte Ruth, ihre Tochter so oft wie möglich spielerisch in Richtung des »grünen« Pfades zu geleiten. Dies war als ein erster Schritt der Unterstützung ihrer Top-down-Fähigkeiten gedacht und sollte Lenas Fähigkeit stärken, mit ihrem Schmerz und ihrem Leiden nicht durch Reden, sondern durch Entdecken von Augenblicken freudiger Interaktion fertig zu werden.

Ruth nutzte die Arbeitsblätter zu den sensorischen Vorlieben, um angenehme Erlebnisse mit Freude bereitenden sensorischen Interaktionen in Einklang zu bringen. Positive Interaktionen wurden für Ruth zur Grundlage ihrer Bemühungen, ihrer Tochter zu helfen, an ihrer sozial-emotionalen Entwicklung zu arbeiten und von dem Streß zu genesen, den die plötzliche Abreise ihres Vaters bei ihr verursacht hatte.

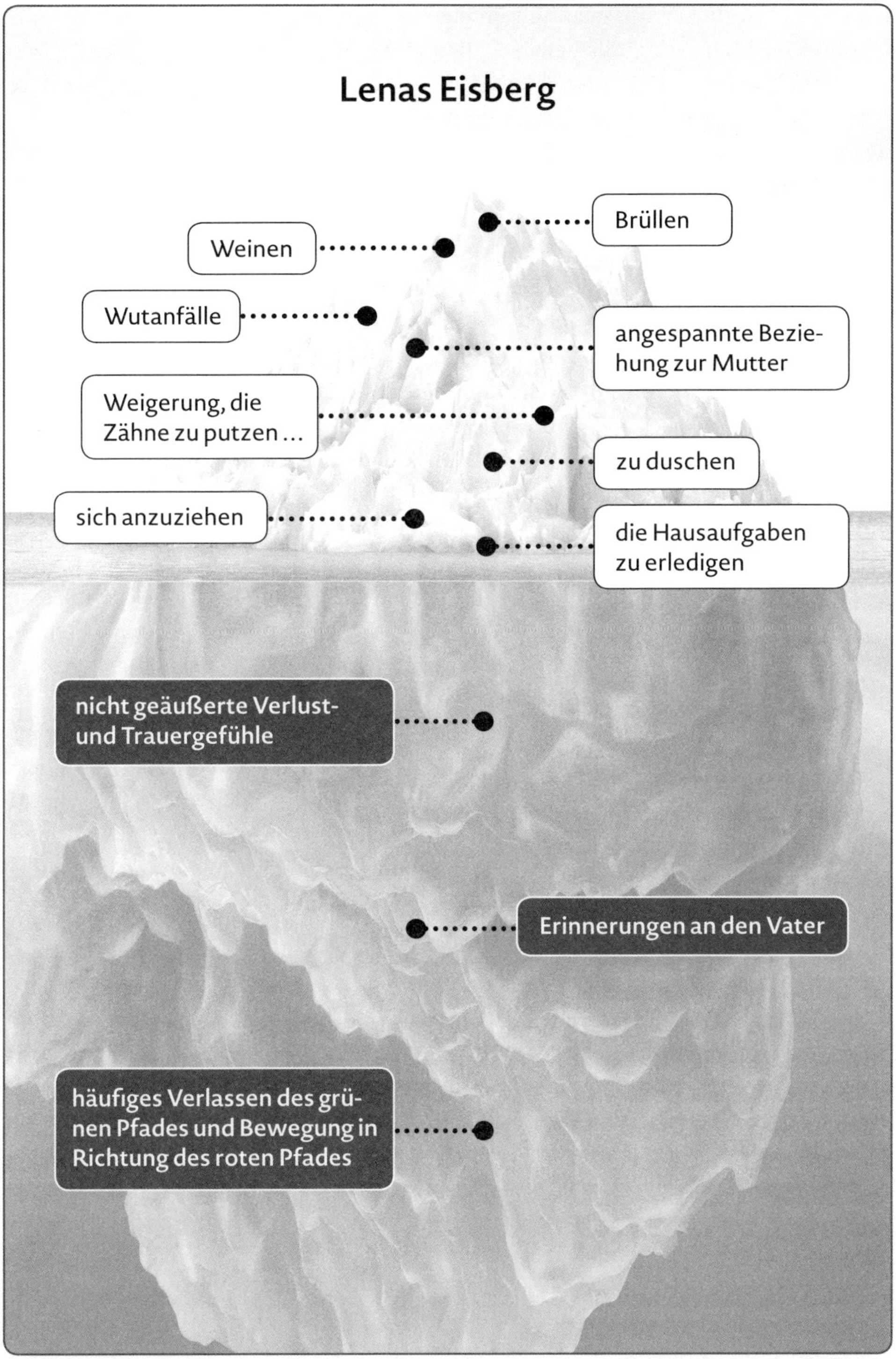
Lenas Eisberg
Brüllen
Weinen
Wutanfälle
angespannte Beziehung zur Mutter
Weigerung, die Zähne zu putzen …
zu duschen
sich anzuziehen
die Hausaufgaben zu erledigen
nicht geäußerte Verlust- und Trauergefühle
Erinnerungen an den Vater
häufiges Verlassen des grünen Pfades und Bewegung in Richtung des roten Pfades

Ich erklärte Ruth, sie müsse auf ihrem eigenen »grünen« Pfad sein, um Augenblicke freudiger Interaktion mit Lena schaffen zu können – jene Augenblicke der Verbundenheit, die Schmerz und Traurigkeit zu heilen vermögen. Sie hatte nicht gemerkt, daß der plötzliche Aufbruch ihres Mannes auch ihre eigenen emotionalen Ressourcen strapaziert hatte. Ich führte dann zunächst einige Sitzungen mit Ruth allein durch, um an ihrer persönlichen emotionalen Situation als zeitweilig alleinerziehender Mutter zu arbeiten.

Meine Therapiesitzungen mit Lena und Ruth zusammen zielten darauf herauszufinden, was *beide* zu erfreulichen Interaktionen befähigte. Im Sinne einer sehr umfassenden Definition von Spiel – *als alles, was einen angenehmen, organischen und fließenden Austausch fördert* – empfahl ich Ruth, sich an Lenas Vorgaben und Interessen zu orientieren. Als sie sich mit den Präferenzen ihrer Tochter zu beschäftigen begann, entdeckte sie, daß es Lena sehr gefiel, wenn ihre Mutter Lieder aus ihrer Kindheit sang. Wir begannen auf der Ebene des Fundaments für Mutter und Kind, indem wir Lena halfen, mittels emotionaler Co-Regulation zusammen mit ihrer Mutter, die ebenfalls emotionale Unterstützung brauchte, einen angenehmen »grünen« Pfad zu erleben.

Zu Hause blieb Ruth ihrer Tochter körperlich näher und bot ihr gelegentlich an, ihr leichte »Massagen« zu geben, wenn Lena die Arbeit an ihren Hausaufgaben unterbrach. Schon bald wurde ihre Beziehung intensiver, und Lena genoß die verstärkte Aufmerksamkeit und Empathie ihrer Mutter.

Nach einigen Monaten zeigten sich erste Fortschritte in Lenas sozial-emotionalem Haus. Sie befand sich nun häufiger auf dem »grünen« Pfad und lernte allmählich, ihre Gefühle und Gedanken zum Ausdruck zu bringen. Die therapeutische Arbeit, die weiter darauf ausgerichtet war, erfreuliche heilend wirkende Interaktionen zu fördern – die Bottom-up-Grundlage der emotionalen Entwicklung –, unterstützte nun die Wiederherstellung der Top-down-Fähigkeiten. In einer unserer letzten gemeinsamen Sitzungen sagte Lena zu ihrer Mutter, sie vermisse ihren Vater sehr und fühle sich in seiner Abwesenheit einsam. Endlich hatte sie eine Möglichkeit gefunden, ihr Verlustgefühl und ihre Traurigkeit in der Vertrauensbeziehung zu ihrer Mutter verbal auszudrücken, und ihr problematisches Verhalten nahm ab.

Verändern der Perspektive und Verständnis der adaptiven Funktion von Verhalten

Wenn wir Verhaltensweisen als *absichtlich* ansehen, neigen wir zu Disziplinierungsmaßnahmen, die auf ein oberflächliches Ziel statt auf die Ursache (die Reaktion eines Kindes auf Streß) gerichtet sind. Verstehen wir sie statt dessen als *adaptive Bewältigungsmechanismen*, so entwickeln sich Verständnis und Mitgefühl. Was Ruth mit Lena erlebte, zeigt, daß bei einem Kind, bei dem Bottom-up-Reaktionen auftreten, unsere beste Art zu reagieren darin besteht, die Signale für Verbundenheit in der Beziehung und für Sicherheit zu verstärken – nicht zu verringern.

Wenn wir das Verhalten von Kindern aufgrund dessen würdigen, was es uns über innere Vorgänge verrät, erleben wir einen Paradigmenwechsel von einer negativen Sicht des Verhaltens zur Wahrnehmung desselben als einer Quelle nützlicher Informationen über Möglichkeiten der optimalen Förderung des betreffenden Kindes.

Damit bewegen wir uns über die Vorstellung hinaus, daß Kinder durch Verhaltensauffälligkeiten versuchen, Macht zu erlangen, Grenzen zu testen oder sich vor der Erledigung anstehender Aufgaben zu drücken, und wir geben der Idee Raum, daß problematisches Verhalten ein Signal dafür sein kann, daß das Kind übermäßig starken Streß erlebt.

Ross Greene, der Gründer von *Collaborative and Proactive Solutions* (CPS), erklärte, herausforderndes Verhalten eines Kindes sei ein Zeichen dafür, daß etwas die Erfüllung eines Bedürfnisses des Kindes verhindert.[19] In seinem wegweisenden Buch *Das explosive Kind* beschreibt er die Faktoren, die zur Entstehung problematischer Verhaltensweisen beitragen, als *ungelöste Probleme* oder *verzögerte Fertigkeiten*, die Kinder unfähig machen, die Erwartungen Erwachsener zu erfüllen.[20] Der CPS-Ansatz ermöglicht einen Dialog zwischen Kind und Erwachsenem, in dem beide sich an der Lösung der Verhaltensprobleme beteiligen können. CPS ist ein sehr gut geeigneter, revolutionärer Ansatz für Kinder und Teenager, sofern sie ihre Ideen formulieren und ausdrücken und sie besorgten Erwachsenen mitteilen können.

Dies war der erfreuliche Punkt, den Ruth und Lena erreicht hatten: Sie waren keine Gegnerinnen mehr, sondern konnten miteinander kommunizieren und partnerschaftlich Informationen austauschen. Weil Ruth sich einen Bottom-up-Ansatz zu eigen gemacht hatte, der Interaktionen in der Beziehung besondere Bedeutung beimaß, sah sie Lena nicht mehr als »Problemkind«, sondern freute sich über die neu entwickelte Fähigkeit ihrer Tochter, über ihre Kämpfe zu reden – eine Fähigkeit, die aus der Co-Regulation ihrer Emotionen zusammen mit ihrer Mutter erwachsen war.

Wie wir unsere Unterstützung auf besonders verletzliche Kinder fokussieren können

Lena und Loren erlebten völlig unterschiedliche Resultate ihrer Bemühungen. Loren hatte in den ersten drei Jahren seines Lebens sehr traumatische Situationen erlebt und war deutlich verletzlicher als Lena. Bruce Perrys Untersuchungen an der Child Trauma Academy (in die er mit Hilfe eines Forschungsnetzwerks klinischer Partner mehr als dreißigtausend Personen einbeziehen konnte) stellten eine signifikant verstärkte Verletzlichkeit bei Kindern fest, die im ersten Lebensjahr schädlichem Beziehungsstreß ausgesetzt waren.[21]

Fachleute sprechen manchmal von Traumata mit »großem T« und Traumata mit »kleinem T«, um Unterschiede hinsichtlich der Schwere traumatischer Erlebnisse und deren Häufigkeit im Leben eines Menschen zu markieren. Bei Traumata mit »großem T« ist oft ein Gefühl der Hilflosigkeit und die Wahrnehmung von Lebensgefahr im Spiel, wohingegen es bei Traumata mit »kleinem T« um Erlebnisse geht, die zwar sehr belastend sind und die Bewältigungsfähigkeiten der betroffenen Person überfordern, aber nicht unbedingt als lebensbedrohlich erlebt werden.[22]

Wir können vermuten, daß Loren früh und anhaltend Traumata mit »großem T« erlebte. Lorens und Lenas unterschiedliche Behandlungsresultate hängen wahrscheinlich mit Zeitpunkt, Dauer und Schwere ihrer Traumaexposition zusammen sowie mit der Tatsache, daß Loren keine verläßliche, gesunde Präsenz eines Erwachsenen erlebt hatte, nachdem seine Freundin Mary fortgezogen war.

Es sollte erwähnt werden, daß Loren als Mitglied einer Minderheitengruppe in unserer Kultur mit ihrer impliziten Voreingenommenheit noch weiteren lebenslangen Gefahren ausgesetzt war. Dr. Perry erklärt: »Echte Rehabilitation ist nicht möglich, ohne daß man auf die komplexen Auswirkungen von Traumata, Vernachlässigung, Armut, Rassismus und anderen entwicklungsbehindernden Faktoren achtet.«[23]

Im Gegensatz dazu mußte Lena aufgrund ihrer eher privilegierten Herkunft nicht mit zusätzlichen ACEs fertig werden. Verglichen mit Loren hatte sie mehr Möglichkeiten, psychische Resilienz zu entwickeln, und bei ihr war auch die Wahrscheinlichkeit der Entstehung von Streßtoleranz größer. Was sie erlebte, zeigt, warum die Empfehlungen in diesem Kapitel so wichtig für Kinder sind, die in ihren frühen Beziehungen nicht die notwendige Stabilität erlebt haben – was auch für Kinder in Pflegeverhältnissen und andere gilt, die in ihren ersten Lebensjahren mit starken Beeinträchtigungen fertig werden mußten und die ohne die abpuffernde Wirkung der Unterstützung von Erwachsenen während Störungen ihrer normalen Entwicklung zurechtkommen mußten.

Im Laufe meiner fast dreißigjährigen Praxis habe ich Kinder kennengelernt, die so ziemlich sämtlichen Traumata ausgesetzt waren, die Menschen erleben können. Ich bin überzeugt, daß bei traumatisierten Kindern, um die sich Erwachsene in liebevollen, zuverlässigen Beziehungen geduldig kümmern, »das Gehirn [schließlich] zu reorganisieren vermag, wie [der] Körper sich fühlt«, wie Dr. Porges schreibt.[24]

Zusammenfassung der Hauptpunkte des Kapitels

- Man sollte davon ausgehen, daß bei einem Kind, das schädlichem Streß ausgesetzt war, Verhaltensprobleme auftreten werden. Dabei handelt es sich um Streßreaktionen, Reste schützender Defensivreaktionen auf die ursächlichen Ereignisse.
- Bemühen Sie sich zunächst um eine relationale Verbindung zu dem Kind, indem Sie anfangs Bottom-up-Techniken benutzen, bevor Sie Top-down-Ansätze einbeziehen; und achten Sie auf den Stand der sozial-emotionalen Entwicklung des Kindes.
- Behalten Sie die Farbpfade des Kindes (seinen autonomen Zustand) im Blick, mit dem Ziel, sich emotional auf das Kind einzustimmen, um ihm zu helfen, auf den »grünen« Pfad zurückzukehren, wenn es auf einem der anderen beiden, Streßzustände signalisierenden Pfade aktiviert ist.
- Arbeiten Sie im Haus der sozial-emotionalen Entwicklung von unten nach oben, um dem Kind zu helfen, Gefühle und Gedanken zu symbolisieren und ihm zu ermöglichen, Erlebnisse zu organisieren, Selbstgewahrsein zu entwickeln und Streßreaktionen zu kontextualisieren.

9

Es gibt Hoffnung auf die Zukunft und in der Gegenwart viel zu tun

»Wenn eine Blume nicht blüht, wirkt man auf ihre Umgebung ein, nicht auf die Blume.«

— Alexander Den Heijer

Stellen Sie sich folgendes Szenario vor: Lucia ist ein stilles und wißbegieriges, aber verhaltensauffälliges dreijähriges Kind. Anläßlich einer körperlichen Routineuntersuchung fällt ihrem Kinderarzt auf, wie ängstlich sie ist, und lädt ihre Familie zu einer Besprechung ein. Bei diesem Anlaß füllt die Mutter einen Fragebogen aus, in dem es um die soziale und emotionale Entwicklung des Kindes geht. Der Kinderarzt versichert der Mutter, die Verhaltensprobleme kleiner Kinder lieferten wichtige Informationen darüber, wie man die Umgebung der Kinder und Interaktionen mit ihnen am besten gestaltet. Die Mutter verläßt den Arzt mit dem Gefühl, ihrer Tochter könne geholfen werden, und sie ist ihm für seine fürsorgliche Betreuung dankbar.

Eine Woche später treffen Lucias Eltern erneut mit dem Kinderarzt zusammen, um mit ihm einen Plan für die Unterstützung ihrer Tochter zu entwickeln, die allem Anschein nach zu wenig Zeit mit Spielen, Lachen und Freude machenden Aktivitäten verbringt – mit der »Arbeit«, die zu verrichten für Kinder im Kleinkindalter angemessen ist. Nach Ansicht des Kinderarztes könnte eine Erklärung für Lucias Schwierigkeiten sein, daß ihr ANS selbst in relativ gefahrlosen Umgebungen wie zu Hause und in der Schule Gefahren wittert.

»Je früher wir die Verletzlichkeit eines Kindes entdecken«, erklärt der Arzt, »um so besser können wir seine physische und emotionale Entwicklung unterstützen.« Eine pädiatrische Ergotherapeutin gesellt sich zu ihnen und schaut sich die Informationen an, die der Kinderarzt zusammengetragen hat. Sie fragt die Eltern auf eine ruhige Art nach Lucia. Sie berichten, ihre Tochter sei oft »in Ordnung«, wenn das Geschehen in der Umgebung vorhersehbar sei und sie nicht mit unerwarteten Ereignissen konfrontiert werde. Lucia könne aber auch mit normalerweise vergnüglichen Aktivitäten wie Besuchen in einem Einkaufszentrum und Tanzkursen große Schwierigkeiten haben. Die Eltern vereinbaren für Lucia einen »Spieltermin« im Gymnastikraum der Ergotherapiepraxis. Die Therapeutin erklärt, verletzliche Kinder könnten lernen, sich mit ihrem Nervensystem »anzufreunden« und im Laufe dieses Prozesses psychologische Resilienz zu entwickeln.

Dann gibt der Kinderarzt den Eltern ein hübsch verziertes Armband, das Lucia tragen soll, weil es Informationen über Streßbelastung und Schlafzyklen des Kindes aufzeichnet. Das Meßgerät kann feststellen, wann bei einem Kind eine physiologische Streßreaktion eintritt, indem es die elektrodermale Aktivität (EDA) mißt. Es sendet die so gewonnenen Daten an die Smartphones der Eltern und an die Datenbank des Kinderarztes und hilft so dem Arzt und den Eltern herauszufinden, was bei Lucia Streßreaktionen hervorruft und letztlich wie man ihr am besten helfen kann, mit den Herausforderungen, die das Leben für sie mit sich bringt, fertig zu werden.

Am Ende der Unterredung sind die Eltern voller Optimismus und Dankbarkeit den Experten gegenüber, die sowohl der Familie als auch dem geliebten Kind zu helfen versprechen.

Diesen Weg, werden, wie ich hoffe, unsere Erkenntnisse, die aktuelle Forschung und die entwickelten und noch zu entwickelnden Innovationen einschlagen. Ich stelle mir eine Zukunft vor, in der Eltern in den Genuß der emotionalen Unterstützung eines Teams unterschiedlichster Experten für die Arbeit mit Kindern kommen, die hinsichtlich der Entwicklung von Kindern alle die gleiche Sprache sprechen. Ich stelle mir Eltern vor, die nicht beschuldigt werden und sich nicht im nachhinein Vorwürfe machen, wenn ihr Kind Verhaltensprobleme hat. Ich stelle mir eine Welt vor, in der wir Kindern nicht automatisch bestimmte Krankheiten zuschreiben, sondern ihre individuellen Besonderheiten würdigen, weil sie uns wichtige Hinweise darüber liefern, wie das betreffende Kind am besten unterstützt werden kann.

Die Zukunft ist jetzt

Die soeben beschriebene Welt existiert schon in Einrichtungen wie dem *Center for Discovery* des Staates New York, wo autistische und neurodiverse Menschen eine sehr fortgeschrittene, unterstützende und holistische Behandlung erhalten, die dem neuesten Forschungsstand entspricht. Dort kommt neue »tragbare« Technik wie Lucias Armband zum Einsatz, das mit Hilfe biometrischer Sensoren die EDA mißt und es Experten ermöglicht, Daten darüber zu sammeln, wie Streß bei Menschen mit besonders empfindlichem Nervensystem zur Entstehung auffälligen Verhaltens beiträgt.[1]

Statt sich auf Verhaltensmanagement zu konzentrieren oder Patienten isoliert bestimmte Fertigkeiten beizubringen, können die Spezialisten in diesem Zentrum messen, wieviel Streß ein Kind im Laufe eines Tages insgesamt erlebt. Die Mitarbeiter des Center for Discovery kooperieren mit Spitzenuniversitäten wie dem MIT und Harvard bei der Durchführung von Untersuchungen, die auf die Verbesserung der Lebensqualität von Individuen und Familien zielen, indem sie sich mit Streß induzierenden biomedizinischen Störungen beschäftigen, beispielsweise Schlafstörungen, Magen-Darm-Problemen, Anfallsleiden, Fettleibigkeit, Störungen der Immunabwehr und des Stoffwechsels sowie Angst.[2]

Der vom Center for Discovery entwickelte Ansatz ist eine neue Art, Menschen zu unterstützen, bei denen Autismus und komplexe medizinische und neurologische Probleme diagnostiziert wurden. Dieser neue Trend, unter die Oberfläche zu schauen und Verhaltensweisen zu würdigen, weil sie uns etwas über die Bedürfnisse eines Menschen sagen, verbessert Behandlungsansätze und -strategien für alle Kinder, unabhängig von ihrer Diagnose. Ich hoffe, daß das Center for Discovery und die mit ihm zusammenarbeitenden Universitäten mit der Erforschung der komplexen Feedbackschleifen zwischen Gehirn und Körper fortfahren und auf dieser Grundlage ein Modell mit Möglichkeiten der Anwendung in vielen anderen Zusammenhängen entwickeln werden. Dieser neue Forschungsansatz, der den physiologischen Zustand mit beobachtbarem Verhalten verbindet, könnte in der Lage sein, uns alle über die Wirkung von Streß auf viele verschiedene Funktionsbereiche aufzuklären und uns so neue Möglichkeiten erschließen, Menschen mit anhaltenden Verhaltensauffälligkeiten zu unterstützen.[3]

Schon heute empfehlen uns führende Persönlichkeiten der psychiatrischen Forschung, unser traditionelles Verständnis von »Pathologie« und herkömmlicher Diagnosen zu überwinden. Wie bereits erwähnt wurde, fordern die National Institutes of Mental Health (NIMH) mittlerweile zur Erforschung der *ursächlichen Prozesse* auf, die den Abgrenzungen herkömmlicher Diagnosen nicht entsprechen und die für ein ganzes Spektrum menschlicher Verhaltensweisen und Störungen relevant sind, sich also nicht eindeutig bestimmten DSM-Diagnosen zuordnen lassen.[4] Dieser Ansatz verhilft Forschern zu »der Freiheit, sich mit Forschungsfragen unabhängig von den Einschränkungen zu beschäftigen, die ihnen bisher durch die DSM-Kategorien auferlegt wurden, wobei sie Verhalten und Neurowissenschaft einbeziehen.«[5] Es besteht Grund zu hoffen, daß dies zur Erschließung nützlicher praktischer Informationen beitragen wird, die effektivere Arten, die Streßbelastung von Kindern zu beobachten und zu reduzieren, aufzeigen. Neue technische Möglichkeiten und *neue Arten zu denken* werden dazu beitragen, daß wir verletzliche Kinder besser verstehen und daß wir in der Lage sind, Teenager und Erwachsene zu unterstützen, indem wir uns auf die Vorboten von Verhaltensweisen konzentrieren, statt uns nur mit ihren Endprodukten, den Verhaltensweisen selbst, zu beschäftigen.

Was wir jetzt tun können

Wir brauchen aber nicht erst zu warten, um besonders verletzlichen Kindern zu helfen. Die vorliegenden Untersuchungen über Streß haben uns bereits zu dem grundlegenden Verständnis verholfen, daß es in jedem Fall von Wert ist, sich von reduktionistischen Modellen der physischen und psychischen Gesundheit zu entfernen.[6]

Wir sind soziale Wesen mit einem sozialen Gehirn, und unabhängig von den speziellen Problemen eines Kindes kann der Weg zur Heilung und Unterstützung ohne eingestimmte Beziehungen nicht erfolgreich beschritten werden. Der Neuropsychologe Louis Cozolino erinnert uns daran, daß das Gehirn vor allem ein »soziales Organ der Anpassung« ist, das sich über eine lange Zeitspanne entwickelt hat, um Menschen zu überleben zu helfen.[7] »Und mit einem ›sozialen Organ‹«, so sagt er, »meine ich, daß Menschen die Fähigkeit entwickelt haben, mit anderen Gehirnen verbunden zu sein und im Kontext emotional signifikanter Beziehungen von ihnen zu lernen.«[8] Wenn wir unseren Kindern in schwierigen Situationen helfen wollen, gibt es keinen Ersatz für eingestimmte Beziehungen.

Während meiner langjährigen Arbeit mit Kindern, Teenagern und Familien habe ich die *Anpassungsfähigkeit* des Gehirns zu schätzen gelernt. Immer wieder konnte ich in dieser langen Zeit miterleben, daß sich Verhaltensauffälligkeiten zurückbildeten, wenn ein Behandlungsteam ein Verhalten aufgrund dessen würdigt, *was es uns über die Bedürfnisse des Kindes verrät*, während wir seine Entwicklungsprozesse durch menschliche Verbundenheit unterstützen.

Tief verankerte Überzeugungen verändern

Sehen wir das Gehirn als soziales Organ der Anpassung, können wir darauf vertrauen, daß das Verhalten von Kindern wertvolle Informationen birgt. Verhaltensauffälligkeiten sind dann keine Charakteristika für ein »gestörtes« oder »mutwillig trotziges« Kind, sondern signalisieren, daß dieses Kind durch die Art, wie es die Welt erlebt, zur Anpassung gezwungen wird.

Wenn wir das Geschehen aus der Perspektive der Anpassung statt aus der Perspektive bewußten schlechten Benehmens betrachten, sind wir zur Erfüllung der Vorbedingungen für die Unterstützung von Kindern – Mitgefühl und Verständnis – besser in der Lage.

Dies setzt voraus, daß wir uns von einigen Vorstellungen lösen, die auf Top-down-Motivation basierende populäre Sichtweisen stützen (beispielsweise die böswilliger Absicht), daß wir aufhören, Verhaltensweisen als zwangsläufig negativ anzusehen (beispielsweise als Versuche, die Aufmerksamkeit auf sich zu ziehen), und daß wir lernen, sie als eine Wegbeschreibung zu verstehen, die es uns ermöglicht, einem Kind zu helfen.

Der Kampf gegen den Negativitätsbias

Viele unter uns entwickeln selbst reflexhafte negative Reaktionen, wenn Kinder Dinge tun, die uns verwirren, wütend machen oder beängstigen. Die Neurowissenschaft kann uns zu verstehen helfen, *warum* negatives Verhalten von Kindern auf Erwachsene so triggernd wirkt: Menschen haben einen *Negativitätsbias*, eine Tendenz, sich eher an negative als an positive oder neutrale Ereignisse zu erinnern.[9]

Nach Ansicht des Neuropsychologen Rick Hanson, Ph. D., ist diese Tendenz im Laufe der Millionen von Jahren entstanden, in denen sich das menschliche Gehirn entwickelte, weil es für das Überleben wichtig war, sich an Raubtiere und andere Gefahren erinnern zu können.[10] Dies würde erklären, warum wir dazu neigen, positive Ereignisse in unserem Leben zu übersehen, und warum wir uns statt dessen auf negative Erlebnisse konzentrieren. (Es erklärt auch, warum uns das Lesen oder Anschauen schlechter Nachrichten so stark anzieht.) In Dr. Hansons Worten: »Ihr Gehirn reagiert auf negative Erlebnisse wie Klettverschlüsse und auf positive wie Teflon.«[11] Das Verhalten von Kindern aktiviert den Negativitätsbias deshalb so leicht, weil für sie so viel auf dem Spiel steht und weil auf den für sie zuständigen Erwachsenen eine so große Verantwortung lastet. (Wenn Ihr Kind oder ein Kind, mit dem Sie arbeiten, das nächste Mal eine suboptimale Reaktion bei Ihnen hervorruft, können Sie das dem Negativitätsbias anlasten!)

Wir werden nun einen Augenblick innehalten und darüber nachdenken, wie der Negativitätsbias unsere Interaktionen mit Kindern beeinflußt. Weil unser Gehirn darauf spezialisiert ist, negativen Erlebnissen mehr Beachtung zu schenken als positiven, machen wir es zu unserer Priorität, das Verhalten eines Kindes so schnell wie möglich zu verändern (und so das Kind zu schützen), wenn wir miterleben, daß es etwas tut, das nach unserem Dafürhalten sein Wohlbefinden verringern, sein Überleben gefährden oder seine Sicherheit schmälern wird. Dies ist eine natürliche Tendenz wohlmeinender Eltern, Betreuer und Behandler. Es zu verstehen hilft uns, wenn wir Kinder als Eltern betreuen oder wenn wir mit verhaltensauffälligen Kindern arbeiten, uns darüber klar zu werden, warum wir einen so starken Drang verspüren, an problematischem Verhalten von Kindern so schnell wie möglich etwas zu ändern. Der Negativitätsbias macht es schlicht wahrscheinlicher, daß wir das negative Verhalten von Kindern eher wahrnehmen als das positive.

Wahrscheinlich ist das auch einer der Gründe, aus denen Eltern und Betreuer von Kindern mit besonderen Bedürfnissen Angst und Hypervigilanz stärker erleben.[12] Daß wir unsere Kinder schützen und nähren wollen, ist verständlich. Diese Last wird in bestimmten Fällen noch verstärkt, weil es dem Wesen des Menschen entspricht, aktiv nach negativen oder bedrohlichen Ereignissen Ausschau zu halten.[13]

Wir können der Negativität aber mit Hilfe unseres Gewahrseins entgegenwirken. Indem wir Verhaltensweisen entmystifizieren, verwandeln wir sie in etwas, das wir nicht zu fürchten brauchen. Und wenn wir weniger fürchten, beurteilen wir unser eigenes Verhalten und das unserer Kinder weniger streng. Und wenn uns das gelingt, sind wir der Möglichkeit wesentlich näher, auf Weisen, die das Gehirn nähren, aufeinander einzugehen. Dies ist eine ausgesprochen gute Nachricht, weil sich die meisten Eltern während des größten Teils der Zeit verurteilt fühlen.[14] Wenn wir ruhiger sind und uns weniger zum Strafen gedrängt fühlen – was uns oft zwingt, ein Kind so schnell wie möglich »in Ordnung zu bringen« –, nähren wir das Werkzeug, mit dem wir unseren Kindern am besten helfen können: uns selbst.

Eltern und Betreuer verhaltensauffälliger Kinder sehen sich ständig mit Streß und Wachsamkeit konfrontiert. Und nur wenige Dinge wirken auf Eltern bedrohlicher, als wenn sie herausfinden, daß bei ihrem eigenen Kind eine Behinderung diagnostiziert wurde, daß ihr Kind aggressiv ist und andere schädigt oder daß die psychische Gesundheit ihres Kindes beeinträchtigt ist. Bedauerlicherweise haben viele Eltern berichtet, daß die unausgesprochene Botschaft, mit der sie immer wieder konfrontiert werden, lautet, daß das negative Verhalten ihres Kindes in irgendeiner Hinsicht das Resultat schlechter Erfüllung ihrer elterlichen Pflichten ist.

Der Wunsch, auf die Verbesserung einer Situation hinzuwirken, in Verbindung mit den vorherrschenden Standards und Ansätzen des Umgangs mit Verhaltensauffälligkeiten, bringt Eltern und Betreuer in IEPs und anderen die Erziehung betreffenden Besprechungen gegeneinander auf. Es ist sicherlich nützlich, wenn wir über die große Verantwortung reflektieren, die wir auf uns nehmen, um ein mit einer Störungsdiagnose gebrandmarktes Kind und die Menschen in seiner Umgebung zu unterstützen.

Glück fest verdrahten

Wie können wir den Negativitätsbias bekämpfen, uns freier auf dem »grünen« Pfad bewegen und unseren Kindern helfen, ihr Potential zu verwirklichen und glücklich und resilient aufzuwachsen? Das erfordert zwar Arbeit, aber wir können tatsächlich »Glück fest verdrahten«, wie Rick Hanson es ausdrückt.[15] Gute Erlebnisse summieren sich im Laufe der Zeit und verdrängen hartnäckige negative Gedanken oder Erinnerungen. Dr. Hanson faßt die dazu erforderlichen vier Schritte in dem Akronym HEAL[16] zusammen. Dieses steht für:

***H**ave a positive experience* (ein positives Erlebnis haben)

***E**nrich it* (es anreichern)

***A**bsorb it* (es absorbieren)

***L**ink positive and negative material* (positives und negatives Material verbinden)

Ich benutze die ersten drei dieser Schritte, wenn ich mit Familien arbeite und mit Eltern und Betreuern darüber rede, wie sie Kinder in der Entwicklung einer gesunden Gehirn-Körper-Verbindung unterstützen können.

Positive, bereichernde Erlebnisse ermöglichen, um den »grünen« Pfad des Kindes (und seiner Eltern) zu unterstützen

Wir kreieren Erinnerungen aufgrund von Erlebnissen, und wir können positive Erlebnisse nutzen, um in unserem Gehirn und in dem unserer Kinder sowie der Kinder, mit denen wir arbeiten, neue neuronale Verbindungen zu schaffen.[17] Einzelne Augenblicke summieren sich über längere Zeit zu dauerhaften Erinnerungen. Das bedeutet, daß wir etwas Positives bewirken können, indem wir die Zahl unserer positiven Erlebnisse mit unseren Kindern vergrößern. Dabei sollten wir uns von unserem Herzen leiten lassen.

Nur zu oft werden wir mit der Erwartung konfrontiert, daß das, was wir tun, einen Grund hat, ein Ziel verfolgt oder auf einem Gedanken basiert. In der Hektik geplanter Aktivitäten, Therapien, Übungen und Tests verlieren wir manchmal ein überaus wichtiges Element aus den Augen: spielerische, spontane Freude zu erleben – ein hochwirksames Elixir für die Entwicklung eines Kindes.

Ein Hinweis für Eltern

Ich empfehle inzwischen immer häufiger keine konkreten Aktivitäten, sondern Erlebnisse. Ich ermutige Eltern, stärker ihrem Herzen zu folgen und ihren Kindern häufiger Erlebnisse zu ermöglichen, die ihnen Freude bereiten. Wenn sie diesem Rat folgen, empfinden sie oft spontan Dankbarkeit dafür, daß ihr Kind so ist, wie es ist, statt sich unablässig damit abzumühen, das Kind dorthin zu bringen, wo Behandler, Erzieher und andere es haben wollen. Manchmal scheint die Botschaft, die wir Kindern übermitteln, zu beinhalten, daß sie »Verbesserungsprojekte« sind. *Natürlich will ich damit nicht suggerieren, daß wir unsere professionellen Bemühungen um das Wohl von Kindern verringern oder ihnen gar jede Hilfe von Experten vorenthalten sollten.* Aber wir sollten in unserem Bemühen um eine gesunde Entwicklung unserer Kinder in erster Linie Eingestimmtheit und Verbundenheit in Beziehungen fördern. Warum dies aus Sicht der neurologischen Entwicklung wichtig ist, habe ich in diesem Buch erklärt.

Als meine Tochter in der Klasse Null war, verstand ihre Lehrerin intuitiv die Bedeutung menschlicher Verbundenheit für die Lernfähigkeit eines Kindes. Sie stand jeden Morgen an der Tür zum Klassenzimmer und begrüßte die Kinder kniend, gab jedem Kind die Hand oder berührte es leicht am Arm oder an der Schulter und hieß es mit beruhigender Stimme und einem wunderschönen Lächeln willkommen. Ihr Klassenzimmer war für mein Kind ein Ort des Glücklichseins, und es entwickelte sich dort sehr gut.

Weil ich wußte, daß sich meine Tochter in so guten Händen befand, fühlte ich mich als Mutter besser, und dadurch wurden mein Zögern und meine Angst, weil meine Tochter unter den jüngsten in ihrer Klasse war, neutralisiert. Ich weiß nicht, ob es der Lehrerin klar war, aber sie unterrichtete die Kinder und beruhigte gleichzeitig deren Eltern durch den therapeutischen Gebrauch ihrer selbst. Es wirkt beruhigend, das eigene Kind in die Obhut eines Erwachsenen geben zu können, dem man zutraut, die emotionale Gesundheit des Kindes für ebenso wichtig zu erachten, wie man selbst es tut.

Diese Botschaft ist auch der Inhalt eines weit verbreiteten Videos, das Barry White Jr. zeigt, einen Lehrer aus North Carolina, der jedes Kind in seiner Grundschulklasse täglich mit einer individuellen Begrüßung willkommen heißt.[18] Dieser Lehrer empfängt jeden Schüler mit einer besonderen choreographierten Handschlag-/Tanzbewegung, an die sich der Lehrer Tag für Tag erinnert und die er fehlerlos wiederholt. So wie die Lehrerin meiner Tochter in der Klasse Null hilft auch Mr. White jedem Kind, sich sicher, geschätzt und einzigartig zu fühlen. Wie könnte man einen Tag besser beginnen, als auf kreative Weise die Umgebung eines Kindes mit Freude bereitenden persönlichen Signalen für interpersonale Sicherheit zu erfüllen?

Die beiden erwähnten Erzieher verstehen intuitiv die Macht interpersoneller Erlebnisse. Sie kreieren bewußt positive Erlebnisse in einer Situation, in der Kinder solche Erlebnisse am dringendsten brauchen – zu Beginn des Schultags, der für viele Kinder der belastendste Augenblick ihrer Zeit in der Schule ist. Und dabei belassen diese Lehrer es nicht. Sie nutzen Techniken, die das beste Fundament für das Lernen schaffen. Sie nehmen sich die notwendige Zeit, vergrößern die Zahl positiver Erlebnisse, und indem sie dies tun, helfen sie den Kindern, den Wert dieser Erlebnisse zu absorbieren, indem sie dafür sorgen, daß diese so lange anhalten, daß Erinnerungen entstehen können, die sich optimal auf das Gehirn der Kinder auswirken.[19]

Die Erlebnisse verändern, die wir Kindern ermöglichen, damit sie heilen

Was können die Beispiele dieser Lehrer uns lehren? Das Gehirn unserer Kinder wird durch das Erleben aufgrund eines anderen neurologischen Phänomens transformiert: durch Neuroplastizität. Unsere Erlebnisse modifizieren ständig die neuronalen Verbindungen.[20] Deshalb sind Erlebnisse so wichtig! Wir müssen dafür sorgen, daß die Erlebnisse, die wir Kindern ermöglichen (und denen wir auch ihre Eltern aussetzen), für ihr sich entwickelndes Gehirn förderlich sind. In diesem Buch wurden Beispiele für beide Arten von Erlebnissen vorgestellt.

Ich hoffe, daß diejenigen, die in den Bereichen Erziehung, Verhaltensunterstützung, psychische Gesundheit, Jugendstrafvollzug und Sozialfürsorge (um nur einige zu nennen) tätig sind, darüber nachdenken, ob eine bestimmte Intervention oder Vorgehensweise dem Gehirn eines Kindes zuträglich ist, bevor sie die Intervention oder Vorgehensweise umsetzen. Vieles hat sich im Laufe der anderhalb Jahrhunderte seit den Anfängen der Entwicklung vieler unserer Erziehungs- und Ausbildungsprogramme verändert. Wir müssen diese Programme aufgrund neuer Erkenntnisse über die bestmögliche Unterstützung des sich entwickelnden und noch sehr formbaren Geistes und Körpers unserer Kinder aktualisieren.

Es ist sinnvoll, die Zahl positiver Erlebnisse zu vergrößern

Wir sollten uns fragen, wie viele positive Erlebnisse wir unseren Kindern ermöglichen. Weil bei Kindern ebenso wie bei Erwachsenen der Negativitätsbias wirksam ist, müssen wir ihnen durch positive Erlebnisse helfen, dieser Kraft entgegenzuwirken.[21] Verhaltensauffälligen Kindern übermitteln Erwachsene in der Regel mehr negative als positive Botschaften. Eine von diesen lautet, daß sie von uns positive Aufmerksamkeit nur bei entsprechendem Verhalten erwarten können – eine Botschaft, die bei Kindern ohne funktionsfähige Top-down-Kontrolle für die Verhaltensbeeinflussung zusätzlichen Streß erzeugt. *Sie befinden sich in einem No-win-Teufelskreis: Ihre unkontrollierten Verhaltensreaktionen treffen auf negative interpersonale Konsequenzen, durch die ihre Streßbelastung verstärkt wird, was zusätzliche problematische Verhaltensweisen verursacht – und so weiter und so fort.*

Statt diesen Teufelskreis zu perpetuieren, sollten wir positive relationale Erlebnisse ermöglichen und so die sozialen und emotionalen Fundamente des Kindes verstärken. Das bedeutet *nicht,* daß wir Kindern gestatten sollten, sich schlecht zu benehmen oder Entscheidungen grundsätzlich selbst zu treffen, oder daß wir die logischen Konsequenzen von Verhalten verharmlosen sollten. Doch wir sollten darauf hinarbeiten, selbst mehr positive Beziehungserlebnisse mit Kindern zu haben.

Quantität ist wichtig

Tatsächlich ist sowohl die Qualität der Zeit, die wir mit Kindern verbringen, als auch deren Quantität wichtig. Kinder brauchen zahlreiche positive Erlebnisse, um Veränderungen in den neuronalen Netzen ihres Gehirns zu verankern, weil nach wie vor gilt: *Neurons that fire together wire together.*[22] Dies bedeutet nichts anderes als: Je häufiger wir etwas tun, um so fester wird es in unserem Gehirn und unserem Gedächtnis verankert. Wenn wir Kindern positive, bereichernde Erlebnisse ermöglichen, helfen wir ihnen, ihr Haus sozialer und emotionaler Entwicklung Schritt für Schritt aufzubauen.

Wie können wir Kindern in unserem ohnehin mit Aufgaben und Vorhaben überfrachteten Leben helfen? Eine Möglichkeit besteht darin, daß wir unsere Prioritäten überdenken. Für Kinder sind bereichernde schulische Erlebnisse wichtig, aber noch wichtiger ist, daß sie Zeit für positive und Freude bereitende Erlebnisse mit anderen haben. Wir können die Voraussetzungen dafür verbessern, indem wir unser eigenes Leben entschleunigen. Kapitel 4 enthält einige entsprechende Empfehlungen für uns als Erwachsene, die uns helfen könnten, die positiven Auswirkungen solcher Bemühungen für unsere Kinder fruchtbar zu machen. Wenn wir ständig etwas *tun*, übermitteln wir unseren Kindern dadurch eine Botschaft darüber, wie wir unsere Zeit wertschätzen. Unser Leben zu entschleunigen und in Gegenwart unserer Kinder präsenter zu *sein*, beinhaltet jedoch eine andere Botschaft. Diese Idee ist von grundlegender Bedeutung für die Entwicklung des »grünen« Pfades und die Verringerung der Streßbelastung, mit der unser Körper ständig fertig werden muß. Das Leben vieler von uns ist so hektisch, daß sie erst anfangen, sich um Entschleunigung zu bemühen, wenn schon Schädigungen in Form von Bluthochdruck, körperlichen Krankheiten oder chronischen Schlafstörungen eingetreten sind. Wenn wir darauf achten, Dinge in einem uns zuträglichen Tempo und unserem Biorhythmus gemäß zu tun, gewinnen wir an Präsenz und sind besser in der Lage, unseren eigenen Kindern und Kindern, mit denen wir im Rahmen unserer Arbeit konfrontiert werden, Signale für Sicherheit zu übermitteln.

Es folgen einige Ideen für die Entschleunigung und die Ermöglichung positiver, bereichernder Erlebnisse mit Kindern:

Schauen Sie das Kind warmherzig an, und bringen Sie Ihr Gefühl der Verbundenheit zum Ausdruck. Sitzen Sie neben dem Kind, und vergegenwärtigen Sie sich Ihren eigenen Zustand in dem betreffenden Augenblick. Falls Sie sich nicht verläßlich auf einem »grünen« Pfad befinden, sollten Sie dies ohne jedes Urteil zur Kenntnis nehmen und versuchen, sich zu zentrieren, um Ihre Präsenz zu verstärken. Schauen Sie dann kurz in die Augen des Kindes (oder in Richtung des Kindes, falls Blickkontakt bei ihm Unbehagen hervorruft), wobei Sie Ruhe, Wärme und Präsenz ausstrahlen. Versuchen Sie, eine Weile einfach nur dazusitzen, auf das Kind zu fokussieren und die inhärente Gutartigkeit des Kindes mit Ihren Sinnen aufzunehmen. Dies kann uns helfen, unserer eigenen (zu erwartenden) Hypervigilanz entgegenzuwirken, zu untersuchen, zu lehren oder den nächsten Nervenzusammenbruch vorherzusehen.

Fragen Sie das Kind, was es gern zusammen mit Ihnen tun würde. Aufgrund des großen Drucks und der vielen Anforderungen, die mit dem Aufziehen von Kindern ebenso wie mit der Arbeit mit ihnen verbunden sind, *sagen* wir Kindern oft, was sie tun sollen, statt sie zu *fragen*, was sie selbst gern mit uns zusammen tun würden. Es ist in Ordnung, wenn Kinder sich selbst beschäftigen, aber wirklich Magisches kann geschehen, wenn wir mit ihnen verbunden sind und mit ihnen interagieren. Dieses Verbundensein wirkt auch der schwindenden Bedeutung des Austauschs von Mensch zu Mensch entgegen, den wir infolge unserer Alltagsbelastung und der Allgegenwart elektronischer »Kommunikationsgeräte« erleben.

Nehmen Sie sich die Zeit für einen geruhsamen Spaziergang. Ganz gleich, ob ein Spaziergang ein paar Minuten oder einige Stunden dauert, entscheidend ist, daß wir unser Tempo verlangsamen und uns selbst und den Kindern ermöglichen, die Sinneseindrücke aufzunehmen. Indem wir unser Tempo verlangsamen und buchstäblich einen kleinen Schritt nach dem anderen gehen, übermitteln wir Kindern eine wichtige Botschaft über Intentionalität. Wir sind dann besser in der Lage, eine Brise zu spüren oder zu merken, daß ein Blatt fällt oder daß Ameisen über den Boden wuseln. Wir können besser genießen, daß wir die Hand eines Kindes in der unseren spüren, und wir sind eher fähig, uns an den vielen Dingen zu erfreuen, die ein Kind spontan entdeckt, Dinge, die wir andernfalls gar nicht bemerkt hätten. Ein gemächlicher, aufmerksamer Spaziergang mit einem Kind hat im Sinne einer Geist und Körper einbeziehenden Sicht viele positive Auswirkungen.

Nutzen Sie gemeinsame Mahlzeiten zu sozialem Austausch. Manchmal ist es schon ein Erfolg, wenn es gelingt, ein Kind dazu zu bewegen, zu bestimmten Zeiten zu essen. Doch gemeinsame Mahlzeiten ermöglichen uns auch, unsere alltägliche Geschäftigkeit zu unterbrechen und den Kontakt zu unseren Kindern wiederherzustellen – was selten genug gelingen mag. Wenn eben möglich, sollten Sie ein Kind nicht beiläufig verköstigen und gleichzeitig etwas anderes tun (etwa fernsehen oder sich anderen ablenkenden Aktivitäten widmen), sondern versuchen, beim gemeinsamen Essen ein (verbales oder nonverbales) Gespräch zu führen. Dies ist eine oft unterschätzte und leicht realisierbare Möglichkeit, die emotionalen Reserven eines Kindes zu stärken.

Nehmen Sie sich Zeit, um zu spielen und gemeinsam Freude zu erleben. Spiel ist eine der förderlichsten Aktivitäten für unsere Gesundheit, ganz gleich, wie alt wir sind. Die *American Academy of Pediatrics* hat kürzlich einen wichtigen klinischen Bericht publiziert, in dem Kinderärzte und andere pädiatrische Experten aufgefordert werden, Eltern die Bedeutung des Spiels für ihre Kinder klarzumachen. Die Autoren schreiben: »*Untersuchungen zeigen, daß dem Entwicklungsstand ent-*

sprechendes Spiel mit Eltern und Gleichaltrigen eine einzigartige Möglichkeit zur Förderung der sozial-emotionalen, kognitiven, sprachlichen und die Selbstregulation betreffenden Fertigkeiten ist, welche der Exekutivfunktion und einem prosozialen Gehirn zugute kommen.«[23] Eine wahrlich dezidierte Feststellung! Spiel sollte für Eltern und professionelle Betreuer keine schöne »Zugabe« sein, sondern für jedes Kind ein integraler und geschätzter Bestandteil des Tages. Erfreuliche spielerische Aktivitäten mit Kindern verringern Streß und Angst und stärken Gesundheit und Vitalität.

Den Körper bewegen. Wenn die freie Zeit, die Kindern zur Verfügung steht, abnimmt, schwinden auch ihre Möglichkeiten, sich nach Belieben zu bewegen. Wie wir aus Kapitel 3 wissen, ist unser Körper in der Lage, unsere Bewegungen den von der Gehirn-Körper-Verbindung her eintreffenden Signalen anzupassen. Kindern zu ermöglichen, ihren Körper nach Belieben zu bewegen – insbesondere in freudiger sozialer Verbundenheit mit anderen –, ist eine weitere sichere Art, ihre soziale und emotionale Entwicklung zu fördern, und kommt ihrer Fähigkeit zugute, auf dem »grünen« Pfad zu bleiben.

Musik hören. Musik kann bereichern, inspirieren und uns zu Bewegungen animieren. Wie wir aus Kapitel 2 wissen, können auditorische Informationen ein Gefühl der Sicherheit stärken, je nachdem, wie ein Kind eintreffende Geräusche deutet. Es lohnt durchaus die Mühe herauszufinden, welche Arten von Musik einem Kind Freude machen, und diese Musik dann mit ihm gemeinsam zu hören, sich zu ihr zu bewegen und dazu zu tanzen.

Zum Abschluß

Ich hoffe, daß dieses Buch Ihnen einen neuen Rahmen für das Verständnis und die Kontextualisierung von Verhaltensauffälligkeiten vermittelt hat. Die verschiedenen Aspekte des Buches – die Farbpfade, der Eisberg der Entwicklung und das Haus der Entwicklung – verweisen alle auf die zentrale Botschaft, die Den Heijers so brillant erfaßt hat: *»Wenn eine Blume nicht blüht, wirkt man auf die Umgebung ein, nicht auf die Blume.«*[24] Unsere Bemühungen führen zu nichts, wenn wir kleine Blumen, die in ausgetrocknetem Erdreich einfach nicht wachsen können, nur wässern. Wir müssen den Boden bearbeiten. Wenn es um Menschen geht, ist der »Boden« die Sicherheit in Beziehungen – Sicherheit, so wie das Nervensystem jedes Kindes sie wahrnimmt, nicht wie Erwachsene sie *für* das Kind definieren.

Wir sind so sehr daran gewöhnt zu glauben, Kinder müßten wegen »schlechten Benehmens« belehrt oder bestraft werden, daß es uns als unnatürlich oder als mit der Sicht unserer Disziplin oder unseres Berufs nicht im Einklang – oder als zu der

Art, wie wir selbst von unseren Eltern aufgezogen wurden, im Widerspruch – erscheinen mag, Verhaltensweisen als Streßreaktionen zu sehen. Doch im Laufe der Jahre habe ich Hoffnung geschöpft, weil ich beobachten konnte, daß Schulen, Eltern und Experten anfangen, sich eine umfassendere Sicht der Ursachen für die Schwierigkeiten von Kindern, die mit ihrer Entwicklung zusammenhängen, zu eigen zu machen. Wenn wir zu Gehirn und Körper einbeziehenden Vorstellungen bezüglich der Unterstützung verletzlicher Kinder wechseln, werden positive Entwicklungen möglich.

Ich hoffe, daß bald viel mehr Familien ähnliche Erfahrungen machen können wie diejenigen, deren Geschichten in diesem Buch beschrieben werden. Diese Familien haben Antworten für ihre Kinder gefunden, dadurch deren Leiden verringert und ihre Möglichkeiten, freudige Verbundenheit zu erleben, verbessert. Ich wünsche uns allen, daß die in diesem Buch vermittelten bestätigenden Botschaften helfen werden, Kinder mit Verhaltensauffälligkeiten besser zu verstehen und zu unterstützen.

Anmerkungen

Einleitung

1 Porges & Dana (Hg.), *Klinische Anwendungen der Polyvagal-Theorie* (Lichtenau: G. P. Probst Verlag 2019), S. 75.
2 Porges & Dana, a. a. O., S. 78 f.
3 Porges, *Die Polyvagal-Theorie und die Suche nach Sicherheit* (Lichtenau: G. P. Probst Verlag 2017), S. 217.
4 Greenspan & Wieder, *Engaging Autism* (Reading: Perseus Press 2006a).
5 Greenspan & Wieder, *The Child with Special Needs* (Reading: Perseus Press 1998), S. 14.
6 Miller, *Sensational Kids: Hope and Help for Children with Sensory Processing Disorder* (New York: Penguin 2007); siehe auch: STAR Institute, »STAR Institute for Sensory Processing Disorder« (Abruf: 14.8.2018) – https://www.spdstar.org
7 Johanning, »Premack Principle«, in: Lee (Hg.), *Encyclopedia of School Psychology* (Thousand Oaks: SAGE 2005), S. 395.
8 ZERO TO THREE, »National Parent Survey Overview and Key Insights« (Update: 6.6.2016) – https://www.zerotothree.org/resources/1424-national-parent-survey-overview-and-key-insights
9 Pope, »An Essay on Criticism: Part II«, in: *An Essay on Criticism* (London: W. Lewis 1711), Zeilen 215–216. [Die Quellen des Pierides in Makedonien galten in der Mythologie als Quelle unermeßlichen Wissens. Anm. d. Übers.]

Kapitel 1

1 Malik, »New Data Reveal 250 Preschoolers Are Suspended or Expelled Every Day«, Center for American Progress (6.11.2017) – https://www.americanprogress.org/issues/early-childhood/news/2017/11/06/442280/new-data-reveal-250-preschoolers-suspended-expelled-every-day/ ; siehe auch: Data Resource for Child and Adolescent Health, »The National Survey of Children's Health« (Abruf: 26.7.2018) – http://childhealthdata.org/learn/NSCH
2 Greenspan & Wieder, *The Child with Special Needs*, S. 11.
3 Lillas & Turnbull, *Infant/Child Mental Health, Early Intervention, and Relationship-Based Therapies* (New York: Norton 2009), S. 32.
4 Greenspan & Wieder, *The Child with Special Needs*, S. 11.
5 Greenspan & Wieder, a. a. O.
6 U.S. National Library of Medicine, »What is Precision Medicine?« (Update: 25.9.2018) – https://ghr.nlm.nih.gov/primer/precisionmedicine/definition
7 ZERO TO THREE, »National Parent Survey Overview and Key Insights«.
8 ZERO TO THREE, a. a. O.
9 ZERO TO THREE, »Toddlers and Self-Control: A Survival Guide for Parents« (Update: 3.10.2016) – https://www.zerotothree.org/resources/1603-toddlers-and-self-control-a-survival-

guide-for-parents ; siehe auch: Tarullo et al. (2009), »Self-Control and the Developing Brain«, *ZERO TO THREE* 29(3), 31–37.

10 ZERO TO THREE, »Toddlers and Self-Control«.

11 Greenspan & Wieder, *The Child with Special Needs*, S. 70.

12 Lillas & Turnbull, *Infant/Child Mental Health*, S. 72; siehe auch: *The American Heritage Idioms Dictionary*: »Behavior« (Abruf: 26.7.2018) – http://www.dictionary.com/browse/behavior?s=t

13 Das Bild des Eisbergs wird von Schriftstellern und Psychologen häufig benutzt. Die Psychotherapeutin Virginia Satir beispielsweise benutzte es in der Familientherapie, um Klienten zu helfen, sich über ihre Bewältigungsmechanismen und ihre inneren Motivationen klar zu werden.

14 Bloom (Okt. 1995), »Creating Sanctuary in the School«, *Journal for a Just and Caring Education* *1*(4), 403–433.

15 Delahooke, *Social and Emotional Development in Early Intervention* (Eau Claire: PESI 2017), S. 3.

16 Porges, *Die Polyvagal-Theorie. Neurophysiologische Grundlagen der Therapie* (Paderborn: Junfermann 2010); weitere Informationen siehe Porges, »Articles and Interviews« (Abruf: 5.4.2020) – http://stephenporges.com/articles – http://stephenporges.com/interviews

17 Porges (April 2009), »The Polyvagal Theory: New Insights into Adaptive Reactions of the Autonomic Nervous System«, *Cleveland Clinic Journal of Medicine 76*(2), S86–S90; dt.: *Die Polyvagal-Theorie. Neurophysiologische Grundlagen der Therapie*, S. 83–91.

18 Porges, *The Pocket Guide to the Polyvagal Theory* (New York: Norton 2017), S. xv (in der dt. Ausg. nicht enthalten).

19 Porges, a. a. O., S. xv (in der dt. Ausg. nicht enthalten).

20 Porges, »Human Nature and Early Experience«, *YouTube*-Video, 46:38 (24.10.2014) – https://www.youtube.com/watch?v=SRTkkYjQ_HU&t=1236s

21 Porges, a. a. O.

22 Ross Greene bezeichnet in seinem Bestseller *The Explosive Child* (New York: HarperCollins 1998) die mangelnden Fähigkeiten eines Kindes als Ursache von Verhaltensproblemen.

23 Porges, »Neurozeption«, in: *Die Polyvagal-Theorie. Neurophysiologische Grundlagen der Therapie*, S. 29–41.

24 Porges, a. a. O., S. 29–41, insbes. S. 38.

25 Porges, *Die Polyvagal-Theorie. Neurophysiologische Grundlagen der Therapie*, S. 48.

26 Porges, *The Pocket Guide to the Polyvagal Theory*, S. 6.

27 Porges, »Neurozeption«, S. 29–41.

28 Perry & Szalavitz, *The Boy Who Was Raised as a Dog* (New York: Basic Books). Zitate entsprechend der engl. Ausgabe von 2017, S. 347.

29 Siegel & Bryson, *The Whole Brain Child* (New York: Random House 2011), S. 14.

30 American Psychiatric Association, *Diagnostic and Statistical Manual of Mental Disorders*, 3rd ed. (Washington 1980). Das *DSM* befindet sich zur Zeit in seiner 5. Ausgabe (Arlington: APA 2013). Alle folgenden Zitate beziehen sich auf die Ausgabe aus dem Jahre 2013.

31 American Psychological Association (Juli/Aug. 2013), »NIMH Funding to Shift Away from DSM Categories«. – http://www.apa.org/monitor/2013/07-08/nimh.aspx

32 National Institute of Mental Health, »Research Domain Criteria (RDoC)« (Abruf: 26.7.2018) – https://www.nimh.nih.gov/research-priorities/rdoc/index.shtml. Es existieren zur Zeit fünf RDoCs: negative Valenzsysteme, positive Valenzsysteme, kognitive Systeme, System für soziale Prozesse und Arousal-/Regulationssysteme. Innerhalb jedes dieser Systeme existiert eine komplexe Matrix von Domänen, die bestimmten Aspekten menschlichen Verhaltens und menschlicher

Funktionalität zugrunde liegen. Im Einklang mit dieser in weiten Kreisen anerkannten veränderten Sichtweise habe ich mich dafür entschieden, die in diesem Buch beschriebenen Kinder nicht mit diagnostischen Etiketten zu versehen, sofern diese für das Verständnis des betreffenden Falls nicht entscheidend sind.

Kapitel 2

1 Porges, »Neurozeption«, S. 29–41.
2 Goleman & Davidson, *Altered Traits* (New York: Random House 2017), S. 140.
3 Siegel & Bryson, *The Whole Brain Child*, S. 37.
4 Kolb et al. (2012), »Experience and the Developing Prefrontal Cortex«, *Proceedings of the National Academy of Sciences of the United States of America 109*(S2), 17186–17193.
5 ZERO TO THREE, »Parent Survey Reveals Expectation Gap for Parents of Young Children«, (Update: 13.10.2016) – https://www.zerotothree.org/resources/1612-parent-survey-reveals-expectation-gap-for-parents-of-young-children
6 Harvard University, »Executive Function & Self-Regulation«, Center on the Developing Child, (Abruf: 13.8.2018) – https://developingchild.harvard.edu/science/key-concepts/executive-function/
7 Lillas & Turnbull, *Infant/Child Mental Health*, S. 42.
8 Siegel & Bryson, *The Whole Brain Child*, S. 39.
9 Goleman & Davidson, *Altered Traits*, S. 140–141.
10 Torres & Whyatt (Hg.), *Autism: The Movement-Sensing Perspective* (Boca Raton: CRC Press 2018), S. 178.
11 Porges & Dana, *Klinische Anwendungen der Polyvagal-Theorie*, S. 85.
12 Greenspan & Wieder beschreiben Entwicklungsmeilensteine in folgenden Büchern: Greenspan, *First Feelings* (New York: Viking Penguin 1985); Greenspan, *Infancy and Early Childhood* (Madison: International Universities Press 1992); und Greenspan & Wieder, *Infant and Early Childhood Mental Health* (Washington: APP 2006b).
13 Greene & Kropf, *Caregiving and Care Sharing* (Washington: NASW Press 2014).
14 Greenspan & Wieder, *Engaging Autism*, S. 386.
15 Dr. Serena Wieder in einer Diskussion mit der Autorin dieses Buches anläßlich einer Konferenz der *World Association for Infant Mental Health* in Rom, Mai 2018.
16 Greenspan & Wieder, *The Child with Special Needs*, S. 70.
17 Beispielsweise benutzen viele Erzieher das folgende Farbsystem: Kuypers, *The Zones of Regulation* (San Jose: Think Social Publishing 2011). Der Neuropsychologe Hanson bezeichnet in seinem Buch *Hardwiring Happiness* (New York: Harmony 2013), S. 38, 48, einen »responsiven« Modus als grüne Zone und einen »reaktiven« Modus als rote Zone.
18 Lillas & Turnbull, *Infant/Child Mental Health.*
19 Porges, *The Pocket Guide to the Polyvagal Theory*, S. 5 f.
20 Porges, a. a. O., S. 5 f.
21 Porges, a. a. O., S. 5 f.
22 Dana, *Die Polyvagal-Theorie in der Therapie* (Lichtenau: G. P. Probst Verlag 2018), S. 25.
23 Porges, *Die Polyvagal-Theorie. Neurophysiologische Grundlagen der Therapie*, S. 165–167.
24 Porges, a. a. O., S. 163.
25 Lillas & Turnbull, *Infant/Child Mental Health*, S. 46.

26 Burke Harris, *The Deepest Well* (New York: Houghton Mifflin Harcourt 2018), S. 54.
27 Porges & Dana, *Klinische Anwendungen der Polyvagal-Theorie*, S. 85.

Kapitel 3

1 Greenspan & Wieder, *The Child with Special Needs*, S. 22.
2 Lillas & Turnbull, *Infant/Child Mental Health*, S. 42.
3 Siegel & Bryson, *The Whole Brain Child*, S. 27. [»Wenn du es benennen kannst, kannst du es auch zähmen.«]
4 National Institute of Mental Health, »PANDAS Questions and Answers«, U.S. Department of Health and Human Services (letzte Änderung: Sept. 2016) – https://www.nimh.nih.gov/health/publications/pandas/index.shtml
5 Brout & Miller (Dez. 2015), »*DSM-5* Application for Sensory Processing Disorder Appendix A (Part 1)«, *ResearchGate* – https://www.researchgate.net/publication/285591455_*DSM-5*_Application_for_Sensory_Processing_Disorder_Appendix_A_part_1
6 Greenspan, *The Growth of the Mind* (Reading: Perseus Books 1997), S. 21.
7 Greenspan & Wieder (Hg.), *Diagnostic Manual for Infancy and Early Childhood* (Bethesda: Interdisciplinary Council on Developmental and Learning Disorders 2005), S. 7.
8 Carter et al. (2011), »Sensory Over-Responsivity, Psychopathology, and Family Impairment in School-Aged Children«, *Journal of the American Academy of Child and Adolescent Psychiatry 50*(12), 1210–1219.
9 Miller, *Sensational Kids*, S. 4 f.
10 Bialer & Miller, *No Longer a Secret* (Arlington: Future Horizons Press 2011), S. 20.
11 Bialer & Miller, a. a. O., S. 21.
12 Auf der Website des STAR Institute ist eine Fülle an Informationen zum Thema Störung der sensorischen Verarbeitung zu finden: https://www.spdstar.org.
13 Huebner & Matthews, *What to Do When You Worry Too Much* (Washington: Magination Pr. 2006).
14 Delahooke, *Social and Emotional Development in Early Intervention*, S. 3.

Kapitel 4

1 Porges, »Neurozeption«.
2 Cozolino, *The Social Neuroscience of Education* (New York: Norton 2013), S. xxi.
3 Porges, *Die Polyvagal-Theorie und die Suche nach Sicherheit*, S. 28.
4 Porges, a. a. O., S. 24.
5 Porges, a. a. O., S. 23.
6 Porges, »Neurozeption«.
7 Porges, a. a. O.
8 Porges, *Die Polyvagal-Theorie. Neurophysiologische Grundlagen der Therapie*, S. 35 f.
9 Porges & Dana, *Klinische Anwendungen der Polyvagal-Theorie*, S. 79.
10 Harvard University, »Resilience«, Center on the Developing Child (Abruf: 15.8.2018) – https://developingchild.harvard.edu/science/key-concepts/resilience/
11 Selye (1936), »A Syndrome Produced by Diverse Nocuous Agents«, *Nature 138*(3479), 32.
12 McEwen & Gianaros (2010), »Central Role of the Brain in Stress and Adaptation«, *Annals of the New York Academy of Sciences 1186*(1), 2.

13 Harvard University, »Resilience«, Center on the Developing Child.
14 McEwen (2005), »Stressed or Stressed Out: What is the Difference?«, *Journal of Psychiatry and Neuroscience 30*(5), 315.
15 McEwen & Gianaros, »Central Role of the Brain in Stress and Adaptation«.
16 Harvard University, »Resilience«, Center on the Developing Child.
17 Vygotsky, *Mind in Society* (Cambridge: Harvard University Press 1978), S. 86.
18 Lillas & Turnbull, *Infant/Child Mental Health*, S. 178.
19 Lillas & Turnbull, a. a. O., S. 178.
20 McEwen, »Stressed or Stressed Out«, S. 315.
21 Porges, *Die Polyvagal-Theorie und die Suche nach Sicherheit*, S. 22.
22 Kabat-Zinn, *Full Catastrophe Living* (New York: Random House 1990), S. 2.
23 Ferraioli & Harris (2013), »Comparative Effects of Mindfulness and Skills-Based Parent Training Programs for Parents of Children with Autism«, *Mindfulness 4*(2), 89–101; Epel et al. (2009), »Can Meditation Slow Rate of Cellular Aging?«, *Annals of the New York Academy of Sciences: Longevity, Regeneration, and Optimal Health 1172*(1), 34–53; sowie Petcharat & Liehr (2017), »Mindfulness Training for Parents of Children with Special Needs«, *Journal of Child and Adolescent Psychiatric Nursing 30*(1), 35–46.
24 Neff , *Selbstmitgefühl* (München: Kailash 2011), S. 59.
25 Neff & Faso (2015), »Self-Compassion and Well-Being in Parents of Children with Autism«, *Mindfulness 6*(4), 938–947; siehe auch Neff (2016), »The Self-Compassion Scale is a Valid and Theoretically Coherent Measure of Self-Compassion«, *Mindfulness 7*(1), 264–274.
26 Neff & Germer, *The Mindful Self-Compassion Workbook* (New York: Guilford 2018).
27 Porges, *Die Polyvagal-Theorie und die Suche nach Sicherheit*, S. 23.
28 Paul & St. John, *How You Are Is as Important as What You Do* (Washington: ZERO TO THREE 1998).
29 Shanker, *Self-Reg* (New York: Penguin 2016).
30 Porges, *Die Polyvagal-Theorie und die Suche nach Sicherheit*, S. 22.
31 Waller & Rose (2013), »Brief Report: Adolescents' Co-Rumination with Mothers, Co-Rumination with Friends, and Internalizing Symptoms«, *Journal of Adolescence 36*(2), 429–433.
32 Porges, *Die Polyvagal-Theorie und die Suche nach Sicherheit*, S. 28.

Kapitel 5

1 Harvard University, »Brain Architecture«, Center on the Developing Child (Abruf: 16.8.2018) – https://developingchild.harvard.edu/science/key-concepts/brain-architecture/. Siehe auch Perry, »Maltreatment and the Developing Child: How Early Childhood Experience Shapes Child and Culture« (Antrittsvorlesung, The Margaret McCain Lecture Series, Centre for Children & Families in the Justice System, London, ON, 23.9.2004) – http://www.lfcc.on.ca/mccain/perry.pdf
2 van der Helm & Walker (2009), »Overnight Therapy? The Role of Sleep in Emotional Brain Processing«, *Psychological Bulletin 135*(5), 731–748; siehe auch Carlisi et al. (2017), »Sleep-Amount Differentially Affects Fear-Processing Neural Circuitry in Pediatric Anxiety«, *Cognitive, Affective, & Behavioral Neuroscience 17*(6), 1098–1113.
3 Koulivand et al. (2013), »Lavender and the Nervous System«, *Evidence-Based Complementary and Alternative Medicine* (2013), 681304.

4 Greenspan, *The Growth of the Mind*, S. 21.
5 Porges, *Associate Manual Safe and Sound Protocol* (Aurora: Integrated Listening Systems 2018).
6 Porges et al. (2014), »Reducing Auditory Hypersensitivities in Autistic Spectrum Disorder«, *Frontiers in Pediatrics* 2(80), 1–10; siehe auch Porges et al. (2013), »Respiratory Sinus Arrhythmia and Auditory Processing in Autism: Modifiable Deficits of an Integrated Social Engagement System?«, *International Journal of Psychophysiology 88*(3), S. 261–270.
7 Lillas & Turnbull, *Infant/Child Mental Health*, S. 178.
8 Sesame Street in Communities, »Breathe« (Abruf: 16.8.2018) – https://sesamestreetincommunities.org/activities/breathe-bundle/
9 Greenland, *The Mindful Child* (New York: Simon & Schuster 2010).
10 Greenland, a. a. O., S. 68.
11 Greenland, a. a. O., S. 69.
12 Little Flower Yoga, »The School Yoga Project« (Abruf: 16.8.2018) – http://littlefloweryoga.com/programs/the-school-yoga-project

Kapitel 6

1 van der Kolk, *Verkörperter Schrecken* (Lichtenau: G. P. Probst Verlag 2015), S. 193.
2 Porges, *The Pocket Guide to the Polyvagal Theory*, S. 22.
3 Hatfield & Williford (2017), »Cortisol Patterns for Young Children Displaying Disruptive Behavior«, *Prevention Science 18*(1), 40–49.
4 Wieder, »PLAY: The Window into the Child's Emotional Experiences«, Profectum Foundation (Abruf: 16.8.2018) – https://profectum.org/wp-content/uploads/2015/03/PLAY-HANDOUT.pdf
5 Porges, *The Pocket Guide to the Polyvagal Theory*, S. 22.
6 Greenspan & Wieder, *The Child with Special Needs*, S. 256 f.
7 Wieder, »PLAY«.
8 Porges, *The Pocket Guide to the Polyvagal Theory*, S. 22.
9 Greenspan & Wieder, *The Child with Special Needs*, S. 206–220.
10 Greenspan & Wieder, a. a. O., S. 256 f.
11 Greenspan & Wieder, a. a. O., S. 206–220.
12 Greenspan & Wieder, a. a. O.; siehe auch Wieder, »PLAY«.
13 Profectum Foundation, »What Is DIR and Why Is It Important?« (Abruf: 16.8.2018) – https://profectum.org/about/dir/
14 California Evidence-Based Clearinghouse for Child Welfare, »Child-Parent Psychotherapy (CPP)« (Update: Dez. 2015) – http://www.cebc4cw.org/program/child-parent-psychotherapy/detailed
15 Mindsight Institute, »The Mindsight Approach to Well-Being« (Abruf: 16.8.2018) – https://www.mindsightinstitute.com/comprehensive-course-in-ipnb
16 Neurorelational Framework Global Communities (Abruf: April 2020) – https://nrfr2r.com
17 Siegel & Bryson, *The Whole Brain Child*, S. 27.
18 Lives in the Balance, »About the CPS Model« (Abruf: 16.8.2018) – https://www.livesinthebalance.org/about-cps
19 Behavioral Tech, »What is Dialectical Behavior Therapy (DBT)?« (Abruf: 27.9.2018) – https://behavioraltech.org/resources/faqs/dialectical-behavior-therapy-dbt/
20 Brown, *Daring Greatly* (New York: Random House 2012).

21 Dana, *Die Polyvagal-Theorie in der Therapie*, S. 108 f.
22 Porges, *Die Polyvagal-Theorie und die Suche nach Sicherheit*, S. 150 ff.

Kapitel 7

1 Greenspan & Wieder, *The Child with Special Needs*, S. 11.
2 Chaidez et al. (2014), »Gastrointestinal Problems in Children with Autism, Developmental Delays or Typical Development«, *Journal of Autism and Developmental Disorders 44*(5), 1117–1127; Devnani & Hegde (2015), »Autism and Sleep Disorders«, *Journal of Pediatric Neurosciences 10*(4), 304–307; sowie van Steensel & Heeman (2017), »Anxiety Levels in Children with Autism Spectrum Disorder«, *Journal of Child and Family Studies 26*(7), 1753–1767.
3 Green et al. (2015), »Neurobiology of Sensory Overresponsivity in Youth with Autism Spectrum Disorders«, *JAMA Psychiatry 72*(8), 778–786; siehe auch Ben-Sasson et al. (2007), »Extreme Sensory Modulation Behaviors in Toddlers with Autism Spectrum Disorders«, *The American Journal of Occupational Therapy 61*(5), 584–592.
4 American Psychiatric Association, *Diagnostic and Statistical Manual*, 5th ed. (Arlington: APA 2013), S. 50; siehe auch Green et al. (2015), »Neurobiology of Sensory Overresponsivity in Youth with Autism Spectrum Disorders«.
5 Shonkoff & Phillips (Hg.), *From Neurons to Neighborhoods* (Washington: Nat. Academy Pr. 2000).
6 Shonkoff & Phillips, a. a. O., S. 3.
7 Harvard University, »Resilience«, Center on the Developing Child.
8 Hamlin, *Autism and the Stress Effect* (London: Jessica Kingsley 2016), S. 32.
9 Hamlin, a. a. O., S. 32.
10 Leary & Donnellan, *Autism: Sensory-Movement Differences and Diversity* (Cambridge: Cambridge Book Review Press 2012), S. 9.
11 Leary & Donnellan, a. a. O., S. 9.
12 Kedar, *Ido in Autismland* (Selbst-Verlag 2012), S. 46.
13 Kedar, a. a. O., S. 47.
14 McNerney, »A Brief Guide to Embodied Cognition«, *Scientific American* (Abruf: 4.11.2011) – https://blogs.scientificamerican.com/guest-blog/a-brief-guide-to-embodied-cognition-why-you-are-not-your-brain/
15 Greenspan & Wieder, *Engaging Autism*, S. 91.
16 Porges, *Die Polyvagal-Theorie und die Suche nach Sicherheit*, S. 165.
17 Torres & Whyatt, *Autism*, S. 3.
18 Torres & Whyatt, a. a. O., S. 3.
19 Donnellan et al. (2013), »Rethinking Autism: Implications of Sensory and Movement Differences for Understanding and Support«, *Frontiers in Integrative Neuroscience 6*(124), 124.
20 Torres & Whyatt, *Autism*, S. 18.
21 Torres & Whyatt, a. a. O., S. 18.
22 Torres & Whyatt, a. a. O., S. 27.
23 The Academy of Neurologic Music Therapy, »Neurologic Music Therapy (NMT)« (Abruf: 17.8.2018) – https://nmtacademy.co/home/clinic/ ; siehe auch Thaut (1984), »A Music Therapy Treatment Model for Autistic Children«, *Music Therapy Perspectives 1*(4), 7–13.
24 Zeltzer & Blackett Schlank, *Conquering Your Child's Chronic Pain* (New York: HarperCollins 2005).

25 Delahooke, »Disorderism: How to Make Sure People See Your Child and Not a Diagnosis«, *Mona's Blog* (21.6.2015) – https://www.monadelahooke.com/disorderism-how-to-make-sure-people-see-your-child-and-not-a-diagnosis/
26 Kedar, *Ido in Autismland.*
27 Higashida, *The Reason I Jump* (New York: Random House 2013), S. 21.
28 Leary & Donnellan, *Autism: Sensory-Movement Differences and Diversity,* S. 9.
29 Leary & Donnellan, a. a. O., S. 9.

Kapitel 8

1 Center for the Application of Prevention Technologies, Substance Abuse and Mental Health Services Administration, »Adverse Childhood Experiences« (Abruf: 15.4.2020) – https://www.samhsa.gov/child-trauma/recognizing-and-treating-child-traumatic-stress
2 Substance Abuse and Mental Health Services Administration, »National Center for Trauma-Informed Care and Alternatives to Seclusion and Restraint (NCTIC)« (Abruf: 15.4.2020) – https://www.samhsa.gov/nctic/about – https://www.recoverymonth.gov/organizations-programs/national-center-trauma-informed-care-alternatives-seclusion-restraint-nctic
3 Burke Harris, *The Deepest Well.*
4 Burke Harris, a. a. O., S. 59.
5 Bornstein, »Treating the Lifelong Harm of Childhood Trauma«, *New York Times* (30.1.2018) – https://www.nytimes.com/2018/01/30/opinion/treating-the-lifelong-harm-of-childhood-trauma.html
6 Bloom & Farragher, *Restoring Sanctuary* (New York: Oxford University Press 2013), S. 46.
7 Harvard University, »In Brief: The Impact of Early Adversity on Children's Development«, Center on the Developing Child (Abruf: 15.9.2018) – https://developingchild.harvard.edu/resources/inbrief-the-impact-of-early-adversity-on-childrens-development/
8 Porges, *The Pocket Guide to the Polyvagal Theory,* S. 20.
9 Nelson & Lind, »The School to Prison Pipeline, Explained«, Justice Policy Institute (Abruf: 24.2.2015) – http://www.justicepolicy.org/news/8775
10 Nelson & Lind, a. a. O.; siehe auch Bloom & Farragher, *Restoring Sanctuary.*
11 Bloom & Farragher, *Restoring Sanctuary,* S. 5.
12 Porges, *The Pocket Guide to the Polyvagal Theory,* S. 20.
13 Perry & Szalavitz, *The Boy Who Was Raised as a Dog,* S. 328.
14 Perry & Szalavitz, a. a. O., S. 311.
15 Bloom & Farragher, *Restoring Sanctuary*; siehe auch Bloom, »The Sanctuary Model®« (Abruf: 15.9.2018) – http://www.sanctuaryweb.com/Home.aspx
16 Perry & Szalavitz, *The Boy Who Was Raised as a Dog,* S. 316.
17 Perry & Szalavitz, a. a. O., S. 313.
18 Porges & Dana, *Klinische Anwendungen der Polyvagal-Theorie,* S. 89 ff.
19 Greene, *The Explosive Child.*
20 Greene, a. a. O., S. 19.
21 Perry & Szalavitz, *The Boy Who Was Raised as a Dog,* S. 329.
22 Barbash, »Different Types of Trauma: Small ›t‹ Versus Large ›T‹«, *Psychology Today* (13.3.2017) – https://www.psychologytoday.com/us/blog/trauma-and-hope/201703/different-types-trauma-small-t-versus-large-t

23 Perry & Szalavitz, *The Boy Who Was Raised as a Dog*, S. 325.
24 Porges, *Die Polyvagal-Theorie und die Suche nach Sicherheit*, S. 152.

Kapitel 9

1 Hamlin, *Autism and the Stress Effect*, S. 64.
2 Center for Discovery, »Research Partners« (Abruf: 4.9.2018) – https://thecenterfordiscovery.org/research-partners/
3 Center for Discovery, »The Research Institute for Brain and Body Health« (Abruf: 4.9.2018) – https://thecenterfordiscovery.org/brain-health-research-institute/
4 American Psychological Association, »NIMH Funding to Shift Away from *DSM* Categories«.
5 a. a. O.
6 Lupien et al. (2017), »The *DSM-5*/RDoC Debate on the Future of Mental Health Research«, *Stress 20*(1), 96.
7 Cozolino, *Social Neuroscience of Education*, S. xxi.
8 Cozolino, a. a. O., S. xxi.
9 Hanson, *Hardwiring Happiness*, S. 20; siehe auch Rozin & Royzman (2001), »Negativity Bias, Negativity Dominance, and Contagion«, *Personality and Social Psychology Review 5*(4), 296–320.
10 Hanson, *Hardwiring Happiness*, S. 20.
11 Hanson, a. a. O., S. 27.
12 Dabrowska-Zimakowska & Pisula (2010), »Parenting Stress and Coping Styles on Mothers and Fathers of Pre-School Children with Autism and Down Syndrome«, *Journal of Intellectual Disability Research 54*(3), 266–280; siehe auch Dykens et al. (2014), »Reducing Distress in Mothers of Children with Autism and Other Disabilities«, *Pediatrics 134*(2), e454-e463.
13 Hanson, *Hardwiring Happiness*, S. 15.
14 ZERO TO THREE, »National Parent Survey Overview and Key Insights«.
15 Hanson, *Hardwiring Happiness*, S. 4.
16 Hanson, a. a. O., S. 60.
17 Hanson, a. a. O., S. 52.
18 4th Ark, »Cool Teachers Greet Students with Personalized Handshakes«, *YouTube*-Video, 2:37 (10.2.2017) – https://www.youtube.com/watch?v=V3dhHfhdTOE
19 Hanson, *Hardwiring Happiness*, S. 61.
20 Buonomano & Merzenich (1998), »Cortical Plasticity: From Synapses to Maps«, *Annual Review of Neuroscience 21*(1), 149–186.
21 Hanson, *Hardwiring Happiness*, S. 160.
22 Keysers & Gazzola (2014), »Hebbian Learning and Predictive Mirror Neurons for Actions, Sensations and Emotions«, *Philosophical Transactions of the Royal Society B: Biological Sciences 369*(1644), 20130175.
23 Yogman et al. (2018), »The Power of Play«, *Pediatrics 142*(3), e20182058.
24 den Heijer (@purposologist – 26.5.2015), »When a flower doesn't bloom, you fix the environment in which it grows, not the flower«, *Twitter* – https://twitter.com/purposologist/status/603134967841988608

Ressourcen

Blog, Informationen und Anfragen
Mona Delahooke, Ph. D.: www.monadelahooke.com

Gehirn und soziale Entwicklung
The Child Mind Institute: https://childmind.org
The Center on the Developing Child: https://developingchild.harvard.edu
The NeuroRelational Framework (NRF) Institute: Research To Resilience: http://www.nrfr2r.com
Mindsight Institute: https://www.mindsightinstitute.com/team
Tina Bryson, Ph. D.: https://www.tinabryson.com

Achtsamkeit und Selbstmitgefühl
UCLA Mindful Awareness Research Center: https://www.uclahealth.org/marc/
Mindful: https://www.mindful.org/about-mindful/
Susan Kaiser Greenland: https://www.susankaisergreenland.com
Center for Mindful Self-Compassion: https://centerformsc.org
Rick Hanson, Ph. D.: https://www.rickhanson.net

Von Eltern durchführbare Interventionen und interdisziplinäres Training
DIR® Floortime Model
The Profectum Foundation: https://profectum.org/about/dir/
The Play Project: https://www.playproject.org
The Interdisciplinary Council on Development and Learning: http://www.icdl.com

Auf Kooperation basierende und proaktive Lösungen
Lives in the Balance: https://www.livesinthebalance.org/about-cps
Ross Greene, Ph. D.: http://drrossgreene.com

Sensorische Verarbeitung und Ergotherapie
The Star Institute: https://www.spdstar.org
The American Occupational Therapy Association: https://www.aota.org

Polyvagal-Theorie und Anwendungen
Stephen Porges, Ph. D.: www.stephenporges.com
Deb Dana, LCSW, & Rhythm of Regulation: https://www.rhythmofregulation.com

Trauma und traumabewußte Betreuung
National Child Traumatic Stress Network: https://www.nctsn.org
Sanctuary Web: http://www.sanctuaryweb.com
Child Trauma: http://childtrauma.org
Trauma Center: http://www.traumacenter.org

Literatur

4th Ark (10.2.2017). »Cool Teachers Greet Students with Personalized Handshakes«. *YouTube*-Video, 2:37. https://www.youtube.com/watch?v=V3dhHfhdTOE

American Psychiatric Association (1980). *Diagnostic and Statistical Manual of Mental Disorders.* 3rd ed. Washington: American Psychiatric Association.

American Psychiatric Association (2013). *Diagnostic and Statistical Manual of Mental Disorders.* 5th ed. Arlington: American Psychiatric Association.

American Psychological Association (Juli/Aug. 2013). »NIMH Funding to Shift Away from DSM Categories«. http://www.apa.org/monitor/2013/07-08/nimh.aspx

Ayres, A. J. (2005). *Sensory Integration and the Child: Understanding Hidden Sensory Challenges.* Los Angeles: Western Psychological Services.

Baer, R. A. et al. (2012). Mindfulness and Self-Compassion as Predictors of Psychological Wellbeing in Long-Term Meditators and Demographically Matched Nonmeditators. *Journal of Positive Psychology 7*(3), 230–238.

Barbash, E. (13.3.2017). Different Types of Trauma: Small ›t‹ versus Large ›T‹. *Psychology Today.* https://www.psychologytoday.com/us/blog/trauma-and-hope/201703/different-types-trauma-small-t-versus-large-t

Bazarko, D. et al. (2013). The Impact of an Innovative Mindfulness-Based Stress Reduction Program on the Health and Wellbeing of Nurses in a Corporate Setting. *Journal of Workplace Behavioural Health 28*(2), 107–133.

Behavioral Tech (Abruf: 27.9.2018). »What is Dialectical Behavior Therapy (DBT)?« https://behavioraltech.org/resources/faqs/dialectical-behavior-therapy-dbt/

Ben-Sasson, A. et al. (2007). Extreme Sensory Modulation Behaviors in Toddlers with Autism Spectrum Disorders. *The American Journal of Occupational Therapy 61*(5), 584–592.

Ben-Sasson, A. et al. (2009). Sensory Over-Responsivity in Elementary School. *Journal of Abnormal Child Psychology 37*(5), 705–716. doi:10.1007/s10802-008-9295-8

Ben-Sasson, A. et al. (2010). The Development of Sensory Over-Responsivity from Infancy to Elementary School. *Journal of Abnormal Child Psychology 38*(8), 1193–1202. doi:10.1007/s10802-010-9435-9

Benson, P. R. (2006). The Impact of Child Symptom Severity on Depressed Mood among Parents of Children with ASD: The Mediating Role of Stress Proliferation. *Journal of Autism and Developmental Disorders 36*(5), 685–695.

Benson, P. R., & Karlof, K. L. (2009). Anger, Stress Proliferation, and Depressed Mood among Parents of Children with ASD. *Journal of Autism and Developmental Disorders 39*(2), 350–362. doi:10.1007/s10803-008-0632-0

Bialer, D., & Miller, L. J. (2011). *No Longer a SECRET: Unique Common Sense Strategies for Children with Sensory or Motor Challenges.* Arlington: Future Horizons Press.

Bloom, S. L. (Abruf: 15.9.2018). »The Sanctuary Model®«. SanctuaryWeb.com. http://www.sanctuaryweb.com/Home.aspx

Bloom, S. L., & Farragher, B. (2013). *Restoring Sanctuary: A New Operating System for Trauma-Informed Systems of Care.* New York: Oxford University Press.

Bluth, K. et al. (2013). A Stress Model for Couples Parenting Children with Autism Spectrum Disorders and the Introduction of a Mindfulness Intervention. *Journal of Family Theory and Review 5*(3), 194–213. doi:10.1111/jftr.12015

Bornstein, D. (30.1.2018). »Treating the Lifelong Harm of Childhood Trauma«. *New York Times.* https://www.nytimes.com/2018/01/30/opinion/treating-the-lifelong-harm-of-childhood-trauma.html

Bradford, K. (2010). Brief Education about Autism Spectrum Disorders for Family Therapists. *Journal of Family Psychotherapy 21*(3), 161–179.

Brazelton, T. B. (1992). *Touchpoints.* New York: Addison-Wesley; dt. (1995). *Ein Kind wächst auf.* Stuttgart: Klett-Cotta.

Brobst, J. B. et al. (2009). Parenting Children with Autism Spectrum Disorders. *Focus on Autism and Other Developmental Disabilities 24*(1), 38–49. doi:10.1177/1088357608323699

Brout, J., & Miller, L. J. (Dez. 2015). »DSM-5 Application for Sensory Processing Disorder Appendix A (Part 1)«. https://www.researchgate.net/publication/285591455_DSM-5_Application_for_Sensory_Processing_Disorder_Appendix_A_part_1

Brown, B. (2012). *Daring Greatly.* New York: Random House; dt. (2013). *Verletzlichkeit macht stark.* München: Kailash.

Buonomano, D. V., & Merzenich, M. (1998). Cortical Plasticity: From Synapses to Maps. *Annual Review of Neuroscience 21*(1), 149–186.

Burke Harris, N. (2018). *The Deepest Well.* New York: Houghton Mifflin Harcourt; dt. (2020). *Befreiung finden.* Kandern: Narayana Verlag.

Burke, N. J. et al. (2011). The Impact of Adverse Childhood Experiences on an Urban Pediatric Population. *Child Abuse & Neglect 35*(6), 408–413. http://doi.org/10.1016/j.chiabu.2011.02.006

Buron, K. D., & Curtis, M. (2012). *The Incredible 5-Point Scale.* Shawnee Mission: AAPC Publishing.

California Evidence-Based Clearinghouse for Child Welfare (Dez. 2015). »Child-Parent Psychotherapy (CPP)«. http://www.cebc4cw.org/program/child-parent-psychotherapy/detailed

Carlisi, Chr. O. et al. (2017). Sleep-Amount Differentially Affects Fear-Processing Neural Circuitry in Pediatric Anxiety: A Preliminary fMRI Investigation. *Cognitive, Affective, & Behavioral Neuroscience 17*(6), 1098–1113. doi:10.3758/s13415-017-0535-7

Carter, A. S. et al. (2011). Sensory Over-Responsivity, Psychopathology, and Family Impairment in School-Aged Children. *Journal of the American Academy of Child and Adolescent Psychiatry 50*(12), 1210–1219. doi:10.1016/j.jaac.2011.09.010

Center for Discovery (Abruf: 4.9.2018). »Research Partners«. https://thecenterfordiscovery.org/research-partners/

Center for Discovery (Abruf: 4.9.2018). »The Research Institute for Brain and Body Health«. https://thecenterfordiscovery.org/brain-health-research-institute/

Center for the Application of Prevention Technologies, Substance Abuse and Mental Health Services Administration (16.4.2020). https://www.samhsa.gov/child-trauma/recognizing-and-treating-child-traumatic-stress

Chaidez, V. et al. (2014). Gastrointestinal Problems in Children with Autism, Developmental Delays or Typical Development. *Journal of Autism and Developmental Disorders 44*(5), 1117–1127. http://doi.org/10.1007/s10803-013-1973-x

Cozolino, L. (2013). *The Social Neuroscience of Education.* New York: Norton.

Cozolino, L. (2014). *The Neuroscience of Human Relationships.* New York: Norton; dt. (2007). *Die Neurobiologie menschlicher Beziehungen.* Kirchzarten: VAK-Verlag.

Dabrowska-Zimakowska, A., & Pisula, E. (2010). Parenting Stress and Coping Styles on Mothers and Fathers of Pre-School Children with Autism and Down Syndrome. *Journal of Intellectual Disability Research 54*(3), 266–280. doi:10.1111/j.1365-2788.2010.01258.x

Damasio, A. (1999). *The Feeling of What Happens*. New York: Harcourt Brace; dt. (2000). *Ich fühle, also bin ich*. München: List.

Dana, D. (2018). *The Polyvagal Theory in Therapy*. New York: Norton; dt. (2018). *Die Polyvagal-Theorie in der Therapie. Den Rhythmus der Regulation nutzen*. Lichtenau: G. P. Probst Verlag.

Data Resource for Child and Adolescent Health (Abruf: 26.7.2018). »The National Survey of Children's Health«. http://childhealthdata.org/learn/NSCH

Delahooke, M. (21.6.2015). »Disorderism: How to Make Sure People See Your Child and Not a Diagnosis«. *Mona's Blog*. https://www.monadelahooke.com/disorderism-how-to-make-sure-people-see-your-child-and-not-a-diagnosis/

Delahooke, M. (2017). *Social and Emotional Development in Early Intervention: A Skills Guide for Working with Children*. Eau Claire: PESI Publishing.

den Heijer, A. (@purposologist – 26.5.2015). »When a flower doesn't bloom, you fix the environment in which it grows, not the flower«.
Twitter. https://twitter.com/purposologist/status/603134967841988608

Devnani, P. A., & Hegde, A. U. (2015). Autism and Sleep Disorders. *Journal of Pediatric Neurosciences 10*(4), 304–307. http://doi.org/10.4103/1817-1745.174438

Donnellan, A. M. et al. (2013). Rethinking Autism: Implications of Sensory and Movement Differences for Understanding and Support. *Frontiers in Integrative Neuroscience* 6:124.
doi:10.3389/fnint.2012.00124

Duckworth, A., & Steinberg, L. (2015). Unpacking Self-Control. *Child Development Perspectives* 9(1), 32–37. http://doi.org/10.1111/cdep.12107

Dunst, C. et al. (2012). Meta-Analysis of Studies Incorporating the Interests of Young Children with Autism Spectrum Disorders into Early Intervention Practice. *Autism Research and Treatment*, 2012, 462531.

Dykens, E. M. et al. (2014). Reducing Distress in Mothers of Children with Autism and Other Disabilities: A Randomized Trial. *Pediatrics 134*(2), e454-e463. doi:10.1542/peds.2013-3164

Eisenberg, N. et al. (2007). Effortful Control and its Socioemotional Consequences. In: J. J. Gross (Hg.), *Handbook of Emotion Regulation* (S. 287–306). New York: Guilford.

Epel, E. et al. (2009). Can Meditation Slow Rate of Cellular Aging? *Annals of the New York Academy of Sciences: Longevity, Regeneration, and Optimal Health 1172*(1), 34–53.
doi:10.1111/j.1749-6632.2009.04414.x

Ferraioli, S. J., & Harris, S. L. (2013). Comparative Effects of Mindfulness and Skills-Based Parent Training Programs for Parents of Children with Autism. *Mindfulness* 4(2), 89–101.

Fields-Meyer, T. (2011). *Following Ezra*. New York: Penguin.

Foley, G., & Hochman, J. (2006). *Mental Health in Early Intervention*. Baltimore: Paul Brookes Publ.

Fox, S. E. et al. (2010). How the Timing and Quality of Early Experience Influence the Development of Brain Architecture. *Child Development 81*(1), 28–40.

Freshwater, D. (2003). *Counseling Skills for Nurses, Midwives, and Health Visitors*. Philadelphia: Open University Press.

Geary, C., & Rosenthal, S. L. (2011). Sustained Impact of MBSR on Stress, Well-Being, and Daily Spiritual Experiences for 1 Year in Academic Health Care Employees. *Journal of Alternative and Complementary Medicine 17*(10), 939–944.

Goleman, D., & Davidson, R. J. (2017). *Altered Traits: Science Reveals How Meditation Changes Your Mind, Brain, and Body.* New York: Random House.

Green, J. et al. (2017). Randomised Trial of a Parent-Mediated Intervention for Infants at High Risk for Autism. *Journal of Child Psychology and Psychiatry 58*(12), 1330–1340. http://doi.org/10.1111/jcpp.12728

Green, S. A. et al. (2015). Neurobiology of Sensory Overresponsivity in Youth with Autism Spectrum Disorders. *JAMA Psychiatry 72*(8), 778–786. doi:10.1001/jamapsychiatry.2015.0737

Greene, R. (1998). *The Explosive Child.* New York: HarperCollins; dt. (2011). *Das explosive Kind.* Winterthur: Ed. Spuren.

Greene, R. R., & Kropf, N. P. (2014). *Caregiving and Care Sharing.* Washington: NASW Press.

Greenland, S. K. (2010). *The Mindful Child.* New York: Simon & Schuster; dt. (2011). *Wache Kinder.* Freiburg: Arbor.

Greenspan, S. (1985). *First Feelings.* New York: Viking Penguin; dt. (1988). *Das Erwachen der Gefühle.* München: Piper.

Greenspan, S. (1992). *Infancy and Early Childhood.* Madison: International Universities Press.

Greenspan, S. (1997). *The Growth of the Mind.* Reading: Perseus Books; dt. (1999). *Die bedrohte Intelligenz.* München: Bertelsmann.

Greenspan, S. (1999). *Building Healthy Minds.* Cambridge: Perseus Books; dt. (2001). *Das große Erziehungshandbuch für die ersten sechs Lebensjahre.* Düsseldorf: Walter.

Greenspan, S., & Shanker, S. (2004). *The First Idea: How Symbols, Language, and Intelligence Evolved from Our Primate Ancestors to Modern Humans.* Cambridge: DeCapo Press.

Greenspan, S., & Wieder, S. (1998). *The Child with Special Needs.* Reading: Perseus Press; dt. (2001). *Mein Kind lernt anders.* Düsseldorf: Walter.

Greenspan, S., & Wieder, S. (Hg.) (2005). *Diagnostic Manual for Infancy and Early Childhood: Mental Health, Developmental, Regulatory-Sensory Processing, Language and Learning Disorders.* Bethesda: Interdisciplinary Council on Developmental and Learning Disorders.

Greenspan, S., & Wieder, S. (2006a). *Engaging Autism: Using the Floortime Approach to Help Children Relate, Communicate, and Think.* Reading: Perseus Press.

Greenspan, S., & Wieder, S. (2006b). *Infant and Early Childhood Mental Health: A Comprehensive Developmental Approach to Assessment and Intervention.* Washington: American Psychiatric Publishing.

Greenspan, S., & Wieder, S. (2008). The Interdisciplinary Council on Developmental and Learning Disorders Diagnostic Manual for Infants and Young Children. *Journal of the Canadian Academy of Child and Adolescent Psychiatry 17*(2), 76–89.

Greenspan, S. et al. (Hg.) (1987). *Infants in Multi-Risk Families.* Madison: International Universities Press.

Hamlin, T. (2016). *Autism and the Stress Effect.* London: Jessica Kingsley.

Hanson, R. (2013). *Hardwiring Happiness.* New York: Harmony; dt. (2013). *Denken wie ein Buddha.* München: Irisiana.

Hartley, S. L. et al. (2010). The Relative Risk and Timing of Divorce in Families of Children with an Autism Spectrum Disorder. *Journal of Family Psychology 24*(4), 449–457. doi:10.1037/a0019847

Harvard University (Abruf: 13.8.2018). »Executive Function & Self-Regulation«. Center on the Developing Child. https://developingchild.harvard.edu/science/key-concepts/executive-function/

Harvard University (Abruf: 15.8.2018). »Resilience«. Center on the Developing Child. https://developingchild.harvard.edu/science/key-concepts/resilience/

Harvard University (Abruf: 16.8.2018). »Brain architecture«. Center on the Developing Child. https://developingchild.harvard.edu/science/key-concepts/brain-architecture/

Harvard University (Abruf: 15.9.2018). »InBrief: The Impact of Early Adversity on Children's Development«. Center on the Developing Child. https://developingchild.harvard.edu/resources/inbrief-the-impact-of-early-adversity-on-childrens-development/

Hastings, R. P., & Taunt, H. M. (2002). Positive Perceptions in Families of Children with Developmental Disabilities. *American Journal on Mental Retardation 107*(2), 116–127.

Hatfield, B. E., & Williford, A. P. (2017). Cortisol Patterns for Young Children Displaying Disruptive Behavior: Links to a Teacher-Child, Relationship-Focused Intervention. *Prevention Science 18*(1), 40–49. doi:10.1007/s11121-016-0693-9

Heffron, M. C., & Murch, T. (2010). *Reflective Supervision and Leadership in Infant and Early Childhood Programs*. Washington: ZERO TO THREE.

Herring, S. E. et al. (2006). Behaviour and Emotional Problems in Toddlers with Pervasive Developmental Disorders and Developmental Delay. *Journal of Intellectual Disability Research 50*(12), 874–882. doi:10.1111/j.1365-2788.2006.00904.x

Higashida, N. (2013). *The Reason I Jump*. New York: Random House; dt. (2014). *Warum ich euch nicht in die Augen sehen kann*. Reinbek: Rowohlt-Tb.

Huebner, D., & Matthews, B. (2006). *What to Do When You Worry Too Much: A Kid's Guide to Overcoming Anxiety*. Washington: Magination Press.

Jeans, L. M. et al. (2013). Examining ECLS-B: Maternal Stress and Depressive Symptoms When Raising Children with ASD. *Topics in Early Childhood Special Education 33*(3), 162–171.

Johanning, M. L. (2005). Premack Principle. In: S. W. Lee (Hg.), *Encyclopedia of School Psychology* (S. 365). Thousand Oaks: Sage Publications.

Jones, J., & Passey, J. (2004). Family Adaptation, Coping and Resources: Parents of Children with Developmental Disabilities and Behaviour Problems. *J. of Developmental Disabilities 11*(1), 25–43.

Jones, L. et al. (2014). Child Behavior Problems and Parental Well-Being in Families of Children with Autism. *American Journal on Intellectual and Developmental Disabilities 119*(2), 171–185.

Kabat-Zinn, J. (1990). *Full Catastrophe Living*. New York: Random House; dt. (1991). *Gesund und streßfrei durch Meditation*. München: O. W. Barth.

Karst, J. S., & Vaughn Van Hecke, A. (2012). Parent and Family Impact of Autism Spectrum Disorders. *Clinical Child and Family Psychology Review 15*(3), 247–277. doi:10.1007/s10567-012-0119-6

Kasari, C. et al. (2010). Randomized Controlled Caregiver Mediated Joint Engagement Intervention for Toddlers with Autism. *Journal of Autism and Developmental Disabilities 40*(9), 1045–1056.

Kasari, C. et al. (2015). Randomized Comparative Efficacy Study of Parent-Mediated Interventions for Toddlers with Autism. *Journal of Consulting and Clinical Psychology 83*(3), 554–563.

Kedar, I. (2012). *Ido in Autismland*. Selbst-Verlag.

Keen, D. et al. (2010). The Effects of a Parent-Focused Intervention for Children with a Recent Diagnosis of Autism Spectrum Disorder on Parenting Stress and Competence. *Research in Autism Spectrum Disorders 4*(2), 229–241. doi:10.1016/j.rasd.2009.09.009

Keysers, C., & Gazzola, V. (2014). Hebbian Learning and Predictive Mirror Neurons for Actions, Sensations and Emotions. *Philosophical Transactions of the Royal Society B: Biological Sciences 369*(1644), 20130175. http://doi.org/10.1098/rstb.2013.0175

Kolb, B. et al. (2012). Experience and the Developing Prefrontal Cortex. *Proceedings of the National Academy of Sciences of the United States of America 109*(S2), 17186–17193. http://doi.org/10.1073/pnas.1121251109

Koulivand, P. H. et al. (2013). Lavender and the Nervous System. *Evidence-Based Complementary and Alternative Medicine*, 681304. doi:10.1155/2013/681304

Kuypers, L. M. (2011). *The Zones of Regulation: A Curriculum Designed to Foster Self-Regulation and Emotional Control.* San Jose: Think Social Publishing.

Leary, M. R., & Donnellan, A. M. (2012). *Autism: Sensory-Movement Differences and Diversity.* Cambridge: Cambridge Book Review Press.

LeDoux, J. (2012). Rethinking the Emotional Brain. *Neuron 73*(4), 653–676.

LeDoux, J. (2015). *Anxious.* New York: Random House; dt. (2016). *Angst.* Wals: Ecowin.

Lee, G. K. (2009). Parents of Children with High Functioning Autism. *Journal of Developmental and Physical Disabilities 21*(2), 93–114. https://doi.org/10.1007/s10882-008-9128-2

Lickenbrock, D. M. et al. (2011). Feeling Good, Feeling Bad: Influences of Marital Perceptions of the Child and Marital Adjustment on Well-Being in Mothers of Children with an Autism Spectrum Disorder. *Journal of Autism and Developmental Disorders 41*(7), 848–858.

Lillas, C., & Turnbull, J. (2009). *Infant/Child Mental Health, Early Intervention, and Relationship-Based Therapies.* New York: Norton.

Linehan, M. M. (2014). *DBT® Skills Training Manual.* New York: Guilford; dt. (2016). *DBT Skills Training Manual.* München: CIP-Medien.

Little Flower Yoga (Abruf: 16.8.2018). »The School Yoga Project«. http://littlefloweryoga.com/programs/the-school-yoga-project

Lives in the Balance (Abruf: 16.8.2018). »About the CPS model«. https://www.livesinthebalance.org/about-cps

Lupien, S. J. et al. (2017). The DSM-5/RDoC Debate on the Future of Mental Health Research. *Stress: The International Journal on the Biology of Stress 20*(1), 95–111. doi:10.1080/10253890.2017.1286324

Malik, R. (6.11.2017). New Data Reveal 250 Preschoolers Are Suspended or Expelled Every Day. *Center for American Progress.* https://www.americanprogress.org/issues/early-childhood/news/2017/11/06/442280/new-data-reveal-250-preschoolers-suspended-expelled-every-day/

McEwen, B. S. (2005). Stressed or Stressed Out: What is the Difference? *Journal of Psychiatry and Neuroscience 30*(5), 315–318.

McEwen, B. S., & Gianaros, P. J. (2010). Central Role of the Brain in Stress and Adaptation. *Annals of the New York Academy of Sciences 1186*(1), 190–222. http://doi.org/10.1111/j.1749-6632.2009.05331.x

McEwen, B. S., & Stellar, E. (1993). Stress and the Individual. Mechanisms Leading to Disease. *Archives of Internal Medicine 153*(18), 2093–2101. doi:10.1001/archinte.153.18.2093

McNerney, S. (4.11.2011). »A Brief Guide to Embodied Cognition: Why You Are Not Your Brain«. Scientific American. https://blogs.scientificamerican.com/guest-blog/a-brief-guide-to-embodied-cognition-why-you-are-not-your-brain/

Mehta, N. (2011). Mind/body Dualism: A Critique from a Health Perspective. *Mens Sana Monographs 9*(1), 202–209. doi:10.4103/0973-1229.77436

Miller, L. J. (2007). *Sensational Kids: Hope and Help for Children with Sensory Processing Disorder.* New York: Penguin Books.

Mindsight Institute (Abruf: 16.8.2018). »The Mindsight Approach to Well-Being: A Comprehensive Course in Interpersonal Neurobiology«. https://www.mindsightinstitute.com/comprehensive-course-in-ipnb

Miodrag, N., & Hodapp, R. M. (2010). Chronic Stress and Health among Parents of Children with Intellectual and Developmental Disabilities. *Current Opinion in Psychiatry 23*(5), 407–411. doi:10.1097/YCO.0b013e32833a8796

Moh, T. A., & Magiati, I. (2012). Factors Associated with Parental Stress and Satisfaction During the Process of Diagnosis of Children with Autism Spectrum Disorders. *Research in Autism Spectrum Disorders* 6(1), 293–303. doi:10.1016/j.rasd.2011.05.011

National Institute of Mental Health (Sept. 2016). »PANDAS Questions and Answers«. U.S. Department of Health and Human Services. https://www.nimh.nih.gov/health/publications/pandas/index.shtml

National Institute of Mental Health (Abruf: 26.7.2018). »Research Domain Criteria (RDoC)«. https://www.nimh.nih.gov/research-priorities/rdoc/index.shtml

Neff, K. (2011). *Self-Compassion*. New York: HarperCollins; dt. (2012). *Selbstmitgefühl*. München: Kailash.

Neff, K. (2016). The Self-Compassion Scale is a Valid and Theoretically Coherent Measure of Self-Compassion. *Mindfulness* 7(1), 264–274.

Neff, K., & Faso, D. J. (2015). Self-Compassion and Well-Being in Parents of Children with Autism. *Mindfulness* 6(4), 938–947.

Neff, K., & Germer, C. (2018). *The Mindful Self-Compassion Workbook*. New York: Guilford; dt. (2019). *Selbstmitgefühl – das Übungsbuch*. Freiburg: Arbor.

Nelson, L., & Lind, D. (24.2.2015). »The School to Prison Pipeline, Explained«. Justice Policy Institute. http://www.justicepolicy.org/news/8775

Neurorelational Framework Global Communities (Abruf: 16.4.2020). https://nrfr2r.com

Nissenbaum, M. S. et al. (2012). The Interpretative Conference: Sharing a Diagnosis of Autism with Families. *Focus on Autism and Other Developmental Disabilities* 17(1), 30–43.

Ogden, P. (2018). Polyvagal Theory and Sensorimotor Psychotherapy. In: S. W. Porges & D. Dana (Hg.), *Clinical Applications of the Polyvagal Theory*. New York: Norton; dt. (2019). *Klinische Anwendungen der Polyvagal-Theorie* (S. 49–65). Lichtenau: G. P. Probst Verlag.

Paul, J. H., & St. John, M. (1998). *How You Are Is as Important as What You Do*. Washington: ZERO TO THREE.

Perry, B. D. (23.9.2004). »Maltreatment and the Developing Child: How Early Childhood Experience Shapes Child and Culture«. Inaugural lecture presented at the Centre for Children & Families in the Justice System, London, ON. http://www.lfcc.on.ca/mccain/perry.pdf

Perry, B., & Szalavitz, M. (2017). *The Boy Who Was Raised as a Dog*. New York: Basic Books; dt. (2008). *Der Junge, der wie ein Hund gehalten wurde*. München: Kösel.

Petcharat, M., & Liehr, P. R. (2017). Mindfulness Training for Parents of Children with Special Needs: Guidance for Nurses in Mental Health Practice. *Journal of Child and Adolescent Psychiatric Nursing* 30(1), 35–46. doi:10.1111/jcap.12169

Picard, R., & Klein, J. (2002). Computers that Recognise and Respond to User Emotion: Theoretical and Practical Implications. *Interacting with Computers* 14(2), 89–172.

Pope, A. (1711). *An Essay on Criticism: Part II*. In: *An Essay on Criticism* (Zeilen 215–216). London: W. Lewis.

Porges, S. W. (2004). Neuroception: A Subconscious System for Detecting Threats and Safety. *ZERO TO THREE* 24(5), 19–24; dt. (2010): Neurozeption. In: *Die Polyvagal-Theorie* (S. 29–41). Paderborn: Junfermann.

Porges, S. W. (2007). The Polyvagal Perspective. *Biological Psychology* 74(2), 116–143. http://doi.org/10.1016/j.biopsycho.2006.06.009

Porges, S. W. (2009). The Polyvagal Theory: New Insights into Adaptive Reactions of the Autonomic Nervous System. *Cleveland Clinic Journal of Medicine* 76(S2), S86–S90. doi:10.3949/ccjm.76.s2.17;

dt. (2010): Die Polyvagal-Theorie: Neue Erkenntnisse über adaptive Reaktionen des ANS. In: *Die Polyvagal-Theorie* (S. 83–91). Paderborn: Junfermann.

Porges, S. W. (2011). *The Polyvagal Theory.* New York: Norton, dt. (2010). *Die Polyvagal-Theorie. Neurophysiologische Grundlagen der Therapie.* Paderborn: Junfermann.

Porges, S. W. (24.10.2014). »Human Nature and Early Experience«. *YouTube*-Video, 46:38. https://www.youtube.com/watch?v=SRTkkYjQ_HU&t=1236s

Porges, S. W. (2017). *The Pocket Guide to the Polyvagal Theory.* New York: Norton; dt. (2017). *Die Polyvagal-Theorie und die Suche nach Sicherheit.* Lichtenau: G. P. Probst Verlag.

Porges, S. W. (2018) *Associate Manual Safe and Sound Protocol. Aurora*: Integrated Listening Systems.

Porges, S. W. (Abruf: 15.4.2020). Articles & Interviews. https://www.stephenporges.com/articles – https://www.stephenporges.com/interviews

Porges, S. W. et al. (2013). Respiratory Sinus Arrhythmia and Auditory Processing in Autism: Modifiable Deficits of an Integrated Social Engagement System? *International Journal of Psychophysiology 88*(3), 261–270.

Porges, S. W. et al. (2014). Reducing Auditory Hypersensitivities in Autistic Spectrum Disorder: Preliminary Findings Evaluating the Listening Project Protocol. *Frontiers in Pediatrics* 2(80), 1–10.

Porges, S. W., & Dana, D. (Hg.) (2018). *Clinical Applications of the Polyvagal Theory.* New York: Norton; dt. (2019). *Klinische Anwendungen der Polyvagal-Theorie. Ein neues Verständnis des Autonomen Nervensystems und seiner Anwendung in der therapeutischen Praxis.* Lichtenau: G. P. Probst Verlag.

Profectum Foundation (Abruf: 16.8.2018). »What is DIR and Why Is It Important?« https://profectum.org/about/dir/

Punwar, A. J., & Peloquin, S. M. (2000). *Occupational Therapy.* Philadelphia: Lippincott.

Quas, J. A. et al. (2014). The Symphonic Structure of Childhood Stress Reactivity: Patterns of Sympathetic, Parasympathetic, and Adrenocortical Responses to Psychological Challenge. *Development and Psychopathology 26*(4), 963–982. http://dx.doi.org/10.1017/S0954579414000480

Quintero, N., & McIntyre, L. L. (2010). Sibling Adjustment and Maternal Well-Being: An Examination of Families with and without a Child with an Autism Spectrum Disorder. *Focus on Autism and Other Developmental Disabilities* 25(1), 37–46.

Robinson, R. G. (2011). *Autism Solutions: How to Create a Healthy and Meaningful Life for Your Child.* Ontario: Harlequin.

Rogers, St. J., & Dawson, G. (2010). *Early Start Denver Model for Young Children with Autism.* New York: Guilford.

Rogers, St. J. et al. (2014). Autism Treatment in the First Year of Life. *Journal of Autism and Developmental Disorders 44*(12), 2981–2995. doi:10.1007/s10803-014-2202-y

Roggman, L. et al. (2008). *Developmental Parenting.* Baltimore: Brookes Publishing.

Rozin, P., & Royzman, E. B. (2001). Negativity Bias, Negativity Dominance, and Contagion. *Personality and Social Psychology Review 5*(4), 296–320.

Rutter, M. (2006). *Genes and Behavior.* Maiden: Blackwell.

Satir, V. et al. (1991). *The Satir Model.* Palo Alto: Science and Behavior; dt. (1995). *Das Satir-Modell.* Paderborn: Junfermann.

Schore, A. N. (2003). *Affect Dysregulation and Disorders of the Self.* New York: Norton.

Selye, H. (1936). A Syndrome Produced by Diverse Nocuous Agents. *Nature 138*(3479), 32.

Sesame Street in Communities (Abruf: 16.8.2018). »Breathe«. https://sesamestreetincommunities.org/activities/breathe-bundle/

Shahmoon-Shanok, R. (2006): Reflective Supervision for an Integrated Model: What, Why and How? In: G. Foley & J. Hochman (Hg.), *Mental Health in Early Intervention* (S. 343–381). San Francisco: Jossey-Bass.

Shanker, S. (2016). *Self-Reg: How to Help Your Child (and You) Break the Stress Cycle and Successfully Engage with Life*. New York: Penguin; dt. (2016). *Das überreizte Kind*. München: Mosaik.

Shonkoff, J. P., & Phillips, D. A. (Hg.) (2000). *From Neurons to Neighborhoods: The Science of Early Childhood Development*. Washington: National Academy Press.

Siegel, D. J. (1999). *The Developing Mind*. New York: Guilford; dt. (2006). *Wie wir werden, die wir sind*. Paderborn: Junfermann.

Siegel, D. J., & Payne Bryson, T. (2011). *The Whole Brain Child*. New York: Random House; dt. (2013). *Achtsame Kommunikation mit Kindern*. Freiburg: Arbor.

Siegel, D. J., & Payne Bryson, T. (2014). *No Drama Discipline*. New York: Random House; dt. (2015). *Disziplin ohne Drama*. Freiburg: Arbor.

Silver, R. B. et al. (2005). Trajectories of Classroom Externalizing Behavior: Contributions of Child Characteristics, Family Characteristics, and the Teacher-Child Relationship during the School Transition. *Journal of School Psychology 43*(1), 39–60.

Solomon, R. et al. (2014). PLAY Project Home Consultation Intervention Program for Young Children with Autism Spectrum Disorders. *J. of Developmental and Behavioral Pediatrics 35*(8), 475–485.

Sroufe, L. A. (2005). Attachment and Development. *Attachment and Human Development 7*(4), 349–367.

STAR Institute (Abruf: 14.8.2018). »STAR Institute for Sensory Processing Disorder«. https://www.spdstar.org

Substance Abuse and Mental Health Services Administration (15.4.2020). »National Center for Trauma-Informed Care and Alternatives to Seclusion and Restraint (NCTIC)«. https://www.samhsa.gov/nctic/about – https://www.recoverymonth.gov/organizations-programs/national-center-trauma-informed-care-alternatives-seclusion-restraint-nctic

Tarullo, A. R. et al. (2009). Self-Control and the Developing Brain. *ZERO TO THREE 29*(3), 31–37.

Taylor, A. G. et al. (2010). Top-Down and Bottom-Up Mechanisms in Mind/body Medicine. *EXPLORE: The Journal of Science and Healing 6*(1), 29–41. http://doi.org/10.1016/j.explore.2009.10.004

Taylor, R. R. et al. (2009). Therapeutic Use of Self: A Nationwide Survey of Practitioners' Attitudes and Experiences. *American Journal of Occupational Therapy 63*(2), 198–207.

Thaut, M. H. (1984). A Music Therapy Treatment Model for Autistic Children. *Music Therapy Perspectives 1*(4), 7–13. https://doi.org/10.1093/mtp/1.4.7

The Academy of Neurologic Music Therapy (Abruf: 17.8.2018). »Neurologic Music Therapy«. https://nmtacademy.co/home/clinic/

The American Heritage Idioms Dictionary (Abruf: 26.7.2018). »Behavior«. http://www.dictionary.com/browse/behavior?s=t

Torres, E. B., & Whyatt, C. (Hg.) (2018). *Autism: The Movement-Sensing Perspective*. Boca Raton: CRC Press.

Tronick, E. (2007). *The Neurobehavioral and Social Emotional Behavior of Infants and Children*. New York: Norton.

Turner, L. M., & Stone, W. L. (2007). Variability in Outcome for Children with an ASD Diagnosis at Age 2. *Journal of Child Psychology and Psychiatry 48*(8), 793–802.

U. S. National Library of Medicine (25.9.2018). »What is Precision Medicine?« Genetics Home Reference. https://ghr.nlm.nih.gov/primer/precisionmedicine/definition

van der Helm, E., & Walker, M. P. (2009). Overnight Therapy? *Psychological Bulletin 135*(5), 731–748. doi:10.1037/a0016570

van der Kolk, B. (2014). *The Body Keeps the Score*. New York: Penguin; dt. (2015). *Verkörperter Schrecken. Traumaspuren in Gehirn, Geist und Körper und wie man sie heilen kann*. Lichtenau: G. P. Probst Verlag.

van Steensel, F. J. A., & Heeman, E. J. (2017). Anxiety Levels in Children with Autism Spectrum Disorder. *Journal of Child and Family Studies 26*(7), 1753–1767. http://doi.org/10.1007/s10826-017-0687-7

Vygotsky, L. S. (1978). *Mind in Society*. Cambridge: Harvard University Press.

Waller, E. M., & Rose, A. J. (2013). Brief Report: Adolescents' Co-Rumination with Mothers, Co-Rumination with Friends, and Internalizing Symptoms. *Journal of Adolescence 36*(2), 429–433. doi:10.1016/j.adolescence.2012.12.006

White, N., & Hastings, R. P. (2004). Social and Professional Support for Parents of Adolescents with Severe Intellectual Disabilities. *Journal of Applied Research in Intellectual Disabilities 17*(3), 181–190.

Wieder, S. (Abruf: 16.8.2018). »PLAY: The Window into the Child's Emotional Experiences«. Profectum Foundation. https://profectum.org/wp-content/uploads/2015/03/PLAY-HANDOUT.pdf

Wieder, S., & Greenspan, S. (2005). Developmental Pathways to Mental Health: The DIR Model for Comprehensive Approaches to Assessment and Intervention. In: *The Handbook of Training and Practice in Infant and Preschool Mental Health* (S. 377–401). San Francisco: Jossey Bass.

Wieder, S., & Wachs, H. (2012). *Visual/Spatial Portals to Thinking, Feeling and Movement: Advancing Competencies and Emotional Development in Children with Learning and Autism Spectrum Disorders*. Mendham: Profectum Foundation.

Winnicott, D. W. (1960). The Theory of the Parent-Infant Relationship. In: *The Maturational Processes and the Facilitating Environment* (S. 37–55). New York: International Universities Press; dt. (1974). Die Theorie von der Beziehung zwischen Mutter und Kind. In: *Reifungsprozesse und fördernde Umwelt*. München: Kindler.

Yogman, M. et al. (2018). The Power of Play: A Pediatric Role in Enhancing Development in Young Children. *Pediatrics 142*(3), e20182058.

Zeltzer, L. K., & Blackett Schlank, C. (2005). *Conquering Your Child's Chronic Pain*. New York: HarperCollins.

ZERO TO THREE (2005). *Diagnostic Classification of Mental Health and Developmental Disorders of Infancy and Early Childhood*, Revised (DC:0-3R). Washington: ZERO TO THREE.

ZERO TO THREE (6.6.2016). »National Parent Survey Overview and Key Insights«. https://www.zerotothree.org/resources/1424-national-parent-survey-overview-and-key-insights

ZERO TO THREE (3.10.2016). »Toddlers and Self-Control: A Survival Guide for Parents«. https://www.zerotothree.org/resources/1603-toddlers-and-self-control-a-survival-guide-for-parents

ZERO TO THREE (13.10.2016). »Parent Survey Reveals Expectation Gap for Parents of Young Children«. https://www.zerotothree.org/resources/1612-parent-survey-reveals-expectation-gap-for-parents-of-young-children

Personen- und Stichwortverzeichnis

Über die Autorin

Mona Delahooke, Ph.D., ist lizensierte klinische Psychologin und verfügt über mehr als 30-jährige Erfahrung in der Betreuung von Kindern und ihren Familien. Sie ist Senior-Fakultätsmitglied der Profectum Foundation, einer Organisation, die Familien neurodiverser Kinder sowie neurodiverse Jugendliche und Erwachsene betreut. Sie arbeitet als Ausbilderin für das Department of Mental Health der County of Los Angeles.

Dr. Delahooke genießt höchste Anerkennung als RPM (Reflective Practice Mentor) im Bereich der Kinder- und Säuglingspsychiatrie in Kalifornien. Sie fungiert häufig als Referentin, Trainerin und Beraterin von Eltern, Organisationen, Schulen und Regierungsinstitutionen. Dr. Delahooke hat ihre berufliche Arbeit der Förderung mitfühlender, beziehungsbasierter und die neurologische Entwicklung anregender Interventionen für Kinder mit entwicklungsbezogenen, behavioralen, emotionalen und das Lernen betreffenden Besonderheiten gewidmet.

Sie ist Autorin des Buches *Social and Emotional Development in Early Intervention: A Skills Guide for Working with Children.*

Eine ausführliche Präsentation sämtlicher lieferbaren und geplanten Titel unseres Verlages finden Sie im Internet unter *www.gp-probst.de*

MONA DELAHOOKE im G. P. Probst Verlag – weiterer Titel

Band 57 – Delahooke: *Brain-Body Parenting – fröhliche und resiliente Kinder erziehen statt Verhalten zu beeinflussen*

TITELLISTE – Auswahl

Band 02 – Emerson & Hopper: *Trauma-Yoga* (5. Aufl.)
Band 03 – Williams & Poijula: *Das PTBS-Arbeitsbuch* (3. Aufl.)
Band 10 – Hyman & Pedrick: *Arbeitsbuch Zwangsstörungen* (2. Aufl.)
Band 13 – Scaer: *Das Trauma-Spektrum* (2. Aufl.)
Band 17 – Paulsen: *Trauma und Dissoziation mit neuen Augen sehen* (2. Aufl.)
Band 23 – van der Kolk: *Verkörperter Schrecken* (9. Aufl.)
Band 26 – McBride: *Werde ich jemals gut genug sein* (3. Aufl.)
Band 27 – Bentzen & Hart: *Neuroaffektive Therapie mit Kindern & Jugendlichen* (2. Aufl.)
Band 28 – Shapiro: *Ego-State-Interventionen – leicht gemacht* (3. Aufl.)
Band 29 – Porges: *Die Polyvagal-Theorie und die Suche nach Sicherheit* (5. Aufl.)
Band 30 – Burns: *Feeling Good in zehn Schritten*
Band 33 – Manning: *Ich liebe einen Borderliner*
Band 34 – Schwartz: *Arbeitsbuch Komplexe PTBS* (2. Aufl.)
Band 36 – Dana: *Die Polyvagal-Theorie in der Therapie* (3. Aufl.)
Band 40 – Mischke-Reeds: *Somatische Psychotherapie – ein Werkzeugkasten* (2. Aufl.)
Band 41 – Bentzen: *Neuroaffektive Meditation* (2. Aufl.)
Band 43 – Dana: *Arbeiten mit der Polyvagal-Theorie* (2. Aufl.)
Band 44 – Dana: *Leben mit der Polyvagal-Theorie*
Band 48 – Porges: *Heilen mit der Polyvagal-Theorie*
Band 50 – Fisher: *Traumaspuren transformieren*
Band 51 – Dana: *Flipchart Polyvagal-Theorie* (2. Aufl.)
Band 52 – Mates-Youngman: *Verbundenheit in Beziehungen stärken*
Band 53 – Schwartz: *Die Praxis der Behandlung komplexer PTBS*
Band 55 – Sanders & Thompson: *Die Polyvagal-Theorie und die Entwicklung des Kindes*
Band 56 – Schwartz: *Therapeutisches Yoga und Polyvagal-Theorie*
Band 58 – Truitt: *Die heilende Macht des Self-Havening*
Band 59 – Porges & Porges: *Sicherheit und Heilung finden*
Band 60 – Ackermann & Fiebig: *Über das Herz zur Polyvagal-Theorie*